Jim Schnabel

Geheimwaffe Gehirn

Die PSI-Agenten des CIA

Aus dem Amerikanischen
von Jürgen Heinzerling

bettendorf

Die Deutsche Bibliothek – CIP-Einheitsaufnahme
Schnabel, Jim:
Geheimwaffe Gehirn / Jim Schnabel.
Aus dem Amerikan. von Jürgen Heinzerling. – München ; Essen ;
Ebene Reichenau : Bettendorf, 1998
Einheitssacht.: Remote viewers <dt.>
ISBN 3-88498-125-0

Die amerikanische Originalausgabe
erschien unter dem Titel
REMOTE VIEWERS
bei Dell, Bantam Publishing Group, New York

ISBN 3-88498-125-0

Gesetz aus der Stempel Garamond
Satz: FIBO Lichtsatz München
Druck und Bindung: Wiener Verlag, Himberg
Printed in Austria 1998

Inhalt

Vorbemerkung an den Leser

Dieses Buch handelt vom Übersinnlichen, einem Thema, das in der westlichen Welt des 20. Jahrhunderts äußerst umstritten ist.

Deshalb möchte ich den skeptischen Leser zunächst darüber informieren, daß dieses Buch unter Berücksichtigung der Standardmethoden des investigativen Journalismus entstanden ist. Ich habe zahlreiche Interviews mit Menschen geführt, die auf allen möglichen Ebenen an den Vorgängen beteiligt waren, die ich hier beschreibe. Berichte wurden anhand von Quellenvergleichen verifiziert, und ich habe so viele relevante Dokumentationen zusammengetragen, wie ich konnte. Weiter hinten finden Sie eine Liste mit Quellenverweisen zu jeder signifikanten Information, die im Text erwähnt wird.

Würde dieses Buch von einem anderen geheimen Regierungsprojekt berichten – als Beispiel sei die Entwicklung eines neuen Tarnkappenbombers genannt –, wäre es nicht notwendig, auf dies alles hinzuweisen.

Da so viele der auf den folgenden Seiten beschriebenen Projekte und Manöver noch immer der Geheimhaltung unterliegen, bestanden etliche meiner Informanten darauf, daß ihre Identität nur in allgemeiner Form enthüllt wird – also durch Formulierungen wie »ein ehemaliger ranghoher Beamter der CIA«. Ein in Büchern zu geheimdienstlichen Themen durchaus üblicher Winkelzug, der allerdings oft genug mißbraucht wird. Doch sei erwähnt, daß die meisten meiner Informanten keine derartigen Vorbehalte hatten und ohne Bedenken meine Fragen beantworteten. Was nun folgt, basiert auf ihren Berichten und entstammt keineswegs meiner Fantasie.

Jim Schnabel

So erstaunlich solche Methoden der Kommunikation auch erscheinen mögen, es hat Medizinmänner gegeben, die von sich behaupteten, ihre Gedanken über weite Entfernung senden zu können, um dort Einfluß auf Geschehnisse zu nehmen. Andere konnten dagegen die Fühler ihres Gehirns an entfernte Orte schicken und beobachten, was dort vor sich ging. Weiße Pioniere haben von diesen Dingen berichtet. Wie sie jedoch zustande kommen, das können uns nur die modernen Medizinmänner erklären.

Arthur C. Parker
The Indian How Book, 1927

TEIL EINS
EIN PREISWERTES RADAR-SYSTEM

Ich meine, daß dies ein verdammt preiswertes Radarsystem wäre. Und falls die Russen es hätten und wir nicht, dann wäre das ein ernsthaftes Problem.

Charlie Rose (D-NC), Abgeordneter des US-Repräsentantenhauses und Mitglied der Arbeitsgruppe für Geheimdienstaktivitäten, in einer Diskussion über Remote Viewing (1979).

1. Die Zone

Der Traum ging in einem Nebel unter, und Mel Riley wachte auf. Sechs Uhr, die Sonne war noch nicht zu sehen. Seine Frau Brigitte lag schlafend neben ihm. Aber von draußen war bereits das Gezwitscher der Vögel zu hören, sozusagen Rileys natürlicher Wecker. Er stand auf, um sich zu duschen, zu rasieren und anzuziehen.

Riley war ein Frühaufsteher. Er liebte die Ruhe vor dem Sonnenaufgang, diese schlaflose Stille, halb in der einen, halb in der anderen Welt. Nun saß er still unten in der Küche, trank Kaffee und rauchte eine Zigarette, dabei lauschte er seinen eigenen Gedanken, während er durch das Fenster dem Morgengrauen zusah.

Riley war einen Meter siebzig groß, schlank und durchtrainiert, mit blondem Wuschelhaar und einem irischen, koboldhaften Gesicht. Auf jedem Arm eine Tätowierung – ein Adler, ein Hase –, dazu auf der Brust ein großer Drache mit ausgebreiteten Flügeln. Doch waren es eher Rileys Augen, die andere Menschen in den Bann schlugen. Manchmal überrascht, ein anderes Mal konzentriert, pflegten sie sich weit zu einem intensiven Blick zu öffnen, so als ob er jemanden hypnotisieren wollte – oder sich selbst hypnotisiert hatte und nun in seine eigene Seele hineinsah.

Riley war dreiunddreißig Jahre alt und Stabs-Sergeant in der US-Army. Er, seine Frau und ihre beiden kleinen Töchter wohnten in einem Stadthaus in Fort Meade im US-Bundesstaat Maryland, keine 40 Kilometer nordöstlich von Washington, DC. »Meade«, wie die Einwohner den Namen ihres Wohnortes gewöhnlich abkürzten, war eine ausgedehnte, stadtähnliche Armeebasis, in der unter anderem die National Security Agency untergebracht war, sowie die US First Army und ein Teil des Army Intelligence and Security Command (INSCOM). Bis vor kurzem hatte Riley noch als Fotobeobachter bei INSCOM gearbeitet und dort Bilder von Überwachungssatelliten und -flugzeugen analysiert. Aber jetzt brauchte ihn die Armee für etwas anderes.

In Zivilkleidung, die aus Sicherheitsgründen für seine neue

Tätigkeit vorgeschrieben war, fuhr Riley über die ungefähr eineinhalb Kilometer lange Strecke bis zu seinem Arbeitsplatz. Er kam an einem Golfplatz vorbei, an Übungshöfen, einem Fastfood-Laden, sowie einem runden Dutzend flacher Gebäude. Einige davon waren aus Ziegeln gebaut, andere aus Holz, einige nach toten Generälen benannt, andere lediglich durchnumeriert. Einige dienten offenbar diesem oder jenem Zweck, während die Bestimmung anderer ungewiß schien. Rileys Einheit war in zwei eingeschossigen Holzbauten mit den Nummern 2560 und 2561 untergebracht, die zwischen einer Baumgruppe auf einer Freifläche an der Nordseite der Llewellyn Street standen, etwa 400 Meter vom Kimbrough Army Community Hospital entfernt. Unter den Bäumen wirkten die Bauten seltsam ländlich und einsam, fast als wären sie dort vergessen worden. Auf der Hinterseite des kleineren, weiter östlich liegenden Gebäudes Nummer 2560 ging das Land allmählich in ein weites Feld über, von dem ein kleiner Fluß nach Süden unter der Straße herlief und schließlich in einen Park und einen See mündete. Nördlich der Gebäude befand sich ebenfalls ein Feld, dessen vereinzelt stehende Bäume ihm im Winter eine malerische Kahlheit verliehen. Die beiden Gebäude waren Überbleibsel des großen militärischen Bau-Booms im 2. Weltkrieg und hatten einst als Ausbildungsstätte für Bäcker, sowie als Kantine gedient. Jetzt, im September des Jahres 1979, wirkten sie wie zwei aneinander gekauerte Waldhütten.

Riley parkte seinen Wagen auf dem Zufahrtsweg zwischen den beiden Gebäuden. Er lief eine Holztreppe hinauf, die zu dem verandaartigen Eingangsbereich an der rechten Ecke von Nummer 2561 führte. Dort öffnete er eine schwere, waldgrün gestrichene Tür und trat ein.

Auf Besucher wirkte Nummer 2561 wie ein normales, wenn auch etwas improvisiertes Militärbüro. Es gab etwas wie ein Foyer, in dem ein Empfangsschreibtisch, ein Kühlschrank und ein Tisch mit Kaffeekanne und Trinkbechern standen. Zwei Türen führten in die Büros des Unit Commanders und des Operationsleiters. Hinter dem Schreibtisch verlief ein schmaler Korridor in westlicher Richtung, ausgebaut mit einem halben Dutzend kleiner Séparées mit Arbeitstischen. Der Korridor endete in einem Konferenzraum.

Noch immer verwies einiges auf die ursprüngliche Bestimmung des Gebäudes. Zwei große Blechkamine streckten sich in einem Ofenraum neben dem Eingangsbereich der Decke entgegen, und im teppichlosen Foyer war der Boden mit robusten, roten Fliesen gekachelt. Entlang der Wand des Büros des Commanders war gleich in der Nähe des Empfangsschreibtisches eine sechs Millimeter dicke Stahlplatte angebracht, die ursprünglich als Hitzeschild für einen nicht mehr vorhandenen Ofen gedient hatte. Der einzige Hinweis auf das, was jetzt in diesem Gebäude vor sich ging, war auf dem Blech angebracht. Ein gemaltes Symbol, eine traumhafte Darstellung aus dem Weltall: Eine Supernova, die sich langsam über düstere Lichtjahre hinweg ausbreitete.

Die Einheit wurde offiziell als Sonderkommando geführt, als »Special Action Branch«, die formell zum Hauptquartier der INSCOM gehörte. Doch unterstand sie direkt der Befehlsgewalt der Pentagon-Abteilung des stellvertretenden Stabsleiters für Geheimdienstaktivitäten, und ihre Einsatzpläne orientierten sich am Bedarf einer Reihe von US-Geheimdiensten, darunter Central Intelligence Agency, Defense Intelligence Agency und sogar National Security Council – der nationale Sicherheitsrat des Präsidenten. Informationen, die hier eintrafen oder von hier aus weitergeleitet wurden, trugen nicht nur den für den Armeegeheimdienst üblichen Sicherheitsvermerk »SECRET«, sondern zusätzlich auch die Projektbezeichnung »GRILL FLAME«, ein Kodewort des Pentagon. Nur einige Dutzend Offizielle aus Geheimdienstkreisen wußten überhaupt von der Existenz des Projektes Grill Flame. »Der Zugriff ist auf solche Mitarbeiter beschränkt«, heißt es in einem Memorandum der Armee aus dieser Zeit, »die dem Namen nach berechtigt worden sind.«

Riley traf morgens häufig als erster hier ein, um ganz allein seiner Pflicht nachzugehen, die darin bestand, Türen und Sicherungsschränke aufzuschließen, sowie Kaffee aufzubrühen. Er hatte in der Nummer 2560, die als Operationszentrum diente, ein eigenes Büro, hielt sich aber meist in der 2561 auf, wo die Büros der anderen lagen. Aber dank der speziellen Aufträge, mit denen sich seine Einheit befaßte, hatte er ohnehin nur selten Schreibtischarbeit zu erledigen.

An diesem Morgen traf Riley jedoch nicht als Erster ein. Er wurde bereits von Lieutenant Skip Atwater, dem Operationsleiter der Einheit, und dem Unit-Commander Lieutenant Colonel Murray B. »Scotty« Watt erwartet. Atwater war ein drolliger Kerl, Ende zwanzig, mit Kugelbauch und sandfarbenem Haar, ein ehemaliger Aktiver. Watt war zwei Jahrzehnte älter, ein großer, Mann mit wettergegerbtem Äußeren, einer gewaltigen Nase und einem Bostoner Akzent. Es gäbe einen neuen Auftrag, erklärten sie Riley. Es sei etwas Großes.

Riley lief zum Operationsgebäude hinüber, gefolgt von Atwater, der einen großen Aktenordner mitnahm. Hinter dem Eingangsbereich – Rileys so selten genutztem Büro – lag ein schmaler Gang, den die beiden Männer nun durchquerten, um einen kleinen Raum zu betreten. Dieses Zimmer war mit einer bequemen Ledercouch ausgestattet, auf der Kissen und eine Decke lagen. Daneben stand ein Stuhl. Das Fenster war zugemauert worden, anschließend hatte man die Stelle verputzt und überstrichen.

Riley legte sich auf die Couch. Atwater befestigte ein kleines Mikrophon an seinem Hemd, schaltete das Licht aus und wartete. Dies war Rileys Entspannungsphase, eine Zeit, in der er seine Gedanken ordnen konnte. Die Visionen, die er gleich haben würde – nicht nur Bilder, sondern auch Geräusche, Gerüche, geschmackliche Wahrnehmungen, fühlbare Strukturen, Emotionen, rudimentäre Empfindungen – würden sich zunächst wie die schwachen, flimmernden Signale eines weit entfernten TV-Senders ausnehmen, von der Ionosphäre reflektiert und gebeugt, ertränkt in einem Gewitter elektronischen Lärms. Nun ging es darum, diesen Lärm so weit als möglich zu unterdrücken.

Riley lag in der Dunkelheit auf dem Rücken. Er fühlte, wie sich sein Atemrhythmus und sein Herzschlag verlangsamten. Er stellte sich einen großen, leeren Koffer vor, der geöffnet vor ihm lag. In einem Stapel neben dem Koffers lagen all seine Ängste und was seine Konzentration sonst noch beeinträchtigen konnte. Er begann, sie in den Koffer zu packen, erst eine nach der anderen, dann gleich mit beiden Armen. Als sie alle im Koffer lagen, machte er ihn zu, schloß ihn ab and wandte ihm den Rücken zu. Er hoffte, daß diese ablenkenden Gedanken zumindest für den Verlauf der nächsten Stunde im Koffer bleiben würden.

Nach dem Koffer-Ritual kam das des Tauchens. Riley erschaffte in seinem Geist eine neue Szenerie, in der er sich eine Taucherausrüstung umschnallt und sich dann von einem sanft schaukelnden Boot in warmes, türkisfarbenes Wasser hineingleiten ließ, mehr als fünfzehn Meter über dem sandigen Korallengrund des Meeres. Langsam atmend ließ er sich nach unten treiben. Er trug einen mit kleinen Bleigewichten versehenen Gürtel, und während er sich dem Grund näherte, klinkte er ein Gewicht nach dem anderen aus, um sein Abtauchen zu verlangsamen. Als er wieder aufstieg, ließ er einen Strom von Luftblasen aus seiner Rettungsweste steigen. So versuchte er, einen Zustand des Gleichgewichts zu bewirken, der ihn konstant drei Meter über dem Meeresgrund halten würde. Der Meeresgrund, das war der Schlaf. Die wellige, spiegelnde Fläche weit über ihm, das war der Zustand vollständigen Wachseins. Beides Extreme, die es zu meiden galt; statt dessen versuchte Riley, einen dazwischen liegenden Zustand zu erreichen. Er stieg auf und sank wieder ab, stieß einmal Gewichte ab und im nächsten Moment zum Ausgleich wieder Luft. Dabei glitt er jedesmal durch diese magische Zone hindurch, fühlte, wie sein Geist Kontakt aufnahm.

Währenddessen saß Lieutenant Atwater mit seinem Aktenordner ruhig da. Die Hülle des Ordners war unbeschriftet, bis auf ein weißes Klebeschild mit der Referenznummer der Mission. Im Ordner befand sich ein Blatt Papier mit einer kurzen Beschreibung des Ziels, im Jargon »Target« genannt.

Das Target, festgelegt vom Geheimdienst der Air Force, war ein gerade erst von den Chinesen entwickeltes nukleares Waffensystem, das diese nun in der westlichen Wüste ihres Landes testeten, ganz in der Nähe eines ausgetrockneten Sees namens Lop Nor. Ausländische Nuklearwaffen gehörten zu den wichtigsten Zielobjekten der US-Geheimdienste. Man hatte offenbar davon gehört, daß es dieses neue Waffensystem in Lop Nor gab, aber man wollte mehr wissen: Wie war es aufgebaut? War es bereits getestet worden? Die Führungsspitze der Air Force hatte beschlossen, ihre – eher konventionellen – Spione zu unterstützen, indem sie die Männer und Frauen von Grill Flame aktivierte.

»Bist du soweit, Mel?« fragte Atwater.

»Mh-hm.« Ein fast unhörbares Murmeln.

Im Kontrollraum direkt nebenan saß Scotty Watt und überwachte die Aktion über Kopfhörer. Atwater legte einen Schalter in der Nähe seines Stuhles um, worauf innerhalb des Kontrollraums ein Tonbandgerät anlief.

»Das Target ist ein Gegenstand«, meinte Atwater zu Riley. Weder öffnete er den Ordner, noch gab er Riley weitere Informationen. Er wußte genau, daß der Ordner nur ein Requisit war, das symbolisieren sollte, daß es irgendwo dort draußen ein Zielobjekt gab, auf das Riley seinen Geist fokussieren sollte, um es möglichst detailliert zu beschreiben.

»Erzähl mir von deinen Eindrücken«, sagte Atwater.

Riley schwebte im tükisfarbenen Wasser, trieb langsam nach unten. Nun wurde das Signal stärker, und das Rauschen nahm ab, bis einzelne Bilder und Empfindungen durchkamen. Metall, Draht, Elektronik ... ein schnittig aussehendes Ei aus Stahl mit einem Dotter aus Tritium ... trotz dieser düsteren, furchterregenden Visionen wußte Riley, daß er sich nun in der Zone befand – dort, wo er sein wollte, wo man ihn brauchte. Und das war für ihn das schönste Gefühl, das er sich vorzustellen vermochte.

2. Das Traum-Team

Ich habe nie etwas für Diskussionen mit beinharten Skeptikern übrig gehabt. Ich meine, wenn man nicht daran glaubt, daß es Remote Viewing gibt, dann hat man einfach seine Hausaufgaben nicht gemacht.

Wir wußten nicht, wie es funktioniert, aber wir waren weniger daran interessiert, eine Erklärung zu finden, als die Frage zu klären, ob es für uns einen praktischen Nutzen haben könnte.

Major General Edmund R. Thompson, Army Assistant Chief of Staff for Intelligence, 1977 - 81.

Mel Riley wuchs in der Stadt Racine im Bundesstaat Wisconsin auf, die auf der Karte direkt unter Milwaukee an der Westküste des Lake Michigan zu finden ist. Er war das zweitälteste von insgesamt fünf Geschwistern, drei Jungen und zwei Mädchen. Sein Vater arbeitete, als Wartungsmechaniker für die Milchverarbeitungsfirma Borden, die Mutter war Hausfrau. Mel verbrachte seine Jugend zwar in der Gesellschaft Gleichaltriger, aber er hatte einen gewissen Hang zur Schüchternheit und Zurückgezogenheit, was sich auch in seiner Liebe zur Natur niederschlug. Als Teenager zog er oft im Herbst mit einem oder zwei Freunden in die Wälder, um dort im Schnee zu campieren, Rehe zu jagen und bei mancher Gelegenheit auch Bären zu begegnen. Den Sommer verbachte er dagegen mit Kanufahren und Angeln. Manchmal packte ihn dieses Verlangen auch, wenn er in einer ganz normalen Samstagnacht in einer Kneipe oder Disco im Stadtzentrum von Racine saß. Dann fuhr er allein oder mit seiner Freundin zur Steilküste am östlichen Stadtrand, um so lange aufzubleiben, bis sich die Sonne über dem Lake Michigan erheben würde.

Es ist keineswegs ungewöhnlich, daß die Gedanken eines jungen Menschen in seltsame Wahrnehmungszustände abgleiten, aber bei Mel waren diese Erlebnisse weitaus seltsamer als allgemein bekannt. Oft verspürte er eine merkwürdige Leichtigkeit, eine besondere Empfindlichkeit für *die Zone.*

Als Junge hatte er ein solches Erlebnis gehabt, als er sich an einem Sommertag auf einem kahlen Feld in der Nähe des Sees herumtrieb, wo man häufig Pfeilspitzen und andere indianische Artefakte finden konnte. Plötzlich überkam ihn eine seltsame Ruhe, und der Rauch eines Lagerfeuers schien in seine Nase zu steigen. Als er sich umdrehte, sah er ein Indianerdorf mit Tipis, Hunden, Männern und Frauen, dampfendem Grillfleisch, herumtollenden Kindern ... die meisten dieser Menschen schienen ihn gar nicht wahrzunehmen, nur einige Hunde bellten ihn an. Doch dann sah ihn ein außergewöhnlich großer und sehr würdig wirkender Indianer an und schien ihm zuzuwinken. Nach wenigen Lidschlägen verblaßte diese Vision zunehmend vor Rileys Augen, bis sich der Knoten in der Zeit auflöste und das Indianerdorf vollständig im Hintergrund des Feldes versank.

Riley war dreiundzwanzig Jahre alt und arbeitete wie sein Vater als Wartungsmechaniker, als er einen Einberufungsbescheid der Armee erhielt. Das war am 7. Juli 1969, zwei Wochen bevor erstmals zwei Astronauten über den Mond wandeln sollten. Riley fragte sich einige Zeit später, ob ihn seine eigene Reise, die an diesem Datum begann, nicht eines Tages in weitaus entferntere Welten führen würde.

Im Ausbildungslager in Kentucky begegnete er einem Anwerber des Army-Geheimdienstes, der den Rekruten ein besonderes Angebot machte. Unter der Bedingung, sich für drei statt der üblichen zwei Jahre zu verpflichten, würde man sie zum Fotobeobachter ausbilden. Riley schlug ein und wurde zum Ausbildungszentrum für Fotobeobachter nach Fort Holabird ins westliche Maryland versetzt. Von dort aus ging es schließlich nach Deutschland, wo er der 7405th Operations Squadron angehörte, einer waffengattungsübergreifenden Sondereinheit von Army und Air Force, die auf der Rhein-Main Air Force Basis in Wiesbaden stationiert war. Die Aufgabe dieser Einheit bestand darin, verdeckte Erkundungsflüge über dem Gebiet der DDR auszuführen. Dazu benutzten sie als zivile Luftfrachttransporter getarnte Flugzeuge, mit denen sie die für den zivilen Flugverkehr reservierten Korridore abflogen, hauptsächlich zwischen Wiesbaden und Berlin. Links und rechts der Flugbahn beobachteten sie den Boden, um nach bewaffneten Truppen, Landebahnen, Radarstationen und ähnlichem Ausschau zu halten, soweit sie diese mit ihren Spezialkameras und elektronischen Lauscheinrichtungen aufspüren konnten.

Normalerweise wäre es sicherer gewesen, diese Aufgabe den Spionagesatelliten zu überlasssen. Einerseits war die Sicht auf Ostdeutschland jedoch häufig von Wolken verdeckt, andererseits war den Militärs des Warschauer Pakts durchaus bekannt, in welchem Rhythmus die Satelliten ihr Hoheitsgebiet überflogen. Die Flugzeuge von Rileys Einheit unterflogen die Wolkendecke und konnten normalerweise nicht als Beobachter identifiziert werden. Erst wenn sie ihr Ziel direkt überflogen, öffneten sich in der Außenhülle des Flugzeuges Klappen, hinter denen sich Kameraobjektive, Radio- und Mikrowellenantennen, Infrarotdetektoren und dergleichen mehr verbargen. Falls ein gegenerischer Abfangjäger zu nahe an die Maschine herankam, verfügte die Crew über einen speziellen Panikschalter. Wenn er betätigt wurde, zogen sich die Antennen und Objektive wie die Gliedmaßen einer Schildkröte ins Innere zurück. Danach wurden die Klappen geschlossen, um dem Flugzeug wieder den Anschein einer harmlosen Frachtmaschine zu verleihen.

Wenn Riley einmal nicht an seinem Leuchtpult in Wiesbaden hockte und die Resultate dieser Missionen analysierte, war er selbst an den Spionageausflügen beteiligt, indem er mit einem Feldstecher aus dem Fenster des Flugzeuges den Boden beobachtete und seinen Kollegen mitteilte, auf welchen Punkt sie ihre Spionageausrüstung ausrichten sollten.

Riley ging in seinem Job auf, und ihm wurden mehrere Medaillen verliehen. Zudem sprach sich bald herum, daß er über eine Art sechsten Sinn verfügte. Als Luftbeobachter besaß er eine geradezu außergewöhnliche Intuition, wenn es darum ging, den Kurs des Flugzeuges oder die Ausrichtung der Kameras zu bestimmen. Bei der Analyse von Luftaufnahmen entdeckte er strategisch wichtige Objekte, die den anderen entgingen. Eine seiner Belobigungen kam dadurch zustande, daß er bei der Analyse eines Fotos von einem ostdeutschen Industriekomplex etwas entdeckte, was offenbar ein neues sowjetisches Artilleriegeschütz zu sein schien, das auf einem offenen Lastanhänger auf einem Bahngleis stand. Ein derartiges Geschütz war bislang in dieser Gegend nicht gesichtet worden, was den Vorfall aus nachrichtendienstlicher Sicht bedeutsam machte. Seltsam war daran nur, daß das Geschütz von einer Plane bedeckt und deshalb eigentlich nicht auf dem Foto zu erkennen war. Aber Riley hatte irgendwie gewußt was es war und fertigte eine Handskizze an. Später wurde sein Fund durch Satellitenaufnahmen bestätigt.

Riley war zwei Mal für jeweils drei Jahre in Wiesbaden stationiert. 1976 teilte man ihm mit, daß er nach Fort Meade versetzt werden würde, und zwar zu einer Abteilung namens Operations Security Group. Mit Operations Security – abgekürzt »Opsec« – bezeichnet man den Schutz geheimer Missionen vor den gegenerischen Geheimdiensten. Rileys neue Einheit war also eine Art Erkundungsteam, das bestimmte Einrichtungen des US-Militärs ausspionierte, um Sicherheitsmängel aufzudecken und zu eliminieren. Riley war die Aufgabe zugeteilt, Fotos dieser Einrichtungen zu analysieren, die von Satelliten, Flugzeugen oder auch mit einfachen Handkameras aus nächster Nähe aufgenommen waren. Eines seiner bedeutsamsten Beobachtungsobjekte war der experimentelle Panzer XM-1 (heute als M-1 bekannt), der zu diesem Zeitpunkt für Probeschüsse zu den Aberdeen Proving Grounds gebracht worden war, die am Nordende der Chesapeake Bay liegen. Rileys Team näherte sich der Einrichtung von Aberdeen aus auf einem mit Tele-Kameras und anderen Spionagegeräten ausgestattetes Schiff der US Coast Guard, um herauszufinden, ob sich auf diese Weise nachrichtendienstlich relevantes Material über die Tests des XM-1 beschaffen lassen würde. Während sie mit scharfgemachten Systemen die Chesapeake Bay durchquerten, kreuzten sie das Fahrwasser eines russischen Frachters, der ebenfalls mit Spionagekameras und -antennen ausgestattet war, die man natürlich aus Gründen des Taktes getarnt hatte.

Am Ende des Flures vor Rileys Büro im Gebäude 4554 in Fort Meade war das Systems Exploitation Team untergebracht, kurz »SET« genannt. Diese Einheit war von Brigardier General Edmund Thompson initiiert worden, dem Leiter der Army Intelligence Agency. Eine kleine Gruppe von Spezialisten der verschiedensten Fachrichtungen, die sich durch kreatives, multilaterales Denken auszeichneten, mit den seltsamsten und schwierigsten Problemen der militärischen Gegenspionage befaßten und sich als eine Elitetruppe betrachteten.

An einem Tag zu Beginn des Jahres 1977 unterhielt sich Riley mit seinem Freund Sergeant Bill Young, der zum SET gehörte. Riley hatte bemerkt, daß Young einige recht ungewöhnliche Bücher in seinem Regal stehen hatte – Bücher, die sich mit »PSI«-Phänomenen wie etwa außersinnlicher Wahrnehmung, Psychokinese und außerkörperlichen Erfahrungen beschäftigten. Young erzählte ihm, daß die Sowjets und einige osteuropäische Staaten versuchten, PSI für militärische Zwecke nutzbar zu machen – indem sie Medien einsetzten, um beispielsweise nachrichtendienstlich relevante Targets in den USA auszuspionieren. Ein Colonel Kowalksi beim SET würde sich damit beschäftigen, allerdings nur unter der Hand. Aber wer wüßte schon, wohin das führen würde? Vielleicht würden die USA eines Tages ihre eigenen PSI-Spione einsetzen?

Riley bekam große Ohren. PSI-Spione? Würde die Army wirklich ein so bizarres Projekt starten? Falls es so war, wollte er dabei sein.

Skip Atwater kam im Sommer 1977 in Fort Meade an, nachdem er gerade erst das Schulungsprogramm für Offiziersanwärter, sowie die Spionageakademie in Fort Huachuca, Arizona, absolviert hatte. Für die Nachrichtendienste der Army war dies eine Zeit der Umorganisation, die mit einer geradezu verwirrenden Vielzahl neuer Akronyme einher ging. Die US Army Intelligence Agency (USAINTA) fusionierte mit der Army Security Agency (ASA) zu einem neuen Nachrichtendienst namens Intelligence and Security Command (INSCOM). Atwater wurde einem der Opsec-Teams zugeteilt, die nun dem SET unterstellt wurden, das man wiederum in SED – Sytems Exploitation Detachment – umbenannt hatte und nicht INSCOM, sondern dem Assistant Chief of Staff for Intelligence (ACSI) unterstand. Als ACSI fungierte seinerzeit der ehemalige Leiter der USAINTA, Major General Edmund Thompson.

Durch einen Zufall saß Atwater nun auf demselben Stuhl, den vor ihm Colonel Kowalski vom SET eingenommen hatte. Ein glücklicher Zufall, da sich Atwater, genau wie Kowalski, sehr für PSI interessierte. So verbrachte Atwater viele Stunden damit, die von Kowalski hinterlassenen Dokumente über PSI zu studieren.

Frederick Holmes Atwater war unter dem Spitznamen »Skip« bekannt. Er wuchs in der kalifornischenen Stadt Glendale in einem Haus auf, das am Stadtrand und somit direkt in der freien Natur lag – als Haustiere hielten sich die Atwaters nicht nur Hunde und Katzen, sondern sogar eine Ziege und einen Esel. Atwaters Vater war Zahnarzt, seine Mutter eine Hausfrau, die von der Existenz des Paranormalen und Übernatürlichen überzeugt war. Vermutlich ließ sich Atwater davon beeinflussen; jedenfalls gab es in seiner Teenagerzeit eine Phase, in der er fast nach Wunsch außerkörperliche Erfahrungen herbeiführen konnte. Er meinte dabei, körperlos über dem Bett zu schweben, durch die Wände des Hauses zu dringen und dann in die Stadt hinüberzugleiten, um schließlich im Schlafzimmer irgendeines Highschool-Girls zu landen, auf das er es in der jeweiligen Nacht abgesehen hatte (allerdings beschränkten sich seine Aktivitäten, wie bei einem Gespenst, auf reines Zuschauen). Die Gelehrten mögen sich darüber streiten, ob solche Erlebnisse wirklich den Charakter einer »Astralreise« aufweisen oder lediglich lebhafte Traumgebilde sind. Für Atwater waren sie jedenfalls real genug.

Bereits zu Beginn seiner militärischen Laufbahn hatte Atwater von der PSI-Forschung in der Sowjetunion und anderen osteuropäischen Ländern gehört; ebenso von Gerüchten, nach denen die CIA darauf mit eigenen PSI-Projekten reagiert hatte, von denen einige auf geradezu abenteuerliche Weise erfolgreich verlaufen sein sollen. Für jemanden, der sich bereits seit langem für die Möglichkeiten des Paranormale interessierte, klang dies natürlich fast zu gut, um wahr zu sein. Die etablierte Wissenschaft lehnte die PSI-Forschung jedoch ab, da sie darin eine »Pseudowissenschaft« sah, einen Morast voller Taschenspielertricks und Selbstbetrug. Und doch hatte Atwater Gerüchte gehört, nach denen die Regierungen der USA und der damaligen UDSSR die etablierte Wissenschaft einfach umschifft hatten und so etwas wie ein paranormales Wettrüsten veranstalteten. Und all dies sollte im Geheimen stattfinden.

Atwater erfuhr mehr, nachdem er in Fort Meade angekommen

war. Dort hörte er, daß die CIA bereits seit 1972 PSI-Forschung betrieb, und zwar am Stanford Research Institute (SRI), einem großen Forschungsunternehmen in Menlo Park im US-Bundesstaat California. Man sagte ihm, daß die Forscher des SRI mit verschiedenen PSI-Phänomenen experimentiert hätten, bevor sie sich darauf einigten, die Eignung von »Hellseherei« – also der paranormalen Begabung, verborgene oder weit entfernte Objekte zu »sehen« – für Spionagezwecke zu untersuchen. Die SRI-Forscher planten in direkter Konkurrenz zu ihren osteuropäischen Kollegen eine Streitmacht von perfekten Agenten aufzubauen, die ohne Risiko der Enttarnung und bei fast verschwindend geringen Kosten selbst weit entfernte und aufgrund ihrer nachrichtendienstlichen Bedeutung schwerstens bewachte Targets ausspionieren sollten. Um das Projekt vom Ballast der althergebrachten Terminologie zu entlasten, tauften die Wissenschaftler vom SRI die Hellseherei in »Remote Viewing« (Fernsichtung oder -wahrnehmung[2]) um.

Atwater argumentierte nun damit, daß Remote Viewing (RV) ein potentielles Sicherheitsrisiko sei und im Hinblick darauf von den Spezialisten des Army Opsec-Teams untersucht werden sollte. Er schlug dem damaligen Leiter des SED, Colonel Robert Keenan, deshalb vor, ein kleines Team von RV-Agenten zusammenzustellen. Die Mitglieder sollten sich aus ortsansässigen Mitarbeitern der Army-Geheimdienste rekrutieren, die über paranormale Fähigkeiten verfügten, da die paranormal begabten Kandidaten auf diese Weise weiter bei ihrer alten Einheit bleiben könnten. Sie könnten dann problemlos in jeder Woche für einige Stunden Fort Meade aufsuchen, um dort an RV-Versuchen gegen Zielobjekte teilzunehmen, die von der Opsec-Gruppe festgelegt wurden. So würden sie lediglich wie eine der anderen Gruppen von Teilzeitarbeitern erscheinen, die Opsec mit den verschiedensten Spezialaufgaben betraute, wie beispielsweise dem Abhören elektronischer Kommunikation oder mit der Auswertung von Satellitenfotos. Das wäre unauffällig und würde die Army so gut wie nichts kosten, andererseits aber die Frage klären, wie ernst man die Bedrohung seitens sowjetischer RV-Spione nehmen sollte. Falls sich heraustellen sollte, daß die Remote Viewer keine wirkliche Gefahr darstellten, wäre dies ja um so besser.

Atwaters Vorschlag trat seinen Weg durch die Hierarchie an und wurde genehmigt – bemerkenswerterweise ohne nennenswerte Querelen. Schließlich landete das Konzept auch beim Aufsichtsleiter des SED, ACSI Major General Thompson. So merkwürdig es klingen mag, Thompson war von der Idee begeistert, paranormal begabte Spione einzusetzen. Schließlich interessierte er sich selbst für das Paranormale, seitdem er einige Jahre zuvor Arthur Koestlers Buch *The Roots of Condidence* gelesen hatte. Thompson hatte auch bereits von den RV-Experimenten am SRI gehört, die von der CIA finanziert wurden. Er war sehr davon angetan, das Thema RV an die Army heranzutragen, wollte dabei aber nicht unbedingt auf die Hilfe der CIA oder des SRI angewiesen sein. Vielmehr schwebte ihm vor, sich eine eigene geheime Einheit von PSI-Spionen zuzulegen.

Atwaters Projekt erhielt zunächst den Codenamen »Gondola Wish«. Wie Atwater es vorgeschlagen hatte, wurde mit minimalen Kosten operiert. Atweater erhielt einige tausend Dollar an Reisespesen, und man wies ihm einige Quadratmeter Bürofläche im Gebäude 4554 von Fort Meade zu. Den Teppichboden und die Möbel mußte er sich unter der Hand beschaffen. Als leitender Offizier wurde ihm Major Watt zugeteilt, der für sein vulkanartiges Temperament bekannt war, das sich bereits negativ auf seine militärische Laufbahn ausgewirkt hatte. Einige Jahre zuvor hatte Watt in Panama einen Offizierskollegen niedergeschlagen, weil dieser seine Frau beleidigt hatte. Watt wurde nie wegen dieses Vergehens verurteilt und schien ansonsten ein durchaus ehrenhafter und pflichtbewußter Offizier zu sein. Doch war er selbst der Meinung, daß er seit diesem Vorfall nicht so zügig befördert worden war, wie er es seinen Leistungen nach verdient hätte. Das neue Projekt war sicherlich recht obskur und würde möglicherweise schnell wieder eingestellt werden, wies andererseits jedoch das Potential enormer Kontroversität auf. Deshalb, so erzählte man es Atwater, hatte man Watt für diese Aufgabe ausgewählt, der ja schließlich wenig zu verlieren habe[3].

Atwater und Watt hatten zunächst die Aufgabe, aus den Reihen der ortsansässigen Army-Geheimdienstler ein Dutzend potentiell paranormal begabter Kandidaten zu rekrutieren. Um sich ein Bild zu machen, anhand welcher Kriterien sich ein guter Remote Viewer erkennen läßt, suchten die beiden zunächst das SRI auf, um dort mit den Wissenschaftlern zu sprechen. Die SRI-Forscher hatten bereits ihr hauseigenes Evangelium zum Thema RV erstellt. Demnach sollte sich diese Fähigkeit in etwa mit der Musikalität vergleichen lassen, die jeder Mensch in gewissem Maße in sich trägt. Die SRI-Forscher meinten, daß man die Kandidaten mit der ausgeprägtesten Begabung am einfachsten herausfiltern könnte, indem man eine relativ große Gruppe auf RV-Targets ansetzt und dann ihre Leistungen bewertet.

Das Problem war nur, daß Atwater und Watt unbedingt vermeiden wollten, daß es sich herumsprach, daß die Army eine RV-Sondereinheit gründen wollte. Also konnten sie auch nicht einfach herumreisen und Offiziere auf ihre PSI-Fähigkeiten überprüfen. Kurzum, sie benötigten eine unauffälligere Methode, um an gute Medien heranzukommen.

Auch die Forscher des SRI hatten sich mit diesem Problem bereits herumgeschlagen und medizinische, neurologische, sowie psychologische Profile von Remote Viewern erstellt, um sie auf mögliche Gemeinsamkeiten zu untersuchen. Bisher war nicht viel dabei herausgekommen, doch sprach einiges dafür, das Menschen mit einer künstlerischen Begabung, einem guten räumlichen Vorstellungsvermögen und Kreativität auch gut bei RV-Versuchen abschnitten. Die SRI-Forscher waren weiter der Ansicht, daß sich die Visualisierung paranormaler Eindrücke mit einem sehr kurzzeitigen Ansehen eines realen Szenarios vergleichen läßt. Menschen, die sich nach so kurzen Sinneseindrücken an eine überdurchschnittlich große Menge von Details erinnern können, sollten demnach auch als Remote Viewer gute Leistungen erbringen.

Doch mußten die SRI-Forscher zugeben, daß diese Attribute allenfalls grobe Anhaltspunkte für die Auswahl boten. Deshalb waren sie der Ansicht, daß eine Suche nach begabten Medien mittels relativ unverfänglicher Gespräche wohl am besten dadurch zu bewerkstelligen wäre, daß man die Kandidaten fragt, ob sie schon einmal paranormal Erlebnisse hatten oder – in vereinfachter Weise – ob sie an PSI-Kräfte glauben würden.

Als sie wieder in Washington waren, nahmen Atwater und Watt

Kontakt mit dem INSCOM-Kommando in Fort Meade auf, weiterhin auch mit dem INSCOM-Hauptquartier im nördlichen Virginia, einem halbmilitärischen Komplex, der in einer ehemaligen Privatschule für Mädchen untergebracht war. Die beiden Offiziere fragten verschiedene leitende Offiziere der INSCOM, ob es in ihrer Einheit Leute gäbe, die in etwa dem von den Forschern des SRI erarbeiteten Persönlichkeitsprofil entsprächen. Atwater und Watt besuchten auch eine Reihe von Büros der Army beim National Photographic Interpretation Center (NPIC) im südöstlichen Washington, da sie davon ausgingen, daß Fotoanalytiker durch ihre visuelle Begabung möglicherweise exzellente Kandidaten abgeben würden.

Nachdem sie auf diese Weise eine Liste mit den Namen mehrerer hundert Kandidaten angefertigt hatten, machten sich Atwater und Watt daran, mit diesen Menschen Kontakt aufzunehmen. Die Kandidaten wurden über ihren persönlichen Hintergund befragt, wobei der Schwerpunkt des Interesses natürlich bei paranormalen Erfahrungen und den diesbezüglichen Ansichten lag. Den Teilnehmern der Befragung wurde erzählt, es handle sich lediglich um eine vom INSCOM-Commander anberaumte Befragung zum Thema PSI. Aber als der Fotoanalytiker Mel Riley an die Reihe kam, ahnte er bereits, worum es bei den Fragen in Wirklichkeit ging. Er hatte Augen und Ohren offengehalten, und nun war ihm klar, daß man ihn für das Projekt Gondola Wish rekrutieren wollte.

Nach der ersten Befragungsrunde suchten Atwater und Watt die Akten von einigen Dutzend Kandidaten heraus, die ihnen besonders vielversprechend erschienen. Dabei waren die beiden Offiziere keineswegs nur am reinen PSI-Potential der Auserwählten interessiert. Ihnen war vielmehr bewußt, daß es darauf ankam, solche Männer und Frauen auszuwählen, die sich durch Kompetenz und Intelligenz auszeichneten und auch durch den Wunsch, etwas Neues zu erlernen. Schließlich wollten sie nicht einfach einen undisziplinierten Haufen von Hellsehern und Wahrsagern um sich scharen.

Als sie sich durch die Personalakten gewühlt hatten, war die Liste auf etwa zwanzig Personen zusammengeschrumpft, mit denen dann ein zweiter Gesprächstermin vereinbart wurde. Mel Riley war mit von der Partie und wurde nun darüber informiert, daß die Army ein Team von Spezialisten zusammenstellen wollte; von Menschen, die zu PSI-Spionen für Opsec-Missionen ausgebildet werden sollten. Ob er daran interssiert wäre, dazuzustoßen?

Riley zögerte nicht eine Sekunde. Natürlich war er interessiert. Für ihn war es das interessanteste Militärprogramm, von dem er je gehört hatte.

Kurz darauf, Anfang 1978, wurde Riley zu einem abhörsicheren Raum beordert, der schräg gegenüber von Colonel Keenans Büro im Gebäude 4554 lag. Als er dort ankam, lernte er neben etwa zehn oder elf weiteren Kandidaten auch Atwater und Watt kennen, die einen kurzen einführenden Vortrag über das Programm und seinen Zweck hielten.

Atwater und Watt wiesen deutlich darauf hin, daß es sich nur um eine experimentelle Einheit handelte, die es vielleicht schon bald nicht mehr geben würde. Die im Raum versammelten Kandidaten würden nur einen Teil ihrer Zeit hier verbringen - vielleicht einige Stunden in jeder Woche - und offiziell weiter ihrer alten Einheit angeschlossen bleiben. Eines war jedoch offenkundig: das RV-Projekt hatte Interesse bei den höheren Dienststellen geweckt. Falls alles gut laufen würde, bestand die Aussicht, daß man das Projekt Gondola Wish erweitern und damit eine neue Ära der militärischen Spionage einleiten würde.

Wie zu erwarten, waren die meisten Mitglieder der um Atwater und Watt versammelten Gruppe Fotoanalytiker. Einer von ihnen Riley. Dasselbe galt für den großen, bodenständig wirkenden Hartleigh Trent, ein ehemaliger Unteroffizier der Navy. Trent war bereits in den Fünfzigern, was ihn sozusagen zum Oldtimer der Gruppe machte (die anderen Teilnehmer von Gondola Wish waren zwischen Ende zwanzig und Anfang dreißig). Riley kannte Trent bereits, da dieser vor acht Jahren in Fort Holabird sein Ausbilder für das Fach Lufterkennung gewesen war. Trent arbeitet nun für NPIC und gelegentlich auch für die Opsec-Teams. Vier der anderen Zivilangestellten der Gruppe waren ebenfalls Fotoanalytiker - Nancy Stern, Steve Hanson, Bud Duncan und Steve Holloway[4]. Hanson war ein überzeugter Christ, was sich später bei der Ausbildung dadurch bemerkbar machen sollte, daß er seine Entspannungsphasen mit dem Studium von Bibelversen gestaltete.

Dann gab es da einen weiblichen Army-Captain namens Jancie Rand, die für das INSCOM-Büro in Fort Meade gearbeitet hatte, sowie weitere Offiziere und Zivilisten aus dem Operationsbereich der Army-Geheimdienste. Einer davon war der Gegenspionage-Spezialist Captain Ken Bell; ein kleiner, drahtiger, etwas verschlossen wirkender Mann, der eine Neigung zur Meditation hatte. Ebenfalls von der Gegenspionage kam Fernand Gauvin, ein gutaussehender, dunkelhaariger Zivilist Ende vierzig aus Rhode Island. Gauvin konnte auf eine lange Reihe von paranormalen Erlebnissen und transzendentalen Erfahrungen zurückblicken, die bereits in seiner Kindheit ihren Anfang genommen hatten. Als Teenager hatte er sich einem katholischen Laienorden angeschlossen, den Brüdern vom Geheiligten Herz. Auch 1978 noch besuchte er regelmäßig die Messe, aber sein Glaube war mittlerweile vom Gedankengut der New-Age-Bewegung geprägt. So praktizierte er Yoga und Meditation, experimentierte mit höheren Bewußtseinszuständen und las Bücher über Spiritismus und das Aura-Phänomen. 1975 hatte er eine ungewöhnliche außerkörperliche Erfahrung, bei der er einem wohlgesinnten Geistwesen begegnete, das als Liebe ausstrahlende Leuchterscheinung auftrat und ihn so sehr beeindruckte, daß er immer wieder davon erzählen mußte.

Gauvin und Bell arbeiteten in Arlington Hall, wo einige Sektionen des US-Spionagewesens untergebracht sind, die schon etwas an die James-Bond-Filme erinnern. Auch der ebenfalls für Gondola Wish rekrutierte Zivilist Jackie Keith stammte von dort, er arbeitete für Special Operations und war anscheinend dauernd mit mehreren Missionen zugleich betraut. Schließlich gab es da noch Joe McMoneagle, einen bulligen Offiziersanwärter, der in Arlington Hall einen Trupp von Technikern befehligte und in der Vergangenheit an Funkabhör-Missionen beteiligt gewesen war, von den Bahamas über Kambodscha bis Vietnam.

Für McMoneagle, Riley und die anderen schien es zunächst von Vorteil zu sein, daß sie nur als Teizeitkräfte an Gondola Wish beteiligt waren, da das Projekt mit frustrierender Langsamkeit in Gang kam. Beinahe sah es so aus, als ob man jede Aufmerksamkeit vermeiden und jeder Kontroverse aus dem Weg gehen wollte, indem man nichts tat. Keine Missionen, nur Trockenübungen. Und zuweilen fielen selbst diese aus.

Die erste RV-Sitzung wurde von Mel Riley unternommen, der sich zu diesem Zweck auf die Couch des kleinen, improvisierten Arbeitszimmers im Gebäude 4554 legte. Atwater saß als Beobachter dabei, es gab keinen gesonderten Kontrollraum, nur einen tragbaren Kassettenrekorder, den Atwater in der Hand hielt, um Rileys Eindrücke zu dokumentieren. Scotty Watt, der bei diesem Versuch als Zielsubjekt diente, war im Freien und ging auf das Gästehaus für ranghohe Offiziere zu, das ein paar hundert Meter weit entfernt lag.

Das Protokoll dieses Versuchs war bereits vom SRI für einige Experimente eingesetzt worden. Für echte Spionagezwecke war es allerdings weniger gut geeignet. Die Forscher beim SRI bezeichneten es als Outbound Remote Viewing (Außenkontakt-RV), bei dem eine Kontaktperson, in diesem Falle Watt, einen nach dem Zufallsprinzip ausgewählten Zielort aufsucht. Der Remote Viewer würde dann versuchen, durch Worte und Skizzen, die in sein Bewußtsein eindrangen, die Umgebung zu beschreiben, in der sich die Außenkontaktperson aufhält. Riley konnte sich in einen trance-artigen Zustand versetzen, um dann in totaler Dunkelheit auf der Couch zu liegen und vor sich hinzumurmeln, was er wahrnahm. Nach dem Aufwachen würde er seine Eindrücke dann in Handskizzen umsetzen. Manchmal setzte er sich jedoch auch nur im Halbdunkeln hin und fing direkt an zu zeichnen, was ihm in den Kopf kam. Atwater befürwortete dieses Experimentieren. Sein Leitmotiv war typisch kalifornisch: *Hey, was immer du meinst, was am besten geht.*

Riley versank also in jenen Zustand, den er bald schon für diesen Zweck bevorzugte: Eine leichte Trance, bei der er mit geschlossenen Augen im abgedunkelten Raum lag und seine Eindrücke beschrieb. Eine kurze Vision eines Gullydeckels, ein Bürgersteig und einige andere nur vage wahrgenommene Dinge. Dann versuchte er, das Gesehene zu Papier zu bringen. Nachdem Watt zurückgekommen war, um mit Riley zum Zielgelände zu gehen, erkannte dieser, daß er wirklich einige wenige Elemente identifiziert hatte – allerdings nur bruchstückhaft. Kein sehr vielversprechender Anfang …

Bevor weitere Sitzungen stattfinden konnten, kam von oben die Meldung, daß RV nun als »Experiment unter Einsatz von Menschen« galt und somit einem Bereich angegliedert war, der auf eine ziemlich zweifelhafte Historie zurückblicken konnte. Das betrifft speziell die an Soldaten in den 50er und 60er Jahren durchgeführten umstritten Studien mit LSD und anderen Drogen, die sich potentiell als Wahrheitsserum oder zur Durchführung einer Gehirnwäsche eignen. Deshalb wollte die Heeresleitung sicherstellen, daß alle Teilnehmer der Versuche ihr ausdrückliches Einverständnis erklärten und das Projekt außerdem von der zuständigen Kontrollbehörde überwacht wurde.

Riley und die anderen mußten nun wahre Berge von Einverständniserklärungen unterzeichnen, außerdem sollten die Offiziere des medizinischen Korps das Projekt absegnen. Als die Unterlagen endlich die Bürokratie bis hinauf zum Army Surgeon General durchwandert hatten und die weitere Durchführung genehmigt wurde, waren etliche Monate vergangen.

Am Ende des Programms wurden die sechs vielversprechendsten Mitglieder des Teams zum SRI nach Menlo Park im Budensstaat California geschickt, um sich dort einige Wochen lang an Außenkontakt-RV zu versuchen. Es handelte sich um Riley, Joe McMoneagle, Ken Bell, Fern Gauvin, Nancy Stern und Hartleigh Trent. Ihnen wurde zunächst erzählt, daß man ihnen nun die speziellen RV-Techniken des SRI beibringen würde. Doch in Wirklichkeit ging es Atwater und Watt in erster Linie darum, die Sechs noch einmal vom SRI testen zu lassen, um sich insgeheim darüber zu informieren, welche drei sich am besten für die beabsichtigten Missionen eignen würden. Doch letztlich entschied das SRI, daß alle sechs über entsprechende Fähigkeiten verfügten.

Diejenigen, die nicht den Gang zum SRI angetreten hatten, verschwanden bald schon von der Bildfläche, soweit es die RV-Experimente betraf. Einige hatten ohnehin Probleme, an Gondola Wish mitzuarbeiten, da sie sich etlich Stunden in jeder Woche von ihrem eigentlichen Dienst entfernen mußten, aufgrund der Geheimhaltung ihren Vorgesetzten jedoch nicht sagen konnten, was sie in dieser Zeit taten. Einige empfanden dies als schlichtweg unerträglich, andere kamen dagegen mit RV nicht richtig zurecht. Steve Hanson riß sich beispielsweise immer wieder selbst durch Zweifel aus der Zone heraus, weil er befürchtete, irgendetwas nicht richtig zu machen: *Nein, Moment, das ist nicht ... okay – nein, doch nicht ...*

Mel Riley war natürlich sehr erfreut, daß er diese letzte Hürde überwunden hatte. Nun verbrachte er zunehmend mehr Zeit bei der RV-Einheit, was der Qualität seiner paranormalen Spionagetätigkeit keineswegs abträglich zu sein schien. Eines Tages erhielt er die Anweisung, Scotty Watt aufzuspüren. So begab er sich also um die richtige Uhrzeit in die Zone und versuchte sich auf Watt abzustimmen ... als etwas Seltsames geschah: Riley meinte, Schokolade zu schmecken. Genau so, als ob man einen Schokoriegel ißt. Zudem meinte er, auf dem flackernden Bildschirm seines Geistes ein mit Münzen gefülltes Glas zu sehen, dann eine Straße und eine Reihe von Autos. Zehn oder fünfzehn Minuten nach dem Ende der Sitzung betrat Watt wieder das Büro und fuhr mit Riley und Atwater über den Highway zum Zielort. Es war ein VW-Geschäft, das einige Kilometer von Fort Meade entfernt lag. Riley grübelte darüber nach, was es wohl mit der Schokolade und dem mit Münzen gefüllten Glas auf sich hatte. Doch dann bekannte Watt, daß er einige Minuten zu früh am Ziel angekommen war und deshalb einen 7-Eleven Fastfood-Laden betreten hatte, um sich einen Schokoriegel zu kaufen, den er dann auch gegessen hatte. Auf dem Tresen direkt neben der Registrierkasse stand ein mit Münzen gefülltes Spendenglas ...

Einige aus der Gruppe kamen schließlich auf die Idee, die Übungen etwas interessanter zu gestalten. Beispielsweise versuchte Atwater, durch RV das Zahlenlotto von Maryland zu gewinnen. Er hielt innerhalb der Gruppe nach Freiwilligen Ausschau und gründete ein inoffizielles Unterprojekt für »Assoziatives RV« (ARV). Bei den Versuchen sollten also Zahlen als Targets eingesetzt werden. Aus irgendeinem Grund erwies es sich jedoch fast als unmöglich, Zahlen in direkter Form durch RV zu erkennen. Statt dessen benutzte man bei ARV-Experimenten Symbole – beispielsweise einen Teddybären für die Null, einen Baseballschläger für eins, eine Orange für Zwei und so weiter.

Atwater ordnete den Zahlen also insgeheim solche Objekte zu. Dann bat er die Seher, in Trance in die Zukunft zu gehen, um die Objekte zu beschreiben, die Atwater ihnen am nächsten Tag präsentieren würde. Objekte, die die Gewinnzahlen der Lottoziehung symbolisierten, welche zu diesem Zeitpunkt bereits veröffentlicht waren. Falls die Seher also Gruppen von Objekten beschreiben würden, die Atwater heimlich ausgewählt hatte, und falls diese Gruppen mit den Gewinnzahlen des Lottos übereinstimmten, würde er seine Tips entsprechend abgeben. Prinzipiell ging es einfach darum, daß die Seher ihre eigene Zukunft beschreiben würden, anstatt sich auf die Lottozahlen selbst zu konzentrieren. Unglücklicherweise klappte es nicht in einem einzigen Fall.

Atwater hatte auch die Idee, seine Seher auf eine Schatzsuche anzusetzen: Ein amerikanischer Abenteurer des 19. Jahrhunderts hatte im Westen ein Vermögen zusammengerafft, alles mit zurück in den Osten genommen und dort in Juwelen und Geld umgesetzt. Angeblich hatte er diesen Schatz dann irgendwann in Virginia vergraben und in seinen Notizen kryptische Hinweise auf das Versteck hinterlassen. Riley und McMoneagle betätigten sich also als Schatzsucher und versuchten, mittels RV den Fundort einzugrenzen. Schließlich unternahmen sie einen Ausflug in die Gegend, in der der Schatz vermutet wurde. Sie sahen sich dort um, fuhren Landstraßen entlang, spazierten durchs Gelände und hofften dabei auf ein paranormales Schlüsselerlebnis, das sie auf den richtigen Weg bringen würde. Den Schatz fanden Riley und McMoneagle zwar nicht, dafür begegneten sie beim Durchstreifen einer Weide einem wilden Bullen. Noch heute kann sich Riley an die wirklich surreale Szene erinnern, als McMoneagle – klein, untersetzt, nicht gerade ein Sprinter – bergauf lief und dabei mit einem Sprung einen eineinhalb Meter hohen Stacheldrahtzaun überwand.

Major General Thompson, der stellvertretende Stabschef für den Nachrichtendienst der Army, beobachtete wohlwollend die Aktivitäten der Einheit in den ersten Monaten nach ihrer Gründung und war angesichts der Resultate der praktischen Experimente recht positiv gestimmt. Da sowohl die Leute von Gondola Wish als auch die vom SRI davon überzeugt waren, daß wirklich jeder RV bis zu einem gewissen Grad beherrschen konnte, beschloß er, es einmal selbst zu versuchen.

Deshalb tauchte eines Tages Scotty Watt bei ihm auf, begleitet von Mel Riley, der sich mittlerweile nicht nur als talentierter Seher, sondern auch als guter RV-Analyst entpuppt hatte. Riley saß nun in Thompson geräumigem Büro im Pentatgon an einem Tisch mit dem General selbst und einem seiner Stabsoffiziere, Major Stone. Stone sollte als Außenkontakt agieren, sozusagen als »Peilsender«, den Thompson mittels RV auffinden mußte. Stone und Thompson einigten sich auf eine bestimmte Anfangszeit für das Experiment, bevor ersterer sich dann auf den Weg zum Zielort machte, der nur ihm bekannt war. Zum vereinbarten Zeitpunkt trug Thompson seiner Sekretärin auf, keine Telefonate durchzustellen und setzte sich an seinen Schreibtisch, auf dem ein Stapel leere Notizblätter und ein Stift lagen. Unter Rileys Anleitung fing er nun an, zu Papier zu bringen, was ihm einfiel. Zunächst hatte er eine flüchtige Vision von einem klotzigen, stattlichen Gebäude; danach sah er einen Teich. Er meinte auch, das alles aus einer gewissen Höhe zu sehen und kam schließlich zu der Ansicht, es handle sich um das Lincoln Memorial am Mall in der Nähe des Capitols. Vor dem Memorial befindet sich bekanntlich ein flaches Wasserbecken, der »Reflecting Pool« (Spiegelteich).

Etwa eine halbe Stunde später traf Major Stone wieder ein. Es stellte sich heraus, daß er nicht beim Lincoln Memorial gewesen war, sondern beim Alexandria-Bahnhof, der einige Kilometer südlich vom Pentagon liegt. Ein ziemlicher Reinfall – aber nur auf den ersten Blick: Als Thompson hinausfuhr und sich den Zielort ansah, entdeckte er in einigen hundert Metern Entfernung ein anderes klotziges, stattliches Gebäude, das als Masonic Temple bekannt war. Es war weitaus auffälliger als der Bahnhof, tatsächlich könnte man sagen, daß es mehr oder weniger die westliche Skyline vor dem im Kolonialstil errichteten Altbau des Alexandria-Bahnhofs dominierte. Auch befand sich in der Nähe seiner zum Westen weisenden Fassade ein großer, künstlicher Teich. Thompson entschied, daß er tatsächlich den Masonic Temple angepeilt und ihn versehentlich als Lincoln Memorial identifiziert hatte.

Einige Wochen später mußte Thompson Washington wegen einer geschäftlichen Angelegenheit verlassen. Nachdem sein Flugzeug vom National Airport aufgestiegen war und gerade den südlich liegenden Potomac überquerte, sah er zufällig aus dem Fenster und entdeckte den Altbau des Alexandria-Bahnhofes. Plötzlich hatte er ein *Déja Vu*-Erlebnis: Was er hier aus dieser etwas ungewöhnlichen Höhe sah, war nichts anderes als eine reale Variante jener Vision, die er während des RV-Experiments hatte.

Gondola Wish wurde nicht nur von General Thompson unterstützt, sondern erfuhr zumindest taktische Schützenhilfe vom INSCOM Commander William Rolya, dem Army Stabsleiter Edward C. »Shy« Meyer, sowie Clifford Alexander, dem Secretary of the Army. Trotzdem sorgte das verschwindend kleine Budget dafür, daß die Remote Viewer unter einigen Unannehmlichkeiten zu leiden hatten. Ein Beispiel dafür beruhte auf dem Umstand, daß Remote Viewer im Trancezustand oft extrem empfindlich auf die Geräusche ihrer Umgebung reagierten. Ein ruhiger Trainingsraum wäre also wünschenswert gewesen – je ruhiger, desto besser. Aber das kleine Zimmerchen im Gebäude 4554 lag direkt unter einer Damentoilette. Deshalb wurden Riley und die anderen ständig von nichtsahnenden weiblichen Truppenmitgliedern aus ihrer Trance »herausgespült«.

Noch entnervender waren jedoch die unerwarteten Geräusche. Eines Nachmittags hockte Ken Bell in dem abgedunkelten Raum, während Mel Riley als Monitor fungierte. Bell bevorzugte es, sich dadurch zu entspannen, daß er sich eine langsam rotierende goldene Kugel vorstellte. Es war sehr ruhig, und Bell beobachtete die leuchtende, rotierende Kugel, versank tief in der *Zone*, so tief, so ruhig ...

BUMM!

Das Gebäude wurde von einer ohrenbetäubenden Explosion erschüttert, wodurch Bell einen derartigen Schock erlitt, daß er für einen Augenblick davon überzeugt war, daß er ein gutes Stück über der Couch levitiert hatte und nun abgestürzt war. Er brauchte eine ganze Weile, bis er sich wieder beruhigt hatte. Wie sich später herausstellte, wurde an diesem Tag ein General mit allen Ehren in den Ruhestand entlassen. Was Bell gehört hatte, war das Geräusch einer Batterie von 155-Millimeter-Haubitzen, die auf der anderen Seite der Straße den Salut abgefeuert hatten.

Nachdem das Team eine ganze Weile ständig Beschwerden über derartige Vorgänge eingereicht hatte, wurde es in die etwa 800 Meter entfernten Gebäude 2560 und 2561 auf der Llewellyn Street umquartiert. Schön war es hier nicht, und wie bei ihrem Einzug in ihren alten Standort mußte das Team auch hier selbst dafür Sorge tragen, daß die Räumlichkeiten renoviert und einigermaßen zweckdienlich möbliert wurden. McMoneagle, der ein gewisses künstlerisches Talent besaß, gab dem Ganzen den Schliff, indem er auf den ursprünglich als Hitzereflektor gedachten Eisenschild die Weltraumszene malte. Trotz der improvisiert und schäbig wirkenden Atmosphäre des Ganzen waren die Remote Viewer recht bald von ihrem neuen Quartier sehr angetan, da es hier wesentlich ruhiger zuging und außerdem mehr Platz vorhanden war. Im Gebäude 2560 standen für die RV-Sitzungen nun drei Räume zur Verfügung. Außerdem gab es noch einen Kontrollraum, in dem Scotty Watts oder eventuelle Besucher aus den Missionszentren den Einsätzen beiwohnen und nötigenfalls dem Monitor Anweisungen erteilen konnten.

Gegen Ende des Jahres 1978, etwa zur Zeit des Umzuges in die neuen Quartiere, wurde das Projekt Gondola Wish umstrukturiert. Wie eine später verfaßte Notiz der Army-Leitung es formuliert, geschah dies »wegen vielversprechender Anfangserfolge und einem besonderen Interesse auf höchster Ebene«. Dieses »besondere Interesse« wurde von General Thompson und anderen aus dem Pentagon, sowie dem CIA geäußert. Unter den Verantwortlichen waren auch einige, die seit Jahren die Remote Viewer am SRI mit Geheimdienst-Missionen betraut hatten. Nachdem sie über die Vorgänge in Fort Meade in Kenntnis gesetzt worden waren, hatten sie offenbar beschlossen, auch dieses neue Team einzuspannen. Augenscheinlich war man der Meinung, daß es sinnvoll sei, zwei unabhängige Teams von Remote Viewern einzusetzen, deren Standorte fast 5000 Kilometer voneinander entfernt lagen, um die

Ergebnisse zu vergleichen und dadurch die Genauigkeit der Daten zu prüfen. Auf längere Sicht plante man, die wisenschaftliche Forschung dem SRI-Team zu überlassen, während die Gruppe von Fort Meade die eigentlichen Einsätze durchführen sollte.

Deshalb wurde das Team von Fort Meade gegen Ende des Jahres 1978 auch seiner ursprünglichen Funktion als Opsec-Abteilung enthoben. Obwohl es sich immer noch mit Opsec-Missionszielen befaßte, wurde es nun hauptsächlich für nachrichtendienstliche Offensivzwecke eingesetzt. Als Team, das jeder Dienststelle innerhalb des Geheimdienstbereiches zur Verfügung stand, insofern diese über eine entsprechende Sicherheitseinstufung und die notwendigen Beziehungen verfügte. Um dies zu ermöglichen, erhöhte General Thompson das Budget, so daß das Team nun drei Remote Viewer als Vollzeitkräfte beschäftigen konnte: Mel Riley, Ken Bell und Joe McMoneagle. Die Einheit wurde nun als »Special Action Branch« geführt, als Sonderkommando für Spezialeinsätze. Obwohl sie der direkten Befehlsgewalt der Abteilung von General Thompson unterstand, wurden sie wie eine Spezialeinheit behandelt, die von allen US-Geheimdiensten beansprucht werden konnte.

Mit diesen Veränderungen wurde auch der Name Gondola Wish zu den Akten gelegt. Statt dessen führte man die Einheit nun unter »Grill Flame«, einer Codebezeichnung des Pentagons, unter der alle RV-Projekte zusammengefaßt wurden, sowohl die in Fort Meade als auch die am SRI.

Grill Flame unterlag von vornherein einer der höchsten Geheimhaltungsstufen des Pentagons, was aber nicht allein darauf zurückzuführen war, daß die Verantwortlichen das Programm vor den Sowjets verbergen wollte. Vielmehr ging es wohl darum, daß sich die Befürworter die Peinlichkeit ersparen wollten, sich eines Tages vor der Öffentlichkeit für die Existenz des Projektes rechtfertigen zu müssen: *Hellseher im Pentagon! US-Agenten lesen aus dem Kaffeesatz!* Eines Tages würde die ganze Geschichte ohnehin durchsickern – in Washington ist das unvermeidbar. General Thompson und die anderen Verantwortlichen hinter Grill Flame hofften nur, daß dieser Tag noch weit entfernt liegen würde ...

Im Sommer 1979, viele geheime Opsec-Einsätze später, wurde Mel Riley per RV auf eine chinesische Nuklearanlage bei Lop Nor angesetzt. Am ersten Tag der Mission verbrachte er eine gute Stunde auf dem Sofa im RV-Raum, glitt in die Zone hinein und wieder heraus, um Skip Atwater zu berichten, was er dort gesehen hatte. Anschließend fertigte er Skizzen zu seinen Visionen an. Eine davon stach besonders heraus: Sie zeigte einen Gegenstand, der an einen Basketball erinnerte, aus dem an zwei gegenüberliegenden Stellen jeweils ein Trichter ragte. Ein wenig erinnerte das Ganze an zwei Trichterlautsprecher, oder an eine auf der Seite liegende Sanduhr, an die Fliege, die man zu einem Smoking trägt. Da Riley keine Ahnung von Nukleartechnik hatte, wußte er nicht, was es war.

Nachdem Riley durch war, kam Joe McMoneagle zum Einsatz, dessen Trance immer außergewöhnlich tief war. Er tauchte oft so tief in die Zone ein, daß er in der Entspannungsphase zu schnarchen begann. In den Sitzungen klang seine Stimme meist ziemlich abwesend und verschlafen, so als ob er im Traum mit jemandem sprechen würde. Als McMoneagle an diesem Tag wieder aus der Zone herauskam, fertigte er eine detaillierte Skizze der Nuklearanlage an, in deren Zentrum er denselben Gegenstand einzeichnete, den auch Riley beschrieben hatte. Später wurde dieses Objekt auch von Ken Bell bestätigt.

Atwater schrieb einen zusammenfassenden Bericht über die Sitzungen und leitete ihn an die Stelle der Air Force weiter, die den Einsatz veranlaßt hatte. Das sanduhr-artige Gebilde erweckte sofort höchstes Interesse. »Was ist das?« wollte Atwater wissen. »Das können wir Ihnen nicht sagen«, antwortete einer der Air Force-Leute. »Sie haben keine Freigabe für Informationen der Sicherheitsstufe CNWDI.«

CNWDI steht für »Critical Nuclear Weapons Design Information« – Informationen über bedenkliche Entwicklungen in der nuklearen Waffentechnik. Wie sich herausstellte, war das sanduhrförmige Objekt ein neuartiges Element einer Nuklearwaffe, das bislang noch nicht von den Chinesen verwendet worden war.

Generell wurde es nicht als notwendig erachtet, daß Mel Riley und die anderen Remote Viewer darüber informiert wurden, wie gut sie ihre Aufgaben erfüllt hatten. Nur in wenigen Einzelfällen wurden sie offiziell darüber in Kenntnis gesetzt, manchmal allerdings nur dadurch, daß Watt oder Atwater ihnen freundschaftlich auf die Schulter klopften. Nur wenn ihr Target mit einer ausgewachsenen Krise in Verbindung stand, wurden ihre Visionen durch Zeitungsberichte bestätigt.

An diesem Tag wußte Riley allerdings, daß er nicht allzu weit daneben gelegen hatte, weil er sich am Nachmittag zu einer weiteren RV-Sitzung einfinden mußte. Als er in die Zone eingetaucht war, forderte Atwater ihn auf, anhand einer geographischen Koordinate ein »Eregnis« zu visualisieren.

Riley hatte die Vision einer ausgedehnten, öden Wüste, in der es eine Anordnung konzentrischer Ringe gab, die einen Durchmesser von etlichen Kilometern hatten. In ihrer Mitte stand ein Turm oder etwas ähnliches. Dann »fühlte« Riley, wie ein Flugzeug auftauchte, eine Bombe abwarf und dann ... nichts. Er war unsicher, was genau passiert war. Später wurde Joe McMoneagle eingesetzt, der von einer »höllischen Explosion« berichtete, bei der es sich seiner Meinung nach aber um einen Fehlschlag gehandelt hatte – es war nicht zu einer nuklearen Kettenreaktion gekommen.

Riley sollte nie den gesamten Hintergrund der Aktion erfahren, bemerkte aber, daß Atwater und Watt sehr zufrieden waren. Tatsächlich hatte RV sich in diesem Fall sehr gut bewährt: Die Beschreibung der nuklearen Anlage war zwar nicht überprüfbar, enthielt aber wichtige Elemente, die von führenden US-Waffenexperten prognostiziert worden waren, so daß eine genauere Untersuchung eingeleitet wurde. Die Beschreibung des fehlgeschlagenen Tests machte ebenfalls Sinn – der RV-Einsatz war offenbar eingeleitet worden, weil die US-Geheimdienste gewußt hatten, daß an einem bestimmten Tag bei Lop Nor ein Nukleartest stattfinden sollte, der dann aber wider Erwarten nicht registriert wurde: US-Spionagesatelliten, U-2-Aufklärungsflugzeuge und andere Einrichtungen waren vergeblich darauf angesetzt worden, den in die Atmosphäre gewirbelten radioaktiven Staub anzumessen. Ein Rätsel, zu dem die Remote Viewer eine passable Lösung bieten konnten: Die Bombe war explodiert, hatte aber nicht die geplante nukleare Kettenreaktion in Gang gesetzt.

Die Geheimdienste konnten die Berichte des RV-Teams später durch andere Quellen bestätigen. Demnach hatte ein chinesisches Flugzeug das Testgelände in großer Höhe übeflogen, um die Bombe so abzuwerfen, daß sie über dem Aufschlagpunkt in der Luft explodieren würde. Da der Fallschirm der Bombe versagte, hatte sie sich in den Boden gebohrt, was zu einer Fehlzündung des Sprengsatzes führte[5]. Obwohl es zu einer großen, radioaktiv verunreinigten Explosion gekommen war, war die erwünschte Kernverschmelzung fehlgeschlagen. Die Bombe war ein Blindgänger.

3. PSI-INT

Man kann sich nicht für einen gewissen Zeitraum damit befassen, ohne zu der Überzeugung zu gelangen, daß etwas dran ist.

Aussage eines ehemaligen CIA-Beamten, der die Einheit von Fort Meade mit Missionen betraute.

Heute hört es sich nur wie ein Haufen reichlich überzogener Märchen an. Aber damals gehörten sie zum Alltag, es war unser Beruf.

Skip Atwater

Das Pentagon verfügt über eine beachtliche Liste von Akronymen, mit denen die einzelnen Spielarten des Geheimdienstwesens bezeichnet werden. HUMINT steht beispielsweise für »Human Intelligence« (Nachrichtenerfassung durch Menschen), womit die traditionellen Spione und ihre Befehlshaber bezeichnet werden, die einem Insider-Witz nach das »zweitälteste Gewerbe der Welt« betreiben.

PHOTINT steht für »Photographic Intelligence«. Informationsquellen sind hier die »Images« (Bilder) von Spionagesatelliten, weshab PHOTINT auch manchmal unter IMINT geführt wird. Typischerweise gehören dazu normale Fotos, Infrarot-Wärmebilder, Gammastrahlen-Fotos, sowie die Schirmbilder von alles durchdringenden Niederfrequenz-Boden- und Tiefenradar-Systemen.

Mit SIGINT (Signal Intelligence) wird dagegen das Abfangen elektronischer Signal aller Art umschrieben, wogegen COMINT (Communications Intelligence) sich auf das Abhören von Telefongesprächen und Funksendungen beschränkt. SIGINT/COMINT hat sich zügig zu einer der wichtigsten nachrichtendienstlichen Erfassungsmethoden entwickelt. Unter der Leitung der National Security Agency (NSA), die etwa doppelt so viele Miarbeiter hat wie die CIA, werden hier von Anzapf-Spezialisten, Lauschposten und Dechiffrierungsprofis enorme Mengen an geheimen Informationen eingesammelt, darunter auch die privatesten und peinlichsten Augenblicke aus dem Leben diverser ausländischer Regierungsoberhäupter. Die gesamte Flut möglicherweise relevanter Informationen zu verarbeiten, käme dem Versuch gleich, aus einer Feuerwehrspritze zu trinken. Deshalb setzt die NSA in großem Maße Computer ein, die den Vorgang der Sichtung potentiell nachrichtendienstlich bedeutsamer Daten automatisch erledigen.

Schließlich gibt es auch noch ELINT (Electronic Intelligence), deren Aufgabenbereich sich häufig mit SIGINT, COMINT und PHOTINT überschneidet. Im engeren Sinne ist ELINT mit der Analyse der Radarsignaturen feindlicher Luftverteidigungssysteme und Telemetriesignale unbemannter Waffensysteme und Satelliten betraut.

Zusammen vereinen diese vier »konventionellen« INT-Abteilungen wohl so ziemlich jede Möglichkeit der Informationserfassung, und dies in einem Maße, dessen sich der Normalbürger wohl kaum bewußt ist. Trotzdem war Atwater natürlich bekannt, daß die Geheimdienst-Chefs nur ungern auf einzelne Informationsquellen zurückgreifen. Statt dessen wurden die in den einzelnen INT-Abteilungen anfallenden Informationen in ihrer Gesamtheit bewertet, um Fehler und falsche Informationen zu eliminieren. Sobald ein Hinweis auf ein mögliches Sicherheitsrisiko von einer der INT-Abteilungen entdeckt wurde, machten sich die anderen INTs daran, diese Information zu verifizieren.

Soweit es die Befürworter von Grill Flame betraf, sah eigentlich niemand einen Grund, warum es nicht auch eine PSI-INT geben sollte, solange nur gewährleistet war, daß sie von Zeit zu Zeit zutreffende Informationen beisteuern konnte. Um es in der klaren Sprache der Spione zu sagen: Es war wenig zu verlieren und viel zu gewinnen. Schließlich kristallisierte sich gegen Ende der 70er Jahre heraus, daß die traditionelle Spionage, die die Absichten und Fähigkeiten des Gegners durch Infiltration zu enthüllen versucht, in die Jahre gekommen war. Nach einigen Skandalen Mitte der 70er Jahre, bei denen es unter anderem um die Enthüllung landesinterner Lauschaktionen gegangen war, war die CIA immer stärker in die Schußlinie der Regierung geraten und zeigte sich immer weniger geneigt, neue hochsensible HUMINT-Missionen ins Leben zu rufen. Admiral Stansfield Turner, der die CIA in der Regierungszeit von Jimmy Carter leitete, bevorzugte offenbar weniger gefährliche Methoden, wie etwa die Satellitenaufklärung und das Abfangen der gegnerischen Kommunikation. Er machte sich ziemlich unbeliebt, als er ohne Vorwarnung im Oktober 1977 zweihundert CIA-Innendienstler in der ganzen Welt auf die Straße setzte. Dieses Zusammenstreichen der Kapazität im Bereich HUMINT war genau wie der aus politischen Gründen eingeleitete Schwenk zu »sauberen« Methoden der Spionage ein weiteres Indiz dafür, daß das Konzept einer PSI-INT geradezu ideal war.

Riley und die anderen Remote Viewer wußten kaum ewtas von dem, was in den höheren Kadern vor sich ging. Allerdings bemerkten sie, daß sich die Situation allmählich zum besseren wendete, und dementsprechend stieg auch ihre Arbeitsmoral. Es sah ganz so aus, als ob sie an etwas partizipierten, das sich eines nicht allzu fernen Tages möglicherweise zu einem Riesending entwickeln würde – nicht nur aus militärischer Sicht, sondern auch hinsichtlich der Selbsterkenntnis der Menschheit und ihrem Wissen über unser Universum. Wenn es einmal ruhiger zuging, diskutierten Riley, Atwater und die anderen dieses Thema recht häufig. In ihren Unterhaltungen stand oft die Geschichte der Erforschung paranormaler Ereignisse im Vordergrund, und sie versuchten Erklärungsansätze zu finden, aber auch die möglichen Fallstricke der RV-Technik zu analysieren. So glaubte Ken Bell fest daran, daß man seine paranormalen Fähigkeiten nicht dazu einsetzen kann, Geld zu verdienen. Er hatte zuviele Geschichten von Medien gelesen, die jämmerlich gescheitert waren, nachdem sie versucht hatten, aus ihrer Fähigkeit in großem Stil Kapital zu schlagen. Er glaubte, daß PSI-Kräfte auf irgendeine geheimnisvolle Weise mit den Moralvorstellungen des Mediums verknüpft waren. Nicht jeder stimmte Bell vollständig zu, aber die meisten aus dem Team waren jedenfalls der Ansicht, daß sich die moderne Wissenschaft mit ihrer strikten Ablehnung des Paranormalen auf einen gravierenden Umsturz dieses Dogmas gefaßt machen konnte.

Nach außen hin wirkte die Einheit wie jede andere. Ihre Mitglieder waren auf eine zügige Beförderung aus, sehnten Gratifikationen und eine möglichst vorteilhafte Unterbringung auf Kosten des Militärs herbei, um dann irgendwann zu einem geeigneten Zeitpunkt mit allen Ehren in den goldenen Ruhestand entlassen zu werden. Selbst die Einrichtung ihres Quartiers wirkte fast stereotyp, wenn man vielleicht einmal von McMoneagles Weltraumbild absieht: Details, die man auch bei jeder anderen Einheit erwartet, vom Behälter mit Kaffeeweißer neben der obligaten Kaffeekanne bis zu der ziemlich provokativ engen Kleidung der Sekretärin, einer jungen Zivilistin namens Jenny Davenport.

Natürlich pflegten die Mitglieder des Teams ziemlich exotische Ansichten und wurden darüber hinaus eher anhand ihrer besonderen Fähigkeiten bewertet, als auf Grund ihrer militärischen Ausbildung oder Erfahrung. Dies mag dazu beigetragen haben, daß hier eine eher entspannte Variante des militärischen Drills herrschte, bei der wenig Wert auf die übliche Rangordnung gelegt wurde. Sergeant Riley wurde hier einfach »Mel« gerufen, ebenso wie Lieutenant Atwater sich von allen mit »Skip« oder »Fred« ansprechen ließ. Meist trugen die Remote Viewer zivile Freizeitkleidung und liefen sogar in Socken herum, wenn sie sich innerhalb ihrer Diensträume aufhielten. Der einzige, der die Harmonie störte, war Major Watt, den man hierher zwangsversetzt hatte. Er interessierte sich nicht für das Übernatürliche und pflegte bisweilen einen ziemlich unzeitgemäßen militärische Befehlston, was Mel Riley von Beginn an störte.

Riley fand auch heraus, daß die entspannte PSI-orientierte Arbeitsauffassung nicht jedem klarzumachen war, vor allem an der Heimatfront des alltäglichen Ehelebens. Schließlich war er es als Offizier des Nachrichtendienstes gewohnt, sich im Privatleben weitgehend zugeknöpft zu geben, wenn die Sprache auf seine beruflichen Aktivitäten kam. Aber einige aus der Einheit sahen sich nun mit dem Problem konfrontiert, daß sie sich nicht einmal trauten, ihren Ehepartnern auch nur oberflächlich zu enthüllen, womit sie bei der Army befaßt waren, da es einfach zu bizarr anmutete: *Liebling, ich liege dort in einem dunklen Raum und versuche, auf übernatürliche Weise Menschen und Einrichtungen in gegnerischen Ländern auszuspionieren!* Dann hält man doch besser den Mund und deutet nur an, daß man mit einer neuartigen und interessanten, aber ultrageheimen Mission befaßt ist. Ebenso heikel waren Partys oder Grillabende, zu denen sich mehrere Teammitglieder mit ihren Familien einfanden. Man machte es sich zur Regel, bei derartigen Anlässe das Paranormale von der Liste zulässiger Gesprächsthemen zu streichen. Lieber erzählte Riley etwas über die Indianerstämme von Wisconsin oder deutsches Bier, während McMoneagle vom Camping oder seiner Zeit in Vietnam redete. Hartleigh Trent bevorzugte es dagegen, von seinem Kabinenkreuzer und diversen Angelausflügen in der Bucht zu plaudern.

Trent war übrigens eine ziemlich originelle Type und bald sowohl mit Riley als auch mit McMoneagle eng befreundet. Ein großartiger Geschichtenerzähler, der allerdings nie zur Übetreibung neigte, da er wirklich auf eine lange und hochinteressante Karriere zurückblicken konnte. In seinen letzten Jahren bei der Navy hatte er als Ausbilder in Maine an einer Spezialschule für Überlebenstraining bei Kaltwetter gearbeitet, wo er unter anderem NAVY-SEALS beibrachte, wie man einen Iglu baut. Als rastloser Tüftler und Erfinder hatte er sein Haus mit einem auf Solarenergie basierenden Heizungssystem ausgestattet, das so gut funktionierte, daß einige seiner Kupferrohre bei einer Vorführung in McMoneagles Beisein zu schmelzen begannen.

Soweit Riley weiß, hat Trent seiner Frau nie erzählt, daß er als Teilzeitkraft in einer paranormalen Spionageeinheit arbeitete. Außerdem zeigte Trent sich wegen seiner Mutter besorgt, die offenbar aus religiöser Überzeugung gegen alles Paranormale eingestellt war. Riley konnte das sehr gut nachempfinden, da viel Zeit vergangen war, bis er sich seiner Frau Brigitte anvertraut hatte. Davor hatte sie lediglich gewußt, daß er an einer Geheimsache arbeitet und keine Uniform tragen mußte. Seitdem sie sich Anfang der 70er Jahre während seiner Dienstzeit in Wiesbaden kennengelernt hatten, war Rileys Berufsleben für Brigitte ein Mysterium geblieben. So überrascht es eigentlich nicht, daß sie sich zunehmend auseinanderlebten. Riley wußte nicht, wie hoch die Scheidungsrate bei Ehepaaren ist, von denen ein Partner im militärischen Nachrichtendienst steht. Doch zweifelte er nicht im Geringsten daran, daß die Statistiken keinen Anlaß zur Hoffnung geben würden.

Obwohl Scotty Watt und Skip Atwater eigentlich abwechselnd die Leitung des Teams übernehmen konnten, teilten sie die Verantwortlichkeiten meist unter sich auf. Watt übernahm dabei die bürokratischen Aufgaben und den Kontakt zu den Behörden, von denen die Einheit ihre Aufträge erhielt. Dagegen sorgte Atwater für die Umarbeitung der Aufgaben in RV-Strategien und bestimmte, wer als Remote Viewer arbeiten und wer die Funktion des Monitors übernehmen sollte. Daneben verfaßte er auch die Berichte, die am Ende einer Mission der entsprechenden Behörde vorgelegt wurden. Zwischenzeitlich unterhielt er auch Kontakte zu weiteren Behörden, um sicherzustellen, daß die Remote Viewer auch wirklich das beschafften, was benötigt wurde.

Gewöhnlich wurde die erste Sitzung einer RV-Mission »blind« durchgeführt, mit anderen Worten: Der »Seher« wußte lediglich, daß es irgendwo da draußen ein Target gab – dabei konnte es sich sowohl um eine Ort als auch um ein Ereignis handeln. Dieses ominös anmutende Vorgehen funktionierte nicht nur erstaunlich gut, sondern führte auch zu einer Verringerung der Fehlerquoten. Wenn das Target beispielsweise eine Panzerfabrik in Minsk war und der Seher etwas über eine Lagune im Pazifik berichtete, würde der Monitor wissen, daß der Versuch weit neben dem Ziel lag. Aber wenn der Seher andererseits etwas von einer großen Einrichtung voller russisch sprechender Menschen berichten würde, konnte der Monitor mit einiger Sicherheit davon ausgehen, daß der Seher auf der richtigen Fährte war, sich »auf das Target eingestimmt« hatte. In diesem Fall stand es dem Monitor frei, dem Seher weitere Informationen über das Einsatzziel zu geben, um nach und nach spezifiziertere Fragen zu stellen: »Okay, Mel, du hast einen Treffer. Hier ist eine Satellitenaufnahme der Einrichtung, die du eben beschrieben hast. Siehst du das Gebäude hier? Ich möchte, daß du dich ab jetzt darauf konzentrierst. Sag mir, was in dem Gebäude ist.«

Vielleicht würde sich der Monitor in diesem Augenblick aber auch für eine andere Strategie entscheiden: »Mel, in diesem Komplex hier auf dem Foto arbeitetet ein Mann namens Andrej Semjatin. Versuch einmal die Umgebung zu beschreiben, in der er sich in diesem Augenblick aufhält.« Da die Einheit nur schwach besetzt war, traf Riley an manchen Tagen frühmorgens ein, um zunächst als Seher an einer Sitzung teilzunehmen und anschließend bei den

Sitzungen anderer Seher als Monitor zu agieren, während seine eigenen Ergebnisse noch ausgewertet wurden.

Aus wissenschaftlicher Sicht erfüllten die Arbeitsbedingungen keineswegs die strengen Anforderungen, die man bei Labortests von paranormalen Fähigkeiten zugrundelegt. Dem Remote Viewer während des Experimentes irgendwelche Informationen über das Zielobjekt zuzuspielen, würde diesen Aktionen in den Augen eines Wissenschaftlers jegliche Beweiskraft nehmen. Selbst wenn die Seher nichts über das Zielobjekt gewußt hätten, so waren die als Monitor Agierenden oft genug darüber im Bild, wodurch keineswegs auszuschließen ist, daß die »Treffer« durch unbewußte Reaktionen oder Formulierungen des Monitors zustandekamen. Um der wissenschaftlichen Exaktheit Genüge zu tun, hätte man beide Parteien der Versuche im Ungewissen lassen müssen.

Im Hinblick auf die geheimdienstliche Praxis war es allerdings keineswegs erforderlich, wissenschaftlich vorzugehen. Scotty Watt bekam mehr als einmal einen Wutanfall, weil er das Protokoll für viel zu lax hielt und seiner Ansicht nach zu wenig getan wurde, um Mogeleien auszuschließen. Doch die Klienten der Einheit waren weniger an der Einhaltung einer strikten Prozedur interessiert als an Genauigkeit und Zuverlässigkeit, vor allem aber an der Verwendbarkeit der Resultate. Deshalb hatte Atwater einigen Freiraum bei der Auswahl der ihm am geeignetsten erscheinenden Methode.

Unter anderem bekam Atwater im Verlaufe vieler Experimente und Missionen heraus, daß jeder Seher seine speziellen und oft sogar einzigartigen Fähigkeiten hatte, die den unterschiedlichen Hypertrophien ähneln, durch die sich die Superhelden der Comics auszeichnen. Ken Bell hatte beispielsweise die Fähigkeit, sich bei menschlichen Zielen einzuhaken, insbesondere wenn diese bedroht oder vermißt wurden. Er konnte ihre Gefühle und Absichten bescheiben, aber gegebenenfalls auch Verletzungen, unter denen sie litten.

Mel Riley war dagegen für sein künstlerisches Talent bekannt – Atwater wußte, daß Riley alles, was er vor seinem inneren Auge sah, sehr detailliert zu Papier bringen konnte. Hartleigh Trent stach wiederum durch seine Fähigkeit heraus, während seiner

Sichtungen eine vorgegebene Marschrichtung einzuschlagen, was andere Seher häufig nur in Verwirrung stürzte. Einmal sollte Trent für Atwater eine Einrichtung in der Sowjetunion ausspionieren: »Ich bin da, gleich da vorne ist ein Gebäude« berichtete Trent.

»Was siehst du rechter Hand?« fragte Atwater.

»Ich sehe ein Gebäude, ein Gebäude aus Metall.«

»Okay, was ist links von dir?«

»Eine Freifläche, wie ein Parkplatz.«

»Und was siehst du direkt vor dir?«

Es dauerte einige Sekunden, bevor Trent wieder antwortete: »Eine Kardanwelle. Ich liege unter einem Lastwagen.«

Joe McMoneagle war wahrscheinlich der beste Seher, wenn es darum ging, technische Details von Zielobjekten zu beschaffen. Aber er hatte noch weitaus seltsamere Talente, wie man es vielleicht bei einem Seher vermuten sollte, dessen Zone direkt an der Schwelle zum Traum lag. In seinen hypnotischen Visionen konnte der kräftig gebaute Offiziersanwärter häufig um radioaktive Anlagen oder Substanzen einen grün leuchtenden Nebel wahrnehmen. Ob dies möglicherweise etwas mit den esoterischen Eigenschaften der Materie und unseres Universums zu tun hatte, wie McMoneagle selbst vermutete, mag dahingestellt bleiben. Vielleicht hatte er als Kind einfach zuviele Superman-Comics gelesen, in denen ja häufig genug »Grünes Kryptonit« vorkommt, das ein ähnliches Leuchten abgibt – seine Kollegen meinten jedenfalls, daß es sich um eine äußerst nützliche Fähigkeit handelte, über die McMoneagle da verfügte. Manchmal nahm er auf ähnliche Weise auch die Abstrahlungen der Antennen von Radiosendern auf, die er dann als orangefarbene Flamme beschrieb.

Skeptiker haben oft darauf hingewiesen, daß der Existenz des Paranormalen die Tatsache entgegensteht, daß die Welt nicht von einigen begabten Medien regiert wird, die dank ihrer Fähigkeiten steinreich und allmächtig sind. Aber Atwater, Riley und die anderen waren überzeugt davon, daß sich PSI-Talente keineswegs so stark auswirken, sondern wie andere Begabungen von einer ganzen Reihe menschlicher Faktoren beeinträchtigt werden. So erwies es sich als nahezu unmöglich, mittels RV Zahlen und Buchstaben einigermaßen zutreffend herauszubekommen – wie etwa die Ergebnisse einer Lottoziehung oder die Überschrift eines Geheimdokumentes. Die Forscher am SRI vermuteten, daß dieses Manko durch die spezielle Weise verursacht wird, in der PSI-Informationen von unserem Gehirn wahrgenommen werden.

Im Gegensatz dazu wurde es als einfacher empfunden, solche Targets mittels RV zu visualisieren, die nicht beweglich waren und sich bereits seit einiger Zeit am selben Ort befanden. Nun kann man derartige Targets allerdings auch relativ einfach mit den konventionelleren Mitteln der Spionage überwachen – besonders durch Spionagesatelliten und Lauschangriffe. Darüber hinaus sind die von einem Remote Viewer stammenden Daten, selbst wenn sie detaillierter sind als die auf konventionellem Wege beschafften, in vielen Fällen kaum zu verifizieren. Da RV ohnehin umstritten war, mußte eine solche Verifikation aber vorgenommen werden, da die Nachrichtendienste nicht bereit waren, sich allein auf diese Daten zu verlassen.

Trotz dieser Zweifel konnte sich die RV-Einheit eines guten Zulaufs erfreuen und eine Dauerklientel aufbauen, so daß die Teammitglieder die meiste Zeit gut beschäftigt waren. Eine erstaunlich hohe Anzahl von leitenden Beamten und Analytikern aus allen Bereichen des Pentagons und der CIA bewerteten die Einheit als sinnvolle Bereicherung, was umso mehr galt, wenn die RV-Daten bereits gehegte Verdachtsmomente zu bestätigen schienen. Aber es gab auch Fälle, wo die RV-Daten die Grundlage bildeten, die letztlich zur Infiltrierung einer Einrichtung führte. Riley, McMoneagle und die anderen wurden von der CIA, diversen Army Special-Ops Teams und sogar dem Pentagon Delta Force Kommando beauftragt, Grundrisse von ausländischen Botschaften und anderen Einrichtungen anzufertigen. Diese Pläne wurden dann mit dem verglichen, was man bereits über die Zielgebäude wußte. Wenn die Pläne hinreichend exakt erschienen, wurden sie beispielsweise von Spezialeinheiten benutzt, um heimlich in die Gebäude einzusteigen und Abhöreinrichtungen zu montieren.

Ironischerweise stellte sich heraus, daß die Remote Viewer ausgerechnet bei den Aufgaben große Schwierigkeiten hatten, für die ihre Begabung eigentlich bestens geeignet erschien. Die sogenannten »Suchprobleme«, bei denen es darum ging, ein Zielobjekt zu beobachten, dessen Standort unbekannt war, entwickelten sich zur meistgehaßten Aufgabe des Teams.

Unter gewissen Umständen war die Suche trotzdem erfolgreich; so etwa, wenn man die Suche auf ein begrenztes Gebiet beschränkte. In einem Fall im Jahr 1980 wurde Grill Flame über einen Verbindungsoffizier von der NSA beauftragt, anhand der Außenaufnahme eines US-Konsulates irgendwo im Mittelmeerraum ein Sicherheitsleck aufzudecken, durch das Informationen an die Sowjets übermittelt wurden. Die NSA war daran interessiert zu erfahren, wie die Informationen aus dem Konsulat herausgeschleust wurden.

Nach einer halbwegs »blind« durchgeführten Probesitzung beriet sich Atwater mit dem NSA-Agenten und entschied, daß McMoneagles Daten am zutreffendsten erschienen. Dann übergab er McMoneagle das Foto des Konsulates und bat ihn, »hineinzugehen«. McMoneagle beschrieb einen bestimmten Bereich des Konsulates, in dem er eine flammenartige Erscheinung bemerkte, die seiner Meinung nach elektromagnetischen Ursprungs war und von einer bestimmten Wand in einem Flur ausging, genauer gesagt hinter einem Trinkwasserspender. Atwater gab diese Informationen an den NSA-Agenten weiter, der darauf nickte und mehr wissen wollte: »Wer empfängt die Signale des Senders?«

Also begab sich McMoneagle wieder hinab in die Zone und Atwater erteilte ihm den Auftrag, die Umgegend des Konsulates zu durchsuchen. Bald fand der Remote Viewer ein Appartement auf der gegenüberliegenden Straßenseite, das ebenfalls elektromagnetische Strahlung abgab. Es handelte sich um den Lauschposten der Sowjets, in dem die Signale der Wanze empfangen wurden. Aber McMoneagle hatte noch mehr erfahren: Ein Stockwerk tiefer gab es ein weiteres Appartement, von dem eine ähnliche Strahlung ausging. In dem Raum hielten sich Amerikaner auf …

Der NSA-Mann schüttelte den Kopf. Es war kaum mehr als ein Tag vergangen, seit er den Remote Viewern den Auftrag erteilt hatte – aber zwischenzeitlich hatte ein Special Investigation-Team der NSA den sowjetischen Lauschposten entdeckt. Wie sich herausstellte, waren die russischen Empfangsanlagen so schlecht abgeschirmt, daß sie das Signal der Wanze unbemerkt erneut aussendeten. Bei den von McMoneagle entdeckten Amerikanern handelte es sich um niemand anderen als das NSA-Team, das dort den Lauschposten aushorchte.

Eine wirklich überzeugende Demonstration, was jedoch nichts daran ändert, daß die Suche nach nicht so exakt definierten Objekten oft zu einem Problem ausartete. Auch die Remote Viewer selbst dachten häufig darüber nach, woran es wohl liegen konnte. Die meisten gingen davon aus, ein Objekt wäre um so leichter auszuspionieren, je länger es sich an ein und demselben Ort befand. Im Gegensatz dazu kam es zur Störung der RV-Wahrnehmung, wenn das Objekt beweglich war. Aber selbst wenn das Target – beispielsweise ein Mensch – wahrgenommen werden konnte, war es oft unmöglich, seine Umgebung so exakt zu beschreiben, daß eine Bestimmung des Standortes möglich war. Manchmal schnappten McMoneagle und Bell Worte auf, die auf nahegelegene Städte oder Dörfer verwiesen, was aber nur sporadisch vorkam und oft nur sehr vage Informationen zutage förderte. Auch war es ihnen weitgehend unmöglich, sich in ihren Visionen frei zu bewegen, um beispielsweise die Straßenschilder an der nächsten Kreuzung zu betrachten. Und selbst wenn sie es einmal schafften, scheiterte es daran, daß sie die Schilder nicht entziffern konnten.

Wenn es nicht anders ging, arbeiteten die Remote Viewer mit Landkarten der Zielgegend. Dabei bewegten sie ihre Hände über der Karte, bis sie das Gefühl hatten, sie hätten die richtige Stelle gefunden. Diese »Pendeltechnik« war jedoch im Allgemeinen sehr unzuverlässig.

Trotzdem kam es bei einigen dieser Suchprobleme zu sehr interessanten Ergebnissen. Im Jahr 1979 erhielt das Team einen Auftrag, der offenbar sehr eilig erledigt werden sollte. Es handelte sich um ein Objekt, das irgendwo im Mittelmeerraum verloren gegangen war. Während der Sitzung kristallisierte sich allmählich heraus, um was es sich dabei handelte: McMoneagle nahm einen grünlichen Schimmer wahr, der das Objekt umgab – offenbar eine Nuklearwaffe. Die von den Remote Viewern beschafften Daten legten den Verdacht nahe, daß sie sich möglicherweise während eines NATO-Manövers vom Flügel eines US-Bombers gelöst hatte und in der Nähe der spanischen Küste ins Meer gefallen war. Hatten die Remote Viewer recht? Sie erfuhren es nie.

Beim bevorstehenden Absturz der Raumstation Skylab im Juli 1979 konsultierte man die Einheit, um den Absturzort zu bestimmen. Mindestens ein halbes Dutzend Seher beschäftigten sich mit diesem Problem. McMoneagle ging davon aus, daß die Raumstation im Südpazifik zwischen Australien und Indonesien niedergehen würde – womit er ziemlich richtig lag: Einige Wochen später trat Skylab über Australien in die Erdatmosphäre ein und zog in westlicher Richtung eine Leuchtspur über den Himmel, wobei in Westaustralien und über dem indischen Ozean glühende Trümmerstücke niedergingen.

An einem Morgen, als sich das Team noch mit dem Skylab-Auftrag auseinandersetzte, erhielt es über General Thompsons Adjudanten Major Stone einen Auftrag vom Pentagon. Atwater wurde lediglich gesagt, daß irgendwo auf der Welt ein Navy-Abfangjäger vom Typ A-6 verloren gegangen war. Ob die Seher von Fort Meade in der Lage wären, ihn aufzuspüren?

Diesmal wurde Ken Bell auf das Target angesetzt. Er beschrieb eine Waldgegend, Bäume und Büsche, zwischen denen die Trümmer des Flugzeuges und die Leichen der Besatzung lagen. Er meinte, daß der Zielort relativ nahe liegen würde, wenige hundert Meilen von Fort Meade entfernt. Doch konnte er das Target auf einer Karte der Umgebung nicht weiter eingrenzen, da er den Eindruck hatte, das Wrack werde von den Hügeln und Bäumen verdeckt. Mehrmals in der Sitzung erwähnte er jedoch das Wort »bald« (kahl), wußte damit aber nichts anzufangen. Später fand Atwater jedoch heraus, daß das Flugzeug vermutlich wegen eines defekten Bodenradars am Fuß eines Hügels in den Blue Ridge Mountains von Virginia abgestürzt war. Der Name des Hügels lautet »Bald Knob«.

Bei einem anderen Suchproblem ging es um einen US-Hubschrauber, der aus unbekannten Gründen in einer einsamen Gegend Perus abgestürzt war. Ein Pentagon-Satellit hatte ein Signal aufgespürt, bei dem es sich vermutlich um den Peilsender des Hubschraubers handelte. Das Signal riß jedoch ab, bevor man eine

Ortspeilung durch Triangulation vornehmen konnte. Das RV-Team von Fort Meade erhielt den Eilauftrag, den Hubschrauber aufzuspüren. Wieder setzte Atwater Ken Bell ein, der sich nun in einem der RV-Räume auf die Couch legte und die Augen schloß, um die sich drehende goldene Kugel zu visualisieren. Dann schwebte er hoch über den Anden über der Absturzstelle und befand sich schließlich direkt in der Nähe der beiden Piloten. Unvermittelt brach Bell in Tränen aus.

Atwater begriff schnell, was passiert war. Bell, der ohnehin ein ziemliches Nervenbündel war, ließ sich im Zustand der Trance vollkommen von seinen Gefühlen treiben und hatte sich emotional völlig in das Geschehen an der Absturzstelle involviert. Die beiden Piloten waren nicht nur tot, sie waren zerschmettert und bis zur Unkenntlichkeit verbrannt. Das Grauen dieser Szene hatte Bell völlig überwältigt. Atwater sah sich gezwungen, die Sitzung abzubrechen.

Menschliche Targets waren einfacher zu bewältigen. Einmal konfrontierte ein CIA-Offizieller das Team mit einer klassischen Aufgabe aus dem Bereich »HUMINT«, die für die Dienststellenleiter zum alltäglichen Geschäft gehört. Das Problem: In irgendeinem osteuropäischen Land hatte die CIA einen Informanten rekrutiert, der, wie jeder andere wichtige Agent, etwa in jährlichem Turnus einer Befragung mit dem Lügendetektor unterzogen wurde, um seine Loyalität zu prüfen. Bald war es bei diesem Agenten wieder so weit, aber vorher wollte der zuständige Dienststellenleiter wissen, welche Fragen er dem Kandidaten sinnvollerweise stellen sollte. Als Information erhielt Atwater lediglich den Namen des Dienststellenleiters, ein Datum und eine Uhrzeit. Der CIA-Offizielle erteilte dem Team den Auftrag, den Dienstellenleiter zu dem angegebenen Zeitpunkt auzuspionieren. Dieser etwas indirekt anmutende Plan sollte dafür sorgen, daß die Seher nicht wußten, daß sie den Agenten und nicht den Dienststellenleiter aushorchen sollten.

Atwater betraute McMoneagle mit dieser Mission, der sich auch schnell auf das Target einzurichten schien. Er beschrieb zwei Männer, die sich in einem Restaurant trafen. Einer von beiden brachte einen Aktenkoffer mit. »Was ist in dem Koffer?« fragte Atwater.

»Eine Menge Geld«, antwortete McMoneagle und führte aus, daß der Mann wohl einige unsaubere Geschäfte betrieb, von denen der andere Mann – der Dienststellenleiter – nichts wußte.

Die Resultate der Sitzung wurden schließlich via Kabel an den Dienststellenleiter übermittelt und auch dem für den Lügendetektortest zuständigen Spezialisten gezeigt. Etwa eine Woche später, in einem »sicheren Haus« oder Hotelzimmer irgendwo in Europa, traf sich der Spezialist mit dem Agenten, um den Test durchzuführen. Dabei durchlöcherte er ihn mit Fragen zu den unsauberen Geschäften, die der Mann abstritt. Doch als der Spezialist fragte, was es letzte Woche mit dem Geld in dem Aktenkoffer auf sich gehabt hätte, fiel der Agent vor Schreck fast aus dem Stuhl: »Woher wissen Sie davon?«

Für die CIA und einige andere Geheimdienste waren diese klar umrissenen Einsätze nicht nur ein nachrichtendienstlicher Erfolg, sie halfen auch, das Vertrauen in die Aussagen der Remote Viewer zu stärken. Wenn ein Einsatz ohne Angabe der erwünschten Information erteilt wurde, die Seher diese aber dennoch beschafften, war dies für den Auftraggeber eine Bestätigung dafür, daß die Informationen nicht einfach durch gut durchdachtes Raten zustandekamen.

Im Jahr 1980 wurde das Team von Norman Everheart aufgesucht, einem technischen Einsatzspezialisten der CIA. Er brachte ein Foto mit, auf dem ein etwa 40jähriger Ausländer zu sehen war. Er sollte das Ziel des Einsatzes sein.

Was Atwater und sein Team nicht wußten: Ein ähnliches Foto war einige Wochen zuvor auf dem Tisch eines skandinavischen Regierungsbeamten gelandet – gerade als der darauf abgebildete Mann bei ihm einen Reisepaß beantragt hatte. Er gab vor, ein Einheimischer zu sein. Doch durch einen abenteuerlichen Zufall hatte ein westlicher Geheimdienst der Regierung des skandinavischen Landes die Nachricht zugespielt, daß dieser Mann im Dienst des KGB stand. Er wäre ein sogenannter »Illegaler«, womit man einen Undercover-Agenten bezeichnet, der als angeblicher Einheimischer in eine fremde Nation eingeschleust wird. Der Regierungsbeamte, von dem sich der Mann den Reisepaß ausstellen lassen wollte, hatte neben dem Fahndungsfoto auch diese Information erhalten.

Der Verdächtige erhielt seinen Reisepaß und begab sich nach Südafrika. Allerdings reiste er nicht allein, sondern wurde unbemerkt von Agenten der CIA und der Gegenspionage des skandinavischen Landes begleitet. Diese verständigten wiederum die südafrikanische Gegenspionage und baten, den Mann unbehelligt zu lassen, um ihn zu seinem bis dato unbekannten Ziel verfolgen zu können. Aber die Südafrikaner sahen vermutlich ihre Staatssicherheit gefährdet und nahmen den Mann fest.

Das Verhör fand in einem Befragungsraum irgendwo in Coast City statt, führte jedoch zu nichts. Schließlich überließ man ihn den westlichen Kollegen, die aber auch nicht weiterkamen. Irgendwann beschloß dann ein CIA-Spezialist für Gegenspionage namens Jim Morris, Norman Everheart um Rat zu fragen. Konnten die Para-Spione von Grill Flame weiterhelfen? Zu verlieren hatte man nichts.

Everheart war ein etwas zerknitterter, schnurbärtiger Mittvierziger, der eine gewissen Ähnlichkeit mit dem Filmschauspieler Bert Lahr hatte – wenn der Name Ihnen nichts sagt, denken Sie einfach an den Löwen aus dem Film *Der Zauberer von Oz.* Als Seniorberater des stellvertretenden CIA-Direktors John McMahon war Everheart von diesem zum Chefkoordinator der Missionen ernannt worden, mit denen das Direktorat der CIA Grill Flame betraute. Sowohl Everheart als auch McMahon waren von Beginn an bei den paranormalen Spionageexperimenten involviert, die im Auftrag der CIA am SRI durchgeführt wurden. Sie waren selbst als Augenzeugen dabeigewesen, glaubten an die Existenz des Phänomens und waren deshalb dazu bereit, RV im aktiven Spionagedienst einzusetzen.

Jim Morris erzählte Everheart, daß er im Fall des KGB-Illegalen primär an der Beantwortung einer bestimmten Frage interessiert sei: Man vermutete, daß der Mann seine Instruktionen über Kurzwellenfunk erhielt, und zwar kodiert. Die Frage war, wie er diese Botschaften dechiffrierte?

Also brachte Everheart das Foto des KGB-Illegalen nach Fort Meade mit, um es Scotty Watt zu geben. Normalerweise ließ Everheart die Materialien per Kurier überbringen und die Ergebnisse auf gleiche Weise zurücksenden, oder er schickte den für die

Mission zuständigen Agenten nach Fort Meade. Aber seit jenem Tag im Jahr 1979, an dem Scotty Watt ihn über Grill Flame in Kenntnis gesetzt hatte, lud Watt Everehart unentwegt dazu ein, einer RV-Sitzung persönlich beizuwohnen. Diesmal folgte er der Einladung. Watt führte ihn zu dem Operationsgebäude und in den Kontrollraum. In dem angrenzenden RV-Raum wartete Skip Atwater darauf, daß Ken Bell in Trance fallen würde. Während die Sitzung begann, hörte Norm Everheart über Kopfhörer mit. Er wußte nicht, wer Bell war – die Namen der Seher gehörten zu den Aspekten des Prohjektes, die der höchsten Geheimhaltungsstufe unterlagen. Aber was Everheart hörte, versetzte ihn in Erstaunen.

Bell war tief in die Zone eingetaucht und beschrieb nun einen Mann, der in einem Appartement im ersten Stock eines Gebäudes saß, das sich in einer Stadt befand, die an einem riesigen Gewässer lag. Der Mann war seltsam gekleidet: Er trug keine Straßenkleidung, sondern eine Art Pyjama. Der Anzug war grau, wie ein Sträflingsanzug.

Außer dem Mann waren noch zwei weitere Menschen im Raum, die normal angezogen waren. Sie sprachen nicht dieselbe Sprache wie der Mann, aber er wußte trotzdem genau, was sie von ihm wollten: Eine Information, die er ihnen nicht preisgeben wollte. Er stellte sich stur, es war, als ob er in Gedanken auf sich selbst einreden würde. Er war davon überzeugt, daß er die Information nicht verraten würde.

An diesem Punkt forderte Atwater Bell dazu auf, mit dem KGB-Agenten zu »reden«, um ihm die Information auf telepathischem Wege zu entreißen. Eine seltsame Technik, die möglicherweise nur eine metaphorische Brücke zur Überwindung der psychologischen Barrieren der Remote Viewer darstellte. Aber die Seher glaubten dabei wirklich, mit den beobachteten Personen zu sprechen, und die Methode hatte sich in vielen Fällen als erfolgreich erwiesen.

Bell versuchte es – er fragte den Mann, was passiert sei. Warum war er hier? Was wollten die beiden anderen von ihm? Aber es hatte keinen Zweck. Der KGB-Mann war standhaft wie ein Fels in der Brandung; Bells telepathische Fragen prallten einfach an ihm ab. Damit war die Sitzung zu Ende.

Norman Everheart war enttäuscht, weil der Seher keine zusätzlichen Informationen beschaffen konnte. Doch andererseits war er doch von dem beeindruckt, was er gesehen hatte. Er kannte nur wenige Details des Falles, aber was Bell berichtet hatte, klang durchaus plausibel. Everheart fuhr zum Gebäude 4554, um sich über ein abhörsicheres Telefon mit dem CIA-Hauptbüro in Verbindung zu setzen. Er berichtete Jim Morris, was der Remote Viewer herausgefunden hatte. Die Details wurden allesamt von Morris bestätigt: Der Raum im ersten Stock, die graue Kleidung, die beiden Verhörspezialisten – alles.

Everheart fragte Morris, ob er ihm weitere Details über den KGB-Agenten nennen könnte oder zumindst etwas anderes, das Bell als Anhaltspunkt benutzen konnte. Moriss nannte ihm die Namen des Sohnes und der Tochter des Agenten.

Everheart bedankte sich und fuhr zum Gebäude 2560 zurück, um mit Watt für den Nachmittag eine weitere RV-Sitzung zu vereinbaren. Nach dem Lunch suchte er wieder das Operationsgebäude auf und hörte über Kopfhörer mit, wie Bell versuchte, den Widerstand des KGB-Agenten zu brechen. *Dein Sohn Sergej vermißt dich*, flüsterte er dem KGB-Mann durch den Aether zu. *Deine Tochter Svetlana fragt sich, wann du wieder nach Hause kommst.* Und schließlich schienen winzige Bruckstücke von Informationen zurückzufließen. Aus den Tiefen der Zone berichtete Bell, daß sich die Augen des KGB-Agenten mit Tränen füllten. Bell führte nun das bizarrste Verhör – wenn man es überhaupt so bezeichnen kann – in der Geschichte der Spionage durch. Und es schien zu funktionieren! *Sergej möchte, daß ich ihn zum Skifahren mitnehme*, schien der KGB-Agent traurig zu sagen. *Ich habe versprochen, daß ich ihn zum Skifahren mitnehme.*

Ja, du hast es versprochen, antwortete Bell. *Du mußt schnell nach Hause, um ihn zum Skifahren mitzunehmen.*

Ich muß nach Hause. Das hier sollte sowieso mein letzter Auftrag sein. Ich wollte mich zur Ruhe setzen, zurück in die UDSSR gehen.

So ging es eine ganze Weile, bis Bell entschied, daß er die geistigen Sperren des Mannes genug aufgeweicht hatte, um ihn nun über geheimdienstlich relevante Dinge befragen zu können. Während er sich mit dem Russen über dessen Besitztümer unterhielt, fand Bell unter anderem heraus, daß er einen Taschenrechner besaß. Als Mel Riley später auf denselben Agenten angesetzt wurde, berichtete er ebenfalls von einem Taschenrechner. Norman Everheart wußte, daß der KGB zum Kodieren und Dechiffrieren von Geheimbotschaften häufig Taschenrechner einsetzte, die zum Teil mit modifizierten Schaltkreisen versehen waren.

Norman Everheart fuhr schließlich zum CIA-Hauptbüro zurück, um Morris Bericht zu erstatten. Bald darauf nahm Morris Kontakt zur südafrikanischen Gegenspionage auf, die den KGB-Agenten verhört hatte. Als er nach dem Taschenrechner fragte, sagte man ihm, daß man bei dem Agenten nichts dergleichen gefunden hätte. Doch als er sie einige Tage später noch einmal danach fragte, gaben sie zu, daß einer der südafrikanischen Agenten unter den Besitztümern des Mannes einen Taschenrechner gefunden und mit nach Hause genommen hatte. Es wurde niemals bestätigt, ob der Taschenrechner wirklich zur Entschlüsslung von Geheimbotschaften gedient hatte – Jim Morris und Norman Everheart waren jedenfalls davon überzeugt. Mit Unterstützung der Remote Viewer hatte man den Fall abschließen können.

Oberflächlich betrachtet, beschreibt der Begriff »Remote Viewing« lediglich eine neuzeitliche, entmystifizierte und auf die Intentionen der Geheimdienste angepaßte Variante jenes Phänomens, das als »Hellseherei« bekannt ist. Nüchtern betrachtet steht Hellseherei für die Fähigkeit, räumlich entfernte Dinge zu beobachten – mit anderen Worten eine Aufhebung der drei räumlichen Dimensionen unseres Universums. Trotzdem waren Atwater, Riley, McMoneagle und die anderen davon überzeugt, daß Remote Viewer auch die vierte Dimension überwinden können – die Zeit.

Sie glaubten, daß die Zeit die ungewisseste aller Dimensionen darstellt. Sich mittels RV in die Vergangenheit zurückzubewegen, das war wie die Reise in einer Zeitmaschine, deren Software einige Macken hat und man möglicherweise nicht dort landete, wo man hin wollte. Tatsächlich gab es viele Fälle, in denen die Remote Viewer versehentlich in der Vergangenheit landeten, obwohl sie die gegenwärtige Lage eines Zielobjektes ausfindig machen wollten. Häufig genug mußte Atwater Riley oder McMoneagle davon abbringen, interessante Kulturen beim Bau einer Pyramide oder einem Menschenopfer zu beobachten. In solchen Situationen war es Atwaters Aufgabe, die Seher wieder nach vorne in die Gegenwart zu schicken, um ihrer eigentlichen Mission nachzugehen.

Von der Gegenwart in die Zukunft vorzudringen kam selbst in den besten Fällen einem Sprung ins Ungewisse gleich. Bei einigen Targets funktionierte es fast schon routiniert, was insgesamt den Eindruck erweckte, die Zeit sei eine nur durch das Schicksal heraufbeschworene Illusion. In anderen Fällen wirkte die Zukunft jedoch nebulös und verwirrend, so als ob das Schicksal unentschlossen sei, welchen Weg es einschlagen sollte.

Eines Tages wurde Skip Atwater von Don Porter angesprochen, der in Arlington Hall für INSCOM arbeitete. Porter stand ein Aufenthalt in Fernost bevor, wo er Geheimgesprächen zwischen den militärischen und zivilen Machthabern Nord- und Südkoreas beiwohnen sollte. Diese Gespräche sollten auf einer Farm stattfinden, die irgendwo in der entmilitarisierten Zone lag. Porter wollte, daß sich die Remote Viewer für etwa eine Woche in die Zukunft begeben sollten, also zu einem Zeitpunkt, an dem die Konferenz bereits in vollem Gang war. Die Seher sollten herausfinden, was sich in den Köpfen der nordkoreanischen Delegierten abspielen würde. Welche Verhandlungsstrategien sollten zur Anwendung kommen? Wie weit würden sie sich auf einen Kompromiß einlassen? Atwater erklärte Porter, daß die Zukunft ein holpriges Terrain sei, bevor er sein Team instruierte.

Mittlerweile wurden die Remote Viewer auch routinemäßig als Monitore eingesetzt, und Atwater wählte McMoneagle für diese Mission aus. Also setzte McMoneagle Riley, Bell und Trent auf das Target an. Zunächst sollten sie anhand der geographischen Koordinaten das Ereignis beschreiben, um das es ging. Unglücklicherweise beschrieb jeder der drei etwas anderes, und keiner erwähnte etwas von der Konferenz, ja nicht einmal von der Farm selbst.

Atwater war ratlos, aber McMoneagle hatte eine Theorie parat. Seiner Meinung nach kamen die divergierenden Ergebnisse dadurch zustande, daß mit dem Target etwas nicht stimmte. Vielleicht würde die Konferenz nicht an dem angegebenen Ort stattfinden? Vielleicht würde sie *gar nicht* stattfinden? Für Atwater klang dies ziemlich plausibel. Als er Porter darüber informierte, zeigte sich dieser nicht allzu beeindruckt und flog trotzdem wie geplant nach Korea. Doch kurz nachdem er eintraf, sagte man ihm, daß die Nordkoreaner das Treffen mit irgendeiner fadenscheinigen Begründung abgesagt hätten.

Etwas ähnliches passierte, als das Team in den frühen 80ern von der CIA den Auftrag erhielt, das neue US-Botschaftsgebäude nach sowjetischen Abhöreinrichtungen zu durchsuchen.

Das neue Gebäude sollte einen großzügig angelegten Ersatz für das allmählich in die Jahre kommende Haus darstellen, in dem die Botschaft unter reichlich beengten Verhältnissen residierte. Seinerzeit befand sich das neue Gebäude erst in einem frühen Stadium des Rohbaus, aber die CIA wollte, daß die Remote Viewer eine Beschreibung des Gebäudes *nach* seiner Fertigstellung beschafften, mit der erst in einigen Jahren zur rechnen war.

Der Grund für diese seltsame Mission lag auf der Hand: Es gab erste Anzeichen dafür, daß sich das neue Gebäude möglicherweise zu einem der größten Sicherheitsfiaskos in der Geschichte der US-Diplomatie entwickeln würde. Die CIA befürchtete, daß die Sowjets das Gebäude in der Bauphase mit Abhöreinrichtungen spicken würden. Problematisch waren dabei vor allem die andernorts vorgefertigten Bauelemente, und die CIA hatte deshalb lautstark gefordert, daß die Arbeiten ausschließlich von US-Firmen durchgeführt werden sollten, die über entsprechende Sicherheitseinstufungen verfügten. Woraufhin die Sowjets ordentlich auf den Tisch geklopft und deutlich gemacht hatten, daß sie die Anwesenheit importierter Arbeitskräfte nicht dulden würden und sämtliche Bauarbeiten von Russen vorgenommen werden sollten. Das State Department lenkte schließlich gegenüber den Sowjets ein und argumentierte, daß man die Wanzen durchaus nach der Fertigstellung aufspüren konnte und russische Arbeiter in jedem Fall billiger seien als amerikanische. Also begannen die Sowjets bald darauf mit der Arbeit, die lediglich von einigen Dutzend US-Beobachtern überwacht wurde, mit deren Anwesenheit sich die Sowjets einverstanden erklärt hatten[6].

Der CIA war klar, daß die nachträgliche Suche nach Abhöreinrichtungen eine Menge ihrer Resourcen beanspruchen würde.

Deshalb wandte man sich direkt an die Remote Viewer und beauftragte sie, das Gebäude nach seiner Fertigstellung zu visualisieren und herauszufinden, wo Abhöreinrichtungen installiert waren.

Die Seher machten sich an die Arbeit, indem sie zunächst das Gebäude in der Gegenwart anpeilten, um dann einige Monate weiter in die Zukunft zu »springen«. So bewegten sie sich in Abständen von sechs Monaten voran, bis sie die Mitte der 80er Jahre erreicht hatten. Zuerst spürten sie eine große Anzahl von Wanzen in den bereits installierten vorgefertigten Bauelementen auf. Einige davon waren funktionsfähig, andere Attrappen – in der Summe so viele, daß die Viewer nicht einmal eine Schätzung über die Gesamtzahl abgeben konnten. Womit deutlich wurde, daß eine nachträgliche, vollständige Bereinigung unmöglich sein würde. Joe McMoneagle meinte sogar, daß die Stahlträger und -betonfüllungen so zusammengeschweißt waren, daß sie eine große Antenne für die Funksignale der Wanzen bildeten. Offenbar hatten die Sowjets eine ziemlich fortschrittliche Abhörtechnik entwickelt. Doch am seltsamsten erschien Atwater, daß die Remote Viewer mit fortschreitender Entfernung von der Gegenwart zu immer widersprüchlicheren Aussagen kamen. So beschrieb Fernand Gauvin, als er das Botschaftsgebäude in der Mitte der 80er Jahre visualisieren sollte, ein schmuckes Ziegelhaus mit offenem Kamin. Irgendwas am Zielobjekt stimmte nicht. Waren sie zu weit in die Zukunft vorgedrungen? Rannten die Remote Viewer gegen irgendeine Raum-Zeit-Barriere an?

Zwei Jahre darauf, im Jahr 1983, stellte ein Team aus CIA- und NSA-Agenten heimlich ein Röntgengerät an der Baustelle auf, um die Wände zu durchleuchten. Als die Sowjets dahinterkamen, was das US-Team vorhatte, protestierten sie gegen die »unerhörte Intervention« und drohten damit, sämtliche Arbeitskräfte abzuziehen. Damit war das Spiel im vollen Gange. Die CIA fand heraus, daß das Gebäude tatsächlich mit tausenden von Wanzen und Attrappen durchsetzt war und die Stahlträger tatsächlich als Antenne dienten, wie McMoneagle es gesagt hatte. Darüber hinaus hatte man andere Abhöreinrichtungen in das elektrische Versorgungsnetz des Gebäudes integriert und Raumüberwachungen installiert, die ihre Energieversorgung über von außen eingestrahlte Mikrowellen erhielten. Die Bauarbeiten wurden allmählich eingestellt, und in Washington verfaßte man Berichte und gründete Kommissionen, die das Problem untersuchen sollten. Gegen Ende der 80er Jahre war man weitgehend darin übereingekommen, daß das Gebäude abgerissen werden sollte. Erst zu diesem Zeitpunkt begriff Atwater, warum die Remote Viewer solche Probleme hatten, die zukünftige Entwicklung des Botschaftsgebäudes vorherzusehen: Es hatte gar keine Zukunft ...[7]

Besonders in den ersten Jahren ihrer Existenz wurde die RV-Einheit häufig auf inländische Targets angesetzt. Überwiegend handelte es sich um Hochsicherheitseinrichtungen, die von den Remote Viewer infiltriert werden sollten, um den Militärs einen Eindruck davon zu verschaffen, ob ihre Geheimprojekte ausreichend gegen RV abgesichert waren. Eines Tages überreichte Scotty Watt Atwater einen versiegelten Briefumschlag und fordert ihn auf, das Team auf das darin beschriebene Target anzusetzen. Atwater wußte nicht, daß der Umschlag eine Schwarzweißaufnahme eines Flugzeughangars an einem geheimgehaltenen Standort enthielt. Dort hatte die Army den Prototyp des Panzers XM-1 untergebracht, weil man glaubte, die Remote Viewer dadurch in die Irre führen zu können.

Atwater setzte McMoneagle auf das Target an, der zunächst ein tastaturähnliches Gerät beschrieb, das an einen Computer angeschlossen war. Ein optisches Gerät spürte er ebenfalls auf, ebenso wie großkalibrige Granaten. Schließlich versuchte McMoneagle einen Überblick auf die Gesamtheit des Gerätes zu gewinnen – und beschrieb den Panzer. Obwohl er vorher nichts über die Konstruktion des XM-1 wußte und sich offenbar nicht einmal darüber im Klaren war, daß es sich um einen Panzer handelte, skizzierte McMoneagle nun einen Bauplan einschließlich einer Schnittzeichnung der lasergesteuerten Zielerfassung, dem Munitionsmagazin und -vorschub, dem Mechanismus des Turms, der Hauptkanone und der Hightech-Panzerung. Später meinte McMoneagle, daß dies eine seiner besten Sitzungen gewesen sei. Was die Sicherheitsleute des XM-1-Projektes dazu meinten, ist nicht bekannt – sie haben sich nie mehr gemeldet.

Eine von Mel Rileys besten RV-Leistungen war ebenfalls eine Opsec-Mission. Eines Tages wurde Atwater von einem Sicherheitsteam der Air Force angesprochen. Man übereichte ihm einen Briefumschlag, der ein verwischtes Foto enthielt, dessen Motiv nicht zu erkennen war.

Wie er es meist tat, setzte Atwater auch diesmal in der ersten Phase möglichst viele der Remote Viewer auf das Target an. Nachdem jeder von ihnen eine oder zwei Sitzungen hinter sich gebracht hatte, verglich er die Daten, um nach übereinstimmenden Detailinformationen zu suchen. Diese bewertete er als zuverlässige Informationen und grenzte nach diesem Kriterium die geeignetsten Kandidaten aus.

Wie so oft gehörte McMoneagle auch diesmal zu den Auserwählten. Er beschrieb einen Flugzeugabsturz und sah, wie eine verdächtig wirkende Person ein Wrackteil an sich nahm und es versteckte. Atwater begann sich verständlicherweise zu fragen, worauf die Air Force eigentlich hinauswollte.

Aber dann schwenkte sein Interesse auf das um, was Riley herausgefunden hatte. In seiner Zone hatte Riley ein seltsames, fledermausähnliches Objekt entdeckt, das mit einem Cockpit ausgestattet war, dessen Wölbung an eine 747 erinnerte. Noch seltsamer waren seine Detailbeschreibungen des Steuermechanismus. Er meinte Drähte zu sehen, die aus einem anderen Betrachtungswinkel jedoch wie Lichtstrahlen wirkten. Er fragte sich, ob es vielleicht ein Kinderspielzeug sein könnte? »Das ist das Verrückteste, was ich in meinem Leben gesehen habe«, meinte er zu Atwater.

Später übergab Atwater Rileys sehr detaillierte Skizzen den Air Force-Leuten. Als sie es betrachteten, wurden sie kreidebleich. Dann forderten sie Atwater auf, ihnen das Foto zurückzugeben und augenblicklich davon abzusehen, das Zielobjekt weiter zu beobachten.

Atwater hörte nie wieder etwas von ihnen. Jahre vergingen, bis er eines Tages Zuhause saß und im Fernsehen einen Beitrag über den Air Force-Stealth-Bomber B-2 sah. Während er die fledermausartige Rumpfstruktur betrachtete, lief ihm ein eisiger Schauer über den Rücken, und er erinnerte sich an Rileys Sitzung. Offenbar war Riley direkt ins Nervenzentrum der Entwickler des

Stealth-Bomber vorgedrungen, der zum damaligen Zeitpunkt zu den geheimsten Waffenentwicklungen des Pentagons gehörte. Nun fand Atwater auch heraus, warum Riley »Drähte« gesehen hatte, die wie Lichstrahlen wirkten: Um die erwünschte Radarunsichtbarkeit zu erzielen, wurde der Stealth-Bomber mit Lichtleitern ausgestattet, die die konventionellen elektrischen oder hydraulischen Steuerleitungen ersetzten.

Derartig erfolgreiche RV-Missionen waren natürlich Ausnahmen. Andererseits hatten selbst die besten Remote Viewer schlechte Tage, an denen die von ihnen beschafften Informationen relativ wenig mit dem Zielobjekt zu tun hatten. Trotzdem war Atwater davon überzeugt, daß ein gutes Team von Remote Viewern unter einer qualifizierten Leitung so akkurate und zuverlässige Informationen liefern könnten, daß sie ein Sicherheitsrisiko darstellten. Die Frage war nur, was die USA dagegen unternehmen konnte? Da ein potentieller gegenerischer Remote Viewer faktisch während seiner Reisen durch Raum und Zeit nicht angepeilt werden konnte, mußte man sich etwas Neues einfallen lassen.

Atwater arbeitete bald einige Vorschläge zur Abwehr feindlicher PSI-Spione aus. Einer war durch einen Geheimbericht inspiriert worden, der eine bizarre Theorie über die sowjetische Angewohnheit enthielt, amerikanische Gäste mit individuellen Geschenken zu bedenken. Der Bericht führte aus, daß diese Geschenke möglicherweise als »Peilsender« für Remote Viewer des KGB dienten, die sich über die Geschenke besser auf ein Target einschießen konnten: Man stelle sich beispielsweise vor, daß Senator X die Sowjetunion besucht und als Geschenk von der Komsomol-Jugend einen Samowar erhält, dem er nach seiner Rückkehr auf einem Regalbrett in seinem Büro einen Ehrenplatz einräumt. Die sowjetischen Seher würden dann versuchen, den Samowar anzupeilen. Auf diese Weise könnten sie alles beobachten, was im Büro des Senators vor sich geht – möglicherweise auch hochsensible Informationen über die US-Politik oder – andererseits – private Geheimnisse, mit denen der KGB den Senator erpressen könnte.

Atwater empfahl deshalb, derartige Geschenke aus kommunistischer Hand an einem möglichst unverfänglichen Ort aufzubewahren, etwa dem Dachboden oder Keller, wo sich allem Dafürhalten nach nichts ereignet oder befindet, was für die Sowjets von Interesse sein könnte. Er unterbreitete auch einen allgemein gehaltenen Vorschlag, wie man potentielle Zielobjekte gegen sowjetische Remote Viewer schützen könnte. Sein Gedankengang war folgender: Was wäre, wenn ein sowjetischer Seher bei der Beschreibung eines amreikanischen Targets Dinge beschreiben würde, die extrem bizarr und in Bezug auf die Natur des Targets unpassend erscheinen würden – etwa einen Mickymaus-Ballon in einem Raketensilo? Vermutlich würde der Monitor davon ausgehen, daß der Seher einen schlechten Tag habe. Falls ein Remote Viewer häufiger derartige Dinge zu sehen glaubte, wäre er bald ein Kandidat für die Psychiatrie. Deshalb schlug Atwater vor, geheime US-Einrichtungen vor sowjetischen RV-Attacken abzuschirmen, indem man sie mit lächerlich oder unpassend wirkenden Dingen versah.

Aus Sicht der Remote Viewer erschien Atwaters Vorschlag absolut logisch. Leider wurde diese Anschauung von den meisten US-Geheimdienstlern nicht geteilt – für sie klang das Ganze einfach nur verrückt. Atwater ist jedenfalls nie zu Ohren gekommen, daß irgendein Raketensilo der US-Streitkräfte aus diesen Erwägungen heraus mit Mickymaus-Ballons ausgestattet wurde.

Wer an Grill Flame in irgendeiner Form beteiligt war, spürte ohnehin, welche Mißbilligung und Verachtung das Projekt in manchen Kreisen hervorrief. Eines schönen Tages nahm Skip Atwater an einem Briefing für General William Odom teil, der 1981 Thompsons Nachfolge angetreten hatte. Atwater wollte anhand einiger Beispiele demonstrieren, wie hoch die Treffsicherheit der Remote Viewer war. Unter anderem zeigte Atwater auch die Sitzungsprotokolle der Mission, bei der das Team die Wanzen und zu Antennen verschweißten Stahlträger des Moskauer Botschaftsgebäudes entdeckt hatte. Doch Odom überflog die Protokolle nur und meinte in herablassendem Ton: »Ja, das kennen wir schon.«

Wie viele gebildete Menschen, so schien es auch Odom zu stören, daß die Army überhaupt Geld in solche paranormalen Experimente steckte. Offenbar glaubte er, daß sich das Militär generell nicht mit solchen Dingen befassen sollte, ob nun etwas dran war oder nicht. Die wirklichen Hintergünde dieser auch von anderen gehegten Auffassung waren nicht ganz klar, obwohl die Befürworter des RV-Programmes in einigen Fällen einen Hauch von kirchlicher Inquisition zu verspüren meinten. 1980 strich der spätere Verteidigungsminister der Clinton-Administration, William Perry, der während der Carter-Ära den Forschungsetat für Verteidigungszwecke verwaltete, das Budget der Einheit von Fort Meade. Perrys Argumente waren rein weltlicher Natur, aber es kursierte das Gerücht, daß Perry erst auf diese Idee gekommen war, nachdem ihn ein neochristlich orientierte Berater eines Senators aus dem Westen auf die Existenz der Einheit aufmerksam gemacht hatte. Trotzdem überlebte Grill Flame diese Maßnahme, indem die Finanzierung nun aus anderen Etats vorgenommen wurde. – Doch war die Einheit dem ersten Angriff nur knapp entgangen, und weitere sollten folgen.

Jene eklektische Gruppe, die Grill Flame sozusagen mit Brennstoff nährte, setzte sich aus Mitgliedern zusammen, die in den verschiedensten Bereichen der US-Geheimdienste tätig waren. Viele von ihnen waren sozusagen Bekehrte, die den Remote Viewern Aufträge erteilt hatten und von ihren hellseherischen Leistungen so beeindruckt waren, daß sie das Projekt nun mit großem Einsatz verteidigten. Manche von ihnen, wie etwa General Thompson vom Pentagon und einige Offizielle der CIA und DIA, hatten sogar höchstpersönlich unter Anleitung des Teams erfolgreiche RV-Sitzungen absolviert.

Nun zweifelte aber niemand mehr daran, daß das Projekt von gleich auf jetzt von der Bildfläche verschwinden könnte, vor allem dann, wenn das Wissen um seine Existenz an die Öffentlichkeit gelangte.

Zum Beispiel gab es da den demokratischen Kongressabgeordneten Charlie Rose aus North Carolina, der dem House Intelligence Committee's Evaluation Subcommittee vorsaß, einem Ermittlungsausschuß des Kongresses. Rose wurde in den späten 70er Jahren durch General Thompson über die Existenz der Einheit informiert, im weiteren auch durch Jack Vorona, den Generalmanager von Grill Flame, der dem Scientific and Technical Intelligence Directorate des DIA vorsaß. In Begleitung von Vorona informierte sich Rose sowohl am SRI als auch in Fort Meade über den Stand der RV-Experimente und diskutierte sogar mit Präsident Carter über dieses Thema.

Nun lag Roses Wahlbezirk mitten im sogenannten »Bible-Belt«, der seinen Namen wegen der großen Zahl hier angesiedelter fundamentalistisch-christlich orientierter Einwohner trägt, die die Beschäftigung mit dem Paranormalen als eine Art Flirt mit Satan persönlich ansehen. Trotzdem war Rose von der Arbeit der Einheit so überzeugt, daß er im Jahr 1979 seine Vernunft über Bord warf – ganz zu schweigen von den Geheimhaltungsvorschriften – und alles in einem Interview der Zeitschrift *Omni* offenbarte. In einem flammenden Plädoyer gegen Skeptiker und »publicity-scheue« Geheimdienstler, die Grill Flame bei jeder Gelegenheit das Lebenslicht auspusten wollten, sprach er sich für das Programm aus und erwähnte dabei sogar, was er bei einer RV-Sitzung über ein nicht näher bezeichnetes sowjetisches Target erfahren hatte: »Was diese Leute sahen«, sagte Rose unter Bezugnahme auf die Remote Viewer, »wurde durch Luftaufnahmen bestätigt. Ein Betrug ist ausgeschlossen.«

4. *Joe von Orleans*

Die Information, die er uns übergab, war absolut zutreffend.
Ein ehemaliger CIA-Offizieller über eine RV-Sitzung mit Joe McMoneagle

Er ist einer der besten auf diesem Planeten.
SRI-Forscher Ed May über McMoneagle

Null-dunkel-dreißig sagte man dazu im Army-Jargon. Verdammt lange vor dem Sonnenaufgang. Doch das Klingeln des Telefons schreckte Mel Riley aus dem Schlaf, und auch seine Frau Brigitte regte sich auf ihrer Seite des Bettes.

Riley griff verschlafen zum Hörer. Es war Atwater, der aus dem Büro anrief. Riley solle sofort kommen.

Riley zog sich an und fuhr zum Büro, wo er seinen Wagen neben zwei schwarzen Staatslimousinen parkte, die das Emblem des Verteidigungsministeriums trugen. Die Männer saßen bereits mit Atwater und Watt im Büro. Sie trugen Zivilkleidung, einer von ihnen hatte einen großen Briefumschlag dabei. Man machte sich *nicht* miteinander bekannt. Atwater und Watt wirkten übermüdet und sehr ernst. Watt quittierte den Empfang des Umschlages, und die beiden Besucher verschwanden wieder.

Riley lief zum Operationszentrum hinüber, Atwater folgte ihm mit dem Briefumschlag. Riley legte sich auf das Sofa, packte all seine Ängste in den nicht existierenden Koffer und tauchte in die Zone hinab. Er näherte sich dem Grund und bekämpfte seine Müdigkeit. Atwater wollte, daß er sich auf das konzentrierte, was in dem Briefumschlag in irgendeiner Form beschrieben wurde. Er sollte feststellen, wo es sich zwei Tage später befinden würde.

Riley schwebte durch die Zone, bis er etwas Großes, Schweres und Dunkles bemerkte. Ein Fahrzeug. Ein Panzer, der irgendwo auf Schienen, auf einem Frachtwaggon stand. Nachdem Riley wieder aus der Zone emporgetaucht war, fertigte er Skizzen an.

Atwater zeigte Watt die Daten der Sitzung, worauf dieser eiligst zu seinem Wagen lief und das Gebäude 4554 ansteuerte – das INSCOM-Quartier, das über ein abhörsicheres Telefon verfügte. Er rief die beiden Besucher aus dem Verteidigungsministerium an und teilte ihnen mit, daß Riley einen Panzer auf einem Bahnanhänger gesehen hatte. Das war genau die Information, die sie sich erhofft hatten.

Heute gilt der russische Panzer T-72 als veraltet und ist im Vergleich zu den US-Modellen sozusagen zweite Wahl. Aber in den ausgehenden 70ern war der T-72 brandneu, und die US-Geheimdienste wußten so gut wie nichts über seine Konstruktionsmerkmale. Am liebsten hätten sie ihren eigenen T-72 gehabt, um ihn auseinanderzunehmen und gegebenenfalls »Reverse-Engineering« zu betreiben, um interessante Funktionselemente zu kopieren. Selbstverständlich wurde der Panzer nicht gestohlen, sondern auf amerikanische Weise beschafft: Man erwarb ihn zu einem guten Preis.

Der Anbieter war ein osteuropäischer General, der Verkauf wurde über einen international tätigen Waffenhändler aus dem Mittelen Osten abgewickelt. Atwater glaubt, daß es ein polnischer General war, aber Riley meint, es habe sich um einen Rumänen gehandelt[8]. Wie dem auch sei, der mysteriöse General nahm keinen direkten Kontakt zu den Amerikanern auf, sondern verhandelte nur über die Mittelsmänner des Waffenschiebers, der seinerseits wiederum mit den US-Geheimdienstlern verhandelte.

Natürlich verfolgten die amerikanischen Teilnehmer dieses Spiel mit einer gewissen Nervosität. Handelte es sich vielleicht nur um eine Finte, um eine Falle, die man ihnen gestellt hatte? Man hoffte, daß es die Remote Viewer schaffen würden, den Transport des Panzers zu verfolgen.

Kurz nachdem Scotty Watt von seinem Telefonat aus Gebäude 4554 zurückgekehrt war, trafen auch Hartleigh Trent, Ken Bell und Joe McMoneagle ein. Riley und Trent suchten mit dem Umschlag[9] das Operationszentrum auf. Riley agierte als Monitor für Trent, der sich zunächst entspannte und dann auf das Objekt konzentrierte, auf das der Inhalt des Umschlages verwies – den Panzer. Diesmal sollte er wieder einige Tage in die Zukunft vorstoßen. Trent meinte, er würde sich an Bord eines Schiffes auf hoher See befinden, worauf

Riley ihn anwies, den Frachtraum zu durchsuchen. Dort sah Trent nicht nur den Panzer, sondern auch einige Flugzeugteile. McMoneagle und Bell beschrieben ein ähnliches Szenario.

Die Einheit verfolgte den Fortgang des Geschäftes und den Transport des Panzers über einen Zeitraum von mehreren Tagen, wobei sie sich allerdings nicht auf die Zukunft, sondern ausschließlich auf die unmittelbare Gegenwart konzentrierten. Sie sahen, wie der Panzer zunächst auf einem Güterbahnhof ankam und dann zum Hafen gebracht wurde, um auf ein Schiff verladen zu werden. Schließlich stach das Schiff in See, und Riley meinte, daß der Kapitän Grieche sei.

In einer von Joe McMoneagles Sitzungen, der Atwater als Monitor beiwohnte, beobachtete er das Schiff bei Nacht – vermutlich befand es sich gerade im Schwarzen oder Baltischen Meer. McMoneagle meinte, daß das Schiff in diesem Augenblick antriebslos durchs Wasser driftete. Er wußte nicht, ob dies gerade geschah oder erst irgendwann passieren würde, aber seine Visionen waren außergewöhnlich klar. Dann wurde das Schiff wie in einem schlechten Film von schwarz gekleideten Männern erobert, die von einem in der Nähe treibenden, größeren Schiff herüberkamen. Sie bedrohten den Kapitän mit Schußwaffen, er hatte die Hände erhoben. Dann manövrierte das andere Schiff längsseits und fuhr einen Ladekran aus, um den Frachtcontainer mit dem Panzer herüberzuhieven. Offenbar besaß jemand die Frechheit, dem Pentagon seine Millionen-Dollar-Fracht zu stehlen.

Nun konzentrierte sich McMoneagle auf den Kapitän des Frachters, auf den immer noch die Waffen gerichtet waren. McMoneagle versuchte, mit ihm telepathisch zu kommunizieren. *Was geht hier vor?* fragte er den Kapitän. Überraschenderweise fühlte sich der Kapitän durch die Piraten überhaupt nicht bedroht – alles verlief nach Plan! Die Entführung des Panzers war lediglich eine Finte, die vermutlich dazu diente, den Verdacht von dem General abzulenken, der den Panzer verkauft hatte. Atwater und McMoneagle erfuhren nie, ob es sich bei dem Enterkommando um US-Soldaten der Special Forces, Söldner im Dienste des Waffenhändlers oder um rumänische oder polnische Soldaten aus dem Heer des Generals gehandelt hatte.

Eines fanden sie jedoch heraus: Ein paar Wochen später legte ein von einem Hafen im Mittleren Osten kommendes Schiff in der Chesapeake Bay an, um einen Frachtcontainer für die im Stützpunkt Aberdeen Providing Ground untergebrachte Army-Forschungsabteilung für Panzertechnik abzuliefern. Es handelte sich um einen nagelneuen sowjetischen T-72.

Schon in der Anfangsphase des Programmes erkannten Skip Atwater, Scotty Watt und die anderen, daß Joe McMoneagle insgesamt der beste Remote Viewer der Einheit war. Sein stiernackiges Äußeres erweckte den Eindruck, er sei einem Footballteam oder MG-Nest entsprungen. Doch seine Gene und das Schicksal hatten ihn in einen paranormalen Supermann verwandelt, in einen uniformierten Schamanen.

Ein Zwischenfall in McMoneagles Jugend erinnert an die Legende der französischen Nationalheldin Johanna von Orleans, die sich angeblich eines Tages als Dreizehnjährige mit ihren Freunden in einem Obstgarten vom Spiel erschöpft am Fuße eines Baumes niederließ. Plötzlich tauchte eine seltsame Lichtkugel auf, die in ihrer Nähe zu Boden ging, und dann hörte sie die Stimme eines Erwachsenen. Dies war nur die erste Begegnung mit diesem seltsamen Stimmenphänomen, das sich einige Male als engelhafte Gestalt manifestierte. Jeanne erfuhr, daß sie dazu auserkoren sei, sich zu bewaffnen und das belagerte Frankreich in den Krieg gegen die englischen Besatzer zu führen.

McMoneagles etwas bescheidenere Version dieser Erfahrung spielte sich 1957 in Florida ab. Er war damals elf Jahre alt. Er campierte mit einer Gruppe von Freunden in der Nähe eines Orangenhains, der nicht weit vom Haus seiner Eltern entfernt lag. In einer Nacht blieben sie alle länger auf, um eines jener Kriegsspiele zu inszenieren, das vermutlich jeder Junge dieser Altersgruppe für eine gewisse Zeit favorisiert. Dabei spielte einer der Jungen den Feind, der von den anderen nur mit »Es« bezeichnet wurde und sich vor den anderen verstecken mußte. Nach einigen Runden war es an McMoneagle, diese Rolle zu übernehmen. Er lief in die Dunkelheit hinein und kletterte einen Orangenbaum hinauf, bis er meinte, ein sicheres Versteck gefunden zu haben. Dort kauerte er sich zusammen, erschöpft vom Spiel, daß bereits einige Stunden andauerte. Er war inzwischen sehr müde - und dann schlossen sich seine Augen ...

Plötzlich spürte er eine Berühung. Er öffnete seine Augen und sah, daß eine seltsam geisterhaft wirkende Frau in der Nähe des Baumes schwebte. Sie ergriff seinen Arm, und er ließ sich von ihr mitziehen. Dann änderte sich die Szene, und die beiden erreichten eine Lichtung irgendwo in einem Wald oder Sumpf – ein besonderer Ort, das spürte McMoneagle genau. Die Frau erzählte Joe nun, was ihm bald wiederfahren würde: Er würde zu einem großen, starken Jungen heranwachsen und zur Army gehen, um in einem weit entfernt stattfindenden Krieg zu kämpfen. Viele seiner Kameraden würden dort sterben, aber Joe würde unversehrt zurückkehren. Die Zukunftsvision der Frau dauerte etwa eine Stunde, während der sie zahllose Details aus Joes Werdegang enthüllte – bis zum Beginn der 70er Jahre, wo sich die Pfade seiner Zukunft hinter einem undurchdringlichen, dunklen Wall verbargen.

Dann wachte Joe in seinem Baumversteck auf. Welch ein seltsamer Traum!

Acht Jahre später trat er in die Army ein und wurde schon bald zur Army Security Agency versetzt. Er erhielt eine Spezialausbildung auf dem Gebiet der Anpeilung von Standorten feindlicher Sender, dem sogenannten Radio Direction Finding (RDI). Eine seiner ersten Missionen führte ihn auf die Insel Eleuthera auf den Bahamas, wo er in einem als Luft- und Seerettungsstation getarnten Außenposten mit elektronischen Spionagegeräten sowjetische und kubanische Schiffe und U-Boote aufspürte. An einem Abend im Oktober 1965 spazierte McMoneagle mit einem Freund eine Straße entlang, als sich die Gegend plötzlich erhellte. McMoneagle sah nach oben und entdeckte eine große, grell erleuchtete fliegende Untertasse. Das UFO schwebte eine Weile auf der Stelle und nahm dann abrupt eine neue Position ein, was insgesamt sechs oder siebenmal passierte. Dann verschwand es lautlos in Richtung des Meeres, und die Nacht war wieder so dunkel wie zuvor. Am nächsten Morgen ging es McMoneagle und seinem Freund schlecht. Wie viele andere, die angeblich ein solches UFO-Naherlebnis hatten, zeigten sich bei ihnen die Symptome eines Sonnenbrandes, Augenschmerzen und grippeähnliche Erscheinungen, die mehrere Tage lang andauerten. Aber sie schwiegen über den selstamen Zwischenfall, weil sie Angst hatten, deshab versetzt zu werden.

McMoneagle wollte nicht versetzt werden, denn er liebte die Bahamas. Er schwamm gerne, schnorchelte und angelte, aß reichlich, war braungebrannt und überstand sogar einen Hurricane schadlos. Aber im Jahr 1966 wurde er dann doch schließlich nach Vietnam versetzt.

Seit McMoenagle im Alter von achtzehn Jahren in die Army eingetreten war, litt er unter einem ständig wiederkehrenden Alptraum, in dem er von einem weißen Licht verschlungen wurde. Er hatte den Eindruck, daß das Licht den Tod symbolisieren sollte. Die Alpträume verschlimmerten sich, als klar wurde, daß ihm ein Standortwechsel direkt ins Auge des Krieges bevorstand. Doch nachdem er mit dem Truppentransporter am Flughafen Bien Hoa in der Nähe von Saigon angekommen war, veränderte sich McMoneagles Vision: Er wußte nun, daß er den Krieg gesund überstehen würde. Dabei fiel ihm ein seltsames Detail auf: Das Flugzeug, mit dem er die Heinmreise antreten würde, war *kanariengelb.* Als die Vision vorüber war, schilderte er sie dem Mann, der direkt neben ihm stand. *Dieses kanariengelbe Flugzeug* .... Der andere sah ihn nur an. *Alles klar, Joe.*

McMoneagle verbrachte die meiste Zeit im vietnamesischen Zentralgebirge südlich von Da Nang, nur einen Katzensprung von den Landesgrenzen von Laos und Kambodscha entfernt, die vom Viet-cong und der nordvietnamesischen Armee ständig überschritten wurden. McMoneagle wurden verschiedene Außenposten zugewiesen, und er hatte sich einen ziemlich ramponierten Liegestuhl beschafft, auf dem er sich in seiner Freizeit auszuruhen pflegte. An unbewölkten Tagen oder in sternenklaren Nächten überkam ihn dabei immer ein seltsames Gefühl, so als stünde ein wichtiges Ereignis unmittelbar bevor. Immer wenn dies geschah, packte er seinen Liegestuhl zusammen, setzte seinen Helm auf und zog seine Flakjacke an, um den für ihn reservierten Platz in einem der Bunker aufzusuchen. Direkt im Anschluß waren aus den umliegenden Wäldern die Geräusche von Granatwerfern zu hören, die den Beginn eines Infernos verkündeten.

Seine Kameraden bemerkten schnell, wie häufig Joe die Angriffe vorherzuahnen schien. Sie machten es sich alsbald zur Gewohnheit, sobald Joe seinen Stuhl zusammenklappte, augenblicklich alles stehen und liegen zu lassen, um eiligst die Bunker aufzusuchen. Schließlich war es sogar so weit, daß sie selbst Joes unbewußtes Verhalten nachzuahmen pflegten – wenn er sich die Schnürsenkel an einem Tag hochband und hinten verknotete, war häufig zu beobachten, daß ein halbes Dutzend seiner Kameraden es ihm sofort gleichtat. In diesem vedammten Krieg konnte ein Soldat gar nicht abergläubisch genug sein ...

Später würde sich McMoneagle über einige seiner Kriegserlebnisse beharrlich ausschweigen, was aber nicht etwa daran lag, daß sie der Geheimhaltung unterlagen. Vietnam war für viele junge Soldaten das emotionalste Erlebnis, das sie jemals haben würden. Und McMoneagle war trotz seiner stoischen Art möglicherweise weitaus empfänglicher für ein solches Trauma als die meisten seiner Kameraden. Man munkelte, daß es während seiner Dienstzeit zu einigen Streßsituationen kam, an die er sich nicht mehr oder jedenfalls kaum noch erinnern kann.

McMoneagle entging den Kugeln und Explosionen, zog sich aber beim Absturz eines Hubschraubers eine Verletzung zu, die zu einem chronischen Rückenleiden führte. Schließlich beschritten seine Füße den Asphalt der Landebahn des Flughafens von Saigon zum letzten Mal, um das Flugzeug zu besteigen, das ihn nach Hause bringen sollte. Das Pentagon hatte einen Vertrag über Truppentransporte mit Braniff Airlines abgeschlossen, die über ein Geschwader verfügte, das in allen möglichen Signal- und Pastellfarben lackiert war. Als er *sein* Flugzeug entdeckte, zog ein Lächeln über McMoneagles Gesicht.

Das Flugzeug war kanariengelb.

1979 wurde McMoneagle nach Süddeutschland versetzt und einem kleinen Funklauschposten zugewiesen, der in den Wäldern nahe der österreichischen und tschechoslowakischen Grenzen stationiert war. Diese kleine Einheit erlebte den Kalten Krieg in der ersten Reihe – immer wieder mogelte sich ein sowjetischer Bomber über die Grenze, indem er sich knapp über den Baumspitzen hielt, um den NATO-Radar zu unterfliegen. McMoneagle befand sich mehrmals bei einer solchen Gelegenheit im Freien, konnte die Lichtblitze sehen und das »pop-pop-pop-pop« der Propeller hören, während der Bomber über ihn hinwegflog. Die Bomber waren zu hochtechnisierten Aufklärern umgerüstet worden, deren Abwurfkammern mit leistungsfähigen kamerasynchronen Blitzgeräten ausgestattet worden waren und beim Überfliegen eines Targets aufflackerten. Diese Flugzeuge kamen so tief rein, daß McMoneagle und die anderen Soldaten des Lauschposten sprichwörtlich das Weiße im Augen des Piloten erkennen konnten.

An einem Sonntag Nachmittag unternahm er mit seiner Frau und einem Freund einen Ausflug in ein nahegelegenes österreichisches Dorf. Dort bestellten sie ein üppiges Mittagessen, das sie mit einem Schnaps beschlossen. Vielleicht lag es am Alkohol oder an einer Embolie – oder an beidem, jedenfalls brach McMoneagle plötzlich zusammen. Seine Atmung setzte aus, er verschluckte seine Zunge, und dann setzte auch noch seine Herztätigkeit aus. Doch gleichzeitig machte er eine außerkörperliche Erfahrung – er meinte, vor seinem eigenen Körper zu stehen, der auf dem Boden lag und starb. Sein Freund versuchte, ihn durch Bruststöße wiederzubeleben. Bei jedem Stoß verspürte Joe ein Klicken und einen schmerzhaften Stich. Dann merkte er für einen Moment, daß er die Welt wieder durch seine Augen betrachtete, nur um gleich darauf wieder in den seltsam geisterhaften Zustand zurückzukehren.

Nachdem die Sanitäter seinen Körper in den Rettungswagen geladen hatten und losgefahren waren, schwebte Joes Geist neben dem Wagen her und zischte dabei zwischen den Strommasten am Straßenrand hin und her, bis sie das Krankenhaus erreichten. Als das Team in der Notaufnahme die Elektroden des Defibrillators ansetzten, hatte Joe ein Nahtoderlebnis mit fast allen Elementen, die man in Berichten zu diesem Phänomen wiederfindet: Er flog zunächst durch einen Tunnel und wurde dann von einem weißen Lichtschein eingehüllt, das Licht aus seinen Alpträumen. Doch das Licht war nicht der Tod, es war Gott, der uneingeschränkte Liebe ausstrahlte. Gott sagte zu Joe, daß er wieder in die Welt zurückkehren müsse, seine Stunde sei noch nicht gekommen. Doch damit war Joe nicht einverstanden, er fand es hier viel zu schön. Dann löste sich die Szene auf, und Joe fand sich in einem Krankenhausbett wieder, hemmungslos weinend; er wollte so gerne zurück.

Die EEGS gaben keinen Hinweis darauf, daß Joes Hirn durch den Kollaps irgendeinen nennenswerten Schaden erlitten haben könnte. Aber etwas war mit McMoneagle geschehen, da zunehmend erkennbar wurde, daß er eine Persönlichkeitsveränderung durchmachte. Wenn Joe mit jemandem sprach, hatte er oft das Gefühl, daß die Kommunikation zweigleisig verlief, zum einen auf sprachlicher, zum anderen auf telepathischer Ebene. Existierten diese Stimmen nur in seinem Kopf? Wurde er allmählich verrückt?

Die Grenzen zwischen Realität und Fantasie schienen sich zu verwischen: So etwa, wenn er auf der Wohnzimmercouch ein Nickerchen machen wollte und sich plötzlich – live und in Technicolor – an einem Südseestrand wiederfand, oder in einer Wüste, einmal auch in einem japanischen Tempel, wo er zwischen den Bäumen schwebte und wie hypnotisiert den knarrenden Lauten eines Wagens oder einer Schubkarre lauschte, die jemand über einen Trampelpfad schob.

Wie bei vielen, die ein Nahtoderlebnis hatten, wandte sich McMoneagles Weltanschauung dem Esoterischen und Spirituellen zu. Er betrachtete viele Erlebnisse seiner Vergangenheit nun aus einem neuen Blickwinkel: Die strahlende Frau, die er 1957 in dem Orangenhain gesehen hatte – war es vielleicht nur ein Traum gewesen? Sein Bewußtsein erweiterte sich, bis es alles Leben, alle Materie, alle Energie des gesamten Universums umspannte. – Und gleichzeitig ging seine Ehe in die Brüche.

Gegen Ende des Jahres 1977 arbeitete er gerade für INSCOM in Arlington Hall, als er auf die Werber von Gondola Wish traf. Plötzlich zog man ihn in eine seltsame neue Welt herüber, eine Welt, in der alles, was ihm an seinem vorherigen Leben verrückt erschien, anerkannt und gefördert wurde.

***

Sein Nahtoderlebnis in Österreich hatte also einiges verändert. Außerdem wurde er dadurch mit einer seltsamen Fähigkeit ausgestattet, die sich noch als nützlich erweisen sollte: Er konnte sich in ein traumartiges Bewußtseinsstadium versenken, bei dem seine Sinne aber immer noch für das empfänglich blieben, was – in der wirklichen Welt – um ihn herum geschah. Die meisten Menschen machen einmal in ihrem Leben eine ähnliche Erfahrung. Man bezeichnet dieses Stadium als »Klartraum«, der nach einem zu üppigen Essen oder während einer Krankheit auftreten kann. Doch McMoneagle konnte anscheinend in dieses Stadium eintreten, wann immer er wollte.

Als Folge daraus klangen seine RV-Berichte ungewöhnlich realistisch und atmosphärisch dicht. Wenn er wieder aus der Zone emportauchte, konnte er sich häufig selbst an die kleinsten Details seiner Visionen erinnern und sie skizzieren. Selbst während der Sitzungen konnte er manchmal Beschreibungen abgeben, die wirkten, als würde er sich einen Film im Kino ansehen. So einfach war das für ihn.

Manchmal wurden seine Visionen jedoch von seltsamen Sinnesverzerrungen getrübt. Es muß etwa 1980 gewesen sein, als ein Geheimdienstler mit einem besonderen RV-Target an die Einheit von Fort Meade herantrat. Der Klient wollte, daß sich die Seher über mehrere Tage in etwa zwölfstündigem Abstand auf den Aufenthaltsort einer bestimmten Person konzentrierten, vermutlich einen ausländischen Agenten, der sich in Europa aufhielt.

Atwater setzte bald darauf McMoneagle auf das Zielobjekt an. Der Umschlag mit dem Hinweis enthielt ein Foto des Agenten, während auf der Außenseite die Datumsangaben und Uhrzeiten notiert waren, zu denen der Klient gerne etwas über den Aufenthaltsort des Mannes erfahren wollte.

Atwater teilte McMoneagle mit, daß er nach einem Menschen suchen und dessen Umgebung beschreiben sollte.

McMoneagle tauchte in seine Zone ein und ging die Liste mit den Terminen durch. Einmal visualisierte er eine Straße, die sich durch eine Reihe von Hügeln wand. Er begriff, daß das Zielsubjekt mit seinem Wagen auf dieser Straße entlangfuhr – ein gutangezogener dunkelhaariger Mann, vielleicht ein Geschäftsmann. Mc Moneagle beschrieb die Straße, die Hügel, den Wagen. Dann, etwa fünf Minuten nach Beginn der Sitzung, veränderte sich etwas. McMoneagle war verwirrt.

»Dieser Typ geht irgendwo hin, wo ich nicht hin kann«

»Was meinst du damit?« fragte Atwater.

»Nun«, antwortete McMoneagle, »es ist so, als ob ich ein Bild von ihm angesehen hätte, das plötzlich von jemandem zur Seite gedreht wird.«

Dann verschwand das Zielobjekt aus Joes Vision.

Als Atwater später dem Klienten seinen Bericht ablieferte, erfuhr er, daß das Zielsubjekt zu einem mit seinem Dienststellenleiter vereinbarten Termin nicht erschienen war. Darum wollte der Klient wissen, was der Agent in diesem Zeitabschnitt gemacht hatte. Kurz darauf hatte der Klient erfahren, daß der Agent genau zu dem Zeitpunkt, als McMoneagle seine Sichtung verlor, mit seinem Wagen von einer Serpentine abgekommen und in den Tod gestürzt war.

Eines Tages wurde Norman Everheart im CIA-Hauptbüro von einem Bekannten vom FBI angerufen. Der FBI-Mann war über das Projekt Grill Flame informiert und wollte die Seher bei einem Problem aus dem Bereich der Gegenspionage um Unterstützung bitten. Allerdings gab es da einen Haken: Das FBI konnte sich nicht direkt an die Remote Viewer wenden, da ihr Chef aus Religiosität oder Skepsis jeglichen Kontakt mit den Sehern von Grill Flame untersagt hatte. Deshalb war der FBI-Mann an Norman Everheart herangetreten. Könnte Everheart diese Sache für ihn unter dem Tisch regeln? Everheart, ein freundlicher und umgänglicher Kerl in diesem kalten, oft harten Geschäft, sagte zu.

Auf die Ursache seines speziellen Problems war der FBI-Mann durch einen glücklichen Zufall gestoßen. Wenige Tage zuvor hatte ein Ortspolizist in einem Vorstadtbezirk Marylands, morgens um etwa sechs Uhr, einen Wagen angehalten, dessen Fahrer ein Stopschild mißachtet hatte. Der Polizist bemerkte, daß der Wagen diplomatische Kennzeichen trug. Er begab sich zur Fahrertür, um den Führerschein und die Fahrzeugpapiere zu verlangen. Wie aus den Dokumenten hervorging, handelte es sich bei dem Fahrer um einen hochrangigen Beamten der sowjetischen Botschaft. Er war in einen Geschäftsanzug gekleidet und regte sich darüber auf, daß man ihn angehalten hatte. Auf dem Rücksitz des Wagens bemerkte der Polizist eine Angelrute. Einige Zeit später landete sein Bericht in der FBI-Abteilung für Sowjetbezogene Gegenspionage.

Eine Angelrute – was zum Kuckuck konnte einen Sowjetspion wohl dazu bringen, morgens um sechs Uhr mit einer Angelrute auf dem Rücksitz durch die Vororte von Maryland zu fahren?

Auch Norman Everheart fand das seltsam, zumal ihm bereits einige ähnliche Fälle zu Ohren gekommen waren. Angelruten schienen sich unter den Sowjetspionen einer wachsenden Beliebtheit zu erfreuen. Entweder hatten sich die Russen in Angelbrüder verwandelt, oder die Rute enthielt irgendein elektronisches Spielzeug – vielleicht ein Funkgerät oder einen Empfänger für SIGINT-Missionen.

Everheart erinnerte sich auch an einen Fall, der sich in irgendeinem anderen Land abgespielt hatte. Dort wurde vom einheimischen Geheimdienst beobachtet, daß ein sowjetischer Botschaftsangestellter sehr oft zu einem bestimmten See hinausfuhr, um dort zu angeln, während am gegenüberliegenden Strand ein einheimischer Beamter – vermutlich ein Spion – demselben Hobby frönte. Waren die Angelruten vielleicht mit einem hydrophonischen Kommunikationssystem ausgestattet, über das die beiden miteinander sprachen? Man leitete eine Ermittlung ein, die aber im Sande verlief.

Was immer auch vor sich ging, eines war klar: Die Russen zeigten sich um ihre Angelruten sehr besorgt, so als wären sie ungemein wertvoll. Eines Tages wurde ein sowjetischer Botschaftsangestellter irgendwo in Skandinavien in einen ziemlich schlimmen Autounfall verwickelt. Die Sanitäter hatten ihn blutüberströmt und mit schweren Verletzungen aus seinem Wagen gezogen, aber der Mann weigerte sich vehement, ins Krankenhaus gebracht zu werden. Er bestand darauf, an der Unfallstelle auf seine Botschaftskollegen zu warten, um ihnen zu übergeben, was er mit einer Hand fest umklammerte – fünf Angelruten.

Auch zogen die Sowjets gerne eine riesige Show ab, um so zu tun, als würden sie die mysteriösen Ruten wirklich nur zu ihrem vorherbestimmten Zweck benutzen. In einer afrikanischen

Hauptstadt hatten die Botschaftsangestellten die Angewohnheit entwickelt, als harmlose Ehepaare getarnt, in einem Kahn auf einen nahegelegenen See hinauszufahren und dort stundenlang die Angelruten ins Wasser zu halten. Den Abhörspezialisten der CIA war es gelangen, das Boot zu verwanzen, aber alles, was sie mitbekamen, hörte sich etwa so an: *Eigentlich sollte Olga diese Woche dran sein. Warum muß ich eigentlich immer mit?* Und so weiter.

Nie gab einer der Russen etwas Verfängliches von sich, aber trotzdem schien es klar, daß sie es als eine lästige Pflicht und keineswegs als Freizeitspaß betrachteten. Everheart hoffte, daß die Remote Viewer dieses Rätsel ein für allemal lösen würden.

Joe McMoneagle war der erste, der sich damit befaßte. Alles, was er wußte, war, daß es sich bei dem Target um eine Person handelte, deren Foto in dem Umschlag steckte. Über den Aufenthaltsort der Person oder den Zeitpunkt, an dem er sie beobachten sollte, wurde ihm nichts gesagt. Also tauchte er tief in seine Zone ein und sah, wie ein Mann mit seinem Wagen von einem Polizisten aus dem Verkehr gewunken wurde. Der Mann trug einen Geschäftsanzug und sprach Russisch. Auf dem Rücksitz seines Wagens lag eine Angel. Atwater wußte nichts von der Angel, da Norman Everheart die Aufgabenstellung wie üblich etwas vage gehalten hatte. Aber nun erkannte Atwater, daß die Angelrute wichtig war und trieb McMoneagle dazu an, den Angriff zu forcieren. Hatte es mit der Angelrute irgendetwas auf sich? Wozu wollte der Mann sie benutzen?

McMoneagle beschloß, den Mann direkt zu fragen. *Was hast du mit der Angel vor?* Diese Technik des direkten Fragens wirkte diesmal noch merkwürdiger als sonst, da McMoneagle den Mann ja während eines Vorfalls ansprach, der bereits mehrere Tage zuvor stattgefunden hatte.

Was immer dabei wirklich passiert war, McMoneagle fragte den KGB-Mann aus und folgte ihm schließlich in ein bewaldetes Gebiet am Rande einer geheimen militärischen Einrichtung, die von einem hohen Zaun umgeben war. An einer Stelle wich der Zaun einem hohen Gebäude, an dessen Fassade sich in etwa fünf Metern Höhe ein Ziegel gelöst hatte.

Der KGB-Mann trat vor das Gebäude und zog die Angelrute auseinander, um sie nach oben zu recken und aus der beschädigten Stelle ein kleines Päckchen hervorzufischen, das dort vermutlich von einem sowjetischen Doppelagenten deponiert worden war, der wohl in der militärischen Einrichtung arbeitete.

Als Everheart den Bericht von Grill Flame durchlas, war er enttäuscht. Irgendwie schien er nicht plausibel zu sein, da es in allen anderen Fällen, in denen die Angelruten aufgetaucht waren, den Anschein hatte, daß sie ein hochtechnisiertes elektronisches Gerät beherbergten. Aber der Seher behauptete, daß die Angeln einfach als mechanische Hilfe dienten, als »verlängerter Arm«, und schlicht und ergreifend eingesetzt wurden, um »tote Briefkästen« zu entleeren – Verstecke für Filme und andere Dinge, die ein Doppelagent seinem Einsatzleiter zuspielt.

Trotzdem gab Everheart seine Informationen an den FBI-Mann weiter. Später erfuhr er, daß das FBI den KGB-Mann in der militärischen Einrichtung dabei beobachtet hatte, wie er tatsächlich mit Hilfe der Angelrute etwas aus einem höhergelegenen Versteck hervorholte.

Damit hatte McMoneagle nicht nur richtig gelegen, sondern auch einen bedeutenden Beitrag zur Lösung eines wichtigen Falles geleistet. Nur wunderte sich Norman Everheart ein wenig über die Vielzahl der Berichte von Russen, die mit Angelruten hantierten. Benutzten sie die Angeln wirklich nur als verlängerten Arm, um an Verstecke heranzukommen? Everheart hat es nie erfahren, aber er war doch zufrieden, weil sein Team zumindest in diesem Fall eine zutreffende Antwort geliefert hatte.

Wie alle Remote Viewer war auch McMoneagle eine zufällig ausgewählte, dreistellige Codenummer zugeteilt worden, mit der er sich bei allen RV-Sitzungen auswies, ob es sich nun um Trainingsstunden oder um echte Einsätze handelte. Die Codenummer sollte die Identität der Remote Viewer vor Außenstehenden verbergen, was jedoch nicht verhindern konnte, daß gewisse Leute aus Geheimdienstkreisen langsam Kenntnis von seinen außergewöhnlichen Leistungen erhielten, auch wenn sie ihn nur als Nummer kannten. Während der Regierungszeit Carters war er beim National Security Council (NSC) als »Viewer 518« bekannt, da er unter diesem Pseudonym eine Reihe höchst erfolgreicher Sitzungen absolviert hatte.

Zu den Mitarbeitern des NSC gehörte seinerzeit auch ein Lieutenant Commander Jake Stewart von der Navy, der sich in höchstem Maße für Grill Flame einsetzte. Irgendwann im September 1979 zeigte Stewart Scotty Watt und Skip Atwater eine Reihe von Fotos, die ein Spionagesatellit vom Typ KH-9 aufgenommen hatte. Auf den Fotos war ein Industriekomplex zu sehen, der sich irgendwo in Rußland am Rand eines großen Gewässers befand. Atwater sollte später herausbekommen, daß das Zielobjekt im Hafen von Severodvinsk am Weißen Meer nahe des Polarkreises lag.

Stewart zeigte Atwater ein bestimmtes Gebäude in der Hafenanlage, das die Nummer 402 trug. Offenbar fanden dort Bauarbeiten statt, und der NSC wollte wissen, was sich in dem Gebäude abspielte.

Atwater sah sich das Foto an. Das Gebäude erinnerte ihn an eine Sporthalle. Doch dann fiel ihm auf, wie winzig alles andere dagegen wirkte – offenbar waren die Wände der Halle gut 800 Meter lang!

McMoneagles erste Sitzung begann damit, daß er von Atwater lediglich die geographischen Koordinaten des Gebäudes erhielt, die auf ein Gebiet in der Nähe des Polarkreises verwiesen. Mc Moneagle fand sich in seiner Vision an einem ungemütlich kalten Ort wieder, einem ausgedehnten Hügel oder Berg. Atwater war nicht gerade beeindruckt, aber tags darauf gab er dem Seher eine zweite Chance. Diesmal sah McMoneagle große Gebäude, Schlote, und daneben einen halb zugefrorenen See.

Atwater beschloß, McMoneagle weitere Daten zu geben, um ihn anzuspornen. Also zeigte er ihm das Satellitenfoto und forderte ihn auf, in das von Jack Stewart bezeichnete Gebäude vorzudringen.

McMoneagle tauchte in die Zone ein. Die Halle war von Lärm erfüllt und verfügte über mehrere Ebenen, die entweder durch Plattformen oder Gerüste realisiert waren. Es gab Stahlträger und grelle, weißblaue Lichter – Lichtbögen von Schweißgeräten. Nachdem er wieder aus der Zone emporgetaucht war, fertigte er Skizzen von dem an, was er gesehen hatte.

Einen oder zwei Tage später führte Atwater mit McMoneagle eine dritte Sitzung durch. Diesmal konnte der Seher deutlicher erkennen, was in dem Gebäude vor sich ging. In einem Bereich der Halle stand ein U-Boot, das offensichtlich gerade repariert wurde, in einem anderen ein Berg von Baumaterialien. Aber es war der dritte und größte Teil der Halle, für den sich der NSC interessierte. Dort sah McMoneagle ein riesiges U-Boot, daß noch nicht fertiggestellt war. »Das Biest ist riesig«, murmelte er. Es war das größte Objekt innerhalb der Halle.

McMoenagle beschrieb das Heck, das lange, flache Achterdeck, den Turm, eine Doppelreihe von Raketensilos, die auf ungewöhnliche Weise abgewinkelt waren.

»Wie viele Silos siehst du?« fragte Atwater. Aber bei RV ist Zählen und das Lesen von Zahlen oder Buchstaben genauso schwierig wie beim Träumen – es scheint die Vision aus dem Takt zu bringen. Immer wenn McMoneagle zu zählen versuchte, würde er nach einigen Sekunden restlos von seinem Target abkommen. Statt dessen forderte Atwater ihn auf, aus der Zone hochzutauchen und das Gesehene zu skizzieren. Anhand der Zeichnung meinte McMoneagle, daß er neun oder zehn Paare von Silos entdeckt hatte – anders gesagt, das U-Boot konnte achtzehn oder zwanzig Raketen abfeuern.

Zusammen mit Hartleigh Trent beschrieb McMoneagle auch einen neuartigen Antrieb, eine ungewöhnliche Doppelwandung und Details der speziellen Schweißtechnik, die die Sowjets hier einsetzten.

Beim NSC gab es einigen Aufruhr, als die Berichte analysiert wurden. Abgesehen davon, daß sie auf paranormalem Wege zustandegekommen waren, beschrieben sie das seinerzeit größte U-Boot der Welt. Es erschien eher unwahrscheinlich, daß die Geheimdienste davon nichts in Erfahrung gebracht hatten.

Trotzdem verfolgte Jake Stewart die Angelegenheit weiter, indem er Atwater bat, herauszufinden, wann das U-Boot die Werft verlassen würde. Atwater griff wieder auf McMoneagle zurück und ließ ihn Monat für Monat in die Zukunft vordringen. Es war nicht ersichtlich, wie die Sowjets das gigantische U-Boot wassern würden, da das Gebäude etwa hundert Meter vom Ufer entfernt lag. Aber während die Monate vor McMonaegles geistigem Auge vorbeiglitten, bemerkte er, daß eine neue Konstruktion in Angriff genommen wurde: Die Sowjets zogen mit Dynamit und Bulldozern einen Graben, der das Gebäude mit dem See verband. Irgendwann im vierten Monat wurde das U-Boot über den Kanal in den See manövriert, um dort bald darauf Probefahrten zu unternehmen.

Als diese neuen Daten Jake Stewart und dem NSC vorgelegt wurden, stellte sich heraus, daß McMoneagles Vorhersagen durchaus richtig lagen. Satellitenfotos, die im Januar 1980 und damit etwa vier Monate vor McMoneagles letzter Sitzung aufgenommen worden waren, zeigten ein angedocktes riesiges U-Boot einer neuen Klasse, die bald bei der NATO als *Typhoon* geführt wurde. Es war mit zwanzig Silos für ballistische Raketen und einem langen, flachen Achterdeck ausgestattet. Ganz in der Nähe lag ein kleineres Jagd-U-Boot der *Oscar*-Klasse, das offenbar hier gewartet worden war.

Der Vorfall rief innerhalb des NSC eine ziemlich lebhafte Debatte über den strategischen Wert von RV hervor. Einige zeigten unverhohlene Skepsis, wie etwa der junge Sowjetanalytiker Robert Gates, der die Ansicht vertrat, daß die Daten zu bruchstückhaft und allgemein gehalten seien, wodurch sie nicht verifiziert werden oder andereseits einfach Glückstreffer sein könnten. Wieder andere waren nun von RV restlos überzeugt, darunter auch Jake Stewart, für den McMoneagle – oder bessergesagt »Viewer 518« – zu den wertvollsten »Besitztümern« der Nation zählte, da er für alle praktischen Belange das war, was man sich unter einem perfekten »paranormalen Superspion« vorstellt.

5. Gegen die Wände

Es erfordert eine Menge Arbeit. Sehr schwierig. Oft, wenn du den richtigen Faden gefunden hat – dich auf das Target eingeschossen hast –, dann geht ein Prickeln durch den ganzen Körper. Es ist wie eine Droge, aber eine natürliche Droge.

Mel Riley

Ein neuer Tag, eine neue RV-Sitzung. Mel Riley schloß hinter sich die Tür eines der RV-Räume im Gebäude 2560. Er hatte eine lange Sitzung hinter sich und fühlte sich, als wäre ein Teil von ihm immer noch »draußen« beim Zielobjekt. Er lief den Flur hinunter, bis er den offenen Eingangsbereich erreichte. Er riß die Tür auf und verließ das Operationsgebäude. Einige der anderen standen dort draußen herum und warfen ihm flüchtige Blicke zu, während er über den Parkplatz ging.

Es war nicht das erste Mal, daß er nach einer Sitzung wie betäubt war und geistesabwesend wirkte. Andererseits lief er keineswegs ziellos durch die Gegend. Irgendwo tief in seinem Hirn wußte er genau, wohin er gehen wollte. Er lief weiter, schien offenbar nichts wahrzunehmen außer seinem inneren Autopiloten. Sein Ziel war ein riesiger, am gegenüberliegenden Ende des Parkplatzes aufgestellter Müllcontainer, dem irgendjemand aus der Einheit den Spitznamen »Dispy Dumpster« verliehen hatte. Als er sein Ziel erreicht hatte, öffnete Riley die Metallklappe und griff mit der freien Hand in seine Hosentasche, um seinen Schlüsselbund herauszuziehen und ihn in den gähnenden Schlund des Containers zu werfen. Die Schlüssel verschwanden mit einem leisen Klimpern zwischen zerknülltem Papier und Alufolie, halbgeleerten Pepsidosen, ein oder zwei Budweiserflaschen, zerknüllten Lunchtüten und alten Zeitungen. Riley ließ die Klappe geräuschvoll zufallen und begab sich wieder in Richtung Gebäude 2561.

Die anderen starrten ihn nur an und begannen lauthals zu lachen. Armer Mel!

Jetzt erst lichtete sich der Nebel um ihn, und er begriff, daß er auf dem Parkplatz stand, direkt neben »Dipsy Dumpster«, der soeben seine Schlüssel verschlungen hatte. Er begriff, daß er sich wohl ein wenig zu sehr in die letzte Sitzung vertieft hatte. Wie ein Zombie hatte er die Autoschlüssel in den Müll geworfen. Möglicherweise ein Streich seines Unterbewußtseins, das auf diese Weise verhindern wollte, daß er sich in seinem Zustand ans Steuer setzt.

Die Nachwirkungen einer RV-Sitzung ähneln in mehrfacher Hinsicht denen eines Drogenrausches. Wenn man an einem Sommertag nach einer ausgedehnten Sitzung ins Freie tritt, wirkt der Himmel irgendwie blauer, das Gras grüner – irrsinnig. Das Piepsen einer kleine Schar Vögel, die sich irgendwo auf einem Ast niedergelassen hat, klingt wie ein Regenwald voller exotischer Vögel. Um es mit den Worten des alten Drogenfreundes Aldous Huxley zu formulieren: Die »Tore der Wahrnehmung« werden ein bißchen weiter aufgestoßen als es normalerweise der Fall ist. Die Konzentration auf das Innere, auf die zarten, dünnen, halbbewußten, kaum wahrnehmbaren RV-Signale sorgen dafür, daß das Bewußtsein geschärft wird. Wenn man anschließend in die wirkliche Welt zurückkehrt, wirkt es so, als hätte jemand den Lautstärkeknopf aller Sensoren bis zum Anschlag aufgedreht. Das Tröpfeln der Informationen schwillt zu einem reißenden Strom an. Das Grün dieses Grases …

In gewisser Weise war es ein Anzeichen geistiger Erschöpfung, wurde aber nicht als belastend empfunden. Eher wie eine leichte Dosis LSD, nach der man alles in großartigen Farben, Geräuschen, Geschmacks- und Geruchseindrücken wahrnimmt. Dies war umso mehr der Fall, wenn man eine erfolgreiche RV-Sitzung hinter sich gebracht hatte – dann schoß dieses wohlige, elektrische Prickeln durch den Körper. Man glotzte und stolperte herum, kicherte oder brach in Tränen aus, ohne daß ein besonderer Grund dafür vorlag. Man »prallte gegen die Wände«, wie es die Remote Viewer bezeichneten. Als einziger Vergleich fiel Riley dazu sein erster Fallschirmabsprung bei der Army ein, nach dem soviel Adrenalin durch seine Adern floß, daß er mit dem zusammengeballten Fallschirm durch die Gegend lief und das Gefühl hatte, seine Füße würden den Boden nicht berühren.

Man ging allgemein davon aus, daß dieser Effekt nur vorübergehend auftrat. Nach einer anstrengenden RV-Sitzung benötigte ein Seher etwa eine Stunde, um sich wieder vollständig zu erholen. Andererseits erhöhte eine derartige Bewußtseinserweiterung, wenn sie regelmäßig, und vor allem am hellichten Tag, durchlebt wurde, die Wahrscheinlichkeit, daß man spontan in diesen Zustand hinüberglitt, auch wenn man es nicht wollte. Es war nicht auszuschließen, daß es dadurch zu psychischen Problemen kommen konnte. Vielleicht würde man den Normalzustand erst wieder erreichen, wenn man sich eine ganze Weile nicht mit RV befaßte – vielleicht nicht einmal dann.

Dieser Gedankengang hatte die Army dazu gebracht, die RV-Sitzungen bei Grill Flame als »Experiment mit Menschen« zu deklarieren. Die für derartige Experimente vorgeschriebenen Kontrollmaßnahmen beinhalteten nicht nur eine wahre Flut von Formularen, sondern auch die Mitarbeit eines medizinischen Ausschusses. Dadurch lernten die Remote Viewer den INSCOM-Psychologen Dr. Dick Hartsell kennen, der ihnen psychologische Tests vorlegte und sich mit ihnen unterhielt, um mögliche Auswirkungen auf ihre Psyche rechtzeitig festzustellen. Doch nach einer Reihe von Befragungen, die Anfang 1978 durchgeführt wurden, verlor Dr. Hartwell offenbar das Interesse an der Gruppe. Riley sah ihn nie wieder, und bald ging das Gerücht um, daß Hartwell sich vor den Remote Viewern gefürchtet und deshalb seine Zusammenarbeit eingestellt habe.

Anfang 1979 stürzten islamische Fundamentalisten unter Leitung des Klerikers Ayatollah Ruhollah Khomeini die iranische Regierung. Der entmachtete Schah Reza Pachlevi, unter dessen Herrschaft sich der Iran zu einem der stärksten Verbündeten der USA im Mittleren Osten entwickelt hatte, floh nach Amerika. Am 4. November desselben Jahres wurde die US-Botschaft in Teheran von einem iranischen Mob besetzt, der die Botschaftsangehörigen als Geiseln nahm, um die Auslieferung des Schahs zu erzwingen.

Die Carter-Regierung fror die iranischen Guthaben in den USA ein und belegte die Ölimporte mit einem Embargo. Der UN-Sicherheitsrat wurde angerufen, das Verhalten der iranischen Revolutionäre zu rügen und die Freilassung der Geiseln zu fordern. Schließlich landete der Fall vor dem Internationalen Gerichtshof, der ebenfalls die Freilassung der Geiseln forderte. Währenddessen zog der Schah von einer Air Force-Basis in Texas nach Panama um und landete schließlich in Ägypten – niemand schien ihn willkommen zu heißen. Außer seinen ehemaligen Untertanen natürlich, die ihn liebend gerne in Stücke gerissen hätten.

Das war beileibe nicht die einzige Krise, mit der sich die US-Außenpolitik befassen mußte: Die Russen okkupierten Afghanistan, die Chinesen Vietnam, das gerade erst die Kambodscha-Krise in den Griff bekommen hatte. Die Russen reagierten gegenüber China mit Säbelrasseln, und der Irak entsandte seine Truppen in den Iran, um das Chaos auszunutzen. Währenddessen deportierte Kuba in einer Massenaktion zehntausende von Kriminellen auf dem Seeweg in die USA.

Trotzdem standen die Geiseln im Iran im Vordergrund des amerikanischen Bemühens, was primär an der Anteilnahme der US-Bevölkerung lag, die darin eine weitere Erniedrigung im Schatten des Vietnamkrieges und ferner ein Symbol für die fehlgeschlagene Politik der Carter-Administration sah. Irgendetwas mußte getan werden.

Offenbar verfügte die CIA über einen Agenten, der Zugang zum Botschaftsgebäude in Teheran und damit zu den Geiseln hatte. Bislang zögerte man jedoch, ihn einzusetzen, da man befürchtete, daß jegliche Aktivität zu seiner Enttarnung führen würde, die für den Agenten lebensgefährliche Folgen haben konnte. Unter dem Strich wußten die US-Geheimdienste also recht wenig über die Situation vor Ort.

Deshalb hatte das RV-Team alle Hände voll zu tun. Ende 1979 und Anfang 1980 wurden sie vom Pentagon und vom NSC mit mehreren hundert Missionen betraut, in denen es um den Aufenthaltsort der Geiseln, ihren körperlichen und geistigen Zustand, das Erscheinungsbild und die Einstellung der Geiselnehmer, sowie den Grundriß der Gebäude ging, in denen die Geiseln festgehalten wurden.

Mel Riley und die anderen begrüßten es durchaus, endlich einmal an einer wichtigen Operation teilnehmen zu dürfen, waren jedoch der Ansicht, daß die Carter-Administration in ihrem verzweifelten Streben nach Informationen die Sache falsch anpackte. Die RV-Sitzungen waren enervierend hektisch und gleichförmig, da dasselbe Zielobjekt Tag für Tag mehrmals anvisiert wurde. Remote Viewer benötigen Abwechslung, und so bestand die Gefahr, daß ihre Gehirne von immer wiederkehrenden gleichartigen Vision förmlich verstopft wurden. Nachdem sie einige Wochen lang in die Zone hinabgetaucht waren, um die US-Geiseln zu beobachten, war es kaum noch möglich, diese Bilder nicht vor Augen zu haben, wenn sie gegen andere Targets vorgingen – zumal ähnliche Bilder täglich über die TV-Sender verbreitet wurden.

Während sich das Frühjahr näherte, bemerkte Riley, daß ihre Auftraggeber sie verstärkt auf Targets ansetzten, die immer weiter von den Geiseln entfernt lagen. Plötzlich tauchten unter den Zielobjekten innerstädtische Gebäude auf, aber auch unterirdische Abwasserkanäle, staatliche Radiosender und weit entfernte Orte in der Wüste. Niemand wußte, was dies zu bedeuten hatte, obwohl klar war, daß es immer noch um den Iran ging. Die Aufträge wurden nun überwiegend von einem Colonel der Air Force übermittelt.

Im April 1980 monitorte Riley eine Sitzung von Hartleigh Trent, bei der Trent beschrieb, wie US-Soldaten mit Hubschraubern durch ein Wüstengebiet flogen. Trent und Riley vermuteten, daß das Ziel irgendwo im Iran lag und die US-Soldaten zu einer Eliteeinheit gehörten, die die Geiseln befreien sollten. Offenbar waren die Soldaten noch nicht bis zu ihrem Ziel vorgedrungen, was den Verdacht nahelegte, daß die Visionen zukünftige oder lediglich geplante Aktionen beschrieben.

Einige Tage darauf stellte Scotty Watt eine Gruppe von sechs Voll- und Teilzeitmitgliedern des RV-Teams zusammen, die sich in einem Motel in der Stadt Laurel einquartierte, nicht weit von Fort Meade entfernt. Sie beanspruchten fast eine gesamte Etage für sich, da jeder Seher ein eigenes Zimmer bezog und außerdem eine ungewöhnlich große Suite als Besprechungsraum reserviert worden war.

Watt bestätigte seiner RV-Einsatztruppe, daß eine Mission zur Rettung der Geiseln geplant war und ihnen nun die Aufgabe zufiel, entsprechende Targtes anzupeilen. Um eine Beeinflussung ihrer Visionen durch die Berichterstattung in der Presse und im TV zu unterbinden, sollten sie das Motel bis zum Ende der Aktion nicht verlassen.

Mel Riley erschien das Ganze reichlich seltsam. Das Motel gehört zu einer bekannten Kette, roch neu und war offenbar erst kürzlich renoviert und mit neuem Teppichboden ausgestattet worden. Das Gebäude selbst jedoch war alt und litt unter einer wahren Mäuseplage. Riley konnte hören, wie die Nager hinter den Zwischenwänden und unter den Bodendielen herumbkrabbelten. Quietschende Gespenster, die überall waren.

Nicht lange nach ihrem Eintreffen betrat Riley das Zimmer von Hartleigh Trent, um die erste RV-Sitzung als Monitor zu leiten. Er schaltete das Licht aus, während Trent sich hinlegte und entspannte. Einige Minuten später schwebte Trent durch seine Zone, sah bruckstückhafte Bilder, während er den Hauptsender des Radionetzwerkes von Teheran anvisierte, oder worum auch immer es sich handelte. Riley saß sehr ruhig und geduldig dabei, stellte leise Fragen und vermied es, irgendwelche unbeabsichtigten Geräusche zu verursachen. Riley bemerkte, daß die Mäusegesellschaft mit dem Ausschalten des Lichts aktiv wurde. Sie tanzten in der Zwischendecke herum, machten alle möglichen Tippel- und Kratzgeräusche. Nach einer Weile faßten die Ersten genug Mut, um sich in das Zimmer hineinzuwagen. Eine Maus lief vor Rileys Schuh und begann dann, an ihm hochzuklettern. Die kleinen Pfoten verkrallten sich in die Baumwolle von Rileys Socke, und schließlich erreichte das Tier die Öffnung seines Hosenbeins und schlüpfte hinein, um an seinem Bein hochzukrabbeln. Sie schaffte es bis zum Knie, als Riley es leid wurde und herunterlangte, um sie abzuschütteln. Und die ganze Zeit über ließ Riley, der coole Riley, sich nicht gehen, machte kein Geräusch, um Hartleight Trent nicht zu stören, während dieser im geräuschlosen Rhythmus seiner Zone dahintrieb.

Für Riley waren die Mäuse bei weitem nicht das Schlimmste an der Rettungsaktion für die Geiseln. Das Schlimmste, das war die brutale Monotonie der RV-Sitzungen. Seit dem Anfang der Geiselkrise hatte man sie mit Aufträgen bombardiert, ohne auch nur den Hauch einer Ahnung zu haben, wie RV überhaupt funktioniert. Es hatte Tage gegeben, an denen man einen Seher zwei oder drei Mal auf dasselbe Ziel angesetzt hatte. Das war hart genug, aber was hier passierte, erhöhte das Risiko eines Zusammenbruchs, eines »Ausbrennens«, über das Maß des Erträglichen hinaus. Nun beschäftigten sie sich rund um die Uhr mit nichts anderem als RV.

Der Air Force-Colonel hätte es sicher nur für irgendeinen verrückten New Age-Quatsch gehalten. Unsinn, wie soll jemand denn »Ausbrennen«, wenn er lediglich auf einem Sofa liegt und herumdöst? Aber für die Remote Viewer war das hier so real wie alles andere, was sie taten. Es war wie jene Barriere, gegen die mancher Langstreckenläufer prallt – Riley und die anderen glaubten, daß sich an dieser Barriere die RV-Daten in Müll verwandeln. Wenn man gegen sie anläuft, dann ist das, als hätte man mehrere Tage lang nicht geschlafen. Die benötigten Neurotransmitter sind ausgetrocknet, ausgebrannt. Der emotionale Zusammenhalt droht auseinanderzubrechen, und man neigt plötzlich dazu, stumpfsinnig in die Gegend zu starren.

Wenn die Remote Viewer wieder und wieder gegen dasselbe Target vorgingen, dann würde der Teil ihres Gehirnes, der für RV zuständig ist, schließlich vor Erschöpfung den Dienst versagen und das Regime an die Fantasie übergeben. Was noch durch den Umstand verschlimmert wurde, daß sie kein Feedback erhielten – sie wußten nicht, wie gut oder schlecht ihre Leistungen diesmal waren. Riley und einige der Anderen waren überzeugt, daß dies die Wahrscheinlichkeit eines Fehlschlages merklich erhöhen würde.

Am Morgen des 25. Aprils wurde bekanntgegeben, daß Präsident Carter demnächst in einer im Fernsehen übertragenen Rede zur Situation Stellung nehmen würde. Die Einheit versammelte sich in der als Besprechungsraum dienenden Suite und sah zu, wie Carter alles enthüllte: Den Beginn der Befreiungsaktion bei Desert One, das technische Versagen mehrerer Hubschrauber, die Kollision zweier Flugzeuge über der Wüste, acht Todesfälle, die schrecklichen Verletzungen, das ganze Debakel …

Einige von ihnen fluchten leise. Die junge INSCOM-Analytikerin Nancy Stern begann zu weinen und machte ihrem Zorn Luft: *Fuck* dies, *Fuck* jenes, *Fuck* die Leiter der Aktion, *Fuck* Carter, *Fuck* das verdammte Pech. Wenige Wochen später verließ sie die Einheit, kurz bevor auch Fern Gauvin sich mit dem heiligen Schwur versetzen ließ, sie würde nie wieder an einer RV-Sitzung teilnehmen.

Der INSCOM-Einsatzspezialist Jackie Keith war bereits kurz nach Beginn des Projektes Gondola Wish versetzt worden, besuchte die Einheit aber hin und wieder, um ihnen Aufträge zu erteilen. Meist fuhr er mit einem Sportwagen vom Typ Datsun 280-Z herum, was ihm irgendwie das Image eines auf die Belange der Army zurechtgestutzten James Bond verlieh. Im weiteren Verlauf des Jahres 1980 wurden Keith und die Remote Viewer noch einmal in einen Versuch der Carter-Administration verwickelt, die Iran-Geiseln zu befreien. Die fehlgeschlagene erste Mission hatte dazu geführt, daß die Geiseln in verschiedene Verstecke gebracht worden waren. Eines der vordringlichsten Ziele war also, herauszufinden, wo sie nun festgehalten wurden.

Eines Tages hielt Keith sich im Kontrollraum des Gebäudes 2560 auf, während Mel Riley eine RV-Sitzung Trents monitorte, die sich gegen irgendein Ziel richtete, daß mit der Geiselaffäre in Verbindung stand. Trent tauchte in seine Zone, und Riley nahm über Kopfhörer die Instruktionen von Keith entgegen. Plötzlich hörte Riley einen dumpfen Aufprall, der so laut war, daß er Trent aus seiner Trance hochschreckte. Trent und Riley liefen in den Kontrollraum, wo sie Jackie Keith vorfanden – er lag bewegungslos auf dem Boden, kein Pulsschlag. Trent rannte zum Telefon, während Riley mit Joe McMoneagles Hilfe Wiederbelebungsversuche einleitete, bis die Sanitäter eintrafen. Auf dem Weg zum Krankenhaus versuchte man Keith mit dem Defibrillator wiederzubeleben, aber es half nichts.

Riley und die anderen waren fassungslos. Keith war erst Ende dreißig gewesen, frisch verheiratet – seine Frau erwartete das erste Kind. Eine Tragödie, für die es keine Erklärung gab.

Nachdem die Sanitäter fort waren, trug Atwater Keiths Aktenkoffer in Watts Büro. Keith hatte nach New York fliegen wollen, im Rahmen irgendeiner Mission. In seinem Aktenkoffer lagen einige tausend Dollar – das Schmiergeld für einen Doppelagenten, der nun verwaist war.

Präsident Carter unterließ es schließlich, einen zweiten Befreiungsversuch einzuleiten, weil die mutmaßlichen Aufenthaltsorte der Geiseln zu vage waren. Es war für ihn sicher eine persönliche Erniedrigung, daß die Geiseln in dem Moment freigelassen wurden, als seine Präsidentschaft endete. Auch für die Remote Viewer endete die Mission mit einem Schlag ins Gesicht, als ein Air Force-Colonel ihnen mitteilte, was bei ihren ungeheuren Anstrengungen herumgekommen war: Mit anscheinend beabsichtigtem Gleichmut sagte er, ihre Daten seinen »nicht schlimmer« als das gewesen, was die Geheimdienste auf konventionellem Wege in Erfahrung gebracht hatten.

Beim Militär ist es üblich, daß Offiziere und Angestellte nach etwa drei Jahren zu einem andeen Standort versetzt werden. Anfang 1981 war es auch bei der RV-Einheit soweit: Watt, Atwater, Bell, McMoneagle und Riley stand ein Ortswechsel mit ungewissem Ziel bevor. Selbst General Thompson als Hauptbefürworter des Projektes machte sich bereit, sein Büro im Pentagon zu räumen. Watt und Atwater beühten sich deshalb bereits, neue Rekruten zu finden und in Zusammenarbeit mit den Forschern des SRI verbesserte RV-Techniken auszuarbeiten.

Doch schließlich blieb dem Projekt Grill Flame zumindest ein Teil des harten Kerns erhalten. Dazu gehörte neben Atwater auch McMoneagle, der Anchorman des RV-Teams, der kurz vor dem Ende seiner insgesamt zwanzigjährigen Dienstzeit stand. Da eine Versetzung so kurz vor der Pensionierung nicht als sinnvoll erschien, durfte McMoneagle bleiben. Ken Bell blieb ebenfalls dabei, würde jedoch innerhalb eines Jahres wieder zu seiner normalen Army-Laufbahn überwechseln, um in den späten 80er Jahren im Rang eines Lieutenant Colonel in den Ruhestand zu treten.

Unter anderen Begleitumständen wäre Mel Riley sicher sehr gerne in Fort Meade geblieben. Für ihn war RV und alles, was damit in Verbindung stand, eine geradezu ideale Beschäftigung. Schließlich traf der Stellungsbefehl ein: Riley wurde nach Wiesbaden beordert, wo er sich ja bestens auskannte und seine Frau kennengelernt hatte. Es wäre für Atwater und die höherrangigen Paladine des Projektes sicher ein leichtes gewesen, diese Versetzung rückgängig zu machen. Riley wollte das nicht. Er meinte, daß die

Einheit nun auf einigermaßen sicheren Füßen stände, über ein steigendes Budget und eine neue Generation von Rekruten verfügen konnte. Deshalb würde sie nicht so bald von der Bildfläche verschwinden. Atwater machte ihm klar, daß er jederzeit zurückkommen konnte. Riley entschied, erstmal drei Jahre nach Deutschland zu gehen, zurück zu kühlem Bier und Kaltem Krieg. Aber dennoch nahm er sich fest vor, am Ende dieser Tour nach Fort Meade zurückzukehren.

TEIL ZWEI
EIN REINES HOBBY

Ich hatte nicht die Absicht, PSI-Forschung zu betreiben. Ich war nicht an diesen Geheimdienstsachen interessiert. Nichts davon. Was mich betraf, war es reines Hobby. Aber dann traten diese Leute an mich heran und sagten: »Hey, wir sind daran interessiert. Wir haben nach Auftragnehmern gesucht, die auf diesem Gebiet arbeiten. Und das hier wäre genau der richtige Ort, und Sie wären genau der richtige Mann. Wären Sie an einem Auftrag in dieser Sache interessiert?«

Hal Puthoff

6. *Puthoff*

An einem Sommertag in den frühen 50er Jahren – die Highschool ist aus. Hal Puthoff und seine Freunde fahren mit dem Bus nach Miami Beach, um sich irgendwo an einem der öffentlichen Strände absetzen zu lassen. Von dort aus würden sie dann an der endlos erscheidenden Reihe von Luxushotels vorbeischwimmen, die man nur auf diesem Wege erreichen konnte, es sei denn, man war Gast. Also würden sie einfach ein Hotel aussuchen, das sie lange genug verschont hatten, den Strand von der Seeseite aus betreten und dort herumhängen, um die Mädchen zu betrachten. Nach einer Weile würden sie sich dann auf den Liegestühlen um den Hotel-Swimmingpool niederlassen und Cokes bestellen, so als wären sie Gäste des Hotels. Wenn irgendwann einer der Hotelangestellten Verdacht schöpfte, rannten sie wieder über den Strand zum Meer und schwammen zum nächsten Hotel.

So vergingen die Tage, während der Abend der Band gewidmet war. Ein Gitarrenorchester, mehr oder weniger. Freitags würden sie für Sears Roebuck spielen, auf einer zweigeschossigen Veranda des großen Kaufhauses in der Innenstadt, das direkt an der Ecke 14. Straße und Biscayne Boulevard lag. Die Band war Teil einer Art Werbekampagne, die abendliche Kunden anziehen sollte. Hal und die anderen mußten Anzüge tragen und mit angeklitschten Haaren herumlaufen – für Hal ein Problem, da sich sein Haarschopf gegen jede Glättung sträubte.

Die Gitarrenmusik würde dann durch die tropische Nachtluft wehen ... Nat King Cole, Buddy Holly – all diese Radiohits, nur daß sie eben auf Gitarren gespielt wurden. Hal spielte wie einige seiner Freunde eine »Electric Steel«-Hawaiigitarre der Marke Gibson. Dieses Instrument war für seinen wunderbaren, quirligen Sound bekannt, der die Nacht des innerstädtischen Miami in ein tropisches Paradies zu verwandeln schien.

Hal Puthoff liebte seine Hawaiigitarre, so wie er es liebte, elektronische Geräte zu bauen und mit ihnen zu experimentieren. Er besaß ein Amateurfunkgerät, mit dem er über die Morsetaste zu

Menschen aus anderen Teilen der Welt Verbindung aufnahm – Kuba, Venezuela, New Mexico, Kanada, die Karibik und einmal sogar Jugoslawien – all die Punkte und Striche aus dem Äther.

Ansonsten war Hal ziemlich ruhig und schüchtern, ein kleinwüchsiger Bursche mit Pilzkopf und traurigem Blick, der eines Tages ein wenig Ähnlichkeit mit dem jungen Mick Jagger haben würde. Hals Vater hatte vor seinem Tod als Logistiker für mehrere Speditionsfirmen gearbeitet. Danach waren Hal und seine Mutter von Warren, Ohio, nach Miami umgezogen, wo sie bei einer Tante lebten. Sie hatten nicht viel Geld. Hal besuchte eine berufsbildende Highschool und träumte davon, eines Tages ein Radio-DJ zu werden.

Zwei Jahrzehnte später arbeitete Hal Puthoff als Dozent an der Stanford University im Fachbereich Electrical Engineering. Er hatte hier seinen Doktor gemacht und bereits ein Patent für einen abstimmbaren Infrarotlaser angemeldet. Darüber hinaus war er der Ko-Autor eines Standardwerks über die Quantenelektronik, *Fundamentals of Quantum Electronics.* Mit gerade einmal 33 Jahren war er ein überaus aktiver Forscher im aufblühenden Fachbereich der Lasertechnik.

Auch in anderer Hinsicht stand er an einem Scheideweg des Lebens: Seine erste Ehe drohte endgültig zu zerbrechen. Das Dozieren langweilte ihn. Mehr noch – er hatte das gesamte Universitätsleben gründlich satt.

Puthoff genoß den Ruf, ebenso kreativ wie energisch zu sein, bereitwillig Hand anzulegen und schwierigste Details auszubrüten, egal wieviel Zeit es in Anspruch nehmen würde. Trotzdem entsprach er keineswegs dem Stereotyp des Fachidioten. In seiner zurückhaltenden, schüchternen Art fragte er sich nach dem Sinn des Lebens. So hatte er unter anderem das Esalen Institute besucht und sich an psychologischen Workshops beteiligt. Offenbar gab es dort draußen Phänomene, für deren Erforschung sich die meisten Wissenschaftler nicht interessierten. Ganz im Gegensatz zu ihm.

1969 trennte sich Puthoff von seiner Gattin und lernte kurz darauf eine Frau kennen, mit der er alsbald zusammenzog. Etwas später verließ er seinen Fachbereich an der Stanford University, um eine Tätigkeit bei dem in der Nähe angesiedelten Forschungstrust Stanford Research Institute (SRI) anzunehmen. Die modernistisch-quadratischen Gebäude des SRI erstreckten sich über eine große, mit Bäumen übersäte Grasfläche in der Stadt Menlo Park, die nur wenige Kilometer südlich der Universität lag. Das SRI war eng in den Universitätsbetrieb eingebunden, wurde jedoch durch Forschungsaufträge der Regierung finanziert, die ein Jahresvolumen von rund 70 Millionen Dollar erreichten. Etliche dieser Forschungsprojekte unterlagen strengster Geheimhaltung; lediglich die Rand Corporation konnte sich eines größeren Finanzvolumens und höheren Prestiges erfreuen.

Ursprünglich hatte das SRI Puthoff rekrutiert, weil er bei einem Regierungsprojekt im Bereich der Lasertechnik einspringen sollte. Als dieses sich jedoch der Endphase zuneigte, interessierte sich Puthoff bereits für ein ganz anderes Forschungsgebiet: Er wollte mit PSI experimentieren, um einen möglichen Erklärungsansatz für einige der seltsameren Phänomene der Quantenphysik zu finden. Nachdem er von seinem Vorgesetzten grünes Licht erhalten hatte, begann Puthoff, nach finanzieller Unterstützung Ausschau zu halten. Bald schon verhandelte er mit einem philantropisch angehauchten Freund aus Texas, dem Amateurwissenschaftler Bill Church, der Mitinhaber der Fastfood-Kette »Church's Fried Chicken« war. Von ihm erhielt Puthoff ein Startkapital von 10.000 Dollar.

Dann lernte er Ingo Swann kennen, einen Künstler aus New York, der bereits als Medium an PSI-Versuchen teilgenommen hatte, die vom City College der Stadt und der American Society for Psychical Research veranstaltet worden waren. Swann hatte von Puhoffs Suche nach Finanziers erfahren und erzählte ihm nun von seinen PSI-Leistungen. Unter anderem habe er die Temperatur eines Graphitstabes auf paranormalem Wege beeinflußt und in einem außerkörperlichen Bewußtseinsstadium im Labor versteckte Gegenstände ausfindig gemacht.

Nach einem Briefwechsel ließ Puthoff Swann einfliegen, um mit ihm am SRI einige Tests durchzuführen. Er war sich noch nicht klar darüber, wie sich Swann in seine Pläne eingliedern lassen würde. Er wollte lediglich wissen, wie sich ein echtes Medium bei der »Arbeit« verhielt.

Am 6. Juni 1972, zwei Tage, nachdem Swann in Kalifornien eingetroffen war, führte Puthoff ihn in ein Labor, das im Keller der den Fachbereich Physik beherbergenden Varian Hall des SRI untergebracht war. In diesem Labor gab es ein spezielles, neuartiges Magnetometer, das mit Förderungsmitteln des Office for Naval Research von einem Stanford-Doktoranden namens Arthur Hebard erbaut worden war.

Hebard war auf der Jagd nach jenen subatomaren Partikeln, die als »Quarks« bekannt sind. Das in einer abgeschirmten Meßkammer untergebrachte Magnetometer sollte extrem geringfügige Feldstörungen nachweisen, die von vorbeifliegenden Quarks verursacht wurden.[10] Um dieses hochempfindliche Gerät vor den durch unsere Zivilisation verursachten elektromagnetischen Störungen zu schützen, wurden etliche Abschirmhüllen errichtet, die unter anderem aus Kupfer, Aluminium, einer elektromagnetische Felder absorbierenden Speziallegierung und einem stickstoffgekühlten Supraleiter bestanden. Puthoff hatte über einige Freunde von diesem Gerät gehört und hielt es für eine ideale Herausforderung eines paranormal Begabten, weshalb er mit Hebard einen Termin vereinbart hatte. Falls Swann auf irgendeine Weise dieses abgeschirmte Magnetometer beeinflussen konnte, dann würde man ihn wirklich ernst nehmen müssen.

Puthoff erklärte Swann zunächst die Funktionsweise des Magnetometers und forderte ihn dann auf, das Gerät zu beeinflussen. Der größte Teil des Magnetometers war in einen Betonsockel im Boden des Labors eingelassen. Swann war unsicher, ob er damit etwas anfangen konnte, da er noch nie etwas ähnliches versucht hatte. Nach einer Weile meinte er, daß er zunächst versuchen würde, auf hellseherische Weise in das Magnetometer vorzudringen, um seine Funktionsweise besser verstehen zu können. Während er dies tat, verändert sich plötzlich das konstante Ausgangssignal des Magnetometers, das auf einem Papierstreifen aufgezeichnet wurde. Hebard und einige der anderen Abschlußstudenten mutmaßten, daß die Abweichung auf einem Zufall beruhte, der durch ein Störsignal innerhalb des Magnetometers verursacht worden war. Aber Puthoff glaubte, daß die Störungen in auffälliger Weise mit Swanns Versuchen korrespondierten, das Ausgangssignal zu manipulieren. Als er schließlich zusammen mit Swann das Labor verließ, verschwanden die Störungen.

Es sollte an dieser Stelle noch einmal gesagt werden, daß Puthoff ein außergewöhnlich, ja fast schon unheimlich sanftmütiger Mensch ist. Jedenfalls kam ihm diese innere Ruhe zugute – er war sich dessen bewußt, daß man auf diesem wissenschaftlichen Neugebiet vorsichtig sein muß, wenn man nicht Gefahr laufen will, durch allzu überschwenglichen Enthusiasmus den Boden unter den Füßen zu verlieren. Doch verfügte er über genug Temperament, um das Ganze weiter voranzutreiben. Er war nun ziemlich überzeugt davon, daß Ingo Swann Arthur Hebards Magnetometer auf paranormalem Wege beeinflußt hatte und brannte darauf, dieses Phänomen genauer zu untersuchen.

Puthoff verfaßte einen knappen, trocken gehaltenen Bericht, in dem er den Vorfall beschrieb und der auch die Meßprotokolle enthielt. Kopien dieses Berichtes verteilte er dann an einige potentielle Finanziers, darunter auch zwei Regierungsbehörden. Trotzdem war Puthoff ziemlich überrascht, als nach wenigen Wochen die Regierung an seine Tür klopfte – Hal Puthoff war in einen der seltsamsten Rüstungswettbewerbe der Neuzeit hineingestolpert.

Die Regierungen der Welt befassen sich schon seit langer Zeit mit der möglichen Nutzung paranormaler Fähigkeiten für geheimdienstliche Zwecke – möglicherweise, seit gewisse Menschen auf die Idee kamen, zu behaupten, über solche Fähigkeiten zu verfügen. So sollen bereits die Israeliten des Alten Testaments die Fähigkeiten ihrer Propheten zu militärischen Zwecken genutzt haben. Die Alten Griechen machten sich ihre Orakel zunutze, und der elisabethanische Spion John Dee griff ebenfalls auf paranormale Mittel zurück, indem er beispielsweise »allwissende Engel« durch seine Kristallkugel befragte. Selbst im 20. Jahrhundert, in dem PSI aus wissenschaftlicher Sicht zunehmend in Verruf geriet, haben sich die westlichen Mächte in Kriegszeiten hin und wieder auf das Paranormale zurückbesonnen.

So wurde im Jahr 1919 von einem tschechischen Offizier eine aus zwei Mann seines Regiments bestehende PSI-Einheit aufgebaut, um die Ungarn auszuspionieren. Dabei führte er bei ihnen eine hypnotische Trance herbei und trug ihnen dann auf, mittels Hellseherei die feindlichen Stellungen auszukundschaften. Die tschechische Armee setzte auch Wünschelrutengänger ein, um Fallen, Tretminen und Trinkwasser aufzuspüren. Im Zweiten Weltkrieg soll die Sowjetunion das in Polen geborene Medium Wolf Messing rekrutiert haben. Adolf Hitler, der einen Preis auf Messings Kopf aussetzte, ließ selbst Astrologen und Sensitive über Landkarten versuchen, die Positionen der alliierten Luft- und Bodenstreitkräfte auszupendeln.

Nach dem Beginn des Kalten Krieges beschäftigten sich sowohl die Sowjetunion als auch die USA mit den Einsatzmöglichkeiten von PSI-Kräften, ohne diesem Thema jedoch einen breiteren Raum zu eröffnen. Doch dann passierte etwas sehr seltsames ...

Im Februar 1960 erschien ein Artikel in der französischen Zeitschrift *Science et Vie* (Wissenschaft und Leben), der den Titel »Das Geheimnis der Nautilus« trug. Er berichtete über geheime Tests, die an Bord des Atom-U-Bootes Nautilus durchgeführt worden seien und bei denen versucht wurde, auf telepathischem Wege mit der Besatzung des unter dem polaren Eis verborgenen Schiffes zu kommunizieren. Der Bericht erwähnte auch, daß es sich um ein von Präsident Eisenhower favorisiertes Projekt handelte, bei dem neben der Navy auch die Air Force, die Konzerne Westinghouse, General Electric und Bell Laboratories sowie die Rand Corporation involviert waren.

Die Implikationen erschienen geradezu ungeheuerlich, zumal die Kommunikation mit tief abgetauchten U-Booten ein extrem wichtiges Forschungsziel war. Im Tauchzustand konnte ein U-Boot normalerweise keine Botschaften empfangen oder senden, da das Meerwasser alle Radiowellen bis auf die tiefstfrequenten unterdrückte, die für Kommunikationszwecke den denkbar ungeeignetsten Wellenbereich darstellen. Das U-Boot mußte in so einem Fall also auftauchen und eine Antenne ausfahren, wobei es aber von feindlichen Flugzeugen und Satelliten geortete werden konnte.

Die Telepathie schien eine Ideallösung für dieses Problem zu bieten, da sie dem Vernehmen nach sowohl das Meerwasser als auch andere Funkbarrieren überwinden konnte. Vielleicht würde man in absehbarer Zeit Algorithmen zur Fehlerkorrektur der telepathisch übermittelten Informationen entwickeln, was sicher eine absolute Revolution des Kommunikationsbereiches herbeiführen und herkömmlich Funksendungen wie auch Kodierungsverfahren überflüssig machen würde.

Gut und schön, wäre da nicht das Problem gewesen, daß sich die *Nautilus*-Geschichte zunehmend in Wohlgefallen auflöste, je mehr man sich bemühte, sie zu verifizieren. Ein Offizier der Air Force, der in dem Bericht namentlich erwähnt wurde, stritt jegliche Kenntnis ab. Ebenso erklärte der Kommandant der *Nautilus*, daß das Schiff zu der Zeit, als die Telepathie-Versuche unter der Polarkappe angeblich stattfanden, auf dem Trockendock gelegen habe. Was den Bericht jedoch am unglaubwürdigsten erscheinen ließ, war die erwähnte niedrige Fehlerrate des Experimentes, die weit unter der lag, die Parapsychologen gewöhnlich im Zuge telepathischer Laborstudien veröffentlichen.

Der *Nautilus*-Artikel war von Gerard Messadié verfaßt worden, einem jungen Mitglied der Redaktion von *Science et Vie*, dem die Geschichte wiederum von einem Außenredakteur namens Jacques Bergier zugespielt worden war, der offenbar Verbindungen zum französischen Geheimdienst unterhielt. Auf skeptische Anfragen hin nahm Bergier von der Geschichte Abstand, und es sah bald ganz so aus, als ob es sich um eine reine Mär handelte – die entweder von Bergier selbst aus persönlichen Gründen verbreitet worden war oder vielleicht auch einen Teil einer gezielten Desinformationskampagne darstellte, die etwaige US-amerikanische Forschungen in diesem Bereich zutage fördern oder andererseits die Russen dazu bewegen sollte, wertvolle Ressourcen bei ähnlichen PSI-Experimenten zu vergeuden. Möglicherweise auch beides. Jedenfalls gab Gerard Messadié schließlich zu, daß er möglicherweise auf eine »Ente« reingefallen war.

Während die *Nautilus*-Geschichte im Westen offiziell zum Schwindel erklärt wurde, bewirkte sie im Osten etwas ganz anderes: Offenbar hatten die Sowjets die Geschichte geschluckt und betrachteten die Dementis der Amerikaner lediglich als Teil einer Vertuschungskampagne, die die vollständige Aufdeckung eines wichtigen militärischen Geheimnisses verhindern sollte.

Während der Stalin-Ära hatten die Sowjets die PSI-Forschung nahezu eingestellt, da sie letztlich doch zu den ideologisch verpönten Themen gehörte, die verdächtig nach »Idealismus« oder »Aberglauben« rochen. Man sagt, daß Stalins Nachfolger Nikita Chruschtschow diese zugeschlagene Tür wieder eine Spalt breit öffnete, nachdem er 1955 bei einem Staatsbesuch in Indien gesehen hatte, zu welchen erstaunlichen Leistungen einige der indischen Yogis fähig sind. Trotzdem existierte bis 1960 kein in irgendeiner Weise koordiniertes PSI-Forschungsprogramm.

In diesem Klima schien die *Nautilus*-Affäre den notwendigen Stimulus darzustellen. Die Geschichte wurde unter den sowjetischen Wissenschaftlern als Bestätigung ihrer eigenen Arbeit auf diesem Gebiet zitiert, um dezent anzudeuten, daß man dem Ganzen größere Aufmerksamkeit und vor allem einen größeren Etat widmen sollte. Leonid Vasiliev, Vorsitzender des Fachbereichs Physiologie an der Univerisät von Leningrad und Träger des Lenin-Preises, argumentierte dahingehend, daß »die Entdeckung der den PSI-Phänomenen zugrundeliegenden Energie mit der der Atomkraft zu vergleichen ist«. Anfang der 60er Jahre übernahm Vasiliev schließlich die Leitung eines grundsolide budgetierten Labors zur Erforschung parapsychologischer Phänomene und initiierte die Gründung zahlreicher weiterer PSI-Forschungszentren.

Vasilievs Arbeit konzentrierte sich auf Experimente zur sogenannten »Fernbeeinflussung«, in denen beispielsweise ein telepathischer Sender versuchte, einen räumlich weit von ihm getrennten Empfänger zum Einschlafen zu bewegen. Andere Forscher, wie etwa der Elektroingenieur I. M. Kogan, beschäftigten sich dagegen mit herkömmlichen Versuchen zur Telepathie. Wie die meisten Sowjetwissenschaftler glaubte auch Kogan daran, daß es sich bei Telepathie lediglich um eine Art biologisches Funksystem handelte, bei dem sehr niedrige Sendefrequenzen zur Anwendung kommen. Deshalb versuchte er, das Phänomen in Begriffen zu umschreiben, die dem Jargon der Kommunikationsexperten entlehnt waren. Aus seinen Experimenten schloß er, daß PSI-Daten unter Laborbedingungen mit eine Rate von durchschnittlich etwa »0,1 Bit« pro Sekunde übertragen wurden. Das entspricht etwa fünf Minuten für ein fünfbuchstabiges Wort – wobei sich die Übertragungsrate jedoch bei einer Entfernung von ca. 900 Kilometern auf 0,005 Bits verringerte.

Die Tschechen waren auf diesem Gebiet ebenfalls sehr aktiv. Mitte der 60er Jahre führte der Forscher Milan Ryzl ein Experiment durch, das Kogans Resultate zu bestätigen schien. Zunächst wurde dafür mit einem Zufallsgenerator eine Zeichenkette von 50 Bit erzeugt, die sich aus Nullen und Einsern zuammensetzte. Ryzl, der die Sequenz nicht kannte, forderte das Medium Pavel Stepanek auf, hintereinander jedes Bit der Sequenz zu »raten«, wobei die Bits nicht der Reihe nach, sondern nach einem Stepanek unbekannten Sprungprinzip ausgewählt wurden. Zur Analyse verwendete Ryzl ein statistisches Verfahren nach dem Häufigkeitsprinzip, wie es auch im Bereich der Telekommunikation eingesetzt wird, um den Inhalt verrauschter Signale verifizieren zu können. Nach etlichen Tagen und insgesamt 20.000 Einzelversuchen gelangte Ryzl zu der Überzeugung, daß Stepanek die gesamte 50 Bit-Sequenz richtig ermittelt hatte.

Natürlich verschlechterte sich die Übertragungsrate durch das mühselige Verfahren zur Eliminierung von Fehlern, so daß die effektive Übertragungsrate auf 0,0003 Bits pro Sekunde sank – etwa ein Wort pro Tag. Was zwar mit den alltäglichen Methoden der Telekommunikation keineswegs konkurrieren konnte, hinsichtlich einer reinen Bestätigung der Gangbarkeit des Konzepts jedoch recht beeindruckend war, zumal es nahelegte, daß an den *Nautilus*-Experimenten doch etwas dran war.

Wenn man den Worten des sowjetischen Parapsychologen Eduard Maumov Glauben schenkt, war das *Nautilus*-Experiment sogar Schnee von Gestern. Anläßlich einer 1968 in Moskau abgehaltenen Konferenz hatte Naumov sogar gegenüber westlichen Forschern verkündet, daß die sowjetische Marine das Experiment erfolgreich unter Einsatz ihrer eigenen U-Boote wiederholt hatte. Und mehr als das – Naumov behauptete, den Sowjets sei es sogar gelungen, eine Methode zu entwickeln, mit der man die gegnerische PSI-Kommunikation anzapfen konnte.

Naumovs Behauptungen provozierten eine Reihe wilder Spekulationen, die schließlich auch im Westen publik wurden, als sie 1970 in einem in den USA publizierten Buch namens *Psychic Disco-*

veries Behind the Iron Curtain Erwähnung fanden. Direkt im Anschluß an die Danksagung des Buches veröffentlichten die Autorinnen Sheila Ostrander und Lynn Schroeder eine Liste der russichen Orte, an denen angeblich PSI-Experimente durchgeführt wurden: Moskau, Leningrad, Novosibirsk, Nizhni Tagil, Irkutsk, Khabarovsk, Wladiwostok, Tomsk, Omsk – insgesamt vierzig Städte. Und man konnte davon ausgehen, daß es in Städten wie Moskau und Leningrad mehr als ein PSI-Forschungszentrum gab.

Ostrander und Schroeder präsentierten eine geradezu furchteinflößende Aktivität, in deren Rahmen Dörfer und Städte nach paranormal Begabten durchforstet wurden. Von unglaublich begabten Hellsehern über psychokinetisch Begabte bis hin zu Wünschelrutengängern reichte das Spektrum dieser medialen Naturtalente, die von den Sowjets für den Kampf gegen den Westen rekrutiert wurden. Und dies, obwohl eine starke Opposition diese Maßnahmen aus ideologischen Motiven ablehnte, was den Schluß nahelegt, daß es sich hierbei um konservative Hardliner aus den alten, düsteren Tagen des Sowjetregimes handelte. Ansonsten schienen in der UDSSR nun die PSI-Gläubigen das Sagen zu haben, die sich mit einem Mantel aus Wissenschaft und Technik vor den Vorwürfen konterrevolutionärer Aktivität abschirmten.

Erst Ende der 60er Jahre bemerkten die US-Geheimdienste diesen Wandel, der sich nicht nur in populären Büchern, sondern auch in offiziellen Studien und den Übersetzungen ausländischer Forschungsreports, sowie Berichten von Agenten und Auswanderern niederschlug. Das erste bekannte Dokument, in dem auf diese Umstände eingegangen wird, war ein 1972 veröffentlichter Bericht der Defense Intelligence Agency (DIA) mit dem unfreiwillig komischen Titel Controlled Offensive Behaviour – USSR (Kontrolliertes offensives/anstößiges Verhalten – UDSSR). Darin wurde erwähnt, daß »die Hauptinitiative hinter den sowjetischen Anstrengungen hinsichtlich einer möglichen Nutzbarmachung telepathischer Kommunikation, Telekinese und Bionik von der spowjetischen Heeresleitung und vom KGB kommt«. Der Bericht führt im weiteren auf eine, fast zynisch anmutend, nüchterne Weise aus, welche Schrecken eines Tages auf die Amerikaner zukommen könnten:

Die sowjetischen Forschungen auf dem PSI-Gebiet könnten die Russen eines Tages in die Lage versetzen, folgendes zu tun: a) Kenntnis von geheimen US-Dokumenten, den Bewegungen von Truppen und Schiffen, sowie dem Standort und Zweck unserer militärischen Einrichtungen zu erlangen.

b) Die Gedanken von US-Militärs und Zivilisten in Schlüsselpositionen aus der Ferne zu manipulieren.

c) Aus der Ferne den Tod führender US-Persönlichkeiten zu bewirken.

d) Aus der Ferne US-Militärtechnik aller Art einschließlich der Weltraumtechnik unbrauchbar zu machen.

Der Verfasser des DIA-Berichtes weist außerdem auf den »Frühstart« der sowjetischen PSI-Experimente hin und sagt dazu: »Das sowjetische Wissen auf diesem Gebiet ist dem westlichen überlegen«. Anders gesagt: Die USA mußten sich nicht nur mit einer strategischen Unterlegenheit bezüglich der Anzahl von interkontinentalen Nuklearwaffen abfinden, sondern auch auf dem Gebiet der PSI-Strategien.

Die Kanzelpredigt der DIA stieß keineswegs auf allgemeine Zustimmung. In der CIA kursierte die Ansicht, daß die enthusiastischen Berichte der Sowjets und ihrer Trabantenstaaten über die PSI-Forschung lediglich beweisen würden, wie sehr die Wissenschaft in diesen Ländern mit Mystizismus verknüpft ist. So interessierte sich der Parapsychologe Eduard Naumov beispielsweise auch für die sogenannte »Kirlian-Fotografie« und »menschliche Biofelder«. In diesem Zusammenhang glaubte er, daß das menschliche Biofeld durch Sonnenflecken bei der Geburt beeinflußt wird und so das Schicksal eines Menschen bestimmt.

Doch auf der anderen Seite gab es auch Parawissenschaftler wie I. M. Kogan, dessen Arbeit wirkte, als ob man sie durchaus ernstnehmen müßte. Ausgesprochen ernst, wenn man die Tatsache berücksichtigt, daß er irgendwann um 1969 aus dem Rampenlicht der Öffentlichkeit verschwand, genau zu jenem Zeitpunkt, als durchsickerte, daß der KGB die Finanzierung und Leitung seines Labors an der Popov-Universität übernommen habe.

Das Ausmaß, in dem der KGB tatsächlich in der Lage war, PSI-

Kräfte für seine Absichten einzusetzen, war nicht bekannt. Doch es war klar, daß an dieser Thematik großes Interesse bestand, und es gab Berichte über seltsame Vorkommnisse, deren Kenntnis einigen Amerikanern sicher die Haare zu Berge stehen ließ – unabhängig davon, ob sie nun auf paranormalen Ursachen beruhten oder nicht. Beispielsweise reichte Präsident Nixon gegen Ende seiner ersten Legislaturperiode eine Beschwerde bei der CIA ein. Wie der CIA-Wissenschaftler Sidney Gottlieb anläßlich einer Kongressanhörung 1977 berichtete, behauptete Nixon damals, er und einige Mitglieder seines Stabes (darunter auch sein Arzt Walter Tkach) hätten ein seltsames Verhalten an den Tag gelegt, als sie unter anderem während einer Reise in ein »potentiell feindlich gesinntes Land unerklärlicherweise in Tränen ausbrachen und weinten«. Hier sei erwähnt, daß Nixon 1972 sowohl China als auch die UDSSR besucht hatte.

Schließlich opferten die US-Geheimdienste mehr und mehr Zeit, um weltweit die Entwicklung der PSI-Forschung zu beobachten – auch in den USA selbst. Die CIA und das Pentagon, die in den 50er und 60er Jahren bereits unter der Hand Untersuchungen über die potentiellen strategischen Anwendungen von PSI-Kräften finanziert hatten, freundeten sich mit dem Gedanken an, die Forschung auf diesem Sektor durch verdeckte oder auch offizielle Projekte zu forcieren, um in Erfahrung zu bringen, ob die Russen da wirklich auf etwas gestoßen waren. Falls die US-Forscher nichts Verwertbares zustandebringen würden, könnte man zumindest aufatmen. Und falls doch etwas dabei herumkam, waren die Amerikaner auch im Rennen.

Aber wer sollte die Forschungen ausführen? Das geringe Ansehen der PSI-Forschung würde nur wenige Forscher anziehen, von denen allenfalls ein Bruchteil über eine entsprechende wissenschaftliche Ausbildung verfügte. Diese Elite würde jedoch eher an statistischen Auswertungen als an praktischen Applikationen interessiert sein. Natürlich waren im Auftrag der CIA und anderer Geheimdienste bereits Forschungen angestrengt worden, die allerdings keine strategisch verwertbaren Resultate produziert hatten. Aus heutiger Sicht muß man auch berücksichtigen, daß sich dies alles in den politisch turbulenten frühen 70er Jahren abspielte, als es viele gute Parapsychologen – trotz ihrer finanziellen Nöte – abgelehnt hatten, sich mit der Regierung einzulassen. Für sie war PSI einfach zu wichtig und wertvoll, um es den Generälen in die Hände zu spielen.

So fiel das Augenmerk der Geheimdienstler nach Verbreitung des Berichtes über das Experiement in der Varian Hall schließlich auf Hal Puthoff, dessen Eignung geradezu ideal schien. Er war ein angesehener Wissenschaftler und Ingenieur und arbeitete bereits für ein bekanntes Forschungsinstitut, das einige Projekte im Bereich des Geheimdienst- und Verteidigungswesens durchführte. Außerdem besaß er eine entsprechend hohe Sicherheitseinstufung: So hatte er in den frühen 60er Jahren seinen Militärdienst im Navy-Segment der NSA in Fort Meade absolviert und hier später als Zivilist gearbeitet. Zudem hatte er eine Belobigung des Pentagon für seine NSA-Forschungen an fortschrittlichen Hochleistungscomputern erhalten, die mit Lichtimpulsen statt mit Halbleitern arbeiteten. Alles in allem schien Puthoff der ideale Kandidat für ein geheimes, durch Regierungsgelder finanziertes PSI-Projekt zu sein.

Im Oktober 1972 stattete Ingo Swann dem SRI-Büro in Menlo Park einen Kurzbesuch ab. Puthoff erklärte ihm, daß er aus experimenteller Sicht die Fernwahrnehmung für vielversprechender hielt als Psychokinese. Deshalb führte er mit Swann einige Experimente zur Hellseherei durch, bei denen Puthoff einen Gegenstand in eine massive Holzkiste einschloß, die in einem bestimmten Raum stand. Swann wurde dann von einem anderen Forscher in den Raum geführt und sollte herausfinden, was sich in der Kiste befand.

Eines Tages trafen zwei Männer aus Washington am SRI ein. Offenbar hatten sie sich mit Puthoff bereits abgesprochen und brachten nun einen Gegenstand mit, der in der Kiste versteckt wurde. Dann hörten sie sich an, was Swann über den Inhalt der Kiste zu berichten wußte: »Ich sehe etwas kleines, braunes, unregelmäßig geformt, wie ein Blatt oder etwas ähnliches. Aber es ist quicklebendig, als ob es sich bewegt!«

Tatsächlich handelte es sich bei dem Zielobjekt um eine große, blattähnliche, braune und quicklebendige Motte, die einer der Besucher gefangen und in die Kiste gesteckt hatte.

Einige Wochen später, als Swann wieder in New York war, erhielt er einen Anruf von Puthoff. Die beiden Männer mit der Motte hatten dem Wissenschaftler 50000 Dollar an Forschungsmitteln für eine achtmonatige Untersuchung beschafft. Falls er und Swann auf ein wiederholbares PSI-Phänomen stoßen würden, würden möglicherweise weitere Gelder fließen.

Die Männer und das Geld waren von der CIA.

7. Die Koordinaten

Russell sagte: »Ingo, auch wenn es funktioniert, werden wir niemals einen Bericht darüber veröffentlichen können, weil wir nicht erklären können, wieso die Koordinaten einen Sinn ergeben.«

Und ich sagte: »Ich bin hier, um praktische Anwendungsmöglichkeiten zu finden, nicht zur Befriedigung wissenschaftlicher Neugierde. Entweder machen wir es so, oder ich mache nicht mit und werde mich darüber beschweren, daß das SRI nicht gewillt ist, den Vertrag zu erfüllen!«

Ingo Swann

Ingo Douglas Swanns Nachname wurde ursprünglich nur mit einem »N« geschrieben. Als Persönlichkeit weist er durchaus viele der Eigenschaften auf, die man bei einem Medium vermutet. Schon während seiner Jugend in Telluride, Colorado, hatte er außerkörperliche Erfahrungen und Vorahnungen, konnte die Auren von Menschen sehen und kommunizierte mit übernatürlichen Wesen. Ein Linkshänder mit intuitivem, kreativem Verstand, ein sensibler Mensch, der dem Ungewöhnlichen mit Neugierde begegnete und alles Gewöhnliche langweilig fand. Er galt als schräger Außenseiter und hatte in seiner Schulzeit nur wenige Freunde. »Ich war ein Doppel-, Dreifach-, Vierfachfreak!« sollte er sich später mit bitterem Stolz erinnern.

Nach dem College trat er der Army bei, diente zunächst in Korea und später auf einer Nike-Raketenbasis bei Boston. Ein Mitte der 50er Jahre in Seoul aufgenommenes Foto zeigt einen Mann, der an Radar O'Reilly aus der TV-Serie »M.A.S.H.« erinnert, nur ordentlicher gekleidet und fast ein wenig verwegen, da er zu seiner einheitlich olivfarbenen Uniform eine Krawatte mit Tarnmuster trägt.

Als er die Army verließ, nannte er sich noch Douglas Swan. Er ließ sich im New Yorker Künstlerviertel Greenwich Village nieder und beschloß, Künstler zu werden. Da es jedoch mit den Verkäufen haperte, arbeitete er einige Jahre für die UN und verlegte die

Malerei in seine Freizeit. Schließlich verfaßte er eine Zeitlang Schundromane. Im Jahr 1971 führte er bereits den Vornamen »Ingo« und hängte auf Anraten eines Numerologen ein zweites »N« an seinen Nachnamen. Zudem machte er sich seine paranormalen Fähigkeiten zunutze, indem er sich als Versuchskaninchen für PSI-Labortests verdingte.

Einige Tage vor Weihnachten 1972 traf Swann im SRI ein, um an den von der CIA finanzierten Versuchen teilzunehmen. Swann war ein etwas untersetzter, sanft wirkender Mann von 39 Jahren, mit nordischen Gesichtszügen und zu einem Bürstenschnitt zurechtgestutztem braunen Haar. Als er in San Francisco aus dem Flugzeug trat, trug er eine weiße Jacke, weiße *Levi's* und einen weißen Cowboyhut. Mittlerweile hatte er sich in New York zu einer Art Bonvivant entwickelt und schleppte eine große Anzahl von Koffern mit, in denen seine außergewöhnlich umfangreiche und vielfältige Garderobe untergebracht war. Eigentlich fühlte er sich nirgendwo so wohl wie in New York, hatte aber beschlossen, es einmal mit Kalifornien zu versuchen.

Unglücklicherweise entwickelten sich die Dinge jedoch nicht so, wie Swann es erhofft hatte. In etlichen Versuchsreihen legte er nur schwache PSI-Fähigkeiten an den Tag. Er verfiel in Depressionen, und es kam immer häufiger zu ernsthaften Auseinandersetzungen mit Puthoff und dessen neuem Assistenten Russell Targ.

Swann bemängelte unter anderem die von Targ entwickelte PSI-Lehrmaschine, die dieser am SRI eingeführt hatte. Grob gesagt, handelte es sich um einen primitiven Computer, der Glühlampen ansteuerte, die hinter vier Diapositiven mit Illustrationen angebracht waren. In jeder Testreihe würde der Computer nach dem Zufallsprinzip eine der Lampen einschalten. Das Testsubjekt sollte vorhersagen, welche es sein würde. Die Maschine gab die Resultate jedes Einzelversuches an, um dem Testsubjekt ein Feedback anzubieten. Die Resultate wurden zudem automatisch aufgezeichnet, um Betrugsversuche zu unterbinden. Targ nannte sein Gerät eine »ESP-*Lehr*maschine«, weil das Feedback seiner Meinung nach das Testsubkjekt dazu anspornte, es beim nächsten Mal besser zu machen.

Swann versuchte sich eine Weile daran, ohne jedoch das erhoffte spektakuläre Ergebnis zu erzielen. Insgesamt haßte er das Gerät, weil es ihn an die Gründerzeit der Parapsychologie erinnerte, wo man die Testsubjekte wieder und wieder abstrakte Symbolkarten erraten ließ, bis sie es vor Langeweile aufgaben. Je mehr Druck Targ auf ihn ausübte, um ihn zur Arbeit an dem Gerät zu bewegen, desto mehr erregte sich Swann über Targ.

Wie Puthoff, so war auch Targ ein Spezialist für Lasertechnik. Bis vor Kurzem hatte er für das Entwicklungslabor der Sylvania Corporation gearbeitet, die unter anderem Fernsehgeräte und Glühlampen herstellte. Die Stimmung im Elfenbeinturm des SRI gefiel ihm wesentlich besser, da Targ ein überaus ernsthafter Wissenschaftler war, von der prosaischen Realität weitgehend abgenabelt. Auf seinem Kopf saß eine erstaunlich wuschlige, verfilzte Masse rotbraunen Haars, und seine tiefe, monotone Stimme brachte Autorität und leidenschaftslose Gnosis zum Ausdruck. Dieses Bild erhielt durch seine Körpergröße von über 1,90 Meter und eine mit außergewöhnlich dicken Gläsern versehene Brille den letzten Schliff, durch die er mit Riesenaugen auf die Welt unter ihm herabzublinzeln schien und die gleichtzeitig wie eine Schutzbrille wirkte, die die Absurditäten der Alltagswelt von ihm fernhielt. Seine Schwester war mit dem Schachgroßmeister Bobby Fischer verheiratet, und es fiel einem wirklich nicht schwer, sich vorzustellen, daß sich einiges von Fischers neurotisch-vergeistigter Art auf ihn übertragen hatte. Auf der anderen Seite hatte Targ schon seit seiner Kindheit spontane paranormale Erlebnisse.

Wie dem auch sei, Swann mußte neben Targs Maschine auch andere Tests über sich ergehen lassen. So sollte er beispielsweise raten, ob ein im nächsten Raum aufgebauter grünfarbiger Argonlaser ein- oder ausgeschaltet war, oder auch raten, welcher von zwei Kanistern eine Laborprobe des radioaktiv strahlenden Isotops Promethium-147 enthielt. Puthoff versuchte auf diese Weise ein wenig Salz in die eintönige Suppe der paranormalen Forschung zu geben, zumal er zurecht davon ausging, daß das paranormale Aufspüren radioaktiver Elemente sicher das Interesse der Verantwortlichen im Geheimdienst wecken würde. Da Swann gerade überlegte, ob er aus seinen PSI-Fähigkeiten Kapital schlagen konnte, indem er entsprechenden Firmen seine Dienste beim Aufspüren von Ölquellen anbot, versuchte er sich auch an mit Wasser oder Öl gefüllten Kanistern.

Zu Begeisterungsstürmen kam es indes nicht, auch wenn Swann gelegentlich bei einem Experiment aus dem Hintergrundmurmeln gedanklicher Redundanzen heraus einen Treffer landete. Und als man ihn auf ein kleines Magnetometer ansetzte, um das erfolgreiche Experiment von Varian Hall zu wiederholen, passierte absolut nichts. Langsam aber sicher drohte das SRI-Projekt zu einer jener ermüdend unspektakulären Sackgassen der PSI-Forschung zu werden, von denen es bereits mehr als genug gab.

Swann wußte letztlich, daß die CIA Medien für die Fernspionage einsetzen wollte. Doch während seiner Diskussionen mit Puthoff und Targ war er auf ein verstecktes Problem gestoßen: Wenn jemand »Ingo, sag mir etwas über deine medialen Eindrücke vom Ramenskoye-Flugplatz bei Moskau« zu ihm sagte, dann würde seine Fantasie einfach jeden tatsächlich auf paranormalem Wege erhaltenen Eindruck überschwemmen. Schließlich war es einfach genug, sich große Landebahnen und Hangars vorzustellen. Was er wirklich benötigte, war eine möglichst präzise und simple Zielangabe, die nicht offenlegte, um was für ein Zielobjekt es sich genau handelt.

Swann erzählt, daß er im April 1973 auf die Lösung kam, während er am Swimmingpool des Appartementhauses im nahegelegenen Mountain View saß, in dem er wohnte. Plötzlich sagte eine Stimme in seinem Kopf: »Versuch's doch mal mit Koordinaten!« Womit offenbar geographische Koordinaten gemeint waren. Anders gesagt, statt ihn direkt über das Target zu informieren, konnten Puthoff und Targ ihm doch einfach dessen Lage in Längen- und Breitengraden angeben.

Swann teilte den beiden Forschern diesen Plan direkt am nächsten Morgen mit. Zunächst lehnten Puthoff und Targ diese Methode ab, da sie sie als sinnlos empfanden: Erstens wäre es denkbar, daß Swann sich anhand der Koordinaten an irgendeine Landkarte erinnern würde, die er einmal gesehen und einigermaßen im Gedächtnis behalten hatte, so daß er möglicherweise das erwünschte Zielobjekt auf diese Weise ausfindig machen konnte. Psychologen sprechen in diesem Fall von einem »eidetischen« oder »fotografischen« Gedächtnis, bisweilen wird auch der Fachausdruck »Kryptomnesie« benutzt. Deshalb würde kein Skeptiker glauben, daß Swann das Zielobjekt wirklich anhand der Koordinaten auf paranormalem Wege herausbekommen hatte. Nicht einmal die Psychologen würden es glauben! Schließlich wäre das geographische Koordinatensystem eine menschliche Erfindung, bei der der Zufall keine Rolle spielt. Überdies gäbe es keinen Grund, zu glauben, daß Koordinaten dazu geeignet seien, die PSI-Kräfte eines Menschen auf ein bestimmtes Target zu lenken. Und selbst wenn dem so wäre, sollte man eigentlich nicht erwarten, daß diese Methode besser funktionieren würde als die Angabe von Telefonnummern oder Straßennamen. Mit anderen Worten: Die ganze Idee sei absurd.

Aber Swann bestand darauf und drohte lautstark damit, das SRI zu verlassen. Was keinesfalls leere Drohungen waren – er hatte sich bereits vier- oder fünfmal für kurze Zeit abgesetzt. Vorwiegend geschah dies, weil er anderen Dingen nachgehen wollte, aber bei einigen Gelegenheiten auch, um zum Ausdruck zu bringen, wie sehr ihm die Art der Zusammenarbeit mißfiel.

Schließlich lenkten die beiden Forscher ein und schlugen vor, während der täglichen Kaffeepausen ein inoffizielles und zeitlich begrenztes Experiment anhand von Koordinaten durchzuführen. Diese Versuchsreihe sollte zwei Wochen dauern und jedesmal mit zehn Koordinaten durchgeführt werden.

Die Koordinaten wurden einfach auf einer großen Landkarte ausgewählt, die an der Wand eines nahegelegenen Labors hing. Swann hatte jeweils zwei Minuten Zeit, um zu beschreiben, was ihm zu einer Koordinate in den Sinn kam. Schließlich würde man seine Beschreibungen mit dem vergleichen, was sich tatsächlich laut Karte an diesem Ort befand. Falls man nach zwei Wochen immer noch keine positiven Ergebnisse verzeichnen würde, sollte der Versuch abgebrochen werden.

Der erste Versuch mit zehn Koordinatenpaaren wurde am 23. April durchgeführt und dauerte lediglich eine Vieterlstunde, von 17.10 bis 17.25 Uhr. Puthoff und Targ gaben Swann zunächst die Koordinate 30° nördlicher Breite, 90° westlicher Länge, was der östlichen Vorstadt von New Orleans entspricht.

Ein Auszug aus Swanns Beschreibung: »Vor der Küste ... eine Insel im Westen ... tropisch.« Als man ihm sagte, was dort wirklich lag und anschließend wieder die Koordinaten nannte, nörgelte er: »Ich dachte, ihr meint 9°« – was noch mehr danebenlag, da auf 30° Nord, 9° West die Ausläufer des Atlasgebirges liegen, etwa 150 Kilometer von Marrakesh.

Die zweite Koordinate lautete 75° Nord, 45° West. Fast jeder, der sich einmal eine Weltkarte genauer angesehen hat, wird wissen, daß dieser Punkt im Polarkreis irgendwo in der Nähe von Grönland liegen muß. Swann sagte: »Eis.« Bei den folgenden acht Koordinatenpaaren sah es ähnlich aus – vollkommene Fehlschläge wechselten sich mit Beschreibungen ab, die oberflächlich betrachtet korrekt waren. Nach fünf Tagen und insgesamt 50 Koordinatenpaaren stand fest, daß sich Swanns Trefferquote auf konstant niedrigem Niveau eingependelt hatte.

Puthoff und Targ zweifelten nicht daran, daß sich das Ganze als Fehlschlag erweisen würde. Ihren Mangel an Enthusiasmus bekam Swann auf verschiedenste Weise zu spüren. So brachte Targ eines Tages ein Telefon mit in den Raum, da er erreichbar bleiben wollte – er sah es offenbar nicht ein, wegen Swanns »Kindereien« jeden Tag für zwanzig Minuten von der Bildfläche zu verschwinden. Swann betrat den Raum und bemerkte das Telefon – für ihn eine Art akustischer Bombe, die ihn mit einiger Sicherheit im ungeeignetsten Moment aus seiner Konzentration reißen würde. Als Targ sich weigerte, das Telefon zu entfernen, griff Swann nach unten und riß das Kabel aus der Wand, um das Telefon anschließend in den Flur zu werfen.

In der zweiten Woche des »Kaffeepausen-Versuches« schienen sich Swanns Leistungen sowohl hinsichtlich der Richtigkeit der Zielerkennung als auch der Menge der Detailangaben wesentlich zu verbessern. Als man ihm die Koordinate 41,5° Nord, 122° West gab, die für ein Gebiet östlich des Mount Shasta in California stehen, meinte er: »Definitiv ein Berg im Südwesten, nicht weit, auch im Osten. Muß ein großes Tal sein.« Bei der Koordinate 64° Nord, 19° West, etwa 30 Kilometer östlich des Vulkans Hekla im südlichen Teil Islands, berichtete Swann: »Vulkan im Südwesten, ich befinde mich über dem Ozean, glaube ich.«

Schließlich gab Puthoff ihm die Koordinate 2° Süd, 34° Ost, wobei der Forscher glaubte, es würde sich um einen Punkt in der Mitte des Viktoriasees in Afrika handeln. Swann meinte: »Habe das Gefühl, über das Wasser zu gleiten, ereiche nun das Ufer. Ein See im Westen, das Gebiet liegt hoch.« Was knapp am Ziel vorbei erschien, aber Swann bestand darauf, daß er recht habe und Puthoff sich gefälligst einen ordentlichen Atlas kaufen sollte. Bei Konsultation des *Times Atlas of the World* stellte sich heraus, das 2° Süd, 34° Ost *nicht* in der Mitte des Viktoriasees lag, sondern nahe des Dorfes Ushashi in Tanzania – knapp 50 Kilometer südöstlich des Viktoriasees. Swann hatte tatsächlich recht gehabt.

Nach zehn Tagen und 100 Koordinatenpaaren konnten die beiden Forscher immer noch nicht glauben, daß Swann seine Informationen wirklich auf paranormalem Wege erhielt. Sie beschlossen, weitere Experimente in dieser Richtung durchzuführen, allerdings unter strengeren Bedingungen.

So wurden die Koordinaten nun von der SRI-Chefsekretärin Judy Schmickley ausgewählt, die sie ohne jeden Kommentar an Puthoff und Targ weitergab. Auf diese Weise wollten die beiden Forscher verhindern, daß sie Swann während der Sitzung unbewußt auf die richtige Spur bringen würden.

Am 29. Mai war Puthoff dann so weit von der Koordinaten-Methode überzeugt, daß er Richard Kennett von der CIA anrief.

Kennett war damals Anfang dreißig, ein Familienvater mit zwei Kindern und einem Häuschen in der heilen Vorstadtwelt Virginias. Er ähnelte dem jungen Tennisspieler Jimmy Connors, hatte aber sonst nicht viel mit ihm gemein – noch vor Ende des Jahrzehntes würde er den Posten des Assistant National Intelligence Officer[II] für chemische und biologische Kriegsführung einnehmen.

Im Frühjahr 1973 aber stand Kennett noch am Anfang seiner CIA-Karriere und arbeitete als Analytiker für das Office of Scientific Intelligence. Er hatte in Neurophysiologie promoviert und war kurz davor, auch im Bereich Medizin den Doktortitel zu erwerben. Hauptsächlich beschäftigte er sich damit, Informationen über den Gesundheitszustand verschiedener ausländischer Staatsoberhäupter zusammenzutragen.

Kennett war ein Mann, der sich für außergewöhnliche Dinge interessierte. Der größte Geheimdienst der freien Welt scheint solche Typen magisch anzuziehen. Die gewöhnliche Wissenschaft langweilte ihn genauso wie das gewöhnliche Leben, er fühlte sich erst so richtig in seinem Element, wenn es um die seltsamen und extremen Bereiche des menschlichen Verhaltens ging. Besonders Religion und Mystizismus hatten es ihm angetan. So verwundert es kaum, daß er bei der CIA einige Zeit damit zugebracht hatte, die Randbereiche von Medizin und Psychologie zu erforschen, hier Trends zu beobachten, themenbezogene Konferenzen und einschlägig orientierte Forschungsstätten zu besuchen. Kurzum, nach Dingen Ausschau zu halten, die sich trotz ihrer unkonventionellen Natur für die eine oder andere Seite des Kalten Krieges als nützlich erweisen könnten.

Eines der von ihm beobachteten Gebiete war die Parapsychologie, besonders, soweit es die Forschungen am SRI betraf. Obwohl der offizielle Forschungsauftrag aus einer anderen Abteilung der CIA kam[12], hatte die CIA ihn damit beauftragt, eine unabhängige Bewertung der dort stattfinden Forschungsarbeiten vorzunehmen, die wiederum Teil eines größeren Gutachtens über die potentielle strategische Nutzung von PSI-Kräften seitens der USA oder UDSSR war. Für die bisherige Forschung am SRI hatte er wenig Interesse gezeigt, aber nun rief Hal Puthoff bei ihm an, um einen möglichen Durchbruch zu verkünden – Ingo Swanns koordinatenorientierte Fernwahrnehmung.

Kennett war parapsychologischen Phänomenen gegenüber recht aufgeschlossen. Er wollte, daß Puthoff rigorose wissenschaftliche Experimente durchführte, bis vielleicht zufällig etwas dabei herauskam. Doch die Idee mit den Koordinaten lehnte er schlicht ab, wobei sich seine Argumente durchaus mit denen deckten, mit denen Puthoff anfänglich seine Skepsis untermauert hatte.

»Na gut«, meinte Puthoff. »Warum geben Sie mir nicht einfach die Koordinate eines Ortes, von dem ich nichts weiß?«

»Okay«, erwiderte Kennett. »Aber ich lege noch eins drauf – ich besorge Ihnen die Koordinaten von einem Ort, von dem nicht einmal ich etwas weiß!«

Kennett unterbrach die Verbindung und verließ sein Büro, um

den Flur zu betreten. An der siebten oder achten Bürotür traf er seinen Kollegen Bill O'Donnell.

»Bill, ich brauch die Koordinaten von irgendetwas, das an der Westküste liegte«, erklärte Kennett. »Irgendein Ort, von dem du sagen kannst ›ja, das liegt genau an den Koordinaten‹, wenn ich dir ein Foto oder eine Zeichnung zeige.«

»Klar«, antwortete O'Donnell. »Gib mir nur ein wenig Zeit.«

Einige Stunden später, gegen Abend, betrat O'Donnell Kennetts Büro und gab ihm einen Zettel mit einem Koordinatenpaar. Es waren sehr exakte Koordinatenangaben, aufgeschrieben in Breiten-, Längengraden, Minuten und Sekunden. Wenn Kennett auf eine Landkarte geschaut hätte, hätte er herausgefunden, daß es sich um einen Ort irgendwo in den Blue Ridge Mountains handelte, nur einige Autostunden westlich von Washington.

Kennett bedankte sich bei O'Donnell, hob den Telefonhörer ab und wählte Hal Puthoffs Nummer beim SRI.

Kurz darauf beim SRI – Swann saß an einem Ende eines Tisches und rauchte eine Zigarre, wie er es die meiste Zeit zu tun pflegte. Ihm gegenüber saß Puthoff, der ihm nun die Koordinaten vorlas. Das Medium schrieb sie auf und begann dann, abwechselnd die Augen zu schließen, die Wände oder den Notizzettel vor sich anzustarren. Dann fertigte er eine Skizze an und erklärte, was er gesehen hatte. Die Eindrücke drangen in kurzen wellenartigen Stößen von Bildern und anderen Sinneswahrnehmungen in sein Bewußtsein. »Es scheint sich um eine Art Hügelkette oder Erdhügel zu handeln … im Norden gibt es eine Stadt, ich kann große Häuser und Smog erkennen … es scheint ein seltsamer Ort zu sein, ähnelt irgendwie den Rasenflächen von Militäranlagen, aber ich habe auch den Eindruck, daß es hier einige alte Bunker gibt ... vielleicht auch einen unterirdischer Tank. Irgendwo muß hier ein Flaggenmast sein, dann einige Autobahnen im Westen, vielleicht ein Fluß weiter weg im Osten, und noch mehr Stadtgebiet im Süden.«

Er zeichnete eine Karte mit einem kreisrunden Objekt, das von einer Zufahrtstraße umgeben war, die in südlicher Richtung verlief, des weiteren eine Straße nach Westen und einen Fluß im Osten. Im Norden lag eine Stadt.

Die ganze Sitzung hatte sechs Minuten gedauert. Als Swann am nächsten Morgen in seinem Appartement in Mountain View saß, verspürte er plötzlich den Drang, der Zielkoordinate noch einmal nachzugehen. Diese Sitzung dauerte von 7.30 bis 8.00 Uhr. Anschließend präsentierte er Puthoff folgenden Bericht:

Klippen im Osten, ein Zaun im Norden. Ein kreisrundes Gebäude (ein Turm?) und weitere Gebäude im Süden. Vielleicht eine ehemalige Basis für Nike-Raketen? Ohne Feedback komme ich da nicht weiter, und vielleicht sollte mir jemand sagen, worum es hier geht. An der Gegend ist irgendetwas komisch, aber da ich nicht genau weiß, wonach ich hier im Nebel herumfischen soll, ist es sehr schwer zu sagen, was dort ist und was nicht. Meine Fantasie scheint sich mir in den Weg zu stellen. Beispielsweise meine ich, daß es hier etwas Unterirdisches gibt, nur bin ich mir nicht sicher. Aber es ist klar, daß die Beschreibung bei der ersten Sichtung korrekt war.

Swann hat für Puthoff eine neue, detailliertere Skizze angefertigt, auf der eine große Freifläche zu sehen war, die in einem bewaldeten Gebiet lag. Sie war von Zäunen und einer Zufahrtsstraße umgeben, und irgendwo stand ein Objekt, das einem Flaggenmast ähnelte und etwas, das groß und rund war. Das war alles, was Swann liefern konnte.

Puthoff wußte nicht, wie Swanns Leistung zu bewerten war. Also schickte er Swanns Aufzeichnungen an Kennett. Doch noch bevor er dazu kam, nahm das Schicksal eine neue Wendung: Das Telefon klingelte, und als Puthof abhob, meldete sich am anderen Ende der Leitung ein Mann namens Patrick Price.

Price war ein graumelierter Vorruheständler um die fünfzig, mit leicht wettergegerbten Zügen. Er wohnte in der Nähe des Lake Tahoe, besaß ein kleines Bauunternehmen und züchtete Weihnachtsbäume, die er in der Bay Area verkaufte. Puthoff hatte ihn einige Jahre zuvor bei einer Vorlesung kennengelernt und war ihm, zusammen mit Swann, Ende 1972 in Mountain View wiederbegegnet, wo Price zufällig gerade einen Verkaufsstand für Weihnachtsbäume betrieb.

Price behauptete von sich, ein Medium zu sein. In den 50er Jahren war er Ratsmitglied in Brubank gewesen, einem Vorstadtbezirk von Los Angeles, wo er für kurze Zeit auch den Posten des Police Commissioners übernommen hatte. Dabei bekam er es mit einigen ziemlich kniffligen Fällen zu tun und behauptete später, die entscheidenden Hinweise durch spontane, paranormale Eingebungen erhalten zu haben. Er erzählte, daß er manchmal im Kommando-Büro der Polizei gesessen und von dort aus die Aufenthaltsorte der Kriminellen auf paranormalem Weg ausfindig gemacht hätte. Mittlerweile habe er fast täglich derartige Eingebungen über Menschen und weit entfernte Orte.

Puthoff würde später erklären, daß er »ganz spontan« auf die Idee gekommen war, Price die Koordinaten zu nennen, die er von Richard Kennet erhalten hatte. Was weder vom geheimdienstlichen noch vom wissenschaftlichen Standpunkt wirklich vertretbar war, aber Kennett hatte ja nicht gesagt, daß die Koordinaten der Geheimhaltung unterliegen würden. Also konnte es nicht schaden, und Price erklärte, daß er es versuchen wolle.

Nach Puthoffs Aussage spielte sich dieser Vorfall an einem Nachmittag im Juni ab. Am vierten desselben Monats fand er in seiner Post einen Brief von Price, der am zweiten abgestempelt war. Er enthielt mehrere Seiten Text und Skizzen, in denen Price mehr oder weniger denselben Ort beschrieb, den auch Swann aufgespürt hatte, allerdings wesentlich detaillierter – Price hatte sich dem Target von oben genähert und war sprichwörtlich »hineingezoomt«, um es aus nächster Nähe zu beschreiben, wobei er auch das erwähnte, was sich in seiner Umgebung befand:

»Ungefähres Zielgebiet aus einer Höhe von etwa 500 Metern über dem höchsten Punkt anvisiert. Im linken Quadranten vor mir befindet sich eine Bergkette, Höhe etwa 4996 Fuß (ca. 1523 Meter) über dem Meerespiegel. Die Hänge bestehen aus grauem Schiefer, der mit Laubbäumen, Ranken, Büschen und Unterholz bedeckt ist. Mein Blickwinkel ist 3° bis 5° nordwestlich. Rechter Hand (östlich) am Fuß des Berges eine Straße, eine richtige kleine Landstraße – krümmt sich aus dem Südwesten am Fuß des Berges entlang und verläuft einige Kilometer Richtung Norden, um dann in ostnordöstlicher Richtung auf eine kleine Stadt zuzulaufen, die etwa 45 bis 60 Kilometer entfernt liegt. Das Gebiet hat im Bürgerkrieg als Schlachtfeld gedient – niedrige Hügelketten, Bäche, einige Seen oder Stauseen. In südöstlicher Richtung liegt eine kleinere Stadt … es ist bewölkt, regnerisch. Die Temperatur beträgt in meiner Höhe rund 12° – vereinzelte Wolken in etwa 7500 bis 9000 Metern Höhe, darüber eine turbulente, aber klare Zone und dann eine Wolkendecke in etwa 14.000 Metern Höhe, die sich von Westnordwest nach Südost bewegt.

Ich merke, daß es in den höheren Bereichen unterirdische Depots gibt. Auf der Rückseite, am Westhang der Hügel, befindet sich eine weitere Zufahrtsstraße, die gut versteckt liegt. Wo es möglich ist, wird sie von Bäumen überdeckt. Ist beim Überfliegen kaum zu entdecken. Sieht aus wie eine ehemalige Raketenbasis – die Abschußeinrichtungen sind noch vorhanden, aber nun werden hier Archive aufbewahrt, Mikrofilme, Aktenschränke. Wenn man den unterirdischen Bereich betritt, muß man durch Rolltore aus Aluminium, dahinter beginnt direkt das Archiv. Die Räume sind etwa 30 Meter lang, 1,20 Meter breit, sieben Meter starke Decken mit sich verjüngenden Betonstützpfeilern. Es ist kühl, Neonlicht. Truppenzugehörigkeit: Ingenieure vom 5. Army Corps. ›M/Sgt Long‹ steht auf einem Schild, das auf einem grauen Schreibtisch aus Stahl steht. Verschlossene Aktenschränke, massive Schlösser mit Stahlstangen. Hinter diesen Räumen, in östlicher Richtung, befinden sich einige Arbeitsplätze mit Computern, Funkgeräten, großen Landkarten in Aufstellern, transparent. Truppenzugehörigkeit: Army Signal Corps (Funker). Aufzüge.«

Nachdem er diesen Bericht durchgelesen hatte, rief Puthoff sofort Price an. Er bat ihn, noch mehr Details aus der Einrichtung selbst zu beschaffen, besonders Codewörter, falls möglich. Der SRI-Physiker spürte, daß Price einen Volltreffer gelandet hatte, und wollte genug Material sammeln, um die CIA restlos überzeugen zu können. Einige Tage später übermittelte Price ihm folgende Daten aus den unterirdischen Büros:

Auf einem Schreibtisch liegen Unterlagen mit folgender Beschriftung:

Flytrap
Minerva
Beschriftung eines an der nördlichen Wand stehenden Aktenschranks:
Operation Pool (zweites Wort nicht lesbar)
Akten in diesem Schrank:
Cueball
14 Ball
8 Ball
Rackup
Der Name dieser Einrichtung scheint etwa *Hayfork* (Heugabel) oder *Haystack* (Heuballen) zu lauten.

Zu den Truppen:
Colonel R.J. Hamilton
Major General George R. Nash
Major John C. Calhoun??

Puthoff schickte das gesamte Material an Richard Kennett, der es sichtete und dann Bill O'Donnell übergab, dem CIA-Beamten, der ihm die Koordinaten gegeben hatte.

»Rick, das ist nicht einmal knapp vorbei«, erklärte O'Donnell vorsichtig, nachdem er die Unterlagen durchgesehen hatte. »Ich habe euch die Koordinaten meines Ferienhauses gegeben. Ich habe einfach die Karten aus meinem Wagen geholt und die Stelle irgendwo da in den Wäldern herausgesucht, wo mein Ferienhaus liegt, und das ist es, was ich dir gegeben habe. Das hier« – er zeigte auf die Unterlagen mit den Berichten von Swann und Price – »ist Quatsch.«

Kennett war peinlich berührt, fand es jedoch äußerst mysteriös, daß Swann und Price offenbar dasselbe Zielobjekt beschrieben hatten. Gab es da draußen in den Blue Ridge Mountains irgendetwas, direkt in der Nähe des Ferienhauses seines Freundes?

Am nächsten Wochenende fuhr er mit seiner Frau und seinen Kindern hinaus aufs Land. Einige Kilometer abseits des Ferienhauses von Bill O'Donnell fand er eine unbefestigte Straße, an der ein Schild der Regierung stand, das die Durchfahrt untersagte. Weiter hinten waren einige Satellitenantennen zu sehen. Offenbar handelte es sich um eine geheime militärische Einrichtung, die in vielen Punkten mit den Beschreibungen der SRI-Seher übereinstimmte. Es schien, als ob Swann und Price sich nicht auf O'Donnells Ferienhaus konzentriert hatten, weil sie diese Einrichtung viel interessanter fanden.

Am darauf folgenden Montagmorgen suchte Kennett einen Kollegen auf, der seiner Einschätzung nach möglicherweise etwa über diese seltsame Militärbasis in West Virginia wissen würde. Er gab ihm die Berichte der SRI-Seher, und der Kollege versprach ihm, der Sache nachzugehen.

Nach ein oder zwei Tagen stand Kennett plötzlich im Brennpunkt einer ziemlich ernsten und geradezu feindseligen Sicherheitsüberprüfung: Ingo Swann und Pat Price hatten Details einer geheimen Einrichtung des Pentagon aufgespürt, die in der Nähe der Stadt Sugar Grove in West Virginia lag. Offiziell handelte es sich um einen Kommunikationstützpunkt der Navy, aber in Wirklichkeit waren hier jede Menge militärische und zivile Kryptographiker der NSA stationiert, und es gab tatsächlich unterirdische Anlagen, die unter dem Fuß des Reddish Knob Mountain lagen, der 4397 Fuß (1340 Meter) hoch ist. Zu den geheimen Aufgaben der Basis gehörte das Abfangen internationaler Telefongespräche und die Steuerung von US-Spionagesatelliten.

Der größte Teil der Basis lag unter der Erdoberfläche und war gegen einen Atomschlag geschützt, da sie im Fall eines Nuklearkrieges als Primärziel der Sowjets betrachtet wurde. Die von Swann und Price beschaften RV-Daten waren akkurat genug, um in den Köpfen der Pentagon-Leiter den Verdacht zu erwecken, daß es ein massives Sicherheitsleck gab, das sogar das Durchsickern geheimster Codewörter ermöglicht hatte.

»Wie sind Sie da rein gekommen?« wollte man von Kennett wissen, dem das Gefühl vermittelt wurde, er sei ein sowjetischer ›Maulwurf‹. »Was zur Hölle haben Sie da gemacht?«

Kennett erklärte den Vorfall nach bestem Wissen, aber die Sicherheitsleute vom Pentagon zeigten an Berichten über PSI-Medien kein Interesse. Bald wurden auch Hal Puthoff und Russell Targ verhört und erfuhren zudem, daß Agenten des Defense Investigation Service bei ihren Nachbarn angeklopft hatten, um zu fragen, ob Mr. Puthoff oder Mr. Targ Kommunisten wären, auffällig viel Geld ausgäben oder sich auf andere Weise wie Sowjetspione benehmen würden.

Die Leute vom Pentagon ließen das SRI und Kennett erst wieder in Ruhe, als feststand, daß sie nicht durch ein Sicherheitsleck an die Informationen herangekommen sein konnten. Einige Jahre darauf würde die NSA, die die Geheimbasis bei Sugar Grove betrieb, selbst auf die Remote Viewer vom SRI und aus Fort Meade zurückgreifen.

Im Sommer 1973 gelang es Pat Price schließlich, die NSA, die CIA und Richard Kennett voll und ganz zu überzeugen, indem er eine sowjetische Einrichtung beschrieb, deren Zweck etwa dem der von ihm so detailliert aufgedeckten NSA-Einrichtung glich. Price lokalisierte diese Basis an einem Berg namens Narodnaya in einer einsamen Gegend des nördlichen Ural:

»Eine unterirdische Anlage, Stahlbeton, Durchgänge mit Rolltoren aus Stahl ... ich sehe Hubschrauber-Landeplätze, Beton. Eine Schmalspur-Schienenanlage verläuft von den Landeplätzen zu einem anderen Schienenstrang, der parallel zu den Toren in den Berg hineinführt. 45 Kilometer nördlich (5° Nordwest) der Basis befindet sich eine Radaranlage mit einem großen (50 Meter) Radarspiegel und zwei kleinen Verfolger-Radarantennen.«

Price erwähnte auch ein ungewöhnliches, aber vielleicht deshalb sehr wichtiges Detail – das Personal wies zum Zeitpunkt der Sichtung (nachts) einen auffällig hohen Anteil an weiblichen Mitarbeitern auf.

Die CIA bestätigte bald darauf, daß Price auch hier richtig gelegen hatte.

8. Die Schamanen

Ich erinnere mich, daß wir einmal mit einigen Regierungsleuten auf dem Weg in die Cafeteria des SRI waren, als Hal zu Pat sagte: »Erzähle ihnen ja nicht, daß du auch Regenwolken produzieren kannst!«

Ingo Swann über seinen Rivalen Pat Price

Die Existenz der paranormalen Spione verbreitete sich wie ein Lauffeuer, und es dauerte nicht lange, bis interessierte Mitglieder des Geheimdienstes – darunter hochrangige Militärs, Wissenschaftler, Analytiker, Kongressabgeordnete und Stabsleiter – aus Washington Pilgerfahrten zum SRI organisierten, um Zeugen der dort fabrizierten Wunder zu werden.

»Können Sie auch sowjetische U-Boote aufspüren?« fragte man Swann und Price. »Können Sie in die Zukunft sehen? Oder die Vergangenheit?«

Irgendjemand von der CIA schlug sogar vor, daß sich die beiden Seher spritistsich betätigen sollten, um die Seelen gewaltsam dahingeschiedener Auslandsspione zu konsultieren, die ihre Informationen zu Lebzeiten nicht mehr an ihre amerikanischen Auftraggeber übermitteln konnten.

Doch die meisten Anfragen beschäftigten sich mit Aufgaben, die in die Kategorie der von Swann entwickelten Koordinaten-Methode des Hellsehens fielen, die er mittlerweile als »Scan nach Koordinate« oder kurz »Scanate« bezeichnete. Manchmal trafen die Koordinaten auf dem Postweg ein, manchmal per Telefon. Doch meist wurden sie persönlich aus Washington von Offiziellen überbracht, die auf diese Weise sicherstellen wollten, daß sie erst direkt vor Beginn der RV-Sitzungen in die Hände von Swann oder Price gelangten.

Meist wurde eine Art Erfolgshonorar vereinbart, um solche Auftraggeber auszugrenzen, die lediglich aus Neugierde hier vorbeikamen: Die SRI-Seher würden ohne Berechnung einige Daten preisgeben, anhand derer ihre Besucher entscheiden sollten, ob sie für weitere Informationen zu zahlen bereit waren.

Swann und Price wußten oft nicht, für wen sie da eigentlich arbeiteten, bemühten sich aber trotzdem, gute Leistungen zu erbringen. Schließlich hofften sie, daß sich ihre Arbeit nicht nur durch einen unbedeutenden Artikel in irgendeinem wissenschaftlichen Journal niederschlug, sondern eines Tages als wertvoller Beitrag zur nationalen Sicherheit Anerkennung finden würde. Der ständige hohe Besuch aus Washington wiegte sie zunehmend in dem Gefühl, Superspione zu sein – James Bond im Zeitalter des Wassermanns.

Doch war es nicht nur der Gedanke, zu den Kalten Kriegern zu gehören, sondern auch der Konkurrenzdruck untereinander, der Swann und Price zu Höchstleistungen antrieb. Was angesichts der individualistischen und esoterischen Natur ihrer Arbeit nur logisch erscheint – ja, man könnte sogar argumentieren, daß diese Qualitäten bei ihnen noch ausgeprägter waren als bei jedem anderen Soldaten oder Spion, da sie wirklich nur auf sich selbst und ihre außergewöhnlichen Kräfte vertrauen konnten, während sie die grausige Dunkelheit des Äthers durchstreiften. Sie rangierten also ganz oben im Pantheon der großen Magier und Medizinmänner, Seher und Heiler, Schamanan und Hexer.

In der Forschung ist reichlich umstritten, welche persönlichen Eigenschaften es nun sein mögen, die eine visionäre oder »schamanische« Persönlichkeit ausmachen. Doch insgesamt scheint die Literatur darin übereinzustimmen, daß der gemeinsame Nenner in der Empfänglichkeit für außergewöhnliche Bewußtseinszustände liegt. Die Neigung zu Trancezuständen scheint genetisch bedingt zu sein, da das Schamanentum oft über Generationen zu den Merkmalen bestimmter Familien zählt, was sowohl auf unzivilisierte Kulturen als auch auf die unsere zuzutreffen scheint. In den ersten Lebensabschnitten wird der Schamane oft für eine geistig instabile, »neurotische« oder »labile« Persönlichkeit gehalten, die in Extremfällen jene Symptome zeigen kann, die wir den psychischen Krankheitsbildern der Epilepsie, Hysterie, Schizophrenie oder den dissoziativen Störungen[13] zurechnen. Wenn der Schamane psychischem Druck ausgesetzt ist, kann dies zu Anfällen führen. Während eines spontanen Trancezustandes kapselt er sich von der Welt ab und erleidet möglicherweise einen Gedächtnisverlust oder findet sich an einem weit entfernten Ort wieder, den er in diesem Zustand aufgesucht hat. Er hört Stimmen, hat Visionen, leidet unter unkontrollierbaren außerkörperlichen Erfahrungen und kommuniziert mit übernatürlichen Wesenheiten. Zudem neigt er dazu, sich Krankheitssymptome einzubilden, sie vorzutäuschen oder unbewußt herbeizuführen – darunter Kopf- und Bauchschmerzen, Mattigkeit oder auch Wunden.

In anderen Fällen kann sich die neurophysiologische Labilität etwa durch hormonelle Unausgewogenheiten, lebensgefährliche Krankheiten, schwere Kopfverletzungen und Stressymptome bemerkbar machen. Mircea Eliade zitiert in diesem Zusammenhang den Anthropologen Knud Rasmussen, der einen Eskimo-Schamanen erwähnt, der seine Kraft erhielt, »nachdem er von einem Feuerball niedergestreckt wurde«. Auch in der modernen UFO-Folklore hört man immer wieder von Menschen, denen die Begegnung mit einer »fliegenden Untertasse« die Fähigkeit beschert hat, sich in einen Trancezustand zu versetzen, der dem eines Schamanen ähnelt[14].

Ingo Swann ist weder einem Feuerball noch einem UFO begegnet, und er litt auch nie unter einer psychischen Krankheit. Puthoff und die anderen am SRI schätzten ihn als witzigen und intelligenten Mann mit einer mutigen und neugierigen Grundeinstellung. Trotzdem tauchen in seinem Lebenslauf Ereignisse auf, die vage an den typischen Werdegang eines Schamanen erinnern. So behauptete Swann etwa, daß seine Urgroßmutter mütterlicherseits eine Sioux-Medizinfrau und seine Kindheit von paranormalen Erfahrungen geprägt war. Er war vom Okkulten so fasziniert, daß er sich für diverse alternative und New-Age-Lehren interessiert hatte – und seine Weltsicht war zwar durchaus modern, aber von exotischen Elementen durchwirkt. So behauptete Swann, ein erfahrener Astrologe zu sein und glaubte, sich an ein früheres Leben im Europa des achten Jahrhunderts zu erinnern[15]. Zudem zeigte er ein starkes Interesse an UFOs und war von der Idee fasziniert, daß die Erde von Außerirdischen besucht wird.

Auf die meisten der aus Regierungskreisen stammenden Besucher des SRI wirkte Pat Price keineswegs schamanenhaft, wenn man einmal über seine mysteriösen paranormalen Fähigkeiten hinwegsah. Puthoff und Targ stellten ihn als »ehemaligen Police Commissioner« vor, was den Eindruck unerschütterlicher Bodenständigkeit erweckte. Es hieß weiter, daß er sich seit seiner Versetzung in den Vorruhestand als Geschäftsmann betätigte – ein *Jedermann* also, der gerne eine Partie Poker spielte und an den Wochenenden angeln ging.

Doch in Wirklichkeit hatte Price wesentlich mehr von einem Schamanen als Swann. So gab es in seinem Leben nicht nur eine Reihe von außerkörperlichen Erlebnissen und vorübergehenden Flirts mit alternativen Religionen, sondern er behauptete auch, die alte – und heute sicher etwas schrullig anmutende – Kunst des Regenmachens zu beherrschen, indem er Wolken produzierte oder auflöste. Darüber hinaus glaubte er, Verkehrsampeln durch Psychokinese beeinflussen zu können und war davon überzeugt, daß er in einem früheren Leben der große amerikanische Redner Patrick Henry gewesen war. Und wem das noch nicht reichte, dem erklärte Price, daß eine außerirdische Zivilisation mit silbrig scheinenden Untertassen zwischen ihren Raumstationen auf dem Mond und dem Mars hin und her pendeln würde – wenn den Aliens gerade nicht danach war, der guten alten Erde einen Besuch abzustatten, wo sie weitere Stützpunkte unter den Ozeanen und manchen Bergen unterhielten. Kurz nachdem er beim SRI anfing, berichtete er Puthoff, daß er unter dem als Juwel der Gletscherkette nordöstlich von Anchorage geltenden Mount Hayes eine der größten Basen der Aliens ausfindig gemacht hatte.

Die Schamanen vergangener Tage haben häufig paranormale Wettbewerbe ausgefochten, die athletischen Wettkämpfen ähnelten. Wie beispielsweise das paranormale Gefecht Mose gegen die Zauberer des Pharao, haben sie Einlaß in die volkstümliche Überlieferung religiöser und magischer Riten gefunden, werden aber auch in neuzeitlichen Quellen erwähnt. Der Ethnologe Holger Kalweit berichtet etwa von den Schamanen der Washo-Indianer, die Wettkämpfe ausfechten, um den stärksten unter ihnen zu ermitteln: »Eine Form des Wettkampfes besteht darin, eine Reihe von fest in die Erde gerammten Pfählen umzureißen, indem man einfach nur mit dem Finger auf sie zeigt.«

Offensichtlich besteht eine andere Form des Wettkampfes darin, den staunenden Ethnologen einen möglichst großen Bären aufzubinden ... aber ob es nun Legende oder Wahrheit sein mag, es ändert nichts daran, daß sich solche Wettkämpfe unter Schamanen einer großen Beliebtheit erfreuen. Mircea Eliade erwähnt, daß zwischen den Teilnehmern eine »ausgesprochen ernsthafte Rivalität« besteht.

Etwas ganz Ähnliches schien sich auch am SRI abzuspielen, soweit es den Detailreichtum der paranormalen Spionageberichte betraf. Jede Mission nahm ihren Anfang, indem sich Swann oder Price an einen Tisch setzten, auf dem ein Stapel Papier und ein Stift lagen. Dann beschriftete der Seher das erste Blatt mit dem Datum, der Uhrzeit und seiner individuellen dreistelligen Codenummer. Das mit den Codenummern war Puthoffs Idee, da die Sitzungsberichte auf diese Weise so unpersönlich und anonym wie möglich analysiert werden konnten. Natürlich spielte auch die Sicherheit der Seher eine Rolle. Was dieses Verfahren jedoch nicht ausmerzen konnte, war die persönliche Rivalität unter den Sehern.

Nachdem Swann oder Price die Zielkoordinaten erhalten hatten, würden sie sie notieren und dann erzählen, aufschreiben oder skizzieren, was ihnen dazu in den Sinn kam. Puthoff oder Targ saßen als Monitor dabei und würden diverse Fragen stellen, etwa: »Was ist das hier? Kannst du das etwas ausführen? Wie sieht das hier aus der Nähe aus?«

Schließlich würde man die Notizen analysieren und in einem Bericht zusammenfassen, der dem potentiellen Klienten zugestellt wurde.

Ende Juli 1973 übermittelte Kennett Hal Puthoff telefonisch die Koordinaten 49°20' Süd, 70°14' Ost. Puthoff begab sich damit in den »Scanate«-Raum und las Swann die Koordinaten vor.

Swann war von den ersten Eindrücken des Zielobjektes verwirrt. Er meinte, mitten in einem Ozean zu sein. Wollte man ihn hereinlegen? Er war unsicher, wie er weiter vorgehen sollte.

»Ist irgendetwas in deiner Nähe?« fragte Puthoff.

Swann meinte, eine große Landmasse zu spüren. Er beschloß, sich darauf zu konzentrieren. »Mein erster Eindruck ist der einer

Insel, möglicherwiese steht ein Berg darauf, der die Wolkendecke durchbricht. Steiniges Terrain. Vielleicht wachsen hier einige kleine Pflanzen. Im Westen eine Wolkenbank, es ist sehr kalt. Ich sehe einige Gebäude, alles ist sehr geometrisch ausgelegt. Eines davon ist orangefarben. Dann gibt es soetwas wie eine Radarantenne, eine runde Scheibe ... zwei weiße, zylindrische Tanks, ziemlich groß. Im Nordwesten eine Landebahn. Starker Wind. Vor dem Gebäude zwei oder drei Lastwagen ...«

Puthoff schien zufrieden zu sein, aber Swann wollte weitermachen. Er meinte, soviel von der Küstenlandschaft zu sehen, daß er glaubte, die Insel genau vermessen zu können: »Wenn ich nach Westen schaue, Hügel. Im Norden Flachland und ein Landestreifen, glaube ich, außerdem im Osten der Ozean, in einiger Entfernung. Im Süden kann ich nichts entdecken. Ich bewege mich nun zur Küstenlinie und gehe sie ab ...«

Er begann, auf einem neuen Blatt Papier einen Umriß der Insel zu skizzieren, allerdings vollkommen unbewußt. Sein Stift bewegte sich, als ob das Blatt gar nicht da wäre, und Puthoff legte eiligst neue Blätter an, wenn Swann über den Rand des Papiers hinaus zeichnete. Währenddessen erzählte Swann weiter, was er an jedem Punkt der Küste bemerkte. An einer Stelle gab es eine Menge Vögel, und der Gestank von Guano schien Swann in die Nase zu ziehen. Dann gab es wieder Felsen und Klippen, an denen die Brecher hochsprangen und er den Salzwassergeruch zu spüren meinte. Hier wieder Gebäude, dort Boote oder eine Anlegestelle, Buchten, Berge und Strände.

Nach einiger Zeit hatte Swann eine komplette Rohskizze der Insel angefertigt, die er mit weiteren Details ausfüllte, während die Sitzung voranschritt. Schließlich klebten er und Puthoff die Blätter mit Klebefilm zusammen und schickten sie Kennett.

Wie sich heraustellte, kennzeichnete die Koordinate einen Punkt in einer Bucht im Osten der Insel Kerguelen, die im südlichen Teil des Indischen Ozeans liegt. Kerguelen gehört Frankreich und beherbergte eine von den Franzosen und Russen gemeinschaftlich betriebene »Forschungsstation für meteorologische Messungen in der oberen Atmosphäre«, die Gerüchten zufolge zumindest den Sowjets auch als geheimer Lauschposten oder

Trackingstation diente. Swann hatte nicht nur die Küstenlinie korrekt skizziert, sondern auch viele Orte und andere Details beschrieben, die nicht einmal auf den ohnehin kaum erhältlichen Karten der Insel verzeichnet waren.

Das Resultat: Freundliches Schulterklopfen für Swann, während Puthoff und Targ endlich etwas hatten, was sie den Offiziellen in Washington als Erfolg vorweisen konnten. Nur Price zeigte sich nicht allzu beeindruckt. Eines Tages legte Puthoff ihm dann eine Koordinate vor, die äußerst »sexy« war – mit diesem Begriff belegten die Experimentatoren streng geheime Zielorte.

Price wußte nicht, daß Puthoff und Targ etwa einen Monat zuvor einige wichtige Leute aus der Chefetage der CIA über ihre Forschungen informiert hatten, darunter den Leiter des Office of Technical Services, John McMahon und dessen Vorgesetzten, den Deputy Director for Science and Technology, Carl Duckett. Die CIA-Offiziellen hatten daraufhin signalisiert, daß es an der Zeit wäre, die PSI-Spione auf einige geheimdienstlich bedeutsamere Targets in Übersee anzusetzen.

So wurde Price mit der Koordinate einer geheimnisvollen sowjetischen Forschungsbasis konfrontiert, die am südlichen Rand des Atomwaffentestgebietes Semipalatinsk in der Republik Kasachstan lag. Bei der CIA wurde diese Basis »URDF-3« genannt – »URDF« stand für »unidentified research & developoment facility« (unidentifizierte Forschungsstätte). Die Air Force führte dieses Target unter der Kategorie »P-NUTS« – »probable nuclear underground test site« (potentielle unterirdische Atomwaffen-Testanlage). Welchem Zweck die Basis wirklich diente, war den US-Geheimdiensten nicht bekannt. Die Koordinate wurde durch zwei CIA-Beamte übergeben, den Ingenieur Ken Kress[16] aus dem Office of Technical Service und einem Physiker namens Peter Maris. Die beiden hatten gegenüber Puthoff und Targ nur erwähnt, daß es sich um eine »Forschungseinrichtung« handelt. Mehr wußten Kress und Maris auch nicht.

Prices RV-Sitzung fand in einem elektrisch abgeschirmten Raum im ersten Stockwerk des SRI-Gebäudes für Wellenphysik statt[17]. Targ saß als Monitor dabei und schaltete zunächst den Kassettenrekorder an, um einige einleitende Sätze zu sprechen. Dann las er

Price die Koordinate vor und sagte ihm, daß es sich um eine Forschunsgstation handelt. Price polierte seine Brillengläser mit einem Taschentuch, schloß seine Augen und lehnte sich im Stuhl zurück. Nach etwa einer Minute meinte er: »Das erinnert mich irgendwie an den alten Witz, in dem ein Typ in seinem Penthouse sitzt und an den Wolkenkratzern der Third Avenue hochschaut.« Er erklärte, daß er in seiner Vision auf dem Dach eines mehrgeschossigen Gebäudes lag. Es war ein warmer, sonniger Tag. Neben dem Gebäude ragte ein riesiger Kran empor. »Während ich hochschwebe und dann hinuntersehe, erscheint es mir, als ob sich der Kran auf zwei Schienensträngen an den Seiten des Gebäudes bewegt. Etwas Ähnliches habe ich noch nie gesehen.«

Price meinte, daß der Kran dazu diente, schwere Gegenstände in eine unterirdische Einrichtung zu verladen oder sie dort herauszuholen. Die Räder des Krans waren so hoch wie zwei erwachsene Männer. In der Nähe des Krans gab es weitere Gebäude und eine Ansammlung von Gasbehältern.

Als Ken Kress und Peter Maris Prices Beschreibung der Einrichtung bei Semipalatinsk hörten, konnten sie sich zunächst keinen Reim darauf machen. Aber später gingen sie die Berichte mit ihren Kollegen in Washington durch und fanden dabei ein Satellitenfoto der Anlage – offenbar gab es dort wirklich einen Kran, der auf einem Schienensystem entlangfuhr, genau wie Price es beschrieben hatte.

Unter Anleitung von Targ und Puthoff beschaffte Price weitere Details. Er zeichnete eine Karte der Zielgegend, die südlich eines Flusses lag. Dann versuchte er, in das flache Gebäude neben dem Kran vorzudringen. Er beschrieb einen Raum, in dem große, gekrümmte Stahlkonstruktionen gelagert wurden. Arbeiter versuchten sie zu Kugeln von rund 20 Metern Durchmesser zusammenzuschweißen. Aber der Stahl war so dick, daß es technische Probleme gab, und deshalb experimentierten sie mit neuen Schweißtechniken.

Etwa eine Woche nach dem Beginn der Mission lernte Price Kress und Maris kennen. Sie informierten ihn, daß sie zur CIA gehörten und teilten ihm auch mit, daß seine Beschreibung des Krans zutraf. Also machte Price weiter.

Zwei Wochen nach der ersten Sitzung hatte Price eine große Kladde mit Skizzen gefüllt und etliche Stunden Kassettenmaterial besprochen. Wie es aussah, wurde in Semipalatinsk ein großer Test vorbereitet, bei dem es um kontrollierte Detonationen ging, die in den Metallkugeln gezündet werden sollten.

Außer den Zeichnungen des Krans und der Umgegend hatte Price so gut wie nichts beschafft, das direkt von Kress oder Maris bestätigt werden konnte. Die Skizzen des Krans waren jedoch beeindruckend, da sie so sehr mit dem Satellitenfoto übereinstimmten, daß Puthof und Targ sie nur bei den Treffen mit den CIA-Offiziellen nebeneinanderlegen mußten, um die für die Fortsetzung der Experimente benötigten Gelder zu erhalten.

Soweit es die Metallkugeln betraf, wurde ihre Existenz Ende 1974 oder Anfang 1975 durch ein Satellitenfoto bestätigt, das sie in fertiggestelltem Zustand vor der Arbeitshalle zeigte. Die Foto-Analytiker bestätigten, daß die Kugeln einen Durchmesser von rund 20 Metern hatten. Ihre Existenz sorgte in US-Geheimdienstkreisen für Aufruhr. Spezialisten der Air Force waren der Ansicht, es könnte sich dabei um Schutzbehälter für schwache Nuklearexplosionen handeln, die als Energiequelle für eine Flugabwehrkanone dienen könnten, die Protonenstrahlen abfeuert. Diese Idee sickerte schließlich zu einem Reporter der Zeitschrift *Aviation Week* durch, der im Mai 1977 einen alarmierenden Artikel über die Entwicklungen der Sowjets auf dem Gebiet der Strahlwaffen veröffentlichte:

SOWJETS TREIBEN STRAHLENWAFFEN AN

… die Forschungseinrichtung von Semipalatinsk, in der Strahlenwaffen getestet werden, wird seit etwa zehn Jahren von der USA beobachtet. Man vermutet, daß das Hauptgebäude dieser Basis Teilchenbeschleuniger, Elektroneninjektoren und Energiespeicherbatterien enthält.

Das Gebäude ist 60 Meter breit und 210 Meter lang, die Wände bestehen aus drei Meter dickem Stahlbeton … das Testgelände ist von einer Reihe von Sicherheitszäunen umgeben.

Auf hochauflösenden Fotos von US-Satelliten konnte beobachtet werden, wie sowjetische Techniker an einer Stelle in der Nähe des Hauptegebäudes der Einrichtung vier große Öffnungen in die Granitformation sprengten, über denen Rahmen errichtet wurden. Tonnen von Abraum wurden produziert, während man eine unterirdische Kammer anlegte.

In einem anderen Gebäude wurden riesige, extrem dicke Trägersysteme zusammengeschweißt. Dieses Gebäude wurde zwischenzeitlich abgerissen. Die Stahlsegmente wurden für den Bau großer Kugeln verwendet, deren Durchmesser man auf 18 Meter schätzt. Es wurden genug Stahlsegmente hergestellt, um zwei dieser Kugeln bauen zu können. In US-Regierungskreisen wird vermutet, daß diese Kugeln die Energie von Nuklearexplosionen oder Impulsgeneratoren abschirmen und speichern sollen. Einige Beamten vermuten, daß die Stahlträger den ersten Hinweis auf den letztendlichen Zweck der Anlage darstellten.

Die Komponenten wurden schließlich durch die Öffnungen in den unterirdischen Teil der Anlage geschafft.

Die Hypothese der Air Force-Spezialisten wurde von den Physikern und Beratern der CIA ignoriert, da sie die Idee einer Strahlenwaffe für absurd hielten. Stattdessen vermuteten sie, daß die Kugeln entweder als Lagerbehälter für radioaktiven Abfall dienen sollten oder möglicherweise als Abschirmung für Versuche im Bereich der Energieerzeugung durch Impulskraftwerke, die mit konventionellen Explosionen arbeiten[18]. Jedenfalls stimmten CIA und Air Force darin überein, daß die Kugeln vorhanden waren und mit einer neuartigen Schweißmethode zusammengefügt wurden. Pat Price hatte also einen doppelten Treffer gelandet, da er sowohl die Kugeln beschrieben als auch eine Schweißmethode erwähnt hatte, die niemand in den USA kannte. Für Puthoff und Targ war dies ein eindeutiger Beweis für die Existenz der PSI-Spionage, wie man sich ihn nicht besser hätte wünschen können.

Pat Price war so brillant, daß er selbst im Schlaf auf paranormale Streifzüge ging, ohne daß ihn jemand dazu aufforderte oder ihm auch nur eine Koordinate nannte. So pflegte er nachts im Bett zu liegen und über den Erdball zu gleiten, um seine PSI-Fähigkeiten auf gegenwärtige oder zukünftige Ereignisse anzuwenden, die ihm bedeutsam erschienen. Einmal erzählte er Puthoff, er habe im Pazifik eine Staffel russischer U-Boote gesichtet, die sich auf einem seltsamen, parallelogrammartigen Kurs bewegten. Puthoff setzte sich ans Telefon und erhielt bald darauf eine Bestätigung für Prices Sichtung. 1973 sah Price laut Puthoff den Yom Kippur-Krieg voraus und nannte gleichzeitig das Datum, an dem einige Wochen später der Waffenstillstand vereinbart wurde.

Ein anderes Mal betrat Price das SRI-Büro und verkündete, es gäbe in Nixons Büro ein Gerät, das dem Präsidenten noch schwer zu schaffen machen würde. Puthoff fragte sich, was er damit nun wieder meinte – hatten die Russen irgendetwas in Nixons Büro eingeschmuggelt? Vielleicht ein grausiges Nervengas oder ein gehirnzerfetzendes Mikrowellengerät? Puthoff leite die Information jedenfalls pflichtbewußt an Ken Kress vom CIA weiter. Ob Kress das Weiße Haus darüber informierte, erfuhr Puthoff nie. Als aber einige Wochen später im Rahmen der Watergate-Affäre publik wurde, daß die Gespräche in Nixons »Oval Office« heimlich mit einem Tonbandgerät aufgezeichnet worden waren, dämmerte Puthoff langsam, daß Price sich möglicherweise darauf bezogen hatte.

Price wußte eigentlich nicht, wie seine Begabung funktionierte – er nutzte sie einfach. Dagegen war Swann sehr an der wissenschaftlichen Funktionsweise von RV interessiert und zeigte eine ausgeprägte Neigung, die verschiedenen Aspekte und Methoden von PSI mit Begriffen zu belegen. Neben »Scanate« schuf er auch »Scanex«, was für »extensives Scannen« steht. Damit bezeichnete Swann die in schlafähnlichen Bewußtseinszuständen vorgenommene RV, wie sie Price in seinen nächtlichen PSI-Ausflügen praktizierte. Im Scanex-Modus konnte der Seher eine offene Suche nach irgendetwas Interessantem durchführen, wie es Price oft genug tat. Swann nutzte diese Methode, um ein Target aufzuspüren, das sich an einem unbekannten Ort befand – beispielsweise eine verdeckt transportierte Nuklearwaffe oder eine vermißte Person.

Obwohl Swann viel zur Erklärung der Funktionsweise des RV beitrug, war Price schlicht und ergreifend der bessere Seher. Er war keineswegs perfekt und hatte durchaus einmal einen schlechten Tag. Aber Hal Puthoff, Richard Kennett, Ken Kress und all die anderen, mit denen er zusammenarbeitete, waren der Meinung, daß seine Daten korrekter, konsistenter und vor allem im Hinblick auf technische Zielobjekte detaillierter waren. Grob gesagt: Er empfing wesentlich mehr Daten. Was ihn jedoch besonders vielversprechend erscheinen ließ, war seine Fähigkeit, nicht nur Sinneseindrücke zu vermitteln, sondern auch alphanumerische Informationen wie Worte und Zahlen. Im Gegensatz dazu gelang es Swann nur zwei- oder dreimal in seinem Leben, alphanumerische Daten beizusteuern, wobei er sie nicht verbal übermittelte, sondern unbewußt skizzierte, ohne zu begreifen, daß es sich um Buchstaben oder Zahlen handelte. Wie Puthoff und Targ war auch Swann der Meinung, daß ein Remote Viewer sogar bei dem unbewußten Versuch, eine Zahl oder ein Wort zu erkennen, eine Art Kurzschluß erlitt, der ihn aus den tieferen Regionen seines Bewußtseins herausriß, die für die PSI-Wahrnehmung verantwortlich sind. Statt dessen wurde die linke Hemisphäre des Hirnes aktiviert, die den größten Teil der Funktionen beherbergt, die für das logische Denken und das Sprachverständnis notwendig sind.

Pat Price hielt dies für eine durchaus plausible Theorie, was ihn jedoch nicht davon abhielt, sie parktisch zu widerlegen. Wenn er ein Target im Griff hatte, konnte er häufig Zahlen oder Worte von Blättern ablesen und manchmal sogar die Namenschilder auf Uniformen, wie etwa im Fall der NSA-Basis in West Virginia. Es war nicht leicht, und er machte auch Fehler, aber oft klappte es dennoch. Wenn es um die Beurteilung der reinen Schamanen-Kraft ging, spielte Price in einer eigenen Liga.

Es gab noch einen Unterschied zwischen Swann und ihm, der vielleicht durch seine Glanzleistungen im RV-Raum verstärkt wurde. Swann schien sensibler zu sein und zeigte eine gewisse Neigung zur Pedanterie. Eigentlich war er ein liebenswert witziger Kerl, eine Bereicherung für jede Party. Aber wehe, wenn man ihm nicht den nötigen Respekt zollte, wenn ein falsches Wort fiel, wenn ihm ein Hindernis in den Weg gelegt wurde – in solchen Augenblicken schlug seine Laune sofort ins Gegenteil um. Er lebte immer etwas außerhalb der Realität und kannte keine Geduld, wenn er sich nicht verstanden fühlte. Für die anderen war er wie eine Bombe, mit deren Explosion man jeden Augenblick rechnen muß.

Dagegen war Price ein richtiger Sonnenschein. Er bekrittelte nicht den Hergang der Experimente und regte sich auch nicht ständig auf, daß die Geheimhaltung in manchen Fällen eine Bewertung der eigenen Leistungen unmöglich machte. Er ignorierte Unannehmlichkeiten, die andere Medien in helle Wut versetzt hätten, und im Gegensatz zu Swann drohte er nicht einmal damit, das SRI zu verlassen. Wegen seiner freudigen Bereitwilligkeit war er jedem sympathisch, der mit ihm zu tun hatte. Puthoff, Targ und die Eingeweihten von der CIA betrachteten ihn deshalb als ideales Versuchssubjekt für das Projekt.

Price war wirklich jedem sympathisch, nur nicht Ingo Swann, der ihn als »Manipulator« bezeichnete und bei den seltenen Gelegenheiten, bei denen sie sich trafen, ziemlich unterkühlt behandelte. Während der erste Achtmonatsvertrag des SRI auslief, hielt sich Swann nur selten in Menlo Park auf, da er seine paranormalen Fähigkeiten andernorts einsetzte. So versuchte er, mit Ölfirmen ins Geschäft zu kommen und nahm außerdem an einem halben Dutzend PSI-Projekten in New York und anderswo teil.

Swann muß sich der bitteren Ironie des Ganzen wohl bewußt gewesen sein. Schließlich war er es gewesen, der das SRI-Projekt kurz vor seinem Ende auf spektakuläre Weise zum Erfolg geführt hatte. Er hatte ein PSI-Phänomen entdeckt, das zuverlässig genug war, um im Laborversuch zu bestehen und möglicherweise eines Tages auch bei echten Einsätzen Verwendung zu finden. Und trotzdem war er für den Fortgang der Experimente überflüssig, jetzt wo Pat Price und nicht er sich zum Favoriten des SRI und seiner Sponsoren in Washington entwickelt hatte.

Als Swanns Vertrag mit dem SRI Mitte August 1973 auslief, überreichte man ihm eine kleine Plakette als Andenken an seine Beitrag zu den Forschungen. Während Puthoff ihn zum Flughafen fuhr, hielt er eine salbungsvolle Rede über die Errungenschaften der Vergangenheit und das, was sie in der Zukunft erreichen würden, sobald erst einmal das zu erwartende Geld eintraf.

In diesem Moment schwor sich Swann verärgert, niemals zum SRI zurückzukehren.

9. Der Trickster

Im Charakter des Schamanen und des Medizinmannes steckt etwas von einem Trickster …

C.G. Jung, Vier Archetypen, 1959

Ich bin lieber ein Mysterium als sonst irgendetwas.

Uri Geller, in einem Interview

Uri Geller sitzt am Steuer eines Wagens und fährt durch eine Siedlung in der Nähe von Menlo Park. Er trägt eine Augenbinde. Neben ihm sitzt der Apollo 14-Astronaut Ed Mitchell, der vor knapp zwei Jahren über den Mond wandelte. Es ist kein Traum. Es ist die Realität, und Hal Puthoff sitzt ein wenig verkrampft im Fond des Wagens, da er mit einem Unfall rechnet. Währenddessen lenkt Geller den Wagen und beschreibt die Umgebung, damit jedermann weiß, daß er trotz der Augenbinde alles im Griff hat.

Der Wagen, der uns eben entgegenkam, ist rot!

Okay, Uri …

Stoppschild!

Uri, das reicht wirklich …

Da steht ein wirklich schönes Haus.

Wir sind restlos überzeugt, Uri …

Wieder ein Auto – ein großes, weißes.

Okay, gut gemacht, Uri. Aber jetzt…

Puthoff denkt, daß Uri sich eine verdammt komische Methode ausgesucht hat, um das SRI zu einer wissenschaftlichen Untersuchung seiner Kräfte zu bewegen – ausgerechnet die alte Nummer vom Autofahren mit Augenbinde, die jeder zweitklassige Bühnenmagier drauf hat.

Uri Geller besuchte das SRI zum ersten Mal im Herbst 1972, als bereits abzusehen war, daß er es bald zu internationaler Berühmtheit bringen würde. Puthoff und Targ wollten ihn testen. Als Zaungäste richteten auch Ken Kress, Richard Kennett und andere von der CIA ihr Augenmerk auf dieses Vorhaben, da sie sich für die Fähigkeiten des umstrittenen israelischen Wunderknaben interessierten.

Im ersten Jahr ihrer Vollzeit-PSI-Forschung am SRI unternahmen Puthoff und Targ einige Klimmzüge, um Geller immer dann ins Labor zu locken, wenn Price und Swann nicht zugegen waren. Damit wollten sie Rivalitäten von vornherein ausschließen, was aber letztlich nicht gelang – ganz besonders im Hinblick auf Swann.

Der erste Besuch Gellers wurde über Andrija Puharich vermittelt, einen Neurologen und Erfinder, der sich für das Paranormale begeisterte. Er warnte Puthoff und Targ, daß es nicht einfach wäre, den jungen Israeli zu testen. Uri schien ziemlich beunruhigt darüber zu sein, daß man ihn in ein Labor stecken wollte, da er sich dort eingeengt fühlte. Laut Puharich glaubte Geller, eine Art Prophet des Raumfahrtzeitalters zu sein – angeblich hatte er seine Fähigkeiten von einem großen Computer namens »Spectra« erhalten, der in Form einer fliegenden Untertasse um die Welt schwirrte. Spectra wurde demnach von einem außerirdischen Bürokraten namens »Hoova« gelenkt, der so etwas wie ein ätherischer Gouverneur der Erde war[19]. Sei's drum, sagten sich Puthoff und Targ.

Also kam Geller ans SRI und fuhr dort mit einer Augenbinde herum. Er verbog oder zerbrach Löffel, Ringe und andere Gegenstände aus Metall. Offenbar konnte er auch aus der Ferne das Gewicht eines ein Gramm schweren Objektes reduzieren, das auf einer elektronischen Feinwaage lag. Außerdem beschrieb er einfache Zeichnungen, die in einem Aktenkoffer verborgen waren und brachte irgendwie die elektronischen Innereien des Plotters durcheinander, der an das SRI-Magnetometer angeschlossen war. Schließlich verschob er aus einigen Metern Abstand das Bild auf einem Videomonitor.

Was alles recht überzeugend klingt, wäre da nicht Gellers hyperaktive, chaotische Art gewesen, die bei Targ und Puthoff den Eindruck erweckte, daß sie die Forscher ablenken sollten, um ihnen simple Taschenspielertricks als paranormale Wunder zu verkaufen. Der junge Israeli wirkte wie ein Bühnenmagier, und ein ziemlich guter dazu – obwohl manche Tricks, wie das Autofahren mit einer Augenbinde, einfach zu durchsichtig erschienen. Puthoff und Targ vermuteten, daß Geller in diesem Fall einfach an seiner Nase vorbei durch den Spalt geschielt hatte, den eine Augenbinde zwangsläufig freiläßt.

Geller wurde während der Wintersonnenwende des Jahres 1946 in Tel Aviv als Sohn ungarischer Einwanderer geboren. Irgendwann in seinem vierten Lebensjahr begegnete er beim Spielen im Garten seines Elternhauses einer seltsamen Lichterscheinung – dem allgegenwärtigen Johanna-Symbol. Danach manifestierten sich seine paranormalen Fähigkeiten. Im Gegensatz zu Swann und Price traten bei ihm jedoch keine außerkörperliche Erfahrungen oder Vorahnungen auf – stattdessen konnte er nun angeblich die Gedanken anderer Menschen lesen, versteckte Gegenstände und Zeichnungen hellseherisch wahrnehmen und kleine Metallobjekte verbiegen.

Als Geller zehn Jahre alt war, ließen sich seinen Eltern scheiden, und er zog mit seiner Mutter nach Zypern. Mit siebzehn kehrte er jedoch nach Israel zurück und trat in die Armee ein. Er wurde zum Fallschirmspringer ausgebildet und 1967 während des Sechstagekrieges verwundet.

Nach seiner Genesung ließ er sein gutes Aussehen für sich arbeiten, indem er als Fotomodell in Anzeigen für Rasierschaum und andere Produkte warb. Ein Freund namens Shipi Strang ermutigte ihn zu seinem ersten öffentlichen Auftritt als Gedankenleser und Metallbieger, der 1969 in einer Schulaula in Tel Aviv stattfand. Viele weitere Auftritte folgten, und durch Vermittlung einer Freundin aus der Werbebranche präsentierte er seine Kunststücke schließlich auf privaten Partys in ganz Israel. Bald bewegte er sich zunehmend in besseren Kreisen und trat eines Tages sogar vor der Premierministerin Golda Meir auf. Als Frau Meir kurz darauf nach dem zukünftigen Schicksal Israels gefragt wurde, meinte sie nur »Ich weiß es nicht – fragen Sie Uri Geller«. Von bescheidener Bekanntheit brachte er es auf diese Weise schnell zu landesweiter Prominenz.

Doch Mitte der 70er Jahre wurden in Israel die Rufe der Skeptiker laut. Einige untermalten ihre Argumente mit Taschenspielereien, die dasselbe bewirkten, was Geller angeblich auf paranormalem Wege zustandebrachte. Andere redeten gleich von Betrug, was aber nichts daran änderte, daß Gellers Popularität bereits jede Infragestellung seiner Fähigkeiten im Sande verlaufen ließ.

Geller behauptete, eines Tages von General Moshe Dayan, dem Helden des Sechstagekrieges, in ein Steakhaus eingeladen worden zu sein. Dayan wollte sich selbst davon überzeugen, ob Geller über echte paranormale Kräfte verfügte. So verbog Geller einen Schlüssel und führte erfolgreich einige Beispiel außersinnlicher Wahrnehmung vor, bei denen Dayan sogar selbst als Empfänger telepathischer Botschaften teilnahm. Schließlich lud Dayan Geller in sein Haus ein und forderte ihn auf, ein Foto zu finden, das er irgendwo in seinem Arbeitszimmer vesteckt hatte. Geller deutete auf eines der Bücher in einem Regal und meinte, das Foto zeige die Flagge Israels. Dayan lachte und schlug die Seite 201 des Buches auf, die ein Foto des Hauptkontrollturms am Flughafen Lod von Tel Aviv zeigte, auf dessen Spitze die israelische Flagge wehte.

»Sie haben es bewiesen, Uri«, sagte Dayan. »Mehr muß ich nicht sehen. Es ist nicht nötig, daß Sie etwas für mich verbiegen. Also, was kann ich für Sie hier in Israel tun?«

Geller erzählt weiter, daß er mit einem Geheimdienstchef namens Aharon Yariv[20], sowie einigen Beamten des Mossad (das israelische Äquivalent der CIA) und des Shin Bet (entspricht etwa dem FBI) bekannt gemacht wurde. Man führte Tests mit ihm durch und rekrutierte ihn als Agent. So wurde er zu einer modernen Variante des Propheten Elia, dessen Erlebnisse im Alten Testament präsentiert werden:

Und der König von Aram[21] führte Krieg gegen Israel; und er beriet sich mit seinen Knechten und sagte: An dem und dem Ort soll mein Lager sein.

Da sandte der Mann Gottes zum König von Israel und ließ [Elia] sagen: Hüte dich, an diesem Ort vorbeizuziehen! Denn dort kommen die Aramäer herab.

Und der König von Israel sandte hin an den Ort, den der Mann Gottes ihm gesagt und [vor dem] er ihn gewarnt hatte, und war dort auf der Hut. [Das geschah] nicht [nur] einmal und nicht [nur] zweimal.

Da wurde das Herz des Königs von Aram über diese Sache [sehr] beunruhigt, und er rief seine Knechte und sagte zu ihnen: Könnt ihr mir nicht mitteilen, wer von den Unseren zum König von Israel [hält]?

Da sagte einer von seinen Knechten: Nein, mein Herr [und] König, aber der Prophet Elia, der in Israel ist, teilt dem König von Israel die Worte mit, die du in deinem Schlafzimmer redest.

Manche Dinge ändern sich eben nie. Zu Gellers angeblichen Missionen gehörten hellseherische Spionageversuche mit diversen Targets in Syrien und anderen Ländern im Mittleren Osten, sowie die paranormale Beeinflussung diverser arabischer Machthaber. Doch zum Leidwesen der israelischen Regierung entschloß er sich bald, den Glanz einer Bühnenkarriere dem verhohlenen Ruhm der Spionage vorzuziehen – das behauptet Geller jedenfalls. 1972 lud Puharich Geller dann in die USA ein – die Reisekosten wurden aus Stiftungsgeldern des Institute of Noetic Science finanziert, das der ehemalige Astronaut und PSI-Fan Edgar Mitchell leitet.

Schnell verbreitete sich das Gerücht, daß die Sowjets ebenfalls an Gellers Talenten interessiert seien und ihn sogar auf Schritt und Tritt in den USA verfolgten. Ob an diesem Gerücht nun etwas dran war oder nicht, die CIA-Chefs zeigten jedenfalls wirklich Interesse an ihm. Sie machten Puthoff klar, daß sie wissen wollten, ob Geller wirklich paranormal begabt sei, und sie wollten zudem wissen, wie der Stellenwert seiner Fähigkeiten für zukünftige Auftraggeber einzuschätzen war. Sollte sich herausstellen, daß Geller ein Betrüger war, wollten sie zumindest wissen, wie er es anstellte.

Darüber kursierten ebenfalls die wildesten Gerüchte – es wurde gemunkelt, daß Geller eine Art »Sechs Millionen Dollar-Mann« sei, der über implantierte Elektromagneten Uhren anhalten, die Bildlage auf TV-Monitoren verschieben, Kompaßnadeln bewegen, Magnetometer beeinflussen und dergleichen mehr bewirken konnte. Vielleicht hatte man ihm auch einen Radioempfänger in sein Innenohr oder seine Zähne implantiert, über den er mit irgendwelchen Helfern in Verbindung stand? Oder war er nur die

Spielfigur einer Desinformationskampagne des Mossad, die den Arabern vorgaukeln sollte, daß die Israelis über einen paranormalen Supermann verfügten? Denkbar war schließlich auch, daß die israelischen Geheimdienste über ihn das SRI infiltrieren wollten, um Informationen über das geheimste US-Projekt im Bereich der PSI-Forschung zu erhalten[22].

Die Vorgänge wurden noch komplexer, als das SRI eines Tages im Sommer 1973 Besuch von einigen israelischen Regierungsbeamten erhielt. Puthoff hatte den Verdacht, daß sie dem Militärgeheimdienst angehörten. Wer immer sie auch waren, sie deuteten geheimnistuerisch an, daß Geller sich auf erstaunliche Weise bei einigen Spionageaktionen gegen Targets im Mittleren Osten bewährt habe. Dann verkündeten sie, daß sie wissen wollten, ob Gellers Erfolg wirklich auf paranormalen Fähigkeiten beruhe, die einem Laborversuch standhalten würden. Vielleicht könne Puthoff als anerkannter Wissenschaftler durch kontrollierte Experimente nachweisen, was sich dahinter verbarg? Doch die Fragen der Geheimdienstler bewirkten lediglich, daß Puthoff und seine Kollegen noch paranoider wurden.

Geller suchte das SRI einige Male auf, um seine Fähigkeiten testen zu lassen. Manchmal sah es unzweifelhaft danach aus, als verfüge er über paranormale Begabungen, während er sich in anderen Tests lediglich als mehr oder weniger geschickter Taschenspielern entpuppte.

Eine Sitzung gegen Ende August 1973 ist typisch für den Verlauf dieser Experimente. Geller wurde mit einem Stift und einem Stoß Papier in einen elektromagnetisch abgeschirmten Raum eingeschlossen. Er sollte bestimmte Gegenstände zeichnen, die Puthoff auswählen würde. Dazu nahm Puthoff ein Wörterbuch zur Hand, das er an irgendeiner wahllos herausgegriffenen Seite aufschlug, um das erste Wort auszuwählen, das man zeichnerisch umsetzen konnte.

Im ersten Durchlauf wählte Puthoff das Wort *Fuse* (Zündschnur, auch Sicherung) und ließ einen zeichnerisch begabten Helfer einen Sylvesterböller mit einer Zündschnur skizzieren. Schließlich hängte Puthoff die fertige Skizze an die Verbindungswand zu dem abgeschirmten Raum, in dem Geller saß, der nun über die Gegensprechanlage gesagt bekam, daß er anfangen könne.

Nach wenigen Sekunden sagte Geller: »Ich sehe einen Zylinder, aus dem Krach kommt.« Soweit es jedoch seine Skizzen betraf, war er weitaus erfolgloser – eine zeigte eine Giraffe, eine andere eine Trommel, dann wieder einen Menschen mit langem Hals, aus dessen Ohr etwas fadenähnliches herauszuwachsen schien.

Der nächste Versuch hätte aber kaum besser verlaufen können. Der Zeichner skizzierte Weinbeeren – 24 Stück, um es genau zu nehmen. Im abgeschirmten Raum meinte Geller darauf: »Wassertropfen kommen aus dem Bild« und »purpurfarbene Kreise«. Dann fertigte er eine Zeichnung von exakt 24 Weinbeeren an, eine für die Belange des Experimentes vollendete Kopie der Originalzeichnung.

Ähnlich verliefen auch einige andere Experimente. Manchmal testete man Gellers hellseherische Fähigkeiten, indem das Bild lediglich auf dem Bidlschirm eines abseits stehenden Computers präsentiert, auf einer Computerdiskette abgespeichert oder in einem versiegelten Raum hinterlegt wurde. Bei manchen Tests ging es dagegen um Telepathie, wobei das Bild durch Puthoff oder den SRI-Abteilungsleiter Bart Cox übermittelt wurde. Nicht alle Targets wurden von Geller perfekt beschrieben, aber er hatte so oft Erfolg, daß Puthoff und seine Mitarbeiter allmählich zu der Überzeugung gelangten, an seinen Fähigkeiten sei doch etwas dran. »Er war wunderbar, nicht einfach nur ganz gut«, sollte Ingo Swann später in einem eher untypischen Moment der Bescheidenheit über seinen Rivalen sagen.

Mit Gellers bekanntestem Talent, der Psychokinese, verhielt es sich etwas anders. Puthoff und Targ konnten viele der für dieses Medium so typischen Metallbiegereien und Beeinflussungen technischer Geräte durch Taschenspielertricks selbst bewirken. Zudem traten Gellers psychokinetische Kräfte nie unter Laborbedingungen zutage. Stundenlang stand er in einem Raum, aus allen Blickwinkeln von Videokameras überwacht, aber die wundersame Verbiegung von Löffeln und anderen Metallteilen gelang ihm nur, wenn er sich längere Zeit mit einem Gegenstand auseinandersetzen konnte oder die Kameras nicht aktiv waren, weil ein neues

Band eingelegt werden mußte. Sobald er nur von menschlichen Augen beobachtet wurde, blieb er auffälligerweise ständig in Bewegung und schwatzte, so daß seinem Publikum der Verdacht kam, er wolle es ablenken, um irgendwelche betrügerischen Manipulationen vorzunehmen. Außerhalb des Labors, beispielsweise in der SRI-Kantine, nutzte er oft kurze Momente der Unaufmerksamkeit, um seinen Begleitern plötzlich eine verknotete Gabel zu präsentieren, die eben noch schnurgerade neben seinem Teller gelegen hatte.

Später kursierte das Gerücht, man habe bei einer Gelegenheit auf Videoband aufgezeichnet, wie Geller einen Taschenspielertrick ausführte, um ein erfolgreiches Biegeexperiment vorzutäuschen. Swann behauptete, er selbst habe auf die Untersuchung des fraglichen Videobandes gedrängt. Puthoff und Targ streiten die Existenz des Bandes ab, doch ist klar, daß sie sehr wohl mit Betrugsmanövern gerechnet hatten. Ein oder zwei Mal sorgten sie dafür, daß der Bühnenmagier Milbourne Christopher bei den Experimenten zugegen war und so tat, als sei er ein harmloser Labortechniker, der mit den Kameras herumhantierte. Bei anderen Gelegenheiten untersuchten Puthoff und Targ das Labor nach versteckten Audio- und Videowanzen, nachdem Geller seine Tests absolviert hatte.

Aber sie wurden in keinem Fall fündig.

Die essentielle Frage lautete immer noch: War Geller ein Medium oder nicht? Bei einigen recht streng kontrollierten Versuchen hatte er immerhin Erstaunliches vollbracht. Wie konnte man diese Resultate mit seiner Neigung zur betrügerischen Taschenspielerei in Einklang bringen? War er wirklich ein begnadeter Schamane, oder doch nur ein geschickter Illusionist? War es überhaupt sinnvoll, zwischen beidem zu unterschieden? Schließlich gibt es in der Geschichte der Schamanen eine große Anzahl von Hinweisen auf Taschenspielereien, da das Psychogramm des unbelehrbaren, kindlichen »Tricksters« bei paranormal begabten Menschen besonders häufig vertreten zu sein scheint. So vermischen sich echte paranormale Talente mit simplen Tricks und Gerüchten.

»Der Kern der Mythologie des Schamanen«, schreibt Joseph

Campbell in seinem *Historical Atlas of World Mythology*, »besteht weder aus Wahrheit oder Lüge noch Güte oder Bösartigkeit, sondern konzentriert sich auf Machtkämpfe: Macht, die dadurch erlangt wird, daß man die Mauern von Raum und Zeit durchbricht, um Quellen anzuzapfen, die andere nicht nutzen können. Der Zweikampf der Schamanen stellt nur eine Manifestierung dieses Interesses dar. Eine weitere liegt darin, andere durch Taschenspielertricks und Illusionen zu beeindrucken und einzuschüchtern.«

Als Beispiel führt Campbell jenen Eskimo-Schamanen an, den der Anthropologe Knud Rasmussen in den 20er Jahren interviewt hat:

Najagneq hat oft mit betrügerischen Tricks den Aberglauben seiner Nachbarn ausgenutzt, um sich vor ihnen zu schützen. Er gibt freimütig zu, daß er es als eine Art Sport ansieht, andere hereinzulegen. Aber als Rasmussen ihn fragte, ob er wirklich an all die Mächte glaubte, die er anderen vorzutäuschen pflegte, meinte er nur: »Ja, es ist eine Macht namens Sila, die man nicht mit Worten erklären kann …«

Manchmal schien die Täuschung des Schamanen aber auch einem anderen Zweck zu dienen. So schreibt Campbell, daß die Effekte des Schamanen auf »Mystifizerung, Theaterspiel und Taschenspielertricks beruhen, aber auch einen Einfluß auf den Geist des Schamanen selbst ausüben, indem sie ihm helfen, sich in Ekstase zu versetzen.« Was letztlich bedeutet, daß der Schamane sich selbst durch seine betrügerischen Tricks in ein erweiteretes Bewußtseinsstadium hineinsteigert, als ob die rechte Hälfte seines Hirns nicht wüsste, was die linke tut.

Tatsächlich findet sich die »Trickster«-Mentalität nicht nur im Schamanismus, sondern praktisch in allen Bereichen paranormaler Aktivität, von den Mystikern bis zu den Geistmedien. Der Psychologe C.G. Jung erkannte diese Verbindung und hielt den »Trickster« deshalb für einen der vier wichtigsten Archetypen der menschlichen Psyche.

Ob Geller nun ein schamanenhafter Trickster war oder nicht, für einige blieb er jedenfalls ein Mysterium. Für die meisten Menschen war er jedoch entweder ein in jeder Hinsicht unzweifelhaftes Medium oder lediglich ein geschickter Selbstdarsteller. Puthoff und Targ waren da schon weitaus aufgeschlossener, gaben die Zusammenarbeit mit ihm jedoch letztlich auf, weil Geller einfach das Interesse vieler Skeptiker innerhalb und außerhalb des SRI weckte. Er schien den ganzen Ärger nicht wert zu sein.

Die Advanced Research Projects Agency (ARPA) des Pentagon kam etwa zu dem gleichen Schluß, nachdem sie Anfang 1973 ein dreiköpfiges Team nach Stanford entsandt hatte, das Geller auf den Zahn fühlen sollte. Doch mit dem Psychologen Robert Van de Castle von der University of Virginia zeigte sich zumindest ein Mitglied des ARPA-Teams von dem Medium einigermaßen beeindruckt und hätte gerne weitere Tests mit dem jungen Israeli durchgeführt.

Soweit es die CIA als Körperschaft betraf, gab es keinen eindeutigen Standpunkt. Dem SRI wurde nie Geld angeboten, um Geller genauer zu untersuchen. Trotzdem waren einige der CIA-Leute ziemlich beeindruckt und äußerten noch lange Zeit später Verwunderung über seine Fähigkeiten.

Bei einem von Gellers Besuchen am SRI rief Puthoff Richard Kennett im CIA-Hauptbüro an, um mit ihm ein kleines außerplanmäßiges Experiment zu vereinbaren. Dabei sollte Kennett ein Target auswählen, das Geller am SRI im Beisein von Puthoff beschreiben sollte. Gut, sagte Kennett und ging zu seinem Bücherregal, um *Gray's Anatomy* herauszuziehen und ein Schichtbild aufzuschlagen, das den Aufbau des menschlichen Gehirns darstellte. Er teilte Puthoff mit, daß er bereit war, und dieser informierte Geller. Das Medium begann, sich auf das Target zu konzentrieren und meinte, daß es Schwierigkeiten bereite. »Ich weiß nicht, was ich sagen soll ... es ist wie ein Klumpen Rührei ... oder wie ein Gehirn ... oder wie ein Bauplan.«

An einem heißen Samstagnachmittag im Spätsommer 1973 übertraf Geller sogar diese Glanzleistung. Diesmal hielt sich Kennett gerade in seinem Haus in Virginia auf und hinterlegte einige von ihm ausgewählte Zahlen in einem versiegelten Umschlag in seinem Arbeitszimmer. Dann nahm er den Telefonhörer in die Hand und konzentrierte sich. Geller war am anderen Ende der

Leitung, Puthoff stand neben ihm. Doch nach einem kurzen Augenblick rief Geller plötzlich: »Oh mein Gott, da ist was passiert! Rick, finde heraus, was passiert ist!«

Kennett fragte ihn, was das verdammt nochmal sollte, aber Geller bestand darauf, daß sich in seinem Haus gerade etwas sehr Dramatisches abspielen würde. »Rick, bitte glaub' mir!« sagte er. »Ich habe dieses schreckliche Gefühl ... Glassplitter und -fragmente die sich in meinen Körper bohren. Ich sehe dieses Bild, ein flacher, grüner See. Und in der Mitte sehe ich einen seltsamen Hund mit einem kantigen Gesicht. Er ist weiß, aber an seinem Hals und seinem Kiefer ist Blut.«

Kennett ging in sein Arbeitszimmer zurück und sah dort eine weiße Bulldogge stehen, die ein blutrotes Macramé-Halsband trug. Der Hund war offenbar gerade erst in das Zimmer gekommen und hatte dabei eine große Stehlampe umgeworfen, deren weißer Glasballon in tausend Stücke zersprungen war, die nun auf dem grünen Teppich lagen.

Einige Jahre nach Gellers Experimenten beim SRI, als er sich vorübergehend in Mexico niedergelassen hatte, wurde er vom CIA-Büro in Mexico City rekrutiert und erhielt im Gegenzug einige Privilegien bei der Abwicklung der von ihm für die Einreise in die USA benötigten Visa. Geller selbst meint, er habe in dieser Zeit versucht, Sowjetagenten und ihre Einsatzleiter auszuspionieren, um unter anderem ihre toten Briefkästen aufzuspüren. Durch private Verbindungen will er auch einen hochgestellten mexikanischen Beamten davon überzeugt haben, daß es an der Zeit wäre, die Präsenz von KGB-Agenten an der sowjetischen Botschaft von Mexico City einzudämmen.

Schließlich verließ Geller Mexico etwas überstürzt, weil ihm ein britisches Revolverblatt eine Affäre mit der Gattin des mexikanischen Präsidenten José Lopez-Portillo nachsagte. Geller behauptete dagegen, daß er und die First Lady lediglich freundschaftliche Gefühle füreinander empfunden hätten. Er ließ sich nun in New York nieder, wo er angeblich als Medium für das FBI tätig war. Daneben trieb er seine Bühnenkarriere voran und schloß einige ziemlich lukrative Verträge mit Öl- und Bergbaufirmen ab, für die er in

Südamerika und der Westpazifikregion auf paranormalem Wege nach Bodenschätzen suchte. In den 80er Jahren zog es ihn dann nach England, wo er seitdem ein riesiges Haus am Ufer der Themse bewohnt.

Wenn man Geller fragt, warum er nicht reich ist, wo er doch behauptet, paranormale Kräfte zu haben, antwortet er nur lachend: »Ich bin reich!«

10. Remote Viewing

10:00 – Außenkontaktperson setzt sich in Bewegung. Nimmt zehn Briefumschläge mit Zielangaben und einen Zufallsgenerator mit, tritt eine halbstündige Fahrt an.

10:10 – Im Labor: Experimentatoren fordern Subjekt auf, eine Beschreibung der Lokalitäten abzugeben, an denen sich der Außenkontakt zwischen 10:45 und 11:00 Uhr aufhalten wird.

10:25 – Subjekt hat Bericht vollständig abgegeben, womit der im Labor stattfindende Teil des Experimentes abgeschlossen ist.

10:30 – Außenkontakt läßt Zufallszahl vom Zufallsgenerator erzeugen und wählt den entsprechenden Umschlag aus, um sich zu dem darin beschriebenen Zielort zu begeben.

10:45 – Außenkontakt verbleibt für 15 Minuten am Zielort (10:45 bis 11:00 Uhr).

SRI-Protokoll eines Experimentes zum präkognitiven RV

Nachdem Uri Geller gegangen war, verblieb nur Pat Price, der zu allem bereite Kobold. In diesem Augenblick war er ohnehin alles, was das SRI wirklich brauchte. 23 Jahre später erzählten mir Hal Puthoff und einige ehemalige Geheimdienstleute, die die Tests am SRI damals beobachtetet hatten, daß sie angesichts von Prices Fähigkeiten wirklich sprachlos waren und nie einem anderen Medium begegnet seien, das besser war als er.

Später zeigte man mir ein Foto von Price, das man nach einem seiner vielen, großen Triumphe aufgenommen hatte. Es wurde offenbar auf einem kleinen Flugplatz geschossen, im Hintergrund sind die Küstenhügel des nördlichen Kalifornien zu sehen. Richard Kennett, Hal Puthoff und Pat Price stehen ganz in der Nähe der Kamera vor einem schnittigen Segelflugzeug.

An jenem Tag wollte Kennett Price auf ein bewegliches Target ansetzen. Also setzte er sich in das Segelflugzeug, während Price und Puthoff am Boden blieben. In Kennetts Bruststasche steckte das Zielobjekt, ein Zettel mit einer Folge von drei Zahlen. Das Segelflugzeug wurde hochgeschleppt, kurvte für eine Weile herum und landete schließlich. Kennett stieg aus und ging zu Price hinüber.

»Kein Problem«, sagte Price und zeigte Kennett einen Zettel, auf den er die drei Zahlen geschrieben hatte – sie waren nicht nur korrekt, sondern standen auch in der richtigen Reihenfolge auf Prices Zettel. Price gab allerdings zu, daß dieses Experiment für ihn reichlich unangenehm verlaufen war. Zwar konnte er die Zahlen klar und deutlich visualisieren, nahm jedoch »hinter« ihnen ein seltsames, schaukelndes Objekt wahr, das sein Gleichgewichtssystem aus dem Takt zu bringen drohte. Es ähnelte einem ägyptischen Ösenkreuz, dem sogenannten Ankh. Kennett lachte und griff in den Ausschnitt seines Hemdes, um eine silberne Halskette hervorzuholen, an der als Anhänger ein Ankh hing. Es bleibt zu vermuten, daß das Ankh durch die Bewegungen des Flugzeuges wirklich »hinter« dem in der Brusttasche aufbewahrten Zettel hin und her schaukelte.

Das Foto wurde direkt danach geschossen. Kennett steht links, Puthoff rechts. Beide grinsen in den Sonnenuntergang hinein, und zwischen ihnen steht, mit gekreuzten Armen, Pat Price, dessen feistes Grinsen an eine Katze erinnert, die gerade den Kanarienvogel gefressen hat.

Im Verlauf des nächsten Jahres pumpte die CIA rund 150000 Dollar in das RV-Projekt am SRI. Zudem wurden zwei kleinere Verträge mit der Navy und der NASA abgeschlossen, und es existierten auch noch einige Kapitalreserven aus den privaten Geldern, die für die Experimente mit Geller bereitgestellt worden waren.

Für die Maßstäbe Washingtons war ein über mehrere Jahre verteiltes Budget von einigen hunderttausend Dollar allenfalls Spielgeld. Aber für die PSI-Forschung am SRI reichte es aus. Trotzdem wurde Puthoff und Targ klargemacht, daß man größere Budgets erst bereitstellen würde, nachdem sie ihre Resulate in angesehenen Wissenschaftsmagazinen publiziert hatten. Einerseits würde dies dafür sorgen, daß die Geheimdienstchefs die Angelegenheit ernst nahmen. Zudem würde es Puthoffs und Targs Reputation in wissenschaftlichen Kreisen fördern, was zwingend notwendig war, um die wissenschaftlichen Beiräte der Regierung und die Stiftungskommittees zu überzeugen, die letztlich entscheiden, was Wissenschaft ist und was nicht.

Doch sollte es sich als nahezu unbezwingbare Aufgabe erweisen, die etablierte Wissenschaft für sich zu gewinnen. Puthoff und Targ schrieben, daß »die Untersuchung dieser Phänomene bis vor kurzem noch der Pseudowissenschaft vorbehalten war«, was allerdings eine Verdrehung der Tatsachen darstellt. Tatsächlich gehörte die PSI-Forschung früher zum Bereich der Wissenschaft, bis sie im späten 19. Jahrhundert zunehmend von der etablierten Forschung ausgegliedert wurde.

Die moderne PSI-Forschung entstammt demselben Umfeld, das auch die neuzeitliche psychiatrische Forschung hervorbrachte. Die Wurzeln liegen im späten 18. Jahrhundert und beginnen mit der Untersuchung der »mesmerischen Trance«, des »magnetischen Schlafes«, sowie dem »künstlichen Somnambulismus«, die heute unter dem Begriff »Hypnose« zusammengefaßt werden. Die damaligen Experimentatoren stellten bald fest, daß Menschen, die besonders empfänglich für hypnotische Suggestionen waren, häufig auch ausgezeichnete Begabungen im Bereich der »preternaturalistischen« Phänomene aufwiesen, darunter Hellseherei, Psychokinese und Geistheilung. Viele dieser »Somnambulen« und »Hellseher« wurden als Berühmtheiten gefeiert, wie es heute oft bei den bekanntesten der spiritistischen Medien der Fall ist. Ab den 40er Jahren des 19. Jahrhunderts war die Hypnose so verbreitet, daß sie sich zu einem populären Hobby entwickelt hatte. Britische Gentlemen pflegten gerne auf Dinnerpartys ihre Kammermädchen zu hypnotisieren, um mit deren hellseherischen Fähigkeiten zu prahlen.

Die Hypnosewelle ging bald in eine neue Verrücktheit über, die auf einer Form der Selbsthypnose beruht und traditionell theatralische Elemente aufweist – der sogenannten »Spiritismus« oder »Spiritualismus«. Mitte des 19. Jahrhunderts traten bereits Tausende von spiritistischen Medien in Euopa und Amerika auf. Diese Medien konnten angeblich die Stimmen der Geisterwelt heraufbeschwören, Stühle levitieren und in einem Trancezustand durch »automatisches Schreiben« endlose Traktakte zu Papier bringen, die die Lehren ihrer Jenseitskontakte enthielten. Insofern stellte diese Entwicklung einen Rückschritt zu den Traditionen der Schamanen oder den Anhängern der Besessenheitskulte dar, für die die Besessenheit durch einen Geist, typischerweise vor großem Publikum demonstriert, eine Form der sozialen und psychischen Weiterentwicklung darstellte.

Den meisten – wenn nicht sogar allen – PSI-Forschern des 19. Jahrhunderts war dieser historische Hintergrund nicht bekannt. Für sie war der Mediumismus lediglich ein neues und mysteriöses Phänomen, das es zu erforschen galt. Selbst jene, die nicht an das Paranormale glaubten, erhofften sich von der Untersuchung der Medien zumindest Aufschlüsse über die Wirkungsweise des Unbewußten. Deshalb standen die Medien nun im Brennpunkt der psychologischen und psychiatrischen Forschung[23] und bewirkten gleichzeitig die Entstehung zahlloser Organisationen, die sich der PSI-Forschung widmeten.

Die bekannteste PSI-Forschungsgruppe dieser Zeit war die Society for Psychical Research (SPR), die 1882 in London gegründet wurde. Zu den Mitgliedern der SPR gehörte der Psychologe Frederic Myers, der Philosoph Henry Sidgwick, der Physiologe Charles Richet, die Ärzte Sir William Crookes und Sir Oliver Lodge, der Poet William Butler Yeats und der Autor Arthur Conan Doyle. In der heutigen Zeit wäre es sicher schwer, eine so illustre Gesellschaft zu diesem Schritt zu bewegen.

Trotz des Prestiges ihrer Mitglieder und ihres manchmal an die Verbohrtheit grenzenden Forschungseifers war es der SPR und ähnlichen Organisationen in anderen Ländern nicht möglich, die PSI-Forschung in den Bereich dessen zu überführen, was nach westlicher Weltsicht zu den etablierten Wissenschaften gehört. Hauptsächlich lag dies wohl daran, daß diese Organisationen sich erst zusammenfanden, als sich das brodelnde Chaos der Wissenschaft des 19. Jahrunderts bereits wieder beruhigt hatte. Quasiphilosophische Theoreme, wie die des Elektromagnetismus und des Atoms, festigten sich zu anerkannten Naturgesetzen. Und die gängige Interpretation dieser Naturgesetze ließ keinen Raum für die Idee, daß der menschliche Geist Raum und Zeit ohne technische Hilfsmittel überwinden oder aus der Ferne Ereignisse wahrnehmen und die Materie beeinflussen kann. Es entwickelte sich zunehmend zu einem Trend unter den Wissenschaftlern, PSI als primitiv-volkstümliche Fantasie abzuwerten, die von der Modernität längst überholt worden war.

Als Reaktion auf das sich verschlechternde intellektuelle Klima reformierte sich die PSI-Forschung zu einer wesentlich akademischeren und weltlicheren Disziplin, um sich besser in den Wissenschaftsapparat einzugliedern. Der verstorbene J.B. Rhine gilt als Vorreiter dieser Transformation.

Rhine war ein eifriger junger Botaniker, Naturwissenschaftler und Universitätsangehöriger, als er 1922 eine Vorlesung miterlebte, in der Arthur Conan Doyle enthusiastisch über das Paranormale dozierte. Offenbar traf Doyle den Nerv des jungen Forschers, der nun zusammen mit seiner Frau Louisa – ebenfalls Botanikerin – auf ein neues Forschungsgebiet umschwenkte.

Die PSI-Forschung jener Tage beschäftigte sich nach wie vor hauptsächlich mit der Beobachtung von Geistmedien, deren theatralische Vorführungen sich im Dunkeln und damit unter Bedingungen abspielte, die sie selbst diktierten. Nun war es Rhine als Botaniker gewohnt, mit weitaus weniger widerspenstigen Versuchssubjekten zu arbeiten, eben den Blättern, Stengeln und Zellen von Pflanzen. Nachdem er in Boston einer von dem berühmten Medium Mina »Margery« Cranbdon abgehaltenen Séance beigewohnt hatte, platzte er fast vor Wut: Das Ganze erschien ihm wie eine groteske Farce, wie eine Veralberung der Wissenschaften[24].

Unter dem Banner der wissenschaftlichen Methodik führte Rhine nun die PSI-Forscher in das Gelobte Land der Universitätslaboratorien, der experimentellen Ernsthaftigkeit und statistischen Langeweile, wo die Subjekte gefälligst das zu tun hatten, was man von ihnen verlangte. Aus »Psychical Research« wurde »Parapsychology«, und im Jahr 1930 begündete Rhine an der Duke University das erste Labor für die neue Wissenschaft, in dem mediumistische Albereien strengstens untersagt waren. Stattdessen nahmen die Subjekte an endlosen Versuchsreihen teil, in denen Karten oder Würfelsummen erraten werden mußten, um durch ausreichende Mengen an statistischen Daten beweisen zu können, daß die Ergebnisse nicht im Bereich des Zufälligen lagen.

Rhine und andere Parapsychologen trugen jede Menge solchen Beweismaterials zusammen. Ihre Methoden wurden von den Statistikern gepriesen und erweckten das Interesse von Magazinen wie *Time*, *Reader's Digest* und *Scientific American*, was wiederum einige Verwirrung und Verwunderung innerhalb der Wissenschaftsgemeinde hervorrief. Mit den 60er Jahren und dem Beginn des Wassermannzeitalters sah es so aus, als ob die PSI-Forschung bald wieder in die orthodoxen Wissenschaften integriert sein würde. Jedermann schwafelte vom Wandel der Paradigmen und Meinungen, während sich das öffentliche Interesse am Paranormalen zu einem neuen Höhepunkt aufschaukelte. Jeder erwartete, daß sich die Wissenschaft dieser Bewegung bald anschließen würde. Nach einer flammenden Rede der Anthropologin Margaret Mead entschied eine Wahl unter den Mitgliedern der *Amercian Association for the Advancement of Science*, daß die Parapsychologie nun zu den anerkannten wissenschaftlichen Disziplinen gehörte.

Doch der erwartete Wandel des Paradigmas blieb aus. Die »Gesetze« der Natur, die hart genug von den Anomalien und Paradoxien solcher Seltsamkeiten wie Quantenphysik gebeutelt wurden, sollten nicht von einigen Dutzend schlecht budgetierten Kartenmischern und Würfelratern torpediert werden.

Stattdessen wurde ein inoffizielles System wissenschaftlicher Apartheid erschaffen: Parapsychologen durften sich zwar als Wissenschaftler bezeichnen, hatten sich aber ansonsten vom Wissenschaftsbetrieb fernzuhalten. Man igniorierte sie, sperrte sie in ein dogmatisches Ghetto ein, wo sie von den Trinkgeldern geneigter Privatleute leben und forschen mußten, um am Ende die Resultate ihrer Arbeit in obskuren und bedeutungslosen Magazinen publizieren zu dürfen.

Daß die Skeptiker damit durchkamen, lag in erster Linie daran, daß die Parapsychologen statt spektakulärer Beweise lediglich statistische Analysen präsentieren konnten, die marginal für die Existenz des Phänomens zu sprechen schienen, das jeweils untersucht wurde. So kam es zu einer deutlichen Diskrepanz zwischen den einschläfernden Versuchsreihen auf der einen Seite und dem gewaltigen, scheinbar grenzenlosen Potential des Paranormalen auf der anderen. Das Einsperren des Paranormalen in den Käfig des Labors hatte es letztendlich zu einer abstrakten Kuriosität reduziert. Wo, so fragten die Skeptiker zynisch, sind denn die auf PSI basierenden Maschinen und Technologien? Wo liegen die praktischen Applikationen? Wo liegt der praktische Nutzen von PSI?

Ironischerweise mußten sich Puthoff und Targ mit der frustrierenden Tatsache abfinden, daß ausgerechnet ihre Forschungsergebnisse der Geheimhaltung unterlagen. Ausgerechnet die mächtigste Waffe des PSI-Arsenals – das Auspionieren feindlicher Zielobjekte – konnte der Wissenschaft nicht als Beweis präsentiert werden.

Deshalb beschlossen Puthoff und Targ, nebenher offizielle PSI-Forschungen auf einem Gebiet zu betreiben, das sich nicht so offensichtlich für Spionagezwecke eignete wie Hellseherei und zudem nicht auf geographischen Koordinaten aufbaute. Puthoff und Targ hielten die Koordinatenmethode immer noch für wissenschaftlich und metaphysisch zweifelhaft, obwohl sie sich in der Praxis bewährt hatte.

Die neue Versuchsreihe arbeitet mit einem zusätzlichen Subjekt, dem sogenannten »Außenkontakt« (Outbound Experimenter), der den Zielort aufsuchen würde, während sich das eigentliche Medium im Labor des SRI aufhielt und versuchte, das Target zu visualisieren. Nach der Sitzung konnte das Medium den Zielort selbst aufsuchen und sich so ein Bild von der Richtigkeit seiner Visionen machen. So erhielt das Medium weitaus mehr Feedback als bei der Koordinatenmethode, wo sich die Bestätigung häufig nur in freundschaftlichem Schulterklopfen und aufmunterndem Grinsen manifestierte.

Der erste formelle Test der Außenkontakt-RV fand am Nachmittag des 4. Oktober 1973[25] statt und verlief so erfolgreich, wie Puthoff und Targ es sich nur wünschen konnten. Pat Price verblieb mit Russell Targ im Labor, während Puthoff mit dem SRI-Abteilungsleiter Earle Jones das Büro des SRI-Abteilungsleiters Bart Cox aufsuchte. Cox lag eine umfangreiche Liste möglicher Zielorte in der Bay Area von San Francisco vor, aus der er mit einer über seinen Taschenrechner ermittelten Zufallszahl eines auswählte. Dann überreichte er Puthoff eine Mappe mit der Beschreibung des Targets, um es zusammen mit Jones aufzusuchen. In diesem Fall handelte es sich um den Hoover Tower auf dem Gelände der Stanford University in der Nähe von Palo Alto.

Puthoff und Jones sahen sich zunächst um und suchten dann die Aussichtsplatform des Turmes auf. Sie bemühten sich, möglichst viel von diesem Ort in sich aufzunehmen, um dem Medium sozusagen als »PSI-Baken« zu dienen. Zu einer vorab vereinbarten Zeit versuchte Price vom SRI-Labor aus Puthoff und Jones aufzuspüren. »Ich sehe sie auf einer Klippe oder einem Überhang, sie schauen auf den Ozean. Ich schätze, daß sie sich in einer Höhe von etwa 120 Metern über dem Meeresspiegel aufhalten ... ich hatte ganz kurz den Eidnruck, mich in einem Raum mit spanischen Bodenkacheln und Säulenreihen aufzuhalten, knapp fünf Kilometer südlich von hier. Es könnte sich um eine Bücherei oder eine Art Museum, eine Ausstellung handeln. Ich habe mich gerade umgesehen ... die Gegend sieht aus wie die um den Hoover Tower ...«

Bald war Puthoff klar, daß Prices Resultate weitaus griffiger waren als das, womit es Parapsychologen üblicherweise zu tun haben. Offensichtlich stand ein Bruch mit der Vergangenheit ins Haus, und Puthoff beschloß, dies mit einer neuen Terminologie zu untermauern. Puthoff meinte, daß die althergebrachten Begriffe wie Hellseherei oder ESP zu sehr an hysterische Medien, Handleser und letztlich auch an die angestaubten Kartentests der Duke Univeristy erinnerten. Statt dessen wollte er etwas Neuartiges schaffen, das sich nahtlos in die Terminologie der modernen Naturwissenschaften eingliedert. In den folgenden Jahren entwickelten er und Targ eine Reihe von unhandlichen Formuliereungen wie »Informationsübertragung unter sensorischer Abschirmung«, »perzeptionelle Kanäle der Informationsübertragung über mehrere Kilometer Entfernung«; »perzeptionelle Augmentationstechniken«, »Befähigung zu Wahrnehmung in der Ferne« oder »Empfindung entfernt stattfindender Vorgänge« umschreiben lassen. Schließlich kam Puthoff auf »Fernwahrnehmung« – *Remote Viewing*. Und dieser Begriff fraß sich in ihrem Bewußtsein fest.

Puthoff und Targ erfanden auch eine Reihe spezifischer Abwandlungen, um einzelne RV-Techniken voneinander abzugrenzen. Die Außenkontakt-Methode wurde »Outbound RV« (ORV) genannt, Ingo Swanns Koordinatenmethode dagegen »Coordinate RV« (CRV). Dagegen bezeichneten sie die mit tieferen Trancezuständen einhergehenden Methoden, wie sie bei der RV-Einheit von Fort Meade favorisiert wurden, als »Extended RV« (ERV).

Im Oktober 1973 führten Puthoff und Targ mit Price insgesamt neun ORV-Experimente auf verschiedene Targets durch. Anschließend suchte ein neutraler Juror, der an den Experimenten nicht teilgenommen hatte, die Zielorte mit Prices Bescheibungen auf und versuchte, sie dem jeweiligen Objekt zuzuordnen, was in sieben von neun Fällen gelang. Puthoff und Targ gingen davon aus, daß es nach dem Wahrscheinlichkeitsprinzip allenfalls eine Übereinstimmung geben sollte und die Chancen bei etwa eins zu 35 000 dagegen standen, daß sieben von neun Zielorten korrekt zugeordnet wurden.

Manchmal änderten die Forscher auch die Versuchsbedingungen. So sperrten sie Price manchmal in einen Faradayschen Käfig, um die Hypothese zu überprüfen, daß PSI auf der Basis von Funkwellen funktioniert. Einige Male saß Price bei seinen geistigen Spaziergängen auch auf einer Bank in einem stark frequentierten Park, aber die meisten Versuche wurden in einem ganz normalen Laborraum durchgeführt. Zusätzlich versuchte man es mit sich bewegenden Targets, wie etwa bei dem Experiment mit dem Segelflugzeug. Doch dadurch änderte sich nichts – Price hakte ein Target nach dem anderen korrekt ab.

Schließlich testeten Puthoff und Targ Price auch auf Psychokinese, wobei er recht gute Resultate erzielte. So konnte er anscheinend ein Uhrenpendel aus Messing beeinflussen und erzielte kleinere Abweichungen bei dem Versuch, die Ausgangswerte des kleinen Magnetometers zu ändern, an dem Swann so kläglich gescheitert war. Ein spektakuläres Resultat erzielte er auch unter Mitarbeit des Forschers Karlis Osis von der American Society for Psychical Research in New York. Die dort in einem versiegelten Raum aufgebaute Versuchsanordnung bestand aus einem kleinen Kasten aus Kupferblech, der eine Feder enthielt, deren Bewegungen durch eine Infrarotlichtschranke registriert wurden. Als sich Price auf der anderen Seite des Kontinents darauf konzentrierte, schlug der Infrarotsensor sofort Alarm.

Doch die meisten seiner Versuche beschäftigten sich mit RV, wobei es zu einigen ziemlich bizarren Ereignissen kam. Einmal saß Targ mit dem SRI-Offiziellen Hugh Crane und Price im Faradayschen Käfig, wo sie auf den Beginn der vierten Sitzung von Prices gefeierter Neunerreihe warteten. Als Außenkontakt-Personen wirkten Puthoff und der Abteilungsleiter Bart Cox mit, der dem ganzen immer noch ziemlich skeptisch gegenüberstand und sich deshalb entschloß, den Versuch abzuändern, um die Möglichkeit einer Absprache zwischen den Forschern und Price auszuschließen. Statt also das ausgewählte Target aufzusuchen, fuhr er einfach durch die Gegend und bog nach einer improvisierten Pseudo-Zufallsmethode von der Straße ab, die sich am Verhalten der anderen Verkehrsteilnehmer orientierte. Zum vereinbarten Zeitpunkt hielt er einfach irgendwo an.

Puthoff und Cox hatten das Labor um drei Uhr verlassen. Um zehn nach drei schaltete Targ im RV-Raum das Bandgerät ein, um das Sitzungsprotokoll wie üblich mit der Aufzeichnung des Datums, der Uhrzeit und der Namen der an dem Experiment Beteiligten zu beginnen. Schließlich sprach er die vereinbarte Zeit auf Band, an der die Außenkontakt-Personen den Zielort mit Sicherheit erreicht hatten – halb vier.

»Solange müssen wir gar nicht warten«, erklärte Price, als Targ den Rekorder abschaltete. »Ich kann dir jetzt gleich sagen, wo sie sind.« Targ schaltete den Rekorder wieder ein.

»Ich sehe ein kleines Schiff, oder vielleicht auch einen Kahn, das in einer Bucht an einem Dock verankert ist«, fuhr Price fort und deutete auf eine Wand des abgeschirmten Raumes. »Ungefähr dort. Ja, ich sehe kleine Schiffe, einige davon Motorboote, einige Segelschiffe mit heraufgerollten Segeln, einige mit heruntergelassenen Masten, andere mit aufgestelltem Mast. Ein Bootssteg oder ein Dock ...«

Puthoff und Cox waren tatsächlich im Bootshafen Redwood City Marina gelandet, der genau dort lag, wo Price hingezeigt hatte. Seltsam erschien nur, daß Puthoff und Cox erst fünf Minuten nach dem Zeitpunkt dort eintrafen, an dem Price den Bootshafen bereits beschrieben hatte. Offenbar hatte Prices Vorstellungskraft nicht nur den Raum, sondern auch die Zeit überwunden. Puthoff und Targ waren ziemlich verblüfft. Später sollte sich jedoch herausstellen, daß dieser Versuch im Vergleich zu einigen späteren recht zahm verlief, soweit es die Überwindung der Zeitbarriere mittels RV betrifft.

Das letzte Target in Prices Neunerreihe war ein Freibad im Rinconada Park in Palo Alto. Price beschrieb korrekt die Größe und Form von zwei der Schwimmbecken – eines war rechteckig, das andere kreisrund. Ebenso berichtete er von einem kleinen Betonschuppen, der in der Nähe stand. Puthoff und Targ waren jedoch weniger begeistert, als Price meinte, daß es sich um eine Kläranlage handeln würde und zudem zwei höher stehende Wassertanks beschrieb, die es dort gar nicht gab. Da seine Beschreibung ansonsten korrekt genug war, um von dem neutralen Juror richtig zugeordnet zu werden, vermuteten Puthoff und Targ, daß Price die Tanks einfach hinzufabuliert hatte.

Doch eines Tages, mehr als 21 Jahre später, las Targ zufälligerweise den Jahresreport 1995 der Stadt Palo Alto. In einem Bericht über die hundertjährige Geschichte der Stadt stand folgender Satz: »1913 wurde das örtliche Klärwerk an der Stelle erichtet, an der heute der Rinconada Park liegt.«

Auf einem daneben abgedruckten Foto war ein Turm zu sehen, auf dem zwei Wassertanks standen. Genau wie Price es beschrieben hatte …

Puthoff und Targ vermuteten bald, daß Pat Prices Begabung, so erstaunlich sie auch zu sein schien, in mehr oder weniger ausgeprägter Form bei jedem Menschen vorhanden ist. Die beiden Forscher meinten auch, daß sie selbst über bescheidene paranormale Talente verfügten – sie hatten beide spontane außersinnliche Wahrnehmungen erfahren, präkognitive Träume gehabt etc. Im Verlauf der nächsten zehn Jahre würden sie hunderten von augenscheinlich normalen Menschen begegnen, die ebenfalls über ausgeprägte paranormale Fähigkeiten verfügten.

Um die Jahreswende 1973/74 konzentrierten sich ihre Versuche auf vier dieser »Normalbürger«, von denen drei zum Mitarbeiterstab des SRI gehörten: Die Labortechnikerin Phyllis Cole, der Mathematiker Marshall Pease und der Futurologe Duane Elgin. Elgin konnte sich bei den Versuchen so gut bewähren, daß er später auch an anderen PSI-Experimenten teilnahm. Insgesamt brachte er 7000 Stunden mit Targs PSI-Lehrmaschine zu und versuchte sich auch an Psychokinese.

Die vierte Versuchsperson war die Fotografin Hella Hammid, eine Bekannte der Targs. Die in Deutschland geborene Hella war in ihren Fünfzigern und hatte sich vor einiger Zeit von ihrem Ehemann und ihren Kindern getrennt. Eine temperamentvolle und künstlerisch veranlagte, bisexuelle[26] Frau, die jedoch, anders als Swann und Price, nicht auf paranormale Erfahrungen zurückblicken konnte. Sie stieß 1974 zu der Forschungsgruppe, und es sollte sich bald herausstellen, daß ihre Fähigkeiten wirklich über dem Durchschnitt lagen.

Puthoff und Targ führten mit ihr eine Neunerreihe von Tests durch, wie sie auch Price absolviert hatte. Der Juror konnte nur fünf ihrer Berichte den korrekten Targets zuordnen. Zusätzlich vergab der Juror jedoch eine Bewertung der Berichte auf einer Skala von eins bis neun. Hammids vier Fehlschläge erhielten allesamt die Note zwei – wobei gesagt werden muß, daß Prices Fehlschläge lediglich mit drei bis sechs bewertet wurden. Puthoff ermittelte, daß die Chance eins zu 500000 dagegen stand, daß die Übereinstimmungen bei Hammid auf einem Zufall beruhten. Ein Ergebnis, daß das von Price weit überragte[27].

Wenn man alle Aspekte betrachtet, insbesondere RV nach Koordinaten, war Hammid keineswegs so gut wie Price. Aber sie lag nahe dran und war in einigen Bereichen, wie etwa dem präkognitiven RV, durchaus in der Lage, mit ihm gleichzuziehen.

Eines Tages saß Hammid mit Targ im RV-Raum, während Puthoff gerade unterwegs war, um sich von Earl Jones eine Zielangabe zu besorgen. Aus irgendeinem Grund wollte Hammid die Sitzung möglichst schnell hinter sich bringen und erzählte Targ deshalb, sie wisse bereits, um welches Target es sich handeln würde. Also beschrieb sie es und verließ den Raum. Später stellte sich heraus, daß ihre Bescheibung nicht nur zutraf, sondern auch bereits abgegeben worden war, bevor der Zufallsgenerator das Target bestimmt hatte.

Nach einigen ähnlichen Vorfällen entwickelten die beiden Forscher ein neues Protokoll, bei dem Puthoff mit zehn möglichen

Zielvorschlägen losfahren würde, die in versiegelten Briefumschlägen steckten. Zur vereinbarten Zeit würde Hammid versuchen, das Target zu visualiseren, um anschließend das Labor zu verlassen. Puthoff würde dann an einem genau festgelegten späteren Zeitpunkt seinen Taschenrechner hervorholen und eine Zufallszahl zwischen Null und Neun generieren, um den entsprechenden Umschlag zu öffnen und das Target aufzusuchen. Dort hielte er sich dann für eine gewisse Zeit auf, bevor er den Rückweg antrat. Hammid führte insgesamt vier dieser Experimente durch. Die Juroren ordneten sie in allen Fällen eindeutig dem korrekten Zielobjekt zu.

In diesen frühen Tagen ihrer Forschungsarbeit probierten Puthoff und Targ so ziemlich alles aus, was ihnen in den Sinn kam. Die Idee, daß PSI-Signale oft zu schwach sind, um ins Bewußtsein des Mediums vorzudringen, brachte sie auf eine Testreihe, mit der sie die Eingebungen durch Elektro-Enzephalogramme (EEG) sichtbar machen wollten. Dabei wurde der »Sender« Stroboskoplampen ausgesetzt, die seinen Hirnwellen einen bestimmten Rhythmus aufzwingen sollten. Die »Empfängerin« saß in einem anderen, abgeschirmten Raum und war an ein EEG-Gerät angeschlossen, um etwaige Reaktionen auf den »Sender« aufzeichnen zu können. Im Prinzip handelte es sich also um eine moderne Version des Nautilus-Experimentes und man hoffte, bei der CIA und der Navy Interesse an der Entwicklung eines Langstrecken-Kommunikationssystems zu bewirken, das möglicherweise auch abgetauchte U-Boote erreichen konnte[28].

Der Versuch verlief jedoch nicht so erfolgreich, wie Puthoff und Targ es sich vorgestellt hatten, da von den sechs getesteten »Empfängern« lediglich Hammid auf die Signale des Senders zu reagieren schien. Zudem ähnelten die bei ihr aufgezeichneten Gehirnwellen keineswegs denen des Senders – es wurde lediglich eine leichte Unterdrückung der Alphawellen und eine Verstärkung der Betawellen protokolliert, was typischerweise als schwache und diffuse Reaktion auf einen Stimulus interpretiert wird. Offenbar empfing sie etwas, aber auf einer verborgenen Bewußtseinsebene, die sich nicht mit einem EEG erfassen läßt.

In einer der zahllosen Abwandlungen der RV-Experimente sollte Pat Price bei einer Reihe von versiegelten Briefumschlägen herausfinden, welche normale Bleistiftzeichnungen enthielten und in welchen sich Skizzen befanden, die mit einer von der CIA entwickelten unsichtbaren Spezialtinte angefertigt worden waren. Seine Resultate lagen nur wenig oberhalb der Zufallsgrenze[29].

Bei weiteren Tests sollten Price und die anderen Seher unter anderem Dateien auf Computerdisketten aufspüren oder sich in die Schaltung eines Mikrochips »hineindenken«, um den Zustand des dort eingebauten Zufallsgenerators zu ermitteln. Dann wurden sie wieder auf Gegenstände angesetzt, die in kleinen Kästchen, Fächern oder Filmdosen versteckt waren – soweit es die Filmdosen betraf, war Hammid der Crack.

Zu den erfolgreichen Experimenten gehörte auch eines, bei dem sich die Subjekte in einem abgetauchten U-Boot vor der californischen Westküste befanden und verschiedene Bezirke im Bereich San Francisco visualisieren sollten. Einmal wurden Price und Hammid sogar darauf angesetzt, Puthoff bei seinem Urlaub in Mittelamerika zu beobachten. Als die beiden während dieses Experimentes einmal nicht erschienen, beschloß Targ, es selbst zu versuchen. Es gelang ihm, seinen Kollegen auf dem Flughafen einer kleinen Insel aufzuspüren, die Puthoff im Rahmen einer spontan durchgeführten Rundreise besucht hatte.

Zu den technischen Zielobjekten gehörten unter anderem Fotokopierer und das Kraftwerk der örtlichen Kläranlage. Sie versuchten sich auch an assoziativem RV (ARV), bei dem Objekte oder Orte als Platzhalter für Buchstaben und Zahlen verwendet werden. Ebenso wurden Psychokinese-Tests durchgeführt, bei denen die Seher Magnetometer oder Pendel beeinflussen sollten. Außerdem führte Targ mit mehr als hundert Schulkindern Tests an seiner PSI-Lehrmaschine durch.

Im November 1974 gelangte ein Teil ihrer Findungen an die Öffentlichkeit, als ihr erster Forschungsbericht in *Nature* abgedruckt wurde, was zu einer großen Kontroverse führte. Der Bericht beschrieb die Experimente mit Geller, Hammid, Price und den anderen. Etwa eineinhalb Jahre später veröffentlichten sie einen noch längeren Artikel im Hausblatt der Electrical Engineering Society, dem *Proceedings of the* IEEE. Der Chefredakteur dieses Blattes war seinerzeit ein gewisser Robert Lucky, der als Wissenschaftler für Bell Labs arbeitete. Ursprünglich wollte er den Artikel ablehnen, zeigte sich aber beeindruckt, als sich Puthoff und Targ in seinem Beisein vor einem Ausschuß von Skeptikern behaupten konnten. Später führte er einige inoffizielle Eigenexperimente durch und kam zu dem Schluß, daß RV vermutlich wirklich existierte. Später zitierte ihn ein Jornalist: »Diese PSI-Sache ist auch nicht seltsamer als einige der physikalischen Hintergründe der Lasertechnik.«

11. Kein Weg führt zurück

Wir versuchten, ihn zu finden. Wir suchten den ganzen Flur ab, aber keiner von uns traute sich, am Hotelempfang nachzufragen: »Hey, haben Sie vielleicht diesen einarmigen Typ im grauen Anzug gesehen, der sich benimmt, als ob er von einem anderen Planeten kommt?

Zitat einer Person, die anonym bleiben will

Während Targ und Puthoff ihre Experimente vorantrieben, führten sie an den Sehern gleichzeitig unter Anleitung der Palo Alto Medical Clinic eine ganze Reihe medizinischer und psychologischer Tests durch. Die Tests sollten offenlegen, ob es bei paranormal begabten Personen irgendwelche neurophysiologischen oder charakterlichen Gemeinsamkeiten gab – sozusagen Fehler in der Hard- oder Software des Gehirns. Der Umfang dieser Tests war schier unglaublich und erinnerte an das Programm, mit dem man die ersten US-Astronauten selektierte – auch dort hatte man ja nicht gewußt, welche Anforderungen an die Kandidaten zu stellen waren. Am SRI hoffte man, daß potentiell vorhandene Gemeinsamkeiten Rückschlüsse darüber eröffnen würden, wie PSI funktioniert, um auf dieser Basis Methoden zu entwickeln, die bessere bzw. konsistentere Leistungen garantierten. Außerdem würde man so eine Möglichkeit in die Hand bekommen, geeignete Kandidaten schneller von unbegabten unterscheiden zu können.

Die Tests umfaßten die Erstellung eines medizinischen Lebenslaufes, acht Bluttests, EEGs im Wach- und Schlafzustand, Hör- und Sehtests, eine elektromagnetische Schichtanalyse des Gehirns, einen Krafttest der Hände mit einem Dynamometer, sowie eine Reihe komplexer psychologischer Testprogramme: Groovescher Steckbrett-Test, Test der verbalen Konzept-Erfassung, Halstead-Wepman Aphasie-Screening-Test, Gestalt-Visual-Motor-Test nach Bender, Erinnerungstest nach Buschke, Knoxscher Würfeltest, Test des Tastsinns, Intelligenztest nach Wechsler, Minnesota-Multiphasisches-Persönlichkeitsinventar, Persönlichkeits-Präferenz-Test nach Edwards, Tests der thematischen Apperzeption – und schließlich auch der gute, alte Tintenklecks-Test nach Rorschach.

Trotz all dieser umfangreichen Testreihen konnte nichts isoliert werden, was als gesichertes Merkmal der mediumistischen Persönlichkeit angesehen werden kann[30]. Und doch gab es hier und dort kleine Gemeinsamkeiten. So schienen die meisten paranormal Begabten eher intuitiv denkende, liberale, empfindsame und hochintelligente Menschen zu sein. Ihr Zugang zu erweiterten Bewußtseinsstadien stattete sie zudem mit einigen Eigenschaften aus, die man auch bei Menschen kennt die unter dissoziativen Störungen leiden. Außerdem wies das EEG sehr talentierter Medien häufig ausgeprägte Unterschiede in den Wellenmustern der linken und rechten Hirnhälfte auf, was eigentlich für Menschen typisch ist, die einen leichten Schlaganfall erlitten haben oder hyperaktiv sind. Dieses Phänomen wurde auch bei Menschen mit einseitigen Begabungen festgestellt, etwa solchen, die die Zahl Pi im Kopf auf zehntausend Stellen genau berechnen, augenblicklich sagen können, auf welchen Wochentag beispielsweise der 29. November 2042 fällt, oder ein Klavierkonzert fehlerfrei spielen können, nachdem sie es einmal gehört haben.

Seltsam war auch, daß die SRI-Medien trotz ihrer Fähigkeiten recht normal wirkten. Sicher litten einige unter dissoziativen Störungen, wiesen einen hohen IQ auf und fanden sich nicht unbedingt so gut in der Welt zurecht wie die meisten Normalbürger[31]. Trotzdem handelte es sich im großen und ganzen um geistig gesunde Menschen, in vieler Hinsicht gesünder als der Durchschnittsmensch. In seiner Untersuchung über Naturreligionen erklärt Joseph Campbell, daß Schamanen in der Tat viele der Eigenschaften auf sich vereinen, die man von Neurotikern und Schizophrenen kennt. Campbell erörtert jedoch: »Wenn die schamanische Krise auf umsichtige Weise durchlebt wird, führt sie zur Entwicklung außergewöhnlicher Intelligenz und großer Sensibilisierung, aber auch zu einem großen körperlichen Durchstehvermögen und jener geistigen Vitalität, wie sie für diese Art von Menschen typisch ist.« Offenbar bewegten sich auch die SRI-Medien wie die Schamanen auf dem schmalen Grat zwischen langweiliger Normalheit und dem Chaos der Geisteskrankheit.

Das SRI hat die Beziehung zwischen PSI und Geisteskrankheit nie eingehender erforscht. Trotzdem wurden sie damit konfrontiert, weil eines ihrer Medien Patient der geschlossenen psychiatrischen Abteilung des Stanford Medical Centers war. Man hatte ihn dort eingeliefert nachdem er behauptete, daß seine Frau und deren Liebhaber es auf ihn abgesehen hatten. Er konnte ihre Stimmen hören, konnte aus der Ferne wahrnehmen, wie sie Pläne gegen ihn schmiedeten ...

Kurz gesagt, er wies alle klassischen Symptome der paranoiden Schizophrenie auf. Da er jedoch behauptete, die Gedanken andere Menschen lesen und ferne Orte visualisieren zu können, fragte einer der ihn behandelnden Psychiater Puthoff, ob er an diesem Fall interessiert sei. Puthoff war skeptisch und schlug vor, der Psychiater solle erst einmal selbst mit dem Mann experimentieren, indem er einige Spielkarten in einen Umschlag steckte und den Patienten raten ließ, welche es waren.

Der Psychiater ging darauf ein und berichtete bald, daß der Patient offenbar keine Schwierigkeiten hatte, die richtigen Karten zu nennen. Was allerdings nur galt, wenn er seine Medikamente nicht eingenommen hatte. Nahm er dagegen das Antipsychotikum Thorazin, verschwanden mit den Psychosen auch seine paranormalen Fähigkeiten. Puthoff war nun doch interessiert und war bald davon überzeugt, daß der Mann in der Tat sehr begabt war, was allerdings mit der nüchternen Feststellung einherging, er sei »verrückter als ein Mondkalb«, so daß es unmöglich war, mit ihm zu arbeiten. Später erfuhr Puthoff, daß die Stimmen im Kopf des Mannes vollkommen recht gehabt hatten: Die Polizei fand heraus, daß seine Frau und deren Liebhaber wirklich geplant hatten, ihn zu töten.

Solche Fälle legen den Verdacht nahe, daß psychische Störungen tatsächlich den Teil des Hirnes aktivieren können, der für PSI verantwortlich ist. Viel besorgniserregender war jedoch, daß es somit denkbar erschien, daß PSI-Experimente psychische Störungen herbeiführen können.

Im Juni 1973 hatten Puthoff und Swann auf Einladung des Tschechischen Forschers Zdeněk Rejdak eine Veranstaltung in Prag besucht, die großspurig als »Erste Internationale Konferenz für Psychotronische Forschung« bezeichnet wurde. »Psychotronik« war ein Begriff aus dem pseudo-technischen Slang Osteuropas, den man letztlich mit PSI gleichsetzen kann. Jedenfalls wurden die beiden Amerikaner von den osteuropäischen PSI-Forschern gemobbt, die sie mit der Frage bedrängten, wie es das SRI schaffte, seine Medien vor geistigen Störungen zu schützen? Daraus schloß Swann, daß einige der sowjetischen Medien wohl ernsthafte psychische Syndrome erlitten hatten.

Beim SRI war bislang niemand dem Wahnsinn anheim gefallen, obwohl PSI durchaus bei jenen Medien zu charakterlichen Veränderungen geführt hatte, die sich vor ihrer Teilnahme an den Experimenten nicht mit derartigen Dingen befaßt hatten. Ein gutes Beispiel war der Futurologe Duane Elgin, der auf eine ziemlich steile Karriere am SRI zurückblicken konnte. Er galt als kreativ, aber ausgeglichen, verdiente recht gut und hatte bei seinen Vorgesetzten und Klienten einen sehr guten Ruf. Es wird erzählt, daß ein auf Statistik spezialisierter Kollege eines Tages mit ihm Münzenwerfen spielte, wobei Elgin 33 Mal direkt hintereinander das Resultat korrekt voraussagte. Puthoff hörte davon und führte daraufhin mit Elgin Versuchsreihen zur Außenkontakt-RV durch. Elgin versuchte sich auch an Psychokinese und behauptete später, er habe ein Pendel in wilde Schwingungen versetzt, als niemand außer ihm im Labor weilte.

Elgins plötzliches Interesse an PSI beeinflußte bald seinen Lebenswandel. Bald verteilte er am SRI einen ziemlich seltsamen Artikel, in dem er behauptete, daß die etablierte Wissenschaft PSI endlich ernst nehmen solle, da es sonst eines Tages zu einem »Bürgerkrieg« zwischen Medien und Nicht-Medien kommen würde.

Schließlich kündigte Elgin seinen Job am SRI und folgte den Lehren eines tibetanischen Gurus nach, der in San Francisco lebte. Trotzdem hatte er seine Sinne offenbar noch beeinander und wurde später ein erfolgreicher Autor. Was indes nichts daran änderte, daß einige seiner Kollegen am SRI über seinen Sinneswandel recht beunruhigt waren. Puthoff fragte sich, ob er durch seine Experimente mit Elgin indirekt diese Veränderungen herbeigeführt hatte, kam aber letztendlich zu dem Schluß, daß die Test wohl nur etwas zutage geführt hatten, was in Elgin bereits latent vorhanden gewesen war.

Elgin selbst war der Auffassung, daß die PSI-Erfahrungen am SRI eine tiefgehende Transformation in ihm bewirkt hatten. 1975 erklärte er einem Journalisten des Magazins *New York*: »Wenn man erst einmal entdeckt, daß der Raum keine Bedeutung hat oder daß man durch die Zeit reisen kann, wenn man es nur will, so daß Zeit ebenfalls keine Bedeutung mehr hat, und daß man durch sein Bewußtsein Materie bewegen kann, so daß Materie keine Bedeutung mehr hat – tja, dann gibt es kein Zurück mehr.«

Es gibt kein Zurück mehr. Man kann die Zahnpasta nicht wieder in die Tube quetschen. Trotzdem verlief Elgins Transformation relativ harmlos, wenn man sie mit dem vergleicht, was einigen Angestellten des Lawrence Livermore Laboratory widerfuhr.

Dieses Labor war neben Los Alamos die zweite Institution, an der der Großteil der amerikanischen Entwicklungen auf dem Gebiet der Nukleartechnik durchgeführt wurde. Das eineinhalb Quadratkilometer umfassende Laborgelände lag auf einem alten Marineflughafen in der Nähe der kalifornischen Stadt Livermore, einige Dutzend Kilometer hinter der San Francisco Bay. In diesem Labor arbeiteten mehrere tausend Menschen, deren Aufgaben unter eine der höchsten US-Sicherheitseinstufungen fielen.

1974 hörte man auch in Livermore von der am SRI betriebenen PSI-Forschung. Gleichzeitig machte Uri Geller Schlagzeilen, der neben seinen Versuchen am SRI auch in allen möglichen Bühnen- und Talk-Shows auf dem ganzen Kontinent Löffel verbog, Uhren anhielt und den Leuten die Kinnlade auf den Schoß fallen ließ.

In Livermore dachte man nun, daß Gellers Kräfte, falls sie wirklich paranormaler Natur waren, ein potentielles Sicherheitsrisiko darstellen würden. Wenn Geller Uhren anhalten oder TV-Bilder stören konnte, dann war es ihm doch vielleicht auch möglich, den Computer einer Interkontinentalrakete zu sabotieren? Oder vielleicht auch den Zünder eines Atomsprengkopfes, wer weiß? Da sich sonst niemand für die Sicherheitsaspekte des Paranormalen interessierte, beschloß man in Livermore, sich damit selbst zu befassen.

Die beteiligte Gruppe umfaßte ein halbes Dutzend Menschen, darunter auch den Sicherheitsoffizier Ron Robertson und den

Physiker Peter Crane. Um die Jahreswende 1974/75 führten sie mit Geller außerhalb der normalen Arbeitsstunden eine Reihe von Versuchen durch. Einige davon waren informell, andere erfüllten strengste Laborbedingungen.

Da Geller eine ziemlich umstrittene Persönlichkeit war, sah man davon ab, die Versuche auf dem Gelände in Livermore durchzuführen. Stattdessen nutzte man die Räumlichkeiten einer nahegelegenen Einrichtung mit niedriger Sicherheitseinstufung, die bis vor einigen Jahren der Universität von Livermore gehört hatte und von der Duke University genutzt wurden. Das Labor befand sich in einem Komplex von im Zweiten Weltkrieg errichteten Holzbaracken, und die Experimente mit Geller fanden nach Feierabend oder an den Wochenenden statt, wenn sich sonst niemand hier aufhielt.

In erst Linie ging es um Gellers psychokinetische Fähigkeiten. So ließ man ihn beispielsweise Metallgegenstände verbiegen und zeichnete das Experiment mit Videokameras von der Seite, von oben und sogar von unten auf. Einige der Gegenstände wurden mit sogenannten »Microspheres« beschichtet, die jeden Versuch enthüllen würden, sie heimlich auf normale Weise zu verbiegen. Die Gruppe fand schließlich genau wie die SRI-Forscher heraus, daß Gellers Biegekünste versagten, wenn er das Metall nicht berühren durfte.

In einigen etwas subtiler angelegten Versuchsreihen zur Psychokinese sollte Geller hochempfindliche Laserlichtschranken ablenken. Es gelang ihm nicht. Und als man ihn schließlich aufforderte, den Magnetstreifen einer Programmierkarte zu löschen, so blieb er erfolglos, solange sich die Karte in einem Schutzbehälter befand und konnte sie nur löschen, wenn er mit seinen Fingern über die Karte reiben durfte. So kam das Livermore-Team zu der Ansicht, daß Gellers psychokinetische Kräfte, insofern überhaupt vorhanden, nicht über größere Entferungen hinweg funktionierten. Wie es aussah, war Amerikas Nuklearwaffenarsenal nicht gefährdet.

Andererseits vollbrachte Geller außerhalb des Labors doch einiges, was einem einen Schauer über den Rücken jagen konnte. So meinte er bei einem Telefonat mit Ron Robertson unvermittelt: »Ron, ich sehe, daß du es mit jemandem zu tun bekommst, der einen weißen Hund hat. Du bist sehr besorgt um den Gesundheitszustand eines älteren Mannes. Zwischen zwei Frauen, die du kennst, wird es Probleme geben.« Danach sprach Geller mit normaler Stimme weiter.

Vier oder fünf Tage später, an einem Samstagmorgen, beschlossen Robertson und seine Frau spontan, einen alten Freund in Pacific Grove in der Nähe von Monterey zu besuchen. Als sie ankamen entdecken sie, daß sich der Freund gerade einen weißen Schäferhund zugelegt hatte. Wenige Minuten später erzählte der Freund, daß ein Theaterdirektor, für den Robertson vor Jahren einmal als Beleuchter gearbeitet hatte, ernsthaft erkrankt sei und bald sterben würde. Nun fragte sich Robertson doch etwas besorgt, ob die dritte Prophezeiung auch in Erfüllung gehen würde – bald darauf gab es einen lautstarken Streit zwischen seiner Frau und der ihres Gastgebers.

Einmal führte Geller in Livermore einen Metallbiege-Versuch durch, der auf Tonband, Video und auch mit Fotoapparaten dokumentiert wurde, von denen einer mit Infrarotfilm bestückt war.

Bei der Entwicklung dieses Films stellten die Forscher etwas sehr Seltsames fest: Auf einigen Bildern waren zwei diffuse Flecken am oberen Ende einer Wand des Labors zu sehen. Es sah aus, als habe jemand ganz kurz zwei starke Wärmequellen eingeschaltet, entweder innerhalb des Labors oder auch auf der anderen Seite der Wand. Die Flecken wuchsen über einige aufeinanderfolgende Bilder an und verschwanden dann wieder allmählich.

Die Forscher waren verblüfft, aber bald wurde es noch unheimlicher: Als sie das Tonband analysierten, bemerkten sie eine metallische Stimme, die während des Experimentes nicht zu hören gewesen war. Was sie sagte, war unverständlich – es handelte sich um sinnlose Ketten von Wörtern.

Wernn man Geller Glauben schenken darf, war ihm Ähnliches bereits zuvor widerfahren. So berichtete er, daß bei einigen seiner Hypnosesitzungen, die sein Freund Andreij Pharich mit ihm durchführte[32], ebenfalls auf den Tonbandaufzeichnungen seltsame Stimmen auftauchten. Auch habe sich bei einem Treffen mit dem Mossad ein Rekorder scheinbar von selbst in den Wiedergabemodus geschaltet.

So sahen sich Peter Crane und seine Forschungsgruppe bald mit einer ganzen Reihe unerklärlicher Vorgänge konfrontiert, bis einige von ihnen schließlich das Gefühl hatten, sie würden zunehmend von einem »Geist« geplagt, der in ihnen Halluzination bewirken konnte. Dessen Aktivitäten beschränkten sich keineswegs auf das Labor – das Phänomen trat auch gelegentlich auf, wenn einer der Mitarbeiter mit seiner Familie zuhause im Wohnzimmer saß: Plötzlich erschien mitten im Raum das Bild einer fast schon lächerlich stereotypen fliegenden Untertasse. Sie hatte einen Durchmesser von etwa 20 Zentimetern und war monochrom grau, wodurch sie wie ein Hologramm wirkte. Vielleicht gab es eine direkte Verbindung zu Geller, da dieser ja behauptete, mit einer riesigen, computerisierten fliegenden Untertasse namens Spectra zu kommunizieren.

Neben der fliegenden Untertasse tauchten auch Visionen von Tieren auf, die scheinbar direkt aus der Tradition der Schamenen entsprungen waren, etwa große, rabenartige Vögel, die von mehreren Mitgliedern der Gruppe im Hof des Labors beobachtet wurden. Dazu gehörten auch Mike Russo und seine Frau, die total verängstigt war, als sie bemerkten, daß einer dieser Vögel am Fußende ihres Bettes saß und sie anstarrte.

Einige Wochen später waren Russo und einigen der anderen ernsthaft besorgt, daß sie allmählich ihren Verstand verlieren würden. Peter Crane entschied deshalb, Richard Kennett um Hilfe zu bitten.

Kennett hatte das Team bereits in seiner Eigenschaft als CIA-Analytiker zu den Ergebnissen der Tests mit Geller befragt, ihnen aber so gut wie nichts von den anderen Versuchen auf diesem Gebiet erzählt, die die CIA seinerzeit unternahm. Crane wußte jedoch, daß Kennett der einzige war, der ihnen helfen konnte, zumal er mit seiner Erfahrung im Bereich des Paranormalen, seinen medizinischen Kenntnissen und seiner hohen Sicherheitseinstufung eine ungewöhnliche Reihe von Qualifikationen auf sich vereinte.

Als Kennett eines Samstagmorgens in der San Francisco Bay zu tun hatte, nutzte er diese Gelegenheit, um sich mit Crane in einer Cafeteria in Livermore zu treffen. Crane wies ihn ein, und bald darauf traf Kennett auch mit Russo und den anderen zusammen. Schwitzend, zitternd und in manchen Fällen sogar weinend beschrieben sie ihm, was ihnen widerfahren war. Sie fühlten sich, als ob ihre ganze Welt auseinanderfallen würde, als ob nichts mehr so sei, wie es vorher war.

Kennett wußte genau, daß die herkömmliche Psychologie die Berichte als traditionelle Symptome einer dissoziativen, halluzinatorischen oder sonstigen Störung bewerten würde. Selbst wenn zwei oder drei der Zeugen dasselbe gesehen hatten, würde man es einfach als Gruppenhalluzination oder Suggestion eines dominanten Mitglieds der Gruppe abwerten.

Zwar schloß Kennett eine solche Erklärung keineswegs aus, war aber doch ziemlich überzeugt, daß die wirklichen Hintergründe weitaus weniger konventionell und pragmatisch waren. Zum einen hatten sich Crane, Russo und die anderen in der Vergangenheit nicht eingehender mit dem Paranormalen befaßt. Und soweit Kennett es wußte, war die emotionale Situation direkt vor dem Auftreten der Visionen keineswegs von Stress oder anderen Faktoren geprägt gewesen, die eine Halluzination verursachen können. Außerdem handelte es sich um Menschen mit Sicherheitseinstufungen, die erst nach dem Bestehen zahlloser psychologischer Tests erteilt werden, bei denen etwaige Störungen sicher festgestellt worden wären.

Darüber hinaus gab es ja auch noch die Tonbandaufnahme der seltsam metallischen Stimme. Kennett bemerkte, daß einige der wenigen verständlichen Worte offenbar den Codenamen eines streng geheimen Regierungsprojektes darstellten, das erstens nichts mit PSI zu tun hatte und von dem das Livermore-Team außerdem eigentlich nichts wissen konnte. Es war, als ob jemand oder irgendetwas gewußt hatte, daß Kennett bald auftauchen würde, und deshalb etwas eingeplant hatte, daß ihm einen Schauer über den Rücken jagen sollte.

Kennett hielt sich an die Spielregeln der CIA und informierte seine Vorgesetzten über den Zwischenfall mit den Codewörtern, wobei er die etwas seltsamen Umstände keineswegs verschwieg, unter denen das Phänomen zutage getreten war. Der Bericht wurde ordnungsgemäß archiviert, und die zuständigen Mitarbeiter der

CIA fragten sich, ob Kennett diesem Thema nicht doch etwas zu nahe auf den Leib gerückt war.

***

Das Problem von Livermore löste sich in Wohlgefallen auf, nachdem Russo sich wegen eines Telefonanrufes der metallsichen Stimme beschwerte, die das Team aufforderte, die Experimente mit Geller einzustellen. Einen Monat, nachdem dies geschah, verschwand der Spuk von selbst.

Eine der letzten Erscheinungen wurde von dem Physiker Don Curtis und seiner Frau wahrgenommen, die zu diesem Zeitpunkt gerade in ihrem Wohnzimmer saßen und sich über irgendetwas unterhielten, das nichts mit Geller oder der PSI-Forschung zu tun hatte. Plötzlich tauchte mitten im Raum das holographische Abbild eines Armes auf.

Der Arm schien der eines Mannes zu sein, der einen grauen Anzug trug. Wo eigentlich die Schulter sein sollte, war nicht etwa eine blutige Wunde zu sehen – vielmehr schien sich die Vision an dieser Stelle einfach aufzulösen. Aber dort, wo man eigentlich die Hand erwartet hätte, saß ein Haken. Der Arm zuckte einige Sekunden lang vor den Augen des Ehepaares entlang, um anschließend zu verschwinden.

Als Curtis Kennett über diesen Vorfall informierte, brannte bei dem CIA-Mann aus irgendeinem Grund eine Sicherung durch. Er rief Hal Puthoff und Russell Targ an und verlangte, daß sie sich bei ihrem nächsten Besuch in Washington bei ihm melden sollten. Zwar schien er nicht unbedingt zu glauben, daß die SRI-Forscher die Livermore-Phänomene mittels Lasertechnik erzeugt hatten, hoffte aber, daß ihre Erfahrungen mit Geller und anderen Medien zur Lösung des Rätsels beitragen würden.

Nach wenigen Tagen traten Puthoff und Targ wieder einmal eine Reise nach Washington an, um weitere Forschungsgelder zu beschaffen. Kennett traf sich mit ihnen, kurz nachdem sie im Hotel eingecheckt hatten. Obwohl es bereits kurz vor Mitternacht war, erzählte er ihnen die ganze Geschichte einschließlich der Sichtung des körperlosen Armes.

»Und dieser gottverdammte Arm im grauen Anzug«, sagte Kenett schließlich, »rotierte durch den Raum und am Ende war ein Haken. Es war eine Prothese. Was meint ihr dazu?«

Genau in diesem Augenblick war ein lautes Geräusch zu hören, so als ob jemand versuchen würde, die Tür des Hotelzimmers mit der Schulter aufzubrechen. Sicher, Kennett war ein Witzbold. Sollte das Ganze ein Scherz sein? Puthoff und Targ bezweifelten das – das Geräusch war so laut, daß Targ es mit der Angst zu tun bekam und sich hinter dem Vorhang des Fensters versteckte, während Puthoff sich ins Badezimmer verzog. Doch Kennett ging zur Tür und riß sie auf.

Davor stand ein recht unscheinbar wirkender Mann mittleren Alters, der zurückhaltend und keineswegs bösartig wirkte. Er ging etwas steif an Kennett vorbei bis zur Mitte des Zimmers, wo er zwischen den beiden Betten stehenblieb. Dann drehte er sich um und sagte in einer seltsam gestelzt klingenden Stimme: *»Oh! Ich glaube ... ich muß ... mich ... im ... Zimmer geirrt ... haben.«*

Dann verließ er den Raum in seiner seltsam steifen, langsamen Art. Die drei bemerkten jedoch, daß einer der Ärmel seiner Jacke an den Stoff geheftet und leer war ...

12. *Ein Abend für acht Martinis*

Er war außergewöhnlich akkurat, unglaublich akkurat.
Ein ehemaliger CIA-Angestellter über Pat Price

Glücklicherweise schien Pat Price gegen solche Verrücktheiten vollkommen immun zu sein und verblüffte die SRI-Klienten allenfalls durch seine Trefferquote.

Eine von Prices spektakuläreren Missionen nahm ihren Anfang an einem Dienstagnachmittag, genauer gesagt dem 5. Februar 1974. Hal Puthoff saß gerade an seinem Schreibtisch, als sein Abteilungsleiter Earle Jones hereinkam und eine Notiz der Polizei von Berkeley überbrachte, die um paranormale Schützenhilfe bat.

Am Abend zuvor war die amerikanische Bevölkerung durch Radio und Fernsehen darüber informiert worden, daß jemand die Tochter des Zeitungsmagnaten Randolph Hearst entführt hatte. Niemand wußte, wer der oder die Täter waren. Nur hinsichtlich des Motivs herrschte Klarheit, da Hearst nun einmal ein steinreicher Mann war. Die Polizei von Berkeley hatte von den PSI-Experimenten am SRI gehört und hoffte, von den Sehern einige brauchbare Hinweise zu erhalten.

Am Nachmittag trafen sich Puthoff und Price mit der Polizei in Patty Hearsts Appartement. Price sammelte erste Eindrücke und überraschte die Anwesenden mit der Bemerkung, daß das Verbrechen vermutlich keinen finanziellen, sondern einen politischen Hintergrund hatte.

Schließlich suchte man die Polizeiwache auf, und Price sah sich dort zahllose unbeschriftete Verbrecherfotos von den üblichen Verdächtigen an. Schließlich wählte er drei aus. Einer davon war ein junger Mann, und Price meinte, daß ihm dazu der Name »Lobo« einfallen würde (spanisch für »Wolf«). Price erwähnte, dieser Lobo sei ein »Begnadeter«, ein Schamane, der über außergewöhnliche Geisteskräfte verfüge. Beispielsweise habe er sich kürzlich ohne Betäubung einige Zähne ziehen lassen und die Schmerzen durch Selbsthypnose unterdrückt.

Zwei Tage später erhielt die Polizei die erste einer Reihe von Botschaften der Kidnapper. Wie Price es vorausgesagt hatte, ging es ihnen nicht um Geld – stattdessen verlangten sie Nahrung für die Armen. Sie nannten sich Symbionese Liberation Army (symbionesische Befreiungsarmee, SLA). Schließlich konnten die Polizei und das FBI bestätigen, daß die drei von Price verdächtigten Männer tatsächlich dieser Gruppe angehörten. Der Mann, den Price »Lobo« genannt hatte, war ein Studienabbrecher der Berkeley-Universität namens William Wolfe, der neben anderen auch den Spitznamen »Willie the Wolf« trug. Und die Polizei konnte sogar die bizarre Zahnarztgeschichte verifizieren.

Das erschien recht ermutigend, also machte sich Price daran, etwas über Hearsts Aufenthaltsort in Erfahrung zu bringen. Dabei agierte Puthoff sozusagen als sein »Dr. Watson«, der ihn herumchauffierte und Notizen und Bandmitschnitte anfertigte, wann immer Price sich mit dem Fall beschäftigte. Zunächst versuchte Price, den Aufenthaltsort so genau zu beschreiben, daß die Polizei ihn eingrenzen konnte. Er nahm sehr deutlich wahr, daß sie sich in einem kleinen Zimmer im Haus eines der Entführer aufhielt – was, wie sich später herausstellte, tatsächlich zutraf. Doch war es ihm unmöglich, die Gegend außerhalb des Hauses zu visualisieren, um dort etwa Straßennamen oder andere Anhaltspunkte bestimmen zu können.

Nach einer Weile war Price ziemlich frustriert und versuchte Patty Hearst indirekt aufzuspüren, indem er ihren Aufenthaltsort triangulierte. Puthoff würde ihn zu diesem Zweck an irgendeinen Punkt in der Bay Area fahren, von wo aus Price dann versuchte, die Richtung zu bestimmen, aus der er Patty Hearst wahrnahm – so als ob er einen Kompaß im Kopf hatte, während Hearst den magnetischen Nordpol darstellte. Puthoff würde Prices Angaben dann in eine Karte eintragen, um anhand der Schnittlinien der RV-Sichtungen von verschiedenen Orten Hearsts Position zu ermitteln. Falls dies gelingen würde, wollten Puthoff und Price ihre Versuche in der Nähe des Schnittpunktes wiederholen, um seine Lage genauer anpeilen zu können, bis sie sie auf ein bestimmtes Haus eingegrenzt haben würden, das die Polizei dann stürmen konnte.

Soweit die Idee. Doch im April hatte es plötzlich den Anschein, als ob Hearst gar nicht mehr so klang wie ein bedrohtes Fräulein, sondern eher, als ob sie selbst ein durchgeknallter Terrorist sei. So erhielt die Polizei ein von der SLA aufgenommenes Tonband, auf dem das liebe Töchterlein sagte, daß sie lieber bei der Gruppe bleiben und »mit ihr kämpfen« wolle. Bald darauf wurde sie zusammen mit anderen Mitgliedern der SLA bei einem Banküberfall in San Francisco fotografiert. Trotzdem spürte Price ihr weiter nach und lieferte ständig neue Hinweise. Irgendwann im Mai teilte er Puthoff mit, daß er es noch einmal mit einem Scan der Bay Area versuchen wollte, da er überzeugt war, diesmal Erfolg zu haben. Doch direkt am nächsten Tag gelang es der Polizei, ein Kommando der SLA in einem Gebäude in Los Angeles einzukesseln. Bei der Aktion wurden mehrere Mitglieder der Gruppe getötet, darunter auch William Wolfe, der zwischenzeitlich mit Patty Hearst angebandelt hatte. Hearst selbst hielt sich zu diesem Zeitpunkt ebenfalls in LA auf, tauchte jedoch rechtzeitig unter und zog für die nächsten sechzehn Monate mit den verbleibenden Mitgliedern der SLA durchs Land. Sie wurde schließlich in einem Appartement im Mission District von San Francisco aufgegriffen, nachdem Price es schon lange aufgegeben hatte, ihr nachzuspüren.

In New York hatte Ingo Swann auf Anregung des Ex-Astronauten Edgar Mitchell eine Zeit lang versucht, Patty Hearst ausfindig zu machen. Im Endeffekt war er genauso glücklos wie Price, obwohl Swann später behauptete, er habe vorausgehnt, »daß es in Los Angeles richtig rund gehen wird«.

Swann versuchte sich für einige Zeit auch an der Aufklärung weniger spektakulärer Verbrechen, gab es jedoch bald auf, weil er bei den meisetn Fällen herausfand, daß der Vermißte tot war. Einerseits litt er selbst darunter, da sein Mitgefühl durch RV stark sensibilisiert wurde. Zudem empfand er es als äußerst unangenehm, die ohnehin hysterischen Hinterbliebenen aufzuklären, die dadurch nur vollends in Verwirrung darüber gerieten, ob sie dem grausigen Bericht des Mediums Glauben schenken sollten.

Swann nahm in dieser Zeit auch an einigen PSI-Experimenten teil, unter anderem bei der American Society for Psychical Research und dem Maimonides Dream Laboratory in New York.

Daneben arbeitete er für Ölgesellschaften, wobei er per Helicopter eine Fundstelle im Golf von Mexico ausmachte und in Kentucky, Tennesse und Arkansas mit einem Prospektorenteam die Gegend durchforstete, das von Bill Keeler finanziert wurde, dem Vorstandschef von Phillips Petroleum. Nichts davon war wirklich von Dauer, aber es brachte Swann immerhin genug Geld ein, um sich ein viergeschossiges Haus im Bowery-Bezirk von Lower Manhattan zuzulegen.

Swann versuchte sich auch im Wahrsagen und verkündete Ende 1973, ebenso wie im folgenden Jahr, daß die etablierte Wissenschaft das Übernatürliche schon bald als Tatsache akzeptieren würde. Noch vor den Raumsonden der USA und UDSSR suchte er Mars, Jupiter und Merkur auf, um festzustellen, wie weit er seine paranormalen Fühler ausstrecken konnte. Skepiker wie Carl Sagan interpretierten seine Berichte jedoch als Gemisch von vorhersehbaren, vagen und schlichtweg unzutreffenden Behauptungen – dazu seien nur die »Flechten« erwähnt, die Swann auf dem glutheißen Merkur entdeckt haben will[33].

Interessanter war da schon der Roman, den Swann in dieser Zeit verfaßte, ein halb philantropisches, halb misantropisches Märchen, das den Titel *Star Fire* trägt. Der Held ist ein junger, gutaussehender Rockstar mit außergewöhnlich entwickelten paranormalen Fähigkeiten. So kann er mittels RV das ganze Universum aufsuchen und dort auf psychokinetischem Wege Dinge beeinflussen, etwa Funktionsstörungen bei Computern hervorrufen. Zwischen den Supermächten herrscht ein geheimes Wettrüsten, bei dem hochentwickelte Waffen eingesetzt werden, wie beispielsweise Satelliten, die tödliche Mikrowellen abfeuern. Eine dieser Waffen ist in die Hände eines auf einer entlegenen Insel hausenden Schurken geraten, der an »Dr. No« erinnert. Der Rockstar erfährt davon durch RV und verschickt nun Drohbriefe an das Weiße Haus und den Kreml, um sie zur Abrüstung zu zwingen. Als man ihn jagt, bringt er seine Millionen an einen sicheren Ort und täuscht seinen Tod vor, während er in Wirklichkeit dank einer obskuren Technik im künstlichen Tiefschlaf überlebt. Dabei kann sein Geist ungehindert weiteragieren und die Supermächte an der Nase herumführen. Schließlich entführt der die Todessatelliten und richtet sie gegen die Länder, denen sie gehören. Auf Wiedersehen, Omaha. Auf Wiedersehen, Novosibirsk. Auf Wiedersehen, Dr. No.

Im Herbst 1974 kehrte Swann als Berater zum SRI zurück, nachdem Puthoff ihm mehr Geld und die Möglichkeit angeboten hatte, sein Koordinaten-System weiterzuentwickeln. Seine Ankunft fiel genau auf den Zeitpunkt, an dem Pat Price seinen Abschied nahm.

Price setzte sich nicht etwa wegen der am SRI üblichen Praktiken ab, sondern einfach aufgrund der Tatsache, daß er mittlerweile recht bekannt war und viele Menschen ihn nun als eine Art Goldesel betrachteten, anstatt in ihm eine wissenschaftliche Kuriosität zu sehen. Im Herbst begann er für eine Kohlebergbaufirma in Huntington, West Virginia, zu arbeiten. Der Präsident dieser Firma wollte sich eine Ruhepause gönnen und bot Price neben seinem Chefsessel und einem entsprechenden Salär auch einen Firmenanteil an. Neben seiner Funktion als Präsident sollte Price auch als paranormaler Spürhund lohnende Kohlevorkommen in den Hügeln West Virginias ausfindig machen. Er teilte Puthoff mit, daß er vielleicht ein Jahr oder so an der Westküste verweilen würde, um dann mit den erwarteten Millionen zum SRI zurückzukehren. Das Geld wollte er so anlegen, daß die Finanzierung der SRI-Forschungen auf Jahre hinaus gesichert wäre.

Was er gegenüber Puthoff nicht erwähnte, war sein Plan, direkt für die CIA zu arbeiten.

Zwischenzeitlich war auch Norman Everheart dem illustren Kreis jener Menschen beigetreten, die sich auf die eine oder andere Weise mit RV beschäftigten.

Mit nur 44 Jahren konnte Everheart auf eine fast 25jährige Laufbahn bei der CIA zurückblicken. Als 21jähriger Fernsehtechniker drohte ihm 1950 eine Einberufung zum Militär, worauf er es bevorzugte, sich von der Agency rekrutieren zu lassen. Zunächst hatte er in einer entlegenen Gegend von Griechenland einen illegalen Radiosender betrieben, der antikommunistische Propaganda verbreitete. Dabei war er ständig auf der Flucht und lebte in der freien Natur. Wegen seiner technischen Fähigkeiten wurde er schließlich zum Office of Communications versetzt und trat danach der Technical Services Division bei, die später in Office of Technical Services umbenannt wurde. Zuletzt war er Leiter der technischen Basis des OTS in Athen.

Nach seiner Rückkehr aus Athen traf sich Everheart mit einem der OTS-Chefs, dem bulligen CIA-Veteranen John McMahon. Der teilte ihm mit, daß er nun als Verbindungsoffizier zu einer lediglich unter der kryptischen Bezeichnung »Staff D«[34] bekannten Einheit versetzt werden würde, die sich mit geheimdienstlich relevanten Kleinsignal-Analysen beschäftigte und oft in enger Kooperation mit dem OTS zusammenarbeitete. Everheart sollte etwaige Kooperationsmöglichkeiten zwischen beiden Einheiten vermitteln.

Ende 1974 oder Anfang 1975 kam Everehart mit einem jungen, dunkelhaarigen OTS-Ingenieur in Berührung, der Ken Kress hieß. In gewissem Sinne war Kress der Ziehvater der amerikanischen RV-Projekte, da er dem SRI 1972 den ersten PSI-Forschungsauftrag verschafft hatte. Nun hatte der die Vermittlung von Pat Price übernommen.

Kress übereichte Everheart einen Briefumschlag, der einen Bericht über die Experimente am SRI enthielt. Everheart solle einmal darüber nachdenken, ob Staff D irgendwelche Operationen durchführte, bei denen die Remote Viewer – und ganz besonders Pat Price – von Nutzen sein könnten. Kress erzählte ihm auch, daß er bereits Aufträge von anderen Abteilungen der CIA erhalten hatte.

Everheart ließ sich das Ganze durch den Kopf gehen und fand schließlich etwas, das sich seiner Meinung nach als RV-Target eignen würde. Dabei ging es um ein chinesisches Botschaftsgebäude in einer ausländischen Hauptstadt. Einige Agenten gingen davon aus, daß sich die Kommunikationszentrale der Botschaft im Keller des Gebäudes befand. Dem Normalbürger erscheint diese Information vielleicht bedeutungslos, aber für die mit dem Abfangen der gegnerischen Kommunikation befaßten Geheimdienstler lag darin eine unglaubliche Chance: In den meisten chinesischen Botschaften war dieser Raum im Obergeschoß untergebracht, was es sehr schwer machte, die Kommunikation anzuzapfen. Lag die Zentrale dagegen im Keller, war es geradezu ein Kinderspiel. Was Everheart und Staff D von einer entsprechenden Aktion abhielt, war lediglich die Bestätigung, daß der Raum in der Tat im Keller untergebracht war.

Der verdächtige Raum hatte früher einmal als Weinkeller gedient, woran sich möglicherweise nichts geändert hatte.

Everheart hatte sich einige Sitzungsprotkolle von Price angesehen und war bereit, das Risiko einzugehen, wenn der Seher entsprechende Informationen über Geräte und technisches Personal zutage fördern würde. Also beantragte er formell, daß Price auf den Fall angesetzt werden sollte.

Der Staff D-Sektionsleiter Ed Rogers betrachtete Everhearts Vorgehen mit einer ordentlichen Dosis Skepsis, da ihm der Plan nicht nur höchst fragwürdig erschien, sondern auch das Risiko bestand, daß er sich innerhalb der Agency zum Narren machte, wenn man erfuhr, daß seine Abteilung ein Medium eingesetzt hatte. Everheart deutete in diesem Zusammenhang an, daß Rogers Angst vor dem »Kicherfaktor« habe.

Schließlich erklärte sich Rogers doch einverstanden, machte aber zur Bedingung, daß Price zunächst probeweise gegen drei ähnliche Targets vorgehen sollte, deren Details der CIA hinreichend bekannt waren.

Drei paranormale Missionen – das Ganze bekam einen mythischen Beiklang, der irgendwie an die zwölf Aufgaben des Herkules erinnerte. Also machte Everheart sich daran, in Zusammenarbeit mit Ed Rogers die drei Tests vorzubereiten.

Einige Tage darauf hatte Price ohnehin in der Gegend von Washington zu tun. Ken Kress und sein Kollege Nick Clancy besuchten ihn in seinem Hotelzimmer. Nach einer kurzen Unterhaltung öffnete Kress seine Aktentasche und holte ein Schwarzweißfoto hervor, das ein Gebäude zeigte. Price wußte nicht, daß es sich um ein chinesisches Botschaftsgebäude handelte, das in einer großen Stadt in Afrika stand. Die CIA kannte den Grundriß dieses Gebäudes bis aufs kleineste Detail.

Price betrachtete das Foto und setzte sich an den Schreibtisch, um seine Eindrücke zu Papier zu bringen. Er zeichnete eine grobe Umrißlinie, die den Kontinent Afrika darstellen sollte. Dann zog er eine waagerechte Linie, die den Äquator repräsentierte und malte einen Punkt an der Stelle, wo er das Gebäude vermutete. Clancy, der während der letzten Jahre etliche Aktionen geleitet hatte, deren Ziel es war, Botschaften in Afrika, Süeuropa und dem

Mittleren Osten zu penetrieren, konnte nur zugeben, daß Price einen Volltreffer gelandet hatte.

»Wie weit ist dieses Gebäude vom Meer entfernt?« wollte er wissen.

»Rund 230 Kilometer« sagte Price – wieder richtig! Noch einmal betrachtete er das Foto und deutet dann auf das Gebäude. »Warten Sie mal ... dort sind *drei* Gebäude, nicht nur eins?«

Kress und Clancy tauschten bezeichnende Blicke aus. Wieder ein Treffer!

Nun begann Price, das Gebäude auf dem Foto genauer zu beschreiben. Wie ein Geist schien er unsichtbar durch die Flure und Etagen zu wandern, während seine Stimme wie die eines Fremdenführers den Aufbau des Gebäudes erklärte. »Nicht stolpern, wenn Sie diesen Flur hinuntergehen«, warnte er die CIA-Männer und ergänzte: »Ziemlich dunkel hier.«

Clancy erinnerte sich, wie er vor Jahren in diesem Gebäude einen Flur entlang ging und wegen der unzureichenden Beleuchtung um ein Haar gestolpert und hingefallen war.

Price war schon wieder ganz woanders – er wandte sich mit dem Foto an Clancy: »*Sie* waren es, der das Foto selbst entwickelt hat – im Keller eines Hauses, etwa eineinhalb Kilometer die Straße runter.« Clancy dachte kurz nach und kam zu dem Schluß, daß Price auch diesmal recht hatte.

Nach der Sitzung suchten Clancy und Kress erst einmal eine Bar auf, weil sie beide dringend einen Drink brauchten – mehrere Drinks, genauer gesagt. Clancy erinnert sich, daß Norman Everheart später von einem »Acht-Martini-Abend« sprach. Das Ganze hatte ihn ziemlich mitgenommen.

Tags darauf wurde im selben Hotelzimmer der zweite Test durchgeführt. Kress und Clancy überreichten Price einen neuen Briefumschlag, in dem wieder das Foto eines Gebäudes steckte. Price skizzierte schnell eine Karte – Italien. Er markierte die Stelle, an der Rom liegt. Dann zog er seinen Stift quer über das Mittelmeer bis zu einer nordafrikanischen Hauptstadt, wo das Gebäude seiner Meinung nach stand.

Soweit zutreffend, dachten Kress und Clancy.

Nun suchte Price das Gebäude per RV auf, wobei er zunächst die große Eingangstür und dann das Foyer beschrieb. »Was für eine beindruckende Treppe!« rief er erstaunt aus. Dann glitt er die Treppe hinauf und hielt plötzlich inne, um zu sagen: »Wissen Sie, soviele Betten habe ich noch nie irgendwo gesehen!«

Kress und Clancy sahen sich an. *Betten?*

Price durchpflügte weiter das Gebäude. »Hier sind viele Menschen, die unter Schmerzen leiden.«

Langsam kam Clancy der Verdacht, daß etwas faul sein mußte. Soweit er wußte, gab es in der Botschaft keine Betten und auch keine Menschen, die leiden mußten. Was Price beschrieb, ähnelte eher einem Schlafsaal oder einem Krankenhaus als einer Botschaft. Schließlich bat Clancy Price, sich die Vorderseite des Gebäudes von außen anzusehen. Price schwebte in seiner RV-Welt mühelos bis zum Ausgang – das massive Eisengitter, mit dem der Eingangsbereich abgeschottet war, schien er nicht zu bemerken.

Ansonsten beschrieb Price das Gebäude jedoch absolut korrekt. Erst als Clancy der Sache später nachging fand er heraus, daß das Gebäude der Botschaft bis kurz vor dem Beginn des Zweiten Weltkrieges als Schlafsaal einer Mädchenschule gedient hatte und während des Krieges als Lazarett benutzt wurde. Damals war das Eisengitter noch nicht vorhanden gewesen. Offenbar hatte sich Price, ohne es zu bemerken, wieder einmal auf eine seiner Zeitreisen begeben.

Das dritte Target war die Bostchaft Chinas in Rom. Price verblieb diesmal in der Gegenwart und lieferte eine korrekte Beschreibung ab, einschließlich eines charakteristischen Deckengemäldes, das sich in einem der Botschaftsräume befand. Clancy kannte dieses Gemälde nur zu gut: Wegen ihm hatten seine Leute die Decke dieses Raumes nicht mit Abhöreinrichtungen ausstatten können, da die hinterlassenen Löcher zu auffällig gewesen wären – schließlich verfügte die CIA nicht über einen Trupp hauseigener Michelangelos, die das Gemälde wieder hätten restaurieren können.

Bald darauf präsentierte Everheart dem Staff D-Divisionschef Ed Rogers die Ergebnisse der Tests. Everheart war der Meinung, daß Price die »Aufnahmeprüfung« mit Bravour bestanden hatte, während Rogers, der überzeugt gewesen war, daß die Versuche scheitern würden, absolut sprachlos war, als er die Ergebnisse überflog. Trotzdem hielt ihn der »Kicherfaktor« davon ab, anhand der Aussage eines Mediums eine großangelegte Penetration durchzuführen. »Es ist vielleicht unsere einzige Chance, etwas darüber herauszufinden, was dort im Keller wirklich passiert«, erklärte er Everheart. »Aber ich werde deshalb nicht anfangen, aus dem Kaffeesatz zu lesen.«

Und das war es dann auch – der Kicherfaktor hatte obsiegt. Schließlich leitete Rogers eine ziemlich riskante Feldoperation ein, um endlich herauszufinden, was sich wirklich in diesem Keller verbarg.

Wie sich herausstellte, diente er tatsächlich nur als Weinkeller.

13. Konflikte

Häufig hatte so ein Überfallkommando nur den Zweck, den Medizinmann der gegnerischen Gruppe zu töten.

E. Lucas Bridges in seinem Buch *Uttermost Part of the Earth: Indians in Tierra del Fuego*

Im Juli 1975 beendete Price seine Arbeit für die Kohlenbergbaufirma. Es war keine Tarnung für einen CIA-Spionagejob gewesen, er hatte wirklich für diese Firma gearbeitet. Unglücklicherweise hatte es ihm kein Vermögen eingebracht und auch keinen Ruhm. In einem Anflug von Großkotzigkeit hatte Price Kress, Kennett und einigen anderen CIA-Offiziellen versprochen, sie im Airliner der Firma mit nach West Virginia zu nehmen. Also versammelten sich seine Gäste am Dalles Airport bei Washington, um nach einem Learjet Ausschau zu halten, der das Logo der Firma trug. Stattdessen wurden sie in ein kleines Propellerflugzeug hineinkomplimentiert, das offenbar zu diesem Zweck gechartert worden war. Draußen bei Huntington, wo auch das Betriebsgelände der Firma lag, führte man sie zu einer Reihe von Wohnwagen, die in einer schmuddligen Hügellandschaft standen.

Price hatte Land in West Virginia erworben, unter dem er mittels RV große Kohlevorhaben aufgespürt hatte. Tatsächlich gab es dort reichlich Kohle, so daß sich Price um seinen Lebensunterhalt nicht sorgen mußte, auch wenn er keineswegs genug Geld hatte, um die alleinige Finanzierung des SRI-Projektes zu übernehmen. Er plante, nach Kalifornien zurückzugehen und wieder dem SRI-Programm beizutreten und dadurch seine Kontakte zur CIA zu festigen.

Mitte Juli unternahm Price von Huntinton aus eine mehrwöchige Reise in den Westen. Er legte einen kurzen Zwischenstopp in Washington ein und flog dann nach Utah, um seinen Sohn zu besuchen. Danach flog er nach Las Vegas. Price liebte das Glücksspiel – obwohl er dabei nie die Bank sprengte, gewann er wohl eine recht ansehnliche Menge kleinerer Summen. Von Las Vegas aus wollte er das SRI und die Bay Area besuchen, um danach auf eine Stippvisite bei seiner Frau Ann vorbeizuschauen, die in Los Angeles als Krankenschwester arbeitete[35].

Es gab jedoch noch einen zweiten Grund, aus dem Price nach Los Angeles flog: Er suchte medizinische Hilfe. Seit seinem Weggang vom SRI hatte sich sein Gesundheitszustand zunehmend verschlechtert. Während seines Aufenthaltes am SRI hatten die im Rahmen der medizinischen Überprüfungen vorgenommenen kardiologischen Untersuchungen ergeben, daß er unter einer recht weit fortgeschrittenen Gefäßverengung des Herzens litt. Die Ärzte der Palo Alto Medical Clinice, aber auch Kennett, Puthoff und Kress hatten ihm eindringlich geraten, seine Eß- und Trinkgewohnheiten besser in den Griff zu bekommen – und vor allem das Rauchen, da er sich bei zweieinhalb Schachteln Zigaretten pro Tag eingependelt hatte. Er ignorierte die Warnungen, wie es seine Art war, litt aber seit einiger Zeit vermehrt unter den für eine Angina Pectoris charakteristischen Herzschmerzen. Price war erst 56 Jahre alt, sah aber aus, als wäre er 70.

In Las Vegas traf sich Price mit seinem alten Freund Bill Alvarez und dessen Frau Judy. Die drei checkten im Stardust Hotel ein, machten sich ein wenig frisch und suchten anschließend das Restaurant auf, um zu Abend zu essen. Nach dem Essen meinte Price, daß er sich nicht gut fühlen würde. Alvarez sollte sich später daran erinnern, daß Price ihm sehr ernsthaft erzählte, jemand habe ihm am Abend zuvor beim Essen in Washington etwas in den Kaffee getan.

Price ging es bald darauf so schlecht, daß er auf sein Zimmer ging, um sich hinzulegen. Schließlich wurde es so schlimm, daß er die Alvarez' anrief. Als sie sein Zimmer betraten, lag er bewegungslos auf dem Bett – Herzstillstand. Alvarez rief den medizinischen Notdienst herbei und man versuchte Price mit dem Defibrillator wiederzubeleben. Doch es war zu spät, und als Price in die Notaufnahme des Krankenhauses eingeliefert wurde, war er bereits tot.

Der Fortgang der Geschichte verlief reichlich mysteriös. Als Kennett versuchte, mehr über die Todesumstände in Erfahrung zu bringen, stellte er fest, daß keine Autopsie vorgenommen worden war. Nun sehen Krankenhäuser bei offenkundigen Todesursachen häufig von einer Autopsie ab, aber Price war ja bereits bei seiner Einlieferung tot, was normalerweise eine eingehende Untersuchung der Todesursache nach sich zieht. Für Kennett war das Vorgehen der Ärzte mehr als fragwürdig, zumal sie sich darauf beriefen, daß nach Prices Einlieferung ein »Freund« von Price (es handelte sich nicht um Alvarez) aufgetaucht wäre, der in seinem Aktenkoffer Prices komplette medizinische Unterlagen bei sich trug. Deshalb hatten die Ärzte von einer Autopsie abgesehen und direkt den Totenschein ausgefüllt, wobei sie als Todesursache Herzstillstand eintrugen. Kennett versuchte, den mysteriösen Mann mit dem Aktenkoffer ausfindig zu machen, fand jedoch nie heraus, um wen es sich gehandelt hatte oder ob er überhaupt existierte.

Prices Tod warf eine Menge Fragen und Gerüchte auf. War der Mann mit dem Koffer ein CIA-Agent gewesen? Warum hatte er eine Autopsie verhindert? Was wurde dabei vertuscht? War Price überhaupt wirklich tot? Oder lebte er nun irgendwo unter einer neuen Identität, um als perfekter, unaufspürbarer Superspion weiterzuarbeiten?

Oder wurde er im Auftrag der Sowjets umgebracht? Wie Swann war auch Price seit einiger Zeit besorgt, daß so etwas passieren könnte, so paranoid es auch erschien. Vielleicht hatte der Mann mit dem Koffer nur ein Ablenkungsmanöver durchgeführt, um zu vertuschen, daß der Seher den Mordbuben des KGB zum Opfer fiel. Möglicherweise war er auch nur eine Erfindung der Ärzte, die im Auftrag des FBI dafür Sorge trugen, daß man Price Leiche heimlich auf schwer nachweisbare Neurotoxine und Gifte untersuchen konnte[36].

Auch Bill Alvarez schürte fleißig die Gerüchteküche, indem er überall die Geschichte ausplapperte, die Price ihm erzählt hatte. Schließlich tauchte ein anderer Freund des Verstorbenen auf und behauptete, Prices Geist sei ihm erschienen und habe erzählt, man hätte ihn vergiftet. Wer das getan haben könnte, darüber schwieg sich der Geist des Sehers leider aus.

Aber für viele Menschen, die Price näher kannten und von seinem Herzproblem wußten, warf sein Tod keine Rätsel auf. Trotzdem sollte die Affäre in der kleinen Gemeinschaft der Remote Viewer noch mehr als ein Jahrzehnt kursieren und dabei eine Art Eigenleben entwickeln. Jedes mögliche Szenario wurde viele Male durchgespielt und letztendlich doch verworfen. Am Ende konnte sich niemand wirklich zweifelsfrei für eine der Theorien entscheiden. 1994 sagte Russell Targ zu mir: »Ich weiß nicht, wie Pat Price starb.«

Was immer tatsächlich mit Price geschehen war, die Sowjets blieben aus paranormaler Sicht am Ball. Sie unterhielten Dutzende von PSI-Forschungsstätten, in denen oft sehr respektable und bekannte Wissenschaftler arbeiteten. Leonid Vasiliev befand sich mittlerweile im Ruhestand, seinen Posten an der Universität von Leningrad hatte Pavel Gulayev eingenommen. An der Akademie der Wissenschaften existierte unter der Leitung von Dr. Lev Lupichev ebenfalls eine Forschungsabteilung für PSI, das Institut für Kontrollprobleme. In der kalten Wissenschaftsstadt Novosibirsk sollte es angeblich eine »Spezialabteilung 8« geben, die unter der Leitung eines Marineoffiziers namens Vitali Perov geheime Experimente zur militärischen Anwendung von PSI betrieb. Geheime Forschungen wurden auch im strengstens bewachten Moskauer Institut für Probleme der Informationsübermittlung (IPPI) unternommen, ebenso im »Pavlov-Institut für hochentwickelte Nervensysteme«. Und natürlich gab es immer noch I. M. Kogans PSI-Labor bei der Popov-Gesellschaft, das angeblich in neue, großzügiger angelegte Räumlichkeiten verlegt worden war. Kogans Untergebenen Eduard Naumov, der ein wenig zu offenherzig mit den Ergebnissen der PSI-Forschung umgegangen war, hatte man 1974 zu zwei Jahren Zwangsarbeit verurteilt – angeblich, weil er ohne Genehmigung Unterrichtsgelder eingesammelt hatte. Westliche PSI-Forscher nahmen jedoch an, daß es lediglich darum gegangen war, Naumov härter an die Kandare zu nehmen.

Alles in allem hatten die Sowjets bis Mitte der 70er Jahre ein breit gefächertes Auswahlprogramm für PSI-Begabte eingerichtet, das Hochschulen, Universitäten und sogar die Rote Armee nach geeignetem Menschenmaterial durchforstete. Der KGB und der Militärgeheimdienst suchten die besten Hellseher, Psychokineten, Visionäre und sonstigen Wundermenschen, die die russischen Völker hervorgebracht hatten.

Wenn man den Gerüchten aus der Spionageszene Glauben schenkt, war diese Unternehmung von Erfolg gekrönt. So wurde etwa von einer aus Zentralasien stammenden Ärztin berichtet, die mehr oder weniger die sowjetische Antwort auf Pat Price war. Angeblich konnte sie aus vielen tausend Kilometern Entfernung die intimsten Details militärischer Einrichtungen aufspüren.

Außerdem wurde gemunkelt, daß die Kosmonauten telepathisch geschult wurden, um für Notfälle auf diese Form der Kommunikation zurückgreifen zu können. Am IPPI sollte es angeblich »Extrasensoren« geben, die ansonsten abhörsichere Kommunikationswege anzapfen und die intimsten Gedanken ausländischer Besucher lesen sollten. Ein vom IPPI ausgeliehener Seher soll während eines Manövers die gegnerischen Pläne herausgefunden haben, wodurch man einen entsprechenden Hinterhalt legen konnte.

Angeblich sollten die Tschechen und Bulgaren ähnliche Forschungen betreiben, wenn auch im kleineren Maßstab. Beispielsweise wurde erzählt, daß die blinde bulgarische Seherin Vanga Dimitrova offiziell beim Staat angestellt war, der ihr sogar zwei Sekretäre zur Seite stellte.

Obwohl die Volkstradition der Slawen von esoterischem Gedankengut durchwirkt ist, wurden die im Sowjet-Machtblock entwickelten PSI-Theorien in geradezu zynisch anmutender Weise an die Belange der kommunistischen Ideologie angeglichen, die Begriffe wie »wissenschaftlicher Materialismus« förderte und jeglichen »Idealismus« oder »Aberglauben« ablehnte.

Andererseits nahm die politische Führungsebene jener Zeit regelmäßig die Dienste der attraktiven gregorianischen Heilerin Dzhuna Davitashvili und anderer Mystiker in Anspruch. Wer jedoch wie die PSI-Forscher außerhalb der Nomenklatur stand, war gut beraten, seine Entdeckungen hinreichend zu entmystifizieren. Deshalb verwendeten Wissenschaftler wie I. M. Kogan auch eine Terminologie, die sich stark an dem im Bereich der Funktechnik verwendeten Jargon orientierte. Laut Kogan basierte Telepathie auf extrem niederfrequenten Funkwellen im sogenannten ELF-Bereich (*extreme low frequency*) um 10 Hertz[37], was mit dem Frequenzbereich koinzidiert, in dem auch die Alphawellen des menschlichen Gehirns liegen, die auf einem EPG am ausgeprägtesten erscheinen. Andere russische Forscher propagierten sogar in Anlehnung an den der Quantenphysik zugrundeliegenden Teilchen-Wellen-Dualismus die Existenz von »PSI-Partikeln«.

Trotz dieser sehr klinischen und trockenen Behandlung des Themas kursierten auch Gerüchte über sinistre, grausame Vorgänge innerhalb der sowjetischen PSI-Forschung. Manches davon klang allzu sehr wie die Szenarios schwarzweiß abgekurbelter Horrorfilme aus den 50er Jahren. Andererseits berichtete Eduard Naumov von einem Experiment, bei dem der Nachwuchs eines Kaninchens an Bord eines U-Bootes getötet wurde, um die Reaktion des an Land verbliebenen Muttertiers zu testen, dessen Gehirn mit Elektroden an eine Meßapparatur angeschlossen war. Angeblich wurde den Jungen eins nach dem anderen der Hals umgedreht, wobei die an Land verbliebenen Forscher jedesmal eine Veränderung der Gehirnwellenmuster des Muttertiers feststellten.

In der »Spezialabteilung 8« soll dagegen laut Aussage eines Emigranten namens August Stern ein ähnlich geartetes Experiment mit Katzen durchgeführt worden sein, denen man Elektroschocks verabreichte. Angeblich schreckten die Experimentatoren nicht einmal davor zurück, menschliche Testsubjekte zu foltern. Neben Adrenalinspritzen und der Verabreichunmg von Antidepressiva wie Phenobarbitol sollen hier als Stimulans für erweiterte Bewußtseinszustände ebenfalls Elektroschocks zur Anwendung gekommen sein, außerdem aber auch extrem starke Magnetfelder. Düstere Geschichten von dadurch hervorgerufenen Todesfällen und irreparablen Hirnschädigungen waren natürlich auch in Umlauf.

Einige der Experimente verleihen durchaus Aufschlüsse darüber, wozu die Sowjets PSI nutzen wollten. So wurde berichtet, daß die Psychokinetin Nina Kulagina mit der Kraft ihres Willens das Herz eines Forsches anhalten konnte. In ähnlicher Weise soll sie auch das Herz eines Skeptikers in einen Zustand der Tachykardie (abnorm hoher Herzrhythmus) versetzt haben. Auch vermochte sie durch bloße Berührung Verbrennungsschmerzen hervorzurufen, was zumindest von einem westlichen Besucher bezeugt wurde.

▲ Hal Puthoff in den frühen 60er Jahren als Marineoffizier der National Security Agency.

▲ Ingo Swann.

▲ CIA-Wissenschaftler Sidney Gottlieb. Von der von ihm geleiteten Technical Services Division erhielt Puthoff Ende 1972 einen Forschungsauftrag in Höhe von 50.000 US-Dollar.

▲ Russell Targ und Hal Puthoff am SRI.

▲ Russell Targ und Hal Puthoff am SRI.

CIA-Wissenschaftler Richard Kennett (links) mit Pat Price und Hal Puthoff. Das Foto entstand nach dem erfolgreichen Segelflug-Exeriment in der Nähe von Menlo Park.

Hier sind die Satellitenantennen des Pentagon/NSA Lauschpostens bei Sugar Grove in West Virginia zu sehen. Die von den Sehern beschriebene unterirdische Anlage liegt ganz in der Nähe.

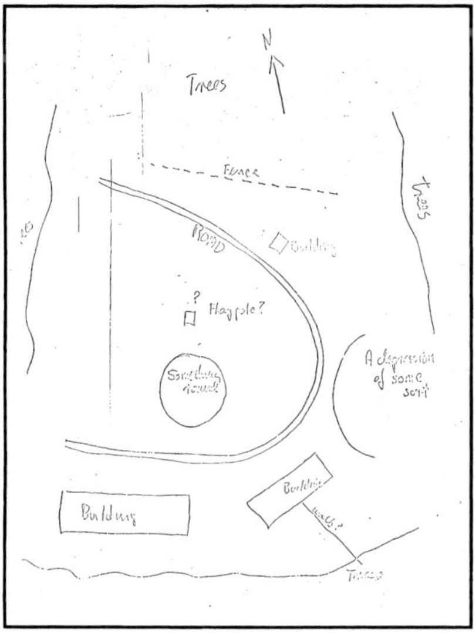

Weather at this time is cloudy, rainy. Temperature at my altitude about 54° - high cumulo nimbus clouds to about 25,000-30,000'. Clear area, but turbulent, between that level and some cirro stratus at 46,000' Air mass in that strip moving W.N.W. to S.E.

1318 - Perceived that peak area has large underground storage areas. Road comes up back side of mountains (west slopes), fairly well concealed, looks deliberately so. It's cut under trees where possible- would be very hard to detect flying over area. Looks like former missile site-bases for launch.rs still there, but area now houses record storage area, microfilm, file cabinets; as you go into underground area through aluminum rolled up doors, first areas filled with records, etc. Rooms about 100' long, 40' wide, 20' ceilings with concrete supporting pilasters, flare-shaped. Tempdrature cool- fluorescent lighted. Personnel, Army 5th Corps engineers. M/Sgt. Long on desk placard on grey steel desk-file cabinets security locked- combination locks, steel rods through eye bolts. Beyond these rooms, heading east, are several bays with computers, communication equipment, large maps, display type, overlays. Personnel, Army Signal Corps. Elevators.

"Top of desk had papers labeled:

Flytrap

Minerva

File cabinet on north wall labeled:

Operation Pool ;-- (2nd word unreadable)

Folders inside cabinet labeled:

Cueball

14 Ball

4 Ball

8 Ball

Rackup

Ingo Swanns und Pat Prices Aufzeichnungen über Sugar Grove.

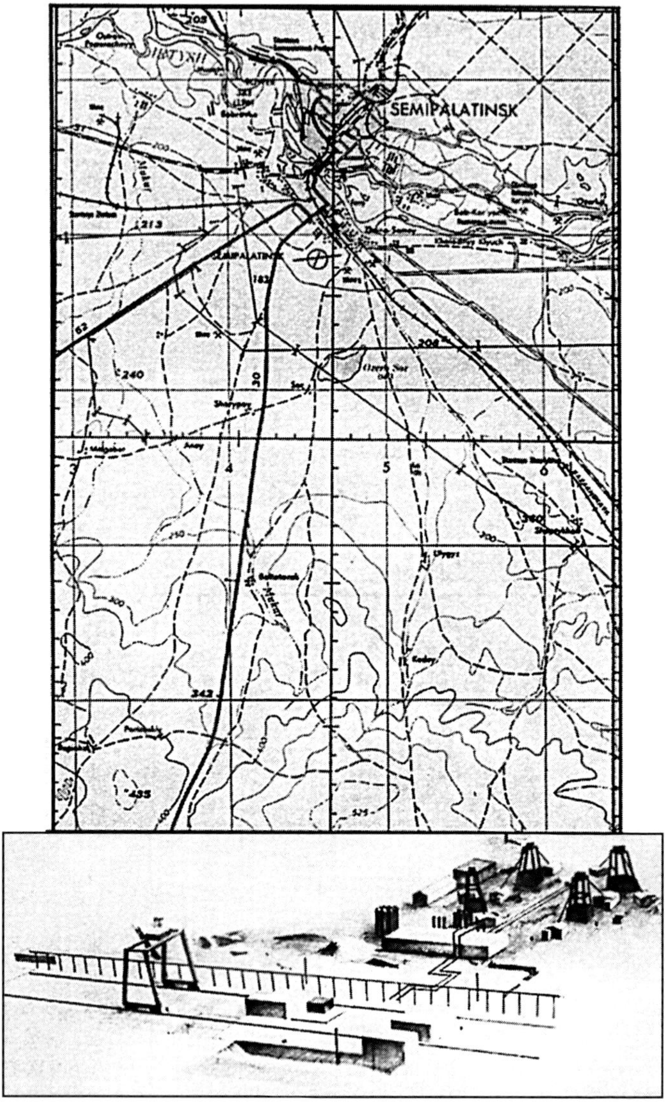

Diese CIA-Skizze basiert auf einer Satellitenaufnahme der geheimen sowjetischen Forschungsstätte bei Semipalatinsk. Die Koordinaten dieses Targets wurden Pat Price am SRI im Juni 1974 vorgelegt.

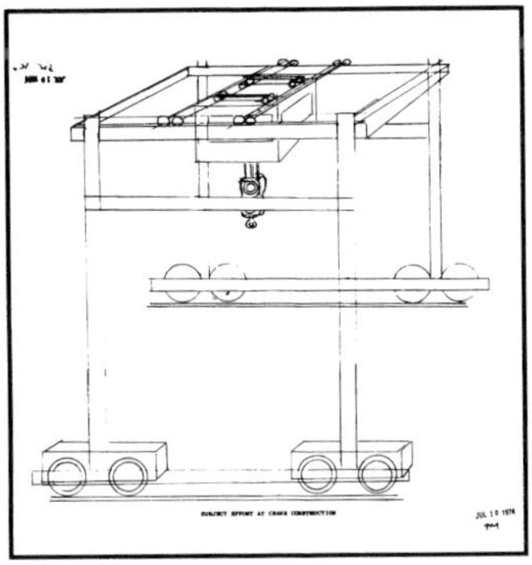

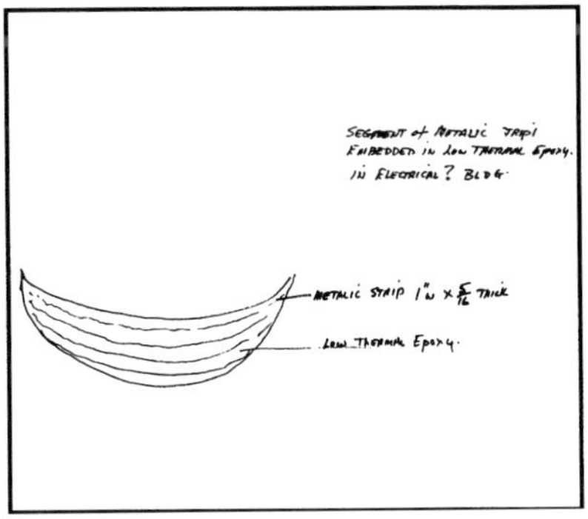

Prices ausführliche Beschreibung eines achträdrigen Krans in der Anlage von Semipalatinsk. Daneben seine Skizze der Metallkugeln, von deren Existenz die CIA zu diesem Zeitpunkt nichts wußte. Später wurde auch diese Information von Satllitenfotos bestätigt.

John McMahon, der von 1974 bis 1976 das Office of Technical Service der CIA leitete und später zum Deputy Director der CIA ernannt wurde. McMahon unterstützte das RV-Programm und war auch allgemein gegenüber dem Paranormalen recht aufgeschlossen. 1983 soll er sich sogar im Löffelbiegen versucht haben.

»Norm Everheart«, der Pat Price 1974 bis 1975 auf etliche Targets ansetzte und später auch mit der Einheit von Fort Meade kooperierte.
Dale Graff setzte die Seher auf einen über den Dschungeln von Zaire abgestürzten sowjetischen Tu-22-Bomber an.

Dale Graff setzte die Seher auf einen über den Dschungeln von Zaire abgestürzten sowjetischen Tu-22-Bomber an.

Präsident Carter mit (von links) Sicherheitsberater Zbigniew Brzezinski, Vizepräsident Walter Mondale und CIA-Direktor Stansfield Turner. Turner informierte den erstaunten Carter über das Aufspüren des Tu-22 durch RV.

▶ Jake Stewart vom NSC stand in direktem Kontakt mit Carter und anderen hohen Regierungsbeamten. Im Juli 1980 erteilte er dem SRI telefonisch einen Spezialauftrag, bei dem es um das Aufspüren einer Person ging.

◀ Stewarts Auftrag wurde von Keith Harary ausgeführt, der einen dünnen, bärtigen Mann beschrieb, der unter einer lähmenden Nervenkrankheit litt und bald eine Flugreise unternehmen würde.

▲ Das Target war Richard Queen (rechts), eine der Geiseln, die von den islamischen Milizen im Iran festgehalten wurden. Queen litt an multipler Sklerose und wurde überraschend von den Geiselnehmern in einem Flugzeug in die Freiheit entlassen. Hier ist er auf einem Empfang im weißen Haus zu sehen, der im Februar 1981 stattfand.

Die Gebäude 2561 (inks) und 2560, in denen die Einheit von Fort Meade in den Jahren 1978 bis 1995 untergebracht war.

▼ Ein INSCOM-Memo aus dem Jahr 1981 bezeugt die Existenz der Einheit

Formalization of Project GRILL FLAME — IAOPS-H-P — 10 Sep 1981

DCG-I approve and sign proposed LOI implementing first phase of assigning Project GRILL FLAME to USAOG — CPT Rittenburg/677-7807

ORIGIN OF ACTION: (U) ACSI orally tasked HQ INSCOM to evaluate Project GRILL FLAME in Oct 78. ADCSOPS-HUMINT established an ad hoc team, drawing personnel from in-house and from other INSCOM elements in the Wash, D.C. and Fort Meade areas. Based on preliminary results and high level interest, INSCOM requested additional funds and 16 manpower spaces in the HUMINT (PE 381321) GDIP input to the FY 82-86 and FY 83-87 POM's. These resources were identified as being required to conduct GRILL FLAME operations on a continuing basis. Latest DA PBG authorized 5 spaces (2 civ, 2 off, and 1 EM) for INSCOM as result of favorable Congressional action on the FY 82 Budget and Amendment, thereto. Seven additional spaces (2 civ and 5 off) are included in the FY 83 PMRP and stand a good chance of being approved. ACSI message of 11 Feb 81 (TAB A) formally transferred GRILL FLAME Program management responsibility to INSCOM.

DISCUSSION:

(U)

a. The approved spaces are in the operational Overt HUMINT PE. They can not be assigned to HQ INSCOM, an AMHA account. USAOG is the Overt HUMINT operational element in CONUS and is the most suitable unit to eventually conduct the activity. However, the limited manpower approved to date is insufficient to accomplish the mission. In order to continue operations at the current level, personnel augmentation by outside elements must continue, at least until receipt of the additional seven spaces (total of 12) in FY 83.

(U)

b. USAOG has submitted TDA changes (TAB B) which will create an element, Det G,

(See reverse)

X
X
X
X
X
X

DCSOPS File Cy

DCSRM
USAOG [initials] 11Sep81
ADCSOPS-HUMINT

REGRADED UNCLASSIFIED
ON 6 Dec 95
BY CDR USAINSCOM F01/PO
AUTH Para 1-603 DOD 5200 1R

1

for CHARLES F. SCANLON, COL, GS, DCSOPS
GARRETT

SECRET NOFORN

REGRADED UNCLASSIFIED
WHEN SEPARATED FROM
CLASSIFIED ENCLOSURES

Major General Ed Thompson war eine der Schlüsselfiguren in der Erschaffung der Einheit von Fort Meade.

INSCOM-Offizier Skip Atwater war der Initiator des RV-Programms.

Mel Riley wird zum Sergeant befördert. Links im Bild Lieutenant Colonel Scotty Watt, rechts Colonel Robert Keenan.

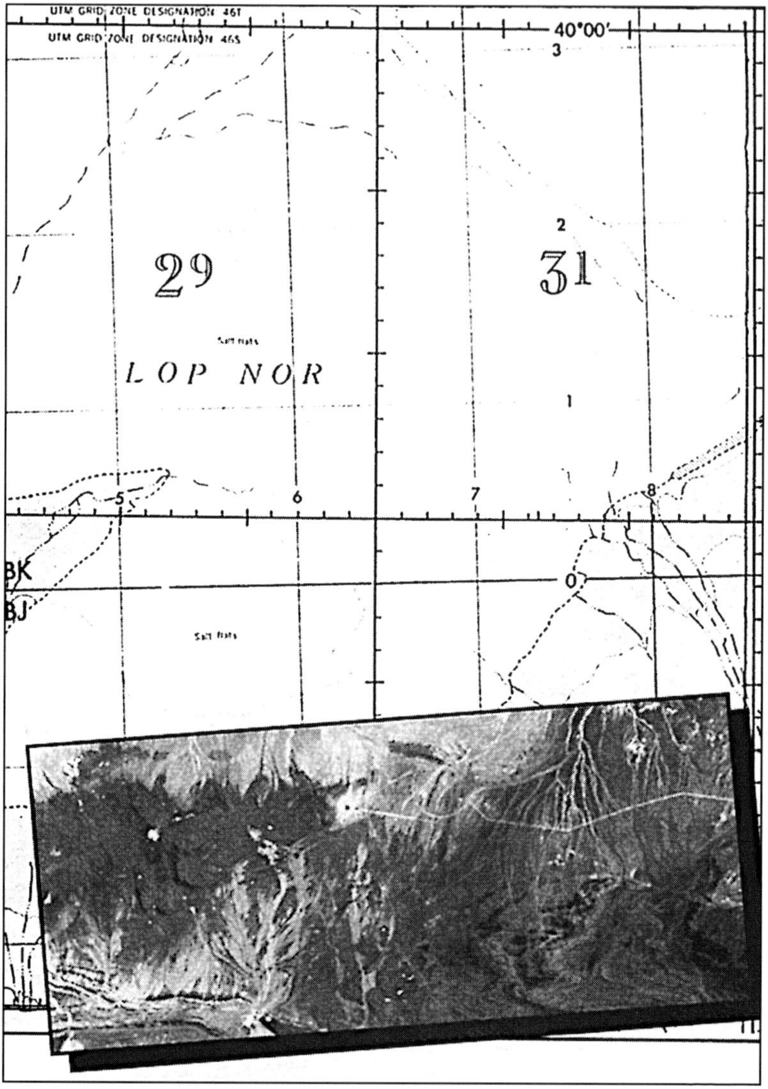

Das chinesische Atomversuchsgelände von Lop Nor.

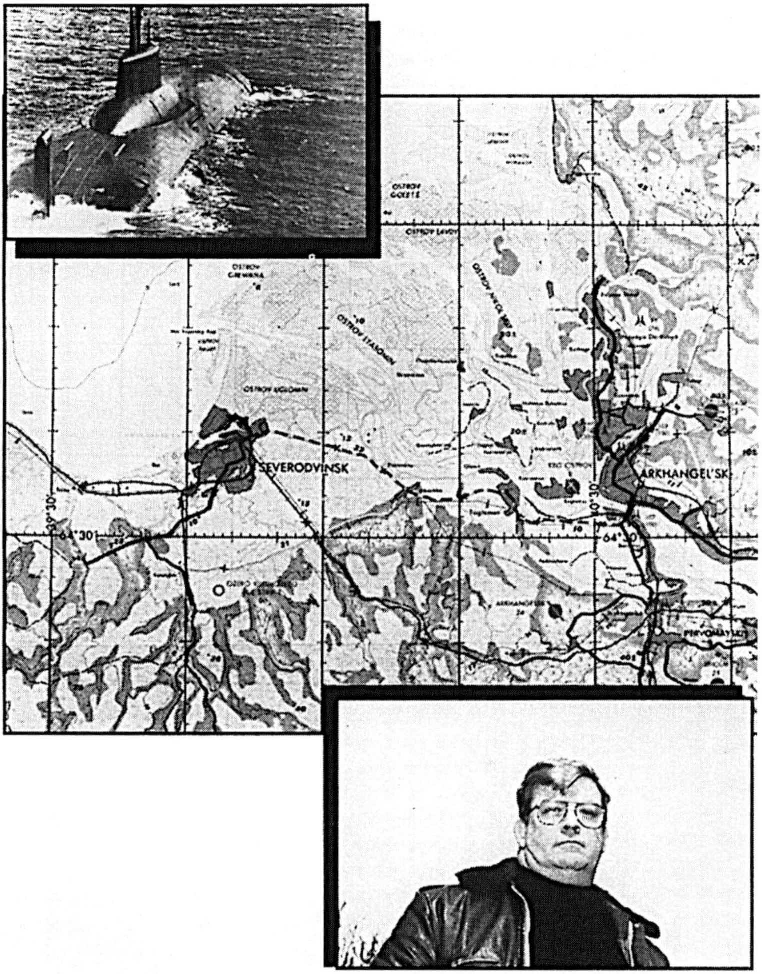

Joe McMoneagle visualisierte 1979 eine Werft in Severodvinsk und entdeckte dabei ein U-Boot der bis dahin in westlichen Geheimdienstkreisen unbekannten Typhoon-Klasse.

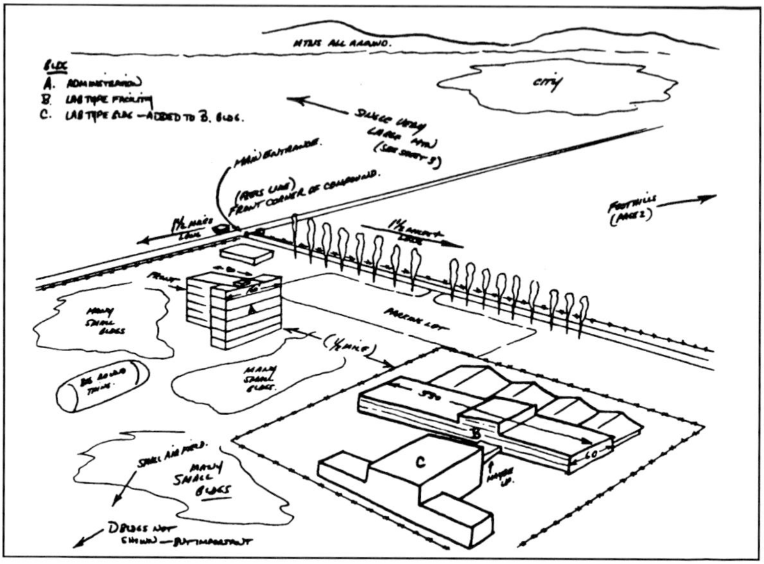

Eine RV-Skizze von Joe McMoneagle. Er wußte nicht, daß es sich bei dem Target um das Lawrence Livermore Laboratory handelte. Hier ist zu sehen, zu welch detaillierten Aussagen manche Seher befähigt sind.

Das Monroe Institute.

▲ Major General Albert Stubblebine, INSCOM-Commander und Fan des Paranormalen.

▲ Colonel John Alexander zeigt eine Gabel, die ein Offizierskollege 1983 während einer INSCOM-Versammlung durch Psychokinese verbogen hat.

▶ Ed Dames, der der RV-Einheit 1983 beitrat und von Ingo Swann ausgebildet wurde.

◀ Der Seher Paul Smith.

▶ Lyn Buchanan wurde von Stubblebine wegen seiner angeblichen psychokinetischen Fähigkeiten rekrutiert.

◀ Major General William Odom, der mit Stubblebine aneinandergeriet, was schließlich zu dessen Rücktritt führte.

▼ Ein typisches Beispiel für die Memos, die gegen Ende von Stubblebines Amtszeit innerhalb des Projektes kursierten. Hier geht es um Hemi-Sync.

DEPARTMENT OF THE ARMY
UNITED STATES ARMY INTELLIGENCE AND SECURITY COMMAND
ARLINGTON HALL STATION
ARLINGTON, VIRGINIA 22212

REPLY TO ATTENTION OF

IACS

6 JUL 1984

SUBJECT: Guidance Regarding Use of Hemi-Sync Tapes

SEE DISTRIBUTION

1. Reference:

a. Letter, IASJA, this Headquarters, dated 17 January 1984, Subject: High Performance Task Force Report (HPTF) Risk Assessment.

b. USAINSCOM Regulation 15-3, High Performance Review Procedures, dated 24 February 1984.

c. Message, IASP, this Headquarters (Fort Meade), DTG 270100Z APR 84, Subject: Discontinuation of Hemi-Sync Tapes.

2. Reference 1a directed that, pending further review of the potential risks involved in hemi-sync processes, the use of hemi-sync within the command be limited to those uses then ongoing and sponsored by CENTEX or the Staff Psychologist. Reference 1b established an INSCOM review process which resulted in subsequent review of several aspects of the hemi-sync technology by the INSCOM Human Technology Review Board (HTRB). Reference 1c advised addressees to cease further utilization of hemi-sync Catnapper and Sound Sleeper tapes until the protocol for their use had been reviewed and approved by the HTRB.

3. In addition to the above referenced hemi-sync experiences, some members of the INSCOM have participated in a hemi-sync workshop known as the "RAPT Program" at the Monroe Institute of Applied Sciences. Other persons have made private purchases of hemi-sync tapes and have attended hemi-sync workshops in a non-INSCOM sponsored capacity.

4. This letter is intended to provide INSCOM command and policy guidance as discussed in references 1a and 1c, and the command's policy position with respect to RAPT Program participation and non-sponsored activities involving hemi-sync.

5. Evidence to date regarding the efficacy of the hemi-sync process has not been sufficient, for a variety of reasons, to lend scientifically acceptable credence to proponency claims of human benefits. This is not to imply that the technology is without merit, rather it is to suggest that while testimonial-type comments may be favorable, medical claims and effects are not supported by scientifically acceptable studies. In this regard, a recent report issued by the Army Science Board, Ad Hoc Subgroup on Emerging Human Technologies, concluded with respect to hemi-sync that a "number of unanswered questions remain that require scientifically validated results."

▶ Major General Harry Soyster war einer von Odoms Verbündeten und ein erbitterter Gegner des RV-Programms. Er wurde Stubblebines Nachfolger bei INSCOM und stellte die Aktivitäten der Gruppe direkt ein. Zunächst wurde sie unter die Fittische der DIA genommen, aber als Soyster einige Jahre darauf zum Leiter dieser Behörde ernannt wurde, war das Schicksal des Programmes endgültig besiegelt.

Zu den Gegnern des Projektes gehörten auch Bob Gates von der CIA (links) und Defense Secretary Frank Carlucci (direkt neben Reagan), der seine Inspektoren auf die Einheit von Fort Meade hetzte. Doch mit Hilfe fünf mächtiger Senatoren (unten) konnte das Programm gerettet werden:

Robert Byrd (Demokrat, West Virginia)

Daniel Inouye (Demokrat, Hawaii)

John Glenn (Demokrat, Ohio)

William Cohen (Republikaner, Maine)

Ted Stevens (Republikaner, Alaska)

Ed Dames auf dem Rodeo Drive in Beverly Hills.

Skip Atwater am Monroe Institute.

Mel Riley im Ruhestand in Wisconsin.

Viele Emigranten und Agenten waren der Ansicht, daß die Sowjets das gesamte, riesige Land nach den zähesten Schamanan, bestausgebildetsten tibetanischen Mönchen und mächtigsten mongolischen *Chi Gong*-Meistern durchkämmten.

Nach August Stern wurden die Medien in der »Spezialabteilung 8« darauf trainiert, Menschen zum Stolpern zu bringen und Kleintiere zu töten. Die emigrierte Psychologin Larissa Vilenskaja berichtete, daß sie in I. M. Kogans Labor gesehen habe, wie ein talentierter Psychokinet vor einem Radio die Rede eines ausländischen Politikers verfolgte und dabei versuchte, ihn durch PSI-Botschaften zu beeinflussen.

Eines Tages soll es einigen Tibetanern am IPPI gelungen sein, durch reine Konzentration über mehrere Meter Entfernung einen Schädelbruch herbeizuführen. Und in einem zum IPPI gehörenden Labor in Kasachstan haben Schamanen angeblich versucht, die üblichen Rußland-Souvenirs mit einem Fluch zu belegen – zu den auf diese Weise »gesegneten« Objekten gehörten Madrjuschka-Puppen, handgeschnitzte Holzlöffel und Modelle des Sputnik-Satelliten. Die Gegenstände würden nun destruktive Strahlen aussenden, die bei den ahnungslosen Touristen Konzentrationsstörungen, Anfälle von Depression und sogar Nervenzusammenbrüchen hervorrufen würden. Was natürlich schwarze Magie reinsten Wassers ist, die man lediglich notdürftig hinter quasi-wissenschaftlichen Begriffen zu verbergen suchte. Sowohl Lev Lepichev vom Institut für Kontrollprobleme, als auch ein gewisser Boris Ivanov vom »Labor für Bioinformation« verkündeten, daß sie »Speicherakkus« entwickelt hätten, die man mit diesen negativen Strahlen – oder Partikeln, oder was auch immer – aufladen konnte, um sie zu einem späteren Zeitpunkt wieder zu entladen.

Darüber hinaus gab es noch wildere Gerüchte. So soll es beispielsweise einen ungeheuer mächtigen Medizinmann gegeben haben, der das Herz eines kleinen Tieres über eine Entfernung von mehr als einem Kilometer anhalten konnte. Eines Tages – so das Gerücht – geriet diese Macht etwas außer Kontrolle, als er eine Laborratte töten sollte und dabei versehentlich die Forscher umbrachte. Ein anderer Schamane mit etwa derselben Befähigung erhielt angeblich den Auftrag, das Herz eines zum Tode verurteilten Gefangenen zum Stillstand zu bringen. Doch als das Herz des Moribunden zu schlagen aufhörte, wiederfuhr dem Schamanen dasselbe.

Da die sowjetischen Forscher PSI für ein elektromagnetisches Phänomen hielten, lag der Gedanke nahe, die Konstruktion von PSI-Maschinen ins Auge zu fassen. Eines dieser Geräte sollte ein einfacher »PSI-Fernsteuerungsempfänger« sein, der auf die individuellen Frequenzen reagieren sollte, die ein bestimmtes Medium nach dieser Vorstellung ausstrahlt.

Mitte der 70er Jahre trafen bei CIA und DIA erste Meldungen über die Entwicklung eines »psychotronischen Generators« ein, der das Resultat dieses Gedankenganges sein sollte. Dieses Gerät war angeblich in der Lage, Herzattacken oder Schlaganfälle hervorzurufen. Eine andere Variante sollte Panikanfälle oder Desorientierung hervorrufen, wieder eine andere dagegen Agressionen oder Wahnsinn. Manchmal wurde ein russischer Wissenschaftler namens Viktor Inyushin als Erfinder dieses Gerätes genannt, während andere Quellen es dem tschechischen Ingenieur Robert Pavlita zusprachen. Der Emigrant und vermutliche Ex-KGB-Agent Nikolai Khoklov sagte aus, daß diese Geräte bereits an verschiedenen Bevölkerungsgruppen Nordamerikas ausprobiert worden seien.

Die meisten US-Geheimdienstler ignorierten derartige Behauptungen, und ein hoher CIA-Offizieller meinte später: »Die größte Gefahr war damals, daß sie irgendwann *kein* Geld mehr für diese Dinge zum Fenster rauswerfen würden!«

Doch die Russen waren offenbar anderer Meinung, wie es unter anderem ein Artikel aus der *New York Times* zeigt, der im Juni 1975 veröffentlicht wurde:

Der sowjetische Staatschef Leonid I. Breschniew hat die USA angehalten, sich auf ein Verbot der Forschung und Entwicklung im Bereich neuer Waffentechniken zu verständigen, die »schrecklicher sind als alle bisherigen«. Amerikanische Abrüstungs-Unterhändler versuchten, von ihren sowjetischen Kollegen zu erfahren, was der Sowjetführer damit meinte. Laut offizieller Darstellung der US-Regierung erfuhren sie jedoch nur, daß er sich auf »eine Art Strahlen« bezog.

Natürlich führten die Sowjets nicht nur eigene PSI-Experimente durch, sondern waren auch daran interessiert, was die Gegenseite auf diesem Gebiet unternahm.

Puthoff und Targ waren deshalb besorgt, daß die Sowjets versuchen könnten, das Projet am SRI zu infiltrieren. Offenbar kamen die Sowjets jedoch gar nicht auf den Gedanken, es mit so subtilen Methoden zu versuchen.

So kam es Anfang 1976 wegen eines Artikels von Puthoff und Targ zu einem lang anhaltenden Disput mit den Redakteuren der sowjetischen Ausgabe der *Proceedings of the IEEE.* Im Regelfall wurden die in der US-Ausgabe erscheinenden Artikel einfach von der sowjetischen Ausgabe übernommen. Diesmal beharrten die Redakteure jedoch darauf, den Artikel erst dann abzudrucken, wenn Targ und Puthoff weitere Details ihrer Forschung offenlegen würden. Sie schickten den beiden eine lange Liste von Fragen: Wie genau waren die von den Remote Viewern aufgespürten Daten? Wurden Drogen, Hypnose oder andere Mittel eingesetzt, um die erweiterten Bewußtseinsstadien zu erreichen? Gab es Möglichkeiten, ein Target vor den Sehern abzuschirmen? Targ und Puthoff weigerten sich, die Fragen zu beantworten, und schickten die Liste an ihre Auftraggeber in Washington. Schließlich wurde der Artikel doch publiziert.

Etliche Jahre später berichtete die emigrierte Parapsychologin Larissa Vilenskaja westlichen Forschern, daß der KGB durch diese Aktion versucht hatte, mehr über die SRI-Forschung in Erfahrung zu bringen – sie selbst habe den Fragebogen im Auftrag der Sowjet-Geheimdienstler verfaßt.

Bei einer anderen Gelegenheit wurden Puthoff und Targ von der sowjetischen Botschaft in San Francisco darüber informiert, daß der Kosmonaut Vitali Sevastjanov einige paranormale Erfahrungen gemacht hatte und seinen Besuch in den USA dazu nutzen wollte, um mit den beiden darüber zu sprechen. Bei dem vereinbarten Treffen erschien der Kosmonaut in Begleitung des Parapsychologen Lev Lupichev und des Vizekonsuls Oleg Sidorenko.

Puthoff und die anderen waren vorher von der CIA und dem internen Sicherheitsdienst des SRI darüber informiert worden, daß der Besuch möglicherweise nicht so harmlos war, wie es erschien. Deshalb ließ man die drei Russen nicht weiter vor als bis zur Kantine des SRI. Bezeichnenderweise fielen dieselben Fragen, die auch der Fragebogen der *IEEE*-Redakteure enthalten hatte. Puthoff und Targ gaben sich redliche Mühe, Unverfängliches zu enthüllen und bei Geheimnissen um den heißen Brei herumzureden. Am Ende des gemeinsamen Mittagessens schlugen sie dann im Geiste der Entspannungspolitik vor, ein Experiment durchzuführen: Die Seher des SRI würden in Lupichevs Labor vordringen, während Lupichevs Seher im Gegenzug dasselbe beim SRI versuchen sollten. Der sowjetische Forscher schien von dieser Idee sehr angetan zu sein, nahm aber nie wieder Kontakt zu Puthoff und Targ auf.

Puthoffs bemerkenswerteste Begegnung mit den Sowjets fand im Sommer 1973 anläßlich des »Ersten Internationalen Kongresses für Psychotronische Forschung« in Prag statt. Eine bekannte Gruppe sowjetischer PSI-Forscher sagte in letzter Minute ab und wurde durch einige absolut unbekannte Teilnehmer ersetzt, die behaupteten, ebenfalls PSI-Forscher zu sein.

Die Namen dieser Neulinge wurden über CIA-Kanäle zu Puthoff und Swann durchgeschleust, noch bevor die beiden ihre Reise antraten. Angeblich war der Anführer der neuen Gruppe ein führender KGB-Offizier.

Aber als die beiden Amerikaner in Prag eintrafen, schien dies kaum mehr eine Rolle zu spielen, da sie von allen Seiten mit Fragen bombardiert wurden.

14. Die Zweifler

Als das Thema aufkam, war ich ziemlich peinlich berührt, als ich erklären mußte, daß es in meinem Bereich Leute gab, die meinten, daß etwas an der Sache dran sei.

Der DIA-Direktor Lieutenant General Daniel O. Graham über die Aktivitäten seiner Behörde im Bereich der PSI-Forschung

Diese Daten hätte jeder fälschen können, an jedem Ort, irgendwann … ich glaube, es war absoluter Quatsch.

Der ehemalige Navy-Berater Sam Koslov über seine Gründe, den Vertrag mit dem SRI 1976 zu kündigen

Welche Schrecken die sowjetischen PSI-Forscher auch planten, zumindest glaubten sie an PSI und konnten mit ihren Kollegen frei darüber sprechen. Ganz anders als im Westen, wo Umfragen den Eindruck erweckten, daß viele amerikanische und europäische Experten dem Thema insgeheim recht aufgeschlossen begegneten, andererseits aber nur die wenigsten dazu bereit waren, es sich gegenüber ihren Kollegen auf die Fahne zu schreiben. PSI wurde also einerseits von der Bevölkerung akzeptiert, andererseits jedoch vom wissenschaftlichen Establishment ausgegliedert. Wenn es diesbezüglich ein Evangelium gab, dann kam es von den materialistisch orientierten Skeptikern, welche die Parapsychologie als Pseudo-Wissenschaft ansahen, die von Mogeleien, Selbstbetrug und nachlässig durchgeführten Experimenten geprägt war.

Zu diesen Skeptikern gehörte auch eine CIA-Angestellte namens Laura Dickens. Als sie von den Berichten über die SRI-Experimente erfuhr, machte sie sich auf den Weg zum SRI und teilte Puthoff unverblümt mit, daß sie seine Forschungen als Unsinn zu entlarven gedachte.

In seiner sanften, zurückhaltenden Art beschloß Puthoff, Dickens eines Besseren zu belehren. Zunächst lud er sie ein, einer von Duane Elgins RV-Sitzungen beizuwohnen. Anschließend suchten Dickens, Elgin, Targ und Puthoff das Target auf. Elgins Beschreibung war korrekt, aber Dickens zeigte sich keineswegs beindruckt: »Es muß sich um einen Trick handeln.«

Am nächsten Tag fand sich Dickens zusammen mit Puthoff in der Rolle eines RV-Außenkontaktes wieder. Die Targets waren von Bart Cox durch einen Zufallsalgorithmus ermittelt worden. Dickens hatte schon tags zuvor den Verdacht gehabt, daß die Außenkontakt-Personen heimlich von einem Auto oder Hubschrauber verfolgt wurden, von dem aus Elgin die Daten des Targets übermittelt wurden. Nachdem sie also mit Puthoff einige Zeit am Target verbracht hatte und davon ausging, daß der unsichtbare Hubschrauber oder das Auto längst ihre Mission abgebrochen hatten, forderte sie ihn auf, mit ihr einen anderen Zielort aufzusuchen. Puthoff gab zu bedenken, daß sie damit vom Standardprotokoll abweichen würde, aber da Dickens darauf bestand, suchte er mit ihr einen anderen Ort auf, den sie ausgewählt hatte. Dreißig Minuten später fuhren sie wieder zum SRI zurück.

Wie sich herausstellte, hatte Elgin sich durch Dickens Taktik nicht verwirren lassen und bemerkt, daß die beiden mitten in dem Experiment einen anderen Zielort aufsuchten, den er ebenfalls beschreiben konnte. Laura Dickens erklärte, daß sie die Angelegenheit zunächst überschlafen müsse.

Während Dickens sich eine neue Taktik zurechtlegte, kamen Puthoff und Targ darin überein, daß sie ein verdammt harter Brocken war. Offensichtlich glaubte sie nicht einmal das, was sie selbst sah. Aber vielleicht würde sie das überzeugen können, was sie selbst *tat* ...

Am nächsten Morgen betrat Dickens den RV-Raum, in dem außer Targ und Puthoff niemand saß. »Wo ist denn der Remote Viewer?« fragte sie.

»*Sie* sind der Remote Viewer«, erklärte Puthoff.

»Das soll wohl ein Witz sein?« entgegnete Dickens. »Ich glaube nicht an diese Scheiße. Ich mache da nicht mit.«

Puthoff und Targ argumentierten jedoch damit, daß sie auf diese Weise am besten miterleben könnte, wie RV funktioniert. Schließlich willigte Dickens ein, und Puthoff fuhr mit dem Wagen zu einem Target, daß Cox nach dem üblichen Verfahren ausgesucht hatte. Dort wartete er eine halbe Stunde, während Dickens mit Targ im RV-Raum saß.

»Schließen Sie Ihre Augen und sagen Sie mir, was Sie sehen«, sagte Targ.

»Okay – meine Augen sind geschlossen. Es ist dunkel. Ich sehe die Innenseite meiner Augenlider.«

»Kommen Sie! Benutzen Sie ihre Fantasie!«

»Na gut, ich habe wirklich große Fantasie. Ich sehe eine Brücke über einen Fluß. Aber das ist nur meine Fantasie.«

Nachdem Puthoff wieder eingetroffen war, fuhren sie mit Dickens zu dem Target hinaus, das in einer Parklandschaft auf dem Universitätsgelände lag. Es war eine Brücke, die über einen kleinen Fluß führte.

Dickens war zunächst etwas schockiert, fiel aber schnell wieder in ihren normalen Gemütszustand zurück. Ihrer Ansicht nach hatte Targ ihr unterschwellig Informationen über das Target vermittelt. Sie wollte das Experiment wiederholen, aber diesmal ohne daß Targ im selben Raum saß.

»Okay«, sagten die Forscher. Nachdem Dickens den RV-Raum aufgesucht hatte, schlossen sie die Tür und versiegelten alle Ritzen mit Klebeband, um sich nachher nicht vorwerfen lassen zu müssen, daß die Bedingungen des Experimentes zu lasch gewesen seien. Dann ließ sich Puthoff von Cox das Target nennen und suchte es auf. Es handelte sich um ein Naturschutzgebiet namens Vaylands Nature Preserve, das bei Palo Alto lag. Am Ende der üblichen Wartephase machte er sich wieder auf den Rückweg.

Als die beiden Forscher den RV-Raum betraten, hockte Dickens zusammengekauert in einer Ecke. Sie hatte ihre Hände auf die Ohren gelegt, um sich vor etwaigen subliminalen Beeinflussungen über versteckte Lautsprecher zu schützen. Den Notizblock preßte sie eng an ihre Brust, um ihre Aufzeichnungen vor möglicherweise vorhandenen versteckten Videokameras zu verbergen.

Nachdem sich Puthoff und Targ ihre Aufzeichnungen angesehen hatten, grinsten sie zufrieden. Dann fuhren sie mit ihr zu dem Naturschutzpark hinaus – Dickens hatte einen Volltreffer gelandet. Sie war darüber alles andere als glücklich, gewann aber nach einiger Zeit ihre Fassung zurück und erklärte, sie wüßte genau, wie der Trick funktioniere: Puthoff und Targ hätten sie einfach zu dem Ort gefahren, der am besten zu ihren Aufzeichnungen paßte.

Sie erklärte sich bereit, einen weiteren Versuch durchzuführen. Diesmal sollten Puthoff und Targ ihr nach dem RV-Experiment zuerst sagen, um welches Target es sich handeln würde, bevor sie ihnen die Aufzeichnungen zeigen würde.

Wieder erklärten sich die beiden Forscher einverstanden und versiegelten den RV-Raum wie im letzten Experiment mit Klebeband, bevor sie sich von Bart Cox das Target geben ließen. Diesmal handelte es sich um einen Kinderspielplatz, der etwa drei Kilometer vom SRI entfernt lag. Dort gab es eine Menge eindeutiger Details, aber das charakteristischste darunter war ein Karrussell in Form einer drehend gelagerten, runden Plattform, deren Rand mit runden Metallbögen versehen war, die als Haltegriffe dienten.

Nachdem sie zurückgekehrt waren, klärten sie Dickens über das Target auf. Wie sich herausstellte, hatte sie etwas skizziert, das einem Karrussell mit kleinen Bögen drumherum ähnelte. Wie es häufig bei RV-Experimenten vorkommt, hatte sie ihre Sichtung falsch interpretiert und die Skizze für die Darstellung von Kuppelbögen gehalten, die das Dach eines Hauses schmücken. Doch war die Ähnlichkeit mit dem Karrussell so frappierend, daß sie bei Eintreffen am Target darauf zeigte und sagte: »Das ist es, nicht wahr?« Und dann: »Mein Gott, es funktioniert wirklich!«

Wie sich herausstellte, war Dickens eine der begabtesten Seherinnen, die das SRI bislang getestet hatte. Bald darauf trat sie einer kleinen Gruppe bei, die der CIA als hausinterne RV-Einheit zusammengestellt hatte.

Puthoff und Targ hatten damit einen weiteren Sieg ausgefochten, aber der Krieg mit den Skeptikern ging an allen Fronten weiter.

Kritiker gab es auch innerhalb des SRI, wo mancher skeptische Kollege meinte, daß die PSI-Forschung dem Ruf des Instituts schaden könnte. Von Außen gaben es ebenfalls genug Druck, als beispielsweise ein Redakteur der Zeitschrift *Time* namens Leon Jaroff den Forschern Leichtgläubigkeit und Schlamperei vorwarf[38]. Selbst in *Nature*, wo Puthoff und Targ ihren ersten Bericht veröffentlicht hatten, lag die redaktionelle Akzeptanz nun in der Nähe des absoluten Nullpunktes, was sich an einem Vorwort in derselben Ausgabe zeigte, in dem die Redakteure meinten, das SRI-Projekt sei weder fundiert noch überzeugend. Sie demontierten den Forschungsbericht, indem sie sich auf Kleinigkeiten stürzten, die in dem Gutachten des hausinternen Sachverständigenkomitees bekrittelt, in der abgedruckten Endfassung jedoch längst von Puthoff und Targ ausgeräumt worden waren. Ein Schachzug, der angesichts der üblichen Redaktionspolitik bei *Nature* wirklich einmalig war.

In den gesamten 70er Jahren wurden die beiden Wissenschaftler in die Defensive gedrängt. Sicher war einiges an der Kritik berechtigt und zwang die beiden dazu, ihre Methoden zu überdenken. Andererseits wurden häufig einfach Fehler unterstellt, ohne sie konkret zu bezeichnen, was zur Folge hatte, daß die etablierte Wissenschaft RV trotz aller Bemühungen als »unbewiesen« abqualifizierte.

Dadurch konnten die Gegner des Projektes auch unwissenschaftliche Argumente ins Feld führen, darunter etwa die Behauptung, daß die Forschungen eine religiöse Verschwörung zum Hintergrund hätten. So behauptete Leon Jareff in einer 1974 veröffentlichten Titelgeschichte der *Time*, Puthoff und Swann wären Mitglieder des »bizarren und umstrittenen Scientology-Kultes«.

Tatsächlich waren sowohl Swann als auch Puthoff der Church of Scientology in den 60er Jahren beigetreten, als sie noch weitaus weniger umstritten war[39]. In jenen Tagen gehörten die Veranstaltungen der Scientologen allgemeinem Vernehmen nach noch zu jenen harmlosen Zusammentreffen, die spirituell veranlagten Menschen neue Einsichten verschaffen sollten. So gab es ein (kostspieliges) Programm von Kursen, deren Teilnehmern die Scientologen die Beseitigung von Phobien, unterdrückten Traumata und anderem seelischen Müll versprachen. Als Religion zog Scientology vor allem Menschen an, die sowohl technisch als auch spirituell interessiert waren, was durch ein abenteuerliches Amalgam aus östlicher Weltsicht und westlichem Fortschrittsdenken untermauert wurde.

Puthoff trat Mitte der 70er Jahre aus Scientology aus und schloß sich einer Gruppe von Scientology-Gegnern an, die in erster Linie die verschwörerische, kultartige Struktur von Scientology kritisierten. Auch Swann distanzierte sich später von dem Gedankengut der Gemeinschaft. Bis heute erfreut sich Scientology jedoch eines großen Zulaufs aus den Reihen der kalifornischen Hightech-Profis. Auch das SRI war von Scientologen »unterwandert« – Pat Price war bis zu seinem Tod ein überzeugter Anhänger dieser Glaubensrichtung, und Puthoff hatte ihn ausgerechnet bei einem Scientology-Kurs in Los Aegeles kennengelernt. Einer von Puthoffs Assistenten war Scientologe, und selbst der Astronaut Edgar Mitchell, dessen Stiftung die Geller-Experimente des SRI finanziert hatte, gehörte dieser Gemeinde für eine Weile an. Bei der Kohlebergbaufirma, für die Pat Price tätig gewesen war, war ein Angestellter in hoher Position von einer schweren Krankheit genesen, nachdem er Scientology-Techniken ausprobiert hatte. Später versuchte er, mit ähnlichen Methoden die Probleme der Firma in den Griff zu bekommen. Zudem hatte er Price ebenfalls über Scientology-Kontakte kennengelernt.

Da Scientologen glauben, daß jeder Mensch über paranormale Kräfte verfügt, argumentierten einige PSI-Kritiker damit, daß ein an Scientology interessierter Forscher sich *per se* disqualifiziert. Puthoff protestierte, er wäre in erster Linie Wissenschaftler, und Targ, der in dieser Hinsicht unbescholten war, sprach ihm öffentlich das Vertrauen aus. Doch der Spuk endete nicht einmal, nachdem Puthoff sich von Scientology abwendete – selbst zwei Jahrzehnte später werten Beobachter die RV-Forschung immer noch ab, indem sie auf die geheime Verbindung anspielen.

Doch der schwerste Schlag gegen das Projekt hatte nichts mit Religion zu tun. Er kam vielmehr aus der CIA, die das Projekt ansonsten voll unterstützte.

Für Richard Kennett war RV eindeutig ein bewiesenes Phänomen, zumal er selbst als Außenkontakt an einigen Sitzungen von Pat Price teilgenommen hatte. Trotzdem war Kennett unsicher, ob es ratsam sei, das Projekt weiter und vor allem in seiner derzeitigen Form finanziell zu unterstützen.

Das Hauptproblem lag für Kennett darin, daß sich in all den Experimenten bislang nur Pat Price als so zuverlässig erwiesen hatte, daß man ihn für geheimdienstliche Zwecke einsetzen konnte. Selbst Price war jedoch bisweilen dem »Kicher-Faktor« unterlegen. Abgesehen davon bestand im Sommer 1975 einfach das Problem, daß dieser PSI-Superagent tot war.

Da man bislang keinen gleichwertigen Ersatz gefunden hatte, überlegte Kennett, ob es nicht das beste sei, die Forschung auf das Phänomen selbst zu verlagern, bis man sogar mit ganz normalen Versuchssubjekten ein ausreichendes Maß an Treffsicherheit erzielen würde. Nun war er sich darüber im Klaren, daß man ein solches Ziel nicht durch gelegentliche finanzielle Zuwendungen unter dem Tisch erreichen kann. Statt dessen schwebte ihm eine groß angelegte, langfristige Sache vor, die viel Geld und eine ernsthafte Untersuchung der neurophysiologischen Aspekte erfordern würde – und natürlich zahllose RV-Versuchsreihen.

Wegen der politischen Situation dieser Zeit konnte die CIA ein solches Projekt kaum in die Hand nehmen. Keine Frage, die Presse würde sich förmlich überschlagen, die Öffentlichkeit über von der CIA finanzierte Experimente an den Gehirnen von Menschen zu informieren. Das Projekt wäre damit aber torpediert gewesen, lange bevor das SRI auch nur einen Cent aus dem Etat gesehen hätte.

Schuld an diesem Dilemma war der Watergate-Skandal, in dessen Folge der Kongress sich plötzlich genauestens für alles interessierte, was die Exekutive und ganz besonders die CIA unternahm. Dabei hatte man sozusagen die Leichen im Keller der CIA entdeckt, zu denen auch eine Gruppe von Projekten gehörte, die in den 50er und 60er Jahren unter dem Decknamen MKULTRA durchgeführt worden waren[40]. Ziel dieser Projekte war die Entwicklung exotischer Waffen für Attentate, darunter synthetische und biologische Gifte, aber auch elektronisch ferngesteuerte Tiere, die mit Sprengkörpern ausgestattet waren.

Zudem glaubte man, daß die Sowjets insgeheim eine Droge entwickelt hatten, mit der sie Menschen unter ihre Kontrolle bringen konnten[41]. Die CIA hatte selbst Experimente mit solchen Drogen durchgeführt. So wurde einer Gruppe von Versuchssubjekten 77 Tage lang LSD verabreicht, um zu überprüfen, ob sich dadurch eine Gehirnwäsche bewerkstelligen ließ. Bei einem informellen Treffen von Mitarbeitern der CIA und Army nahm ein Army-Forscher namens Frank Olson LSD ein, worauf sich starke Persönlichkeitsveränderungen einstellten. Einige Wochen später beging er in New York Selbstmord, indem er aus dem Fenster seines Hotelzimmers sprang. Es kursieren auch Gerüchte, nach denen einigen unter dem Verdacht der Doppelspionage von der CIA verhaftete Agenten starben, nachdem man ihnen ohne ihr Wissen LSD verabreicht hatte.

MKULTRA wurde vom technischen Stabsdienst der CIA initiiert, und später von dessen Nachfolgeabteilung übernommen, der Technical Service Divisions (TSD). Eine der Schlüsselfiguren von MKULTRA war Dr. Sidney Gottlieb, der Ende 1972 als Leiter der TSD fungierte, als die CIA Puthoff zum ersten Mal einen PSI-Forschungsauftrag erteilte.

Obwohl MKULTRA von den höchsten Stellen abgesegnet war, nahm sich Gottlieb in den gegen Mitte und Ende der 70er Jahre stattfindenden Kongressanhörungen wie die Verkörperung eines durchgedrehten Geheimdienstes aus, dessen Vorgehen jedes Maß der Verhältnismäßigkeit überschritten hatte. Er selbst war es, der Frank Olson heimlich LSD in den Drink gemixt und 1960 bei einem Aufenthalt in Afrika versucht hatte, dem kongolesischen Nationalisten Lumumba ein biologisches Gift zu verabreichen. Lumumba war zu diesem Zeitpunkt jedoch bereits tot, wie es auch später bei jenem irakischen Offizier der Fall war, dem Gottlieb ein vergiftetes Taschentuch schickte. Darüber hinaus war Gottlieb an diversen unfruchtbaren Attentatsplänen auf Fidel Castro beteiligt, für die er sich mit der Entwicklung von Boulinus-Pillen, einem vergifteten Füllfederhalter sowie einem Giftspray befaßte, mit dem man die Innenseite von Castros Taucheranzug präparieren wollte.

Im Sommer 1973 wurde die TSD aus dem Directorate of Operations gelöst und war nun als OTS dem Directorate for Science and Technology unterstellt. Was nichts an der Tatsache änderte, daß der wenige Monate später den Posten des CIA-Chefdirektors übernehmende William Colby viel Zeit aufwenden mußte, um die Angriffe seitens des Kongresses abzuwehren. Als Präventivmaßnahme versuchte er, sämtliche Projekte auzulösen, die aus politischer Sicht bedenklich erschienen.

Trotzdem unterhielt das OTS noch eine Reihe geheimer Projekte, zu denen neben MKULTRA einige gehörten, über die bis heute nichts in der Öffentlichkeit bekannt wurde. OTS-Chef John McMahon war hinsichtlich des RV-Projektes recht optimistisch gestimmt, aber nach dem Tod von Price wurde beschlossen, daß diese Experimente zu jenen gehörten, von denen sich die OTS aus politischen Gründen besser distanzieren sollte. Deshalb erhielt das SRI keine neuen Aufträge und das hausinterne CIA-Programm wurde in aller Stille aufgelöst.

Als McMahon 1976 versetzt wurde, übernahm die Führung des OTS mit Dave Brandwyne ein Mann, der den RV-Experimenten keineswegs positiv gesonnen war. So erteilte Brandwyne Ken Kress einen scharfen Verweis, weil dieser in das Programm verwickelt war und versucht hatte, dem SRI neue Forschungsaufträge zu verschaffen. Er schärfte Kress und später auch Puthoff ein, daß das OTS sich in Zukunft nicht mehr mit RV befassen würde. »Wenn ich 100 Mal Nein sage«, erklärte er Puthoff, »dann ist es in 80 Fällen sicher berechtigt.«

McMahon, Kress und Everheart ließen sich jedoch nicht davon abhalten, weiter Kontakte zum SRI und später auch zu der Einheit von Fort Meade zu unterhalten. Soweit es jedoch die CIA als Behörde betraf, hielt sie sich ab nun bedeckt und überließ die PSI-Spionage anderen Behörden, die politisch weniger angreifbar waren.

Ende 1974 lief der Vertrag mit der CIA endgültig aus, so daß Puthoff und Targ neue Pläne schmieden mußten, um die finanzielle Basis ihrer Experimente abzusichern. Also begaben sie sich auf eine Rundreise durch die Behörden Washingtons und stellten ihre Forschungsergebnisse zur Schau, um Sponsoren zu finden. Oft genug winkten die Verantwortlichen direkt ab, manchmal zeigten sie auch anfänglichen Enthusiasmus, der sich in endlosen Versprechungen manifestierte, die letztendlich doch nicht erfüllt wurden. Dazu kam der anhaltende Kleinkrieg mit Skeptikern von innerhalb und außerhalb des SRI. Puthoff arbeitete bis zum Umfallen, was seine zweite Ehe mehrmals haarscharf an den Rand des Ruins brachte.

Die beiden Forscher arbeiteten auch an einem Buch, das ihre Arbeiten unter dem Titel *Mind Reach* einem breiten Publikum vorstellen sollte. Dabei beseelte sie nicht nur literarischer Ehrgeiz, sondern auch die Aussicht, dadurch das Interesse bei potentiellen Sponsoren zu bewirken, das ihre Vorträge nicht zeitigen konnten.

Schließlich erfuhren Puthoff und Targ, daß man am SRI ihre Entlassung in Erwägung zog, falls sie bei der Rückkehr von ihrer Betteltour nicht entsprechende Sponsoren vorweisen konnten.

Um das Buch bei einem geeigneten Verlag unterzubringen, hatten die beiden Forscher Targs Stiefmutter Roslyn Targ engagiert, die als Literarturagentin auch Richard Bach repräsentierte, der mit *Die Möwe Jonathan* einen Besteller gelandet hatte. Roslyn erzählte den beiden, daß Bachs Bücher von außerkörperlichen Erfahrungen inspiriert worden waren, weshalb er vielleicht an ihren Forschungen interessiert sein würde. So wurde ein Treffen arrangiert, und bald darauf flogen Puthoff und Targ nach Florida, um Bach in seinem Haus zu besuchen.

Bachs Haus war ein wirklich außergewöhnlicher Ort, an dem überall Modellflugzeuge an Fäden aufgehängt waren, so daß man das Gefühl hatte, mit ihnen durch die Räume zu schweben. Puthoff und Targ klärten ihn auf: Sie würden Dinge erforschen, die die Welt auf den Kopf stellten. War er bereit, Geld in die Sache zu stecken?

Es ist nicht überliefert, ob Bach wirklich von den Behauptungen der beiden überzeugt war oder lediglich ein großes Herz hatte. Jedenfalls stiftete er 40000 Dollar, machte aber zur Bedingung, daß er selbst zunächst einmal als Seher an einem RV-Experiment teilnehmen durfte.

Einige Monate später machte Bach auf dem Weg zu einem Vortrag in Hawaii einen Abstecher nach Kalifornien und besuchte das SRI. Er saß selbst in einem der RV-Räume und brachte es zu einem recht ordentlichen Ergebnis, als er Puthoff irgendwo in Palo Alto aufspüren sollte. Anschließend merkte er an, daß sich in seine Sichtungen immer dann Fehler einschlichen, wenn er versuchte, seine Visionen auf Verstandesebene zu anaylsieren. Als Puthoff beispielweise eine Kirche aufsuchte, hatte Bach den Altar als Ticketschalter eines Flughafens identifiziert und ein großes Goldkreuz für das Logo einer Luftfahrtgesellschaft gehalten.

Als Bach seine Reise fortsetzte, hatten Puthoff und Targ die 40000 Dollar sozusagen in der Tasche. Zusammen mit den anderen Beträgen, die sie auftreiben konnten, war das Projekt zumindest für die nächsten Jahre gesichert.

Einer der Verträge wurde mit der Navy abgeschlossen und belief sich auf die Summe von 100000 Dollar. Mit dem Geld sollte die Forschung im Bereich der mit EEG-Geräten aufgezeichneten Telepathie vorangetrieben, aber auch RV-Spionage auf U-Boote und andere feindliche Targets durchgeführt werden. Aus taktischen Gründen entschieden Puthoff, Targ und der für die Durchführung verantwortliche Navy Lieutenant Commander James Foote, die Forschungsarbeiten unverfänglich als »Aufspüren weit entfernter elektromagnetischer Quellen (physiologischer Korrelate)« auszuweisen.

Eines Tages im Jahr 1976 stieß der Navy-Wissenschaftsberater Sam Koslov bei der Sichtung der Verträge auf diese seltsame Bezeichnung. Er stutzte und las den Titel noch einmal. *Aufspüren weit entfernter elektromagnetischer Quellen …*

Dann ging Koslov vor Wut an die Decke, da er vermutete, daß es sich dabei um die Erprobung technischer Geräte handelte, mit denen man die Gehirne von Menschen beeinflussen kann – ein Reizthema, das der Reputation der CIA schon genug Schaden zugefügt hatte, da es zu den immer mehr ins Rampenlicht der Öffentlichkeit geratenden Zielsetzungen von MKULTRA gehört hatte.

Koslov ordnete sofort ein Briefing an. Als man ihn über den wirklichen Zweck des Projektes informiert hatte, stieg seine Wut ins Unermeßliche. Natürlich war er froh, daß es nicht um »technologisch gestützte Gehirnkontrolle« ging, aber andererseits ging es bei diesem Projekt ja um Telepathie – ein Thema, das Koslov als reinen Aberglauben ablehnte. Er verlangte die sofortige Kündigung des Vertrages. Als diese nicht mit der ihm notwendig erscheinenden Eile erfolgte, schaltete er den Generalinspektor der Navy ein.

Nach dem unrühmlichen Ende des Navy-Projektes[42] schaffte es Puthoff, einen kleineren Auftrag von Dale Graff zu erhalten, der bei der Air Force Foreign Technology Division als Physiker beschäftigt war. Graff war daran interessiert, jenes von der Nautilus-Geschichte inspirierte Experiment zu wiederholen, das die Sowjets angeblich erfolgreich durchgeführt hatten. Weiterhin wollte er wissen, ob die Annahme der Sowjets zutraf, daß PSI auf niederfrequenten Funkwellen basiert.

Im Juli 1977 ergab sich eine Gelegenheit, Experimente auf beiden Gebieten durchzuführen. Ein ehemaliger Navy-Offizier namens Stephen Schwartz, der nun ein erfolgreicher Geschäftsmann war und sich für das Paranormale interessierte, wollte RV für die Suche nach Schiffswracks vor der kalifornischen Küste einsetzen. Er schaffte es, Swann und Hammid zur Teilnahme an diesem Experiment zu überreden.

Die beiden Seher versuchten die Wracks über Landkarten ausfindig zu machen, die Schwartz ihnen besorgt hatte. Sie konzentrierten sich schließlich auf ein relativ kleines Gebiet nahe der Insel Santa Catalina, etwa 50 Kilometer südwestlich von Los Angeles.

Nachdem die Seher einige Skizzen angefertigt hatten, mietete Schwartz beim Ozeanium der University of Southern California ein U-Boot. Swann und Hammid gingen also mit ihm auf Tauchfahrt, und es gelang ihnen, einige Wrackteile ausfindig zu machen, was ihre Sichtungen soweit bestätigte. Gleichzeitig wurden bei dieser Aktion mit Schwartz' Einverständnis einige Experimente für Graffs geheimes Air Force-Projekt durchgeführt.

Zu einer festgelegten Zeit suchte ein Außenkontakt-Team des SRI einen nach dem Zufallsprinzip ausgewählten Ort in San Franciscos Bay Area auf. Hammid saß derweil 170 Meter unter der Meeresoberfläche in dem U-Boot und versuchte, das Target zu visualisieren: »Ein hohes, alles überragendes Objekt. Ein sehr, sehr großer Baum und dahinter ist alles frei. Es fühlt sich so an, als ob es ein Plateau ist, oder eine Palisade, als ob sich dahinter eine Steilküste befindet.«

An dieser Stelle wich man vom üblichen Protokoll ab, indem man Hammid – die immer noch im U-Boot saß – sechs Briefumschläge übergab, die Fotos verschiedener Lokalitäten in der Bay Area enthielten, darunter auch das Target, bei dem sich das Außenkontakt-Team gerade aufhielt. Hammid fand schnell heraus, welches Foto es war – es zeigte eine gigantische Eiche auf einem Hügel bei Portola Valley. Auf der Rückseite der Fotos stand jeweils eine einfache Botschaft – beispielsweise »Sofort auftauchen!« oder »Begeben Sie sich nach Treffpunkt A«. Diese Befehle sollten nicht ausgeführt werden, sondern dienten lediglich dazu, das Experiment realistischer erscheinen zu lassen. Insofern ähnelte das Verfahren dem *Nautilus*-Experiment, bei dem ja angeblich auch konkrete Botschaften mittels PSI übermittelt worden waren.

Später setzte man Swann in das U-Boot, das auf 80 Meter Tiefe abtauchte, während das SRI-Team ein anderes Target aufsuchte. Swann notierte: »ein Steinboden, Wände, ein kleiner Teich, rötliche Steinwände, große Türen, Rundgänge, ein abgeschlossener Bereich«. Aus den sechs Fotos wählte er das eines Einkaufzentrums in Mountain View heraus, das mit einer Teichanlage ausgestattet war.

Trotz der klaustrophobischen Atmosphäre innerhalb des U-Bootes und der Tatsache, daß Hammid unter Seekrankheit litt, war das erste direkte US-Experiment zur PSI-Kommunikation mit Unterseebooten ein voller Erfolg. Im nächsten Zug versuchte ein Team von Sehern am SRI, den Versuch in umgekehrter Richtung zu wiederholen. Dabei sollten zu festgelegten Zeiten Fotos visualisiert werden, die sich an Bord des U-Bootes befanden. Von drei Versuchen verliefen zwei erfolgreich.

Ganz nebenbei hatte diese Versuchsreihe den Beweis erbracht, daß die russische Hypothese, PSI würde auf niederfrequenten Rundfunkwellen (ELF) im Bereich der Gehirn-Alphawellen basieren, nicht zutraf. Das Seewasser hätte die Leistung von ELF-Sendungen auf ca. ein Prozent reduziert, was zu einem verschlechterten »Empfang« geführt hätte und Swann und Hammid zwangsläufig aufgefallen wäre.

Bald darauf verfaßte Hal Puthoff einen Bericht und setzte zusammen mit Dale Graff einen Navy-Untersekretär in Kenntnis: Man habe bewiesen, daß sich RV in Notfällen zur Kommunikation mit U-Booten eignet. Zwar sei das System nicht hunderprozentig zuverlässig, könnte aber mit geringem Kostenaufwand weiterentwickelt werden.

Der Untersekretär versuchte ein Meeting mit seinen Vorgesetzten anzuberaumen, doch bald darauf erfuhr Puthoff, daß die Navy-Chefs absolut kein Interesse hätten, RV oder andere Aspekte des Paranormalen zu diskutieren. Später kam Puthoff zu Ohren, daß er diese Abfuhr einer Intervention seitens Sam Koslovs zu verdanken hatte[43].

Spät im Sommer 1977 veröffentlichte der Wissenschaftsautor John Wilhelm einen Artikel in *The Washington Post,* der sich mit der PSI-Spionage der US-Regierung beschäftigte. Wilhelm gab einige Quellen an, die ziemlich von der Sache überzeugt waren, blieb selbst allerdings skeptisch und veröffentlichte kaum Details.

Tags darauf wurde der CIA-Direktor Sansfield Turner bei einer Presskonferenz mit Fragen zu diesem Thema konfrontiert. Er gab zu, daß die Geheimdienste Forschungen auf diesem Sektor betrieben hatten, da die Sowjets es ebenfalls taten. Ansonsten versuchte er, das Ganze zu einer interessanten, aber letztlich fruchtlosen Eskapade abzuwerten. Dabei bezog Turner sich zweifelsfrei auf Pat Price, als er berichtete, die CIA habe einmal mit einem Mann zusammengearbeitet, der tatsächlich über paranormale Fähigkeiten verfügte. Dieser Mann habe anhand seiner Eingebungen Zeichnungen von Targets angefertigt, die recht korrekt waren, obwohl sie laut Turner nur »rudimentäre« Informationen enthalten hätten. »Wie dem auch sei«, fügte Turner verschmitzt hinzu, »er starb, und wir haben seitdem nichts mehr von ihm gehört.«

Damit war sein Vortrag abgeschlossen, und in den nächsten fünfzehn Jahren würde kaum etwas über das SRI oder die PSI-Spionage an die Öffentlichkeit gelangen. Man hatte den Eindruck, daß PSI beim seinerzeitigen Wissenschaftsstand nicht ausreichend untersucht werden konnte und die Forschung deshalb wieder eingefroren wurde.

Doch in Wirklichkeit liefen die Projekte weiter, nur unterlagen sie nun einer weitaus höheren Geheimhaltungsstufe.

TEIL DREI
DAS NEUE ZEITALTER

Ich möchte nur erwähnen, daß es künstliche Strukturen unter der Marsoberfläche gibt ... und daß es Maschinen unter der Marsoberfläche gibt, die man sich ansehen kann. Man kann Details beobachten, man kann sehen, welche Funktionen sie haben, wo sie sind, wer sie sind und viele Details über sie erfahren ... alles durch Remote Viewing.

Major General Albert Stubblebine, US-Army Commander der INSCOM von 1981 bis 1984

15 Der Supergott im Himmel

»Sie fiel in eine Trance. Und während sie dort lag, gab sie uns Längen- und Breitengrade an. Wir richteten unsere Satellitenkameras auf diese Koordinaten aus – und fanden das vermißte Flugzeug!«

Ex-Präsident Jimmy Carter über eine PSI-Mission im Jahr 1978

In einem der Stockwerke unter den RV-Räumen am SRI gab es einen mit Metall abgeschirmten Raum, in dem ein spezielles Faxgerät stand, das mit einem Verschlüsselungsgerät gekoppelt war. Manchmal wurde Hal Puthoff auf diesem Weg angewiesen, eine RV-Mission durchzuführen.

Im Mai 1978 erhielt Puthoff ein geheimes Fax aus der Abteilung von General Ed Thompson, das er offenbar für die CIA vermittelt hatte. Es ging dabei um eine extrem dringliche Angelegenheit – im Dschungel Zaires war vor ein oder zwei Tagen ein sowjetischer Tupolev-Bomber vom Typ 22 abgestürzt, der offenbar zu Spionagezwecken über Afrika eingesetzt worden war[44]. Falls man das Wrack vor den Sowjets fand, würde man möglicherweise aus den Aufzeichnungen wertvolle Erkenntnisse über die Absichten der Sowjets gewinnen.

Die US-Spionagesatelliten hatten die Gegend durchkämmt, konnten das Wrack jedoch nicht aufspüren. Puthoff verfügte zu diesem Zeitpunkt über etwa ein Dutzend Remote Viewer, darunter Swann, Hammid und einen Mann namens Gary Langford, den er für diese Mission auswählte. Langford war ein Mittdreißiger mit überdurchschnittlichen PSI-Talenten, der beim SRI als Computerexperte arbeitete. Ein zurückhaltender, großer Mann von schlanker Statur, weit weniger exzentrisch als die meisten Seher des Projektes. Seine RV-Spezialität war die Sichtung von technischen Einrichtungen, aber er hatte auch ganz allgemein ein besonderes Geschick, mit RV Gegenstände aufzuspüren – manchmal reichte er an die Leistungen des verstorbenen Pat Price heran.

Puthoff ging mit Langford in den RV-Raum, den Ingo Swann einige Jahre zuvor entwickelt hatte. Der Raum war schalldicht, die Einrichtung in Grautönen gehalten und die Beleuchtung gedämpft und indirekt, da man herausgefunden hatte, daß das von starken Lichtquellen auf der Retina hinterlassene Nachleuchten die Seher ablenken und zu Fehlinterpretationen verleiten konnte.

Die Sitzung wurde von zwei an der Decke montierten Videokameras aufgezeichnet. Langford setzte sich hin und entspannte sich. Dann legte Puthoff einen Umschlag auf den Tisch und erklärte Langford, daß das Target ein verlorengegangenes Flugzeug sei.

Nach etwa zehn Minuten visualisierte Langford einen Dschungel, durch den sich ein Fluß schlängelte. Er skizzierte das zerschmetterte Heck eines Flugzeuges, das aus dem trüben, unruhigen Wasser herausragte. Details aus der Umgebung konnte er nicht beisteuern.

Puthoff faxte die Informationen zum Pentagon, lehnte sich im Sessel zurück und wartete.

Der Air Force-Physiker Dale Graff beschäftigte sich zur gleichen Zeit ebenfalls mit dem Zaire-Zwischenfall. Er arbeitete in der »Division für ausländische Technologie« auf der Air Force-Basis Wright-Patterson in Ohio. Äußerlich erweckte er den Eindruck eines zerstreuten Professors, interessierte sich aber bereits seit langem für das Paranormale. So führte er ein Traumtagebuch und hatte in den späten 70ern mit einer Freundin, die am anderen Ende der Stadt lebte, Versuche zur telepathischen Kommunikation durchgeführt, indem sie ihre Träume auf Inhalte untersuchten, die sich auf telepathischem Wege übertragen haben könnten. An einem nahegelegenen College hielt Graff nebenbei Vorträge über Parapsychologie. Er war ein eifriger Verfechter des Projektes Grill Flame und gehörte zu den Sponseren der SRI-Projekte. Puthoffs Team sollte für ihn einige der PSI-Experimente wiederholen, die angeblich von den Chinesen und Sowjets durchgeführt worden waren.

Graff hatte zudem auf Wright-Patterson eine kleine Gruppe von Remote Viewern zusammengestellt, als deren bestes Mitglied sich Francis Bryan hervorgetan hatte, die besonders talentiert im Auffinden von Objekten mittels RV war. Als Graff von dem in Zaire abgestürzten Flugzeug hörte, legte er Bryan ein Foto des gleichen Bombertyps vor und bat sie, in Afrika nach dem verschollenen Flugzeug zu suchen.

Bryans Sichtung war zwar nicht so detailliert wie die von Langford, aber sie steuerte immerhin einige Angaben zur Lage der Absturzstelle bei. Anhand ihrer Aufzeichnung konnte Graff den Ort lokalisieren. Sowohl diese als auch die von Langford beschafften Informationen wurden dem Pentagon übermittelt, das es an das CIA-Direktorat für Europa und Afrika weiterleitete, von wo aus es schließlich den Leiter der CIA-Außenstelle in Kinshasa erreichte, dem man allerdings den ominösen Ursprung der Informationen verschwieg.

Zunächst war der Beamte skeptisch, da die angegebene Fundstelle mehr als 100 Kilometer westlich der Stelle lag, an der seine Feldagenten das Flugzeug vermuteten. Er forderte vom Hauptbüro weitere Informationen an, während die Suche wie bisher fortgesetzt wurde. Als seine Anfrage bei Graff und auch bei Puthoff eintraf, verglich man dort die Daten mit detaillierten Karten der Gegend. Schließlich grenzte Graff anhand von Langfords Sichtungsbericht die Absturzstelle ein – sie lag in der Nähe eines kleinen Flusses. Daraufhin kabelte man die geographischen Koordinaten nach Kinshasa.

Zwischenzeitlich näherte sich das CIA-Feldteam der Stelle, an der sie das Flugzeug vermuteten. Als sie jedoch in der Nähe des von Bryans aufgespürten Ortes vorbeikamen, begegneten sie einigen Eingeborenen, die Metalltrümmer gefunden hatten, bei denen es sich offenbar um die Überreste eines Flugzeuges handelte.

Kurz drauf fand das Suchteam das Wrack – es lag tatsächlich in der Nähe des Flusses, nur drei Meilen von dem Ort entfernt, den Graff anhand von Bryans Daten ermittelt hatte.

Das Wrack wurde eiligst nach Zaire geschafft und analysiert, was den US-Geheimdiensten letztlich eine Menge Aufschlüsse über die von den Sowjets eingesetzte Technik und ihre Spionageaktivitäten in Afrika bescherte. Stansfield Turner konnte bald Präsident Carter darüber informieren, daß die Aktion höchst erfolgreich abgelaufen war. Daraufhin fragte der Präsident erstaunt, wie man die Absturzstelle denn so schnell gefunden habe?

Nun blieb Turner nichts anderes übrig, als seinen höchsten Vorgesetzten über die Rolle der PSI-Spione in dieser Affäre aufzuklären. Carter war keineswegs schockiert, da der NSC-Stabsleiter Jake Stewart und der Kongreßabgeodnete Charlie Rose ihn bereits über die Experimente am SRI informiert hatten. Offenbar akzeptierte er diese Versuche, was sich auch daran sehen läßt, daß er den Vorfall siebzehn Jahre später bei einem Gespräch mit Collegestudenten erwähnte, obwohl er bei dieser Gelegenheit einige der Details falsch wiedergab.

Offenbar war die Dürreperiode für das SRI nun vorbei. Aus allen Ecken des Gehimdienstwesen erhielt man Forschungsaufträge, darunter auch von der DIA und natürlich von Graffs Abteilung in Wright-Patterson. Bald darauf kam es auch zur Kooperation mit General Thompsons Sehern von Fort Meade.

Doch brachte die Flut von Aufträgen auch Nachteile mit sich. So versuchten die Verbindungsleute der verschiedenen Behörden, die Remote Viewer und Forscher mit Beschlag zu belegen. So konnte es passieren, daß Skip Atwater und Scotty Watt das SRI zwecks eines Gesprächstermins aufsuchten und dort erfuhren, daß das Team bis auf weiteres beispielsweise vom DIA-Verbindungsmann Jim Salyer voll in Anspruch genommen wurde. Es kam also genau zu jenen Rivalitäten, die zivilen Vertragsunternehmen regelmäßig Kopfschmerzen bereiten.

1979 beschloß man, diesem Durcheinander ein Ende zu bereiten, indem man die Aufträge zentral von der DIA koordinieren ließ und die diversen Einzelprojekte unter dem Projektnamen Grill Flame zusammenfaßte. Damit war indirekt auch dafür gesorgt, daß man für jene Behörden arbeiten konnte, die sich aus politischen Gründen von jeglicher Aktivität im Bereich des Paranormalen distanziereten. Die Leitung übernahm Jack Vorona, der dem technisch-wissenschaftlichen Direktorat der DIA vorsaß. Als einer der Top-Wissenschaftler des Pentagon war Grill Flame nicht das einzige seltsame Forschungsprojekt, in das er verwickelt war. So hatte er auch mit dem Projekt »Sleeping Beauty« zu tun, das sich mit der potentiellen Fernbeeinflussung des Gehirns durch Mikrowellen befaßte. Wie so oft war auch dieses Projekt entstanden, weil man befürchtete, daß die Russen an etwas Ähnlichem arbeiteten. Aus politischer Sicht war Vorona wirklich kein Feigling, aber er erhielt zudem großen Rückhalt durch ein ständig wachsendes Netzwerk von hochgestellten Beamten, deren Vertrauen ihm eine Menge Einfluß verschafften. Ingo Swann bezeichnete ihn deshalb gerne als den »Supergott im Himmel«:

Wenn Vorona der Supergott von Grill Flame war, dann stellte Pat Price den »Elvis« dieses Pantheons dar. 1979 trug Skip Atwater einem nichtsahnenden Joe McMoneagle auf, Pat Price nachzuspüren. McMoneagle wußte lediglich, daß das Target ein Mensch war. In der Sitzung beschrieb er einen Mann, der wie Price aussah und in einem unterirdischen Regierungskomplex arbeitete. Auch andere Remote Viewer kamen zu der Ansicht, daß Price noch leben würde. So wurde auch erzählt, daß Puthoff Pat Price in einem Einkausfzentrum begegnet sei – der Forscher selbst bestreitet dies jedoch. Nach Pat Prices Tod war Ingo Swann zum König der Seher aufgerückt, aber in seinem Palast spukte es ...

Swanns Arbeitsbereich nahm den größeren Teil des zweiten Stockwerks im Gebäude 44 des SRI ein. Hier lag der von ihm entworfene, fensterlose RV-Raum mit seiner grauen Einrichtung, den Kameras und Mikrophonen, sowie der von ihm konstruierte Tisch mit den Ablagen, in denen die Seher ihre Notizblöcke und Stifte aufbewahrten. Eine Wand grenzte an den Monitorraum, der auch als »Erholungsraum« für die Seher diente, wenn er nicht von Gästen benutzt wurde, die von hier aus über Video einer RV-Sitzung zusahen. Deshalb war der Raum auch mit Sofas, Stühlen und Tischen ausgestattet, auf denen Lexika und Wörterbüchern lagen – er erinnerte ein wenig an das Wartezimmer einer Arztpraxis. Gegenüber dem RV-Raum lag Swanns Büro, das von einem Chaos aus Büchern, Akten, Notizen und Zeitungsauschnitten beherrscht wurde.

Das Gesamtbudget der PSI-Forschung am SRI lag zwischen 500000 und einer Million Dollar pro Jahr, wovon allerdings mindestens die Hälfte in der SRI-Verwaltung verschwand. Ungefähr zwölf Personen waren fest angestellt. Russell Targ unterhielt seine kleinen Nebengeschäfte, und Puthoff hatte einen Physiker und Computerexperten namens Ed May angeheuert, um einige PSI-Experimente außerhalb der beiden anderen Projektreihen durchzuführen. Puthoff selbst hatte alle Hände voll zu tun, da er meist derjenige war, dem man die geheimen Vorinformationen einer Spionagemission anvertraute und er somit ganz zwangsläufig auch als Monitor der entsprechenden RV-Sitzungen fungieren mußte. Der DIA-Verbindungsmann Jim Salyer war zwischenzeitlich ebenfalls zum Monitor ausgebildet worden, sein Büro hatte man aber aus Platzgründen in einem Wohnanhänger eingerichtet, der vor dem Gebäude stand. Die Informationen über neue Missionen nahm er per Fax oder Telefon entgegen und hatte hier etwa dieselbe Funktion, wie sie Scotty Watt in der Einheit von Fort Meade wahrnahm. Hal Puthoffs Aufgaben ließen sich dagegen in hinreichender Näherung mit denen von Skip Atwater vergleichen.

Vor und nach jeder spionagebezogenen RV-Sitzung wurden häufig sogenannte »Kalibrierungen« anhand von Übungs-Targets vorgenommen, bei denen man den jeweiligen Seher direkt über seinen Erfolg oder Mißerfolg aufklärte. Diese Technik wurde vor allem von Ingo Swann bevorzugt, der davon überzeugt war, daß er anhand der Übungs-Targets feststellen konnte, wie präzise seine Angaben im Einzelfall waren. Kalibrierungs-Targets wurden als »Class A Targets« bezeichnet, Missions-Targets als »Class B«, reine Übungs-Targets dagegen als »Class A«.

»Class B«-Targets wurden im hausinternen Jargon als »sexy« bezeichnet, was allerdings nicht immer den Kern der Dinge traf. Oft ging es darum, die Existenz oder den Standort der schrecklichen Vernichtungsmaschinen des Kalten Krieges ausfindig zu machen. Bei einer Sitzung berichtete Swann von einem grün gekachelten Flur in irgendeinem Gebäude. An den Wänden bemerkte er kyrillische Schriftzeichen, und er begegnete Menschen, die gekleidet waren, als würden sie in einem Krankenhaus arbeiten. Swann glaubte, daß es sich um eine Fertigungsstätte für biologische Waffenssysteme handelte.

Ein anderes Mal fand er sich in einem Wald in Europa wieder und stieß dort auf eine Reihe gut bewachter Gebäude – zweifellos ein gulag-ähnliches Konzentrationslager. Als Swann in eines der Gebäude vordrang, stellte er fest, daß dort ebenfalls biologische Waffen entwickelt wurden. Dann bemerkte Swann, daß man hier grausige Experimente durchführte – nicht nur mit Tieren, sondern auch mit den Gefangenen des Lagers. Swann war so mitgenommen, daß Puthoff die Sitzung sofort abbrach. Der Seher brauchte einige Drinks, um sich zu erholen. Ob seine Vision korrekt war, erfuhr er nie. Aber das von ihm gesichtete Lager glich in vielen Details dem biologischen Forschungszentrum Obolensk, das in einem Pinienwald in der Nähe von Moskau liegt. Jahre später stand zumindest fest, daß man hier Tierversuche mit tödlichen Krankheitserregern durchgeführt hatte.

Biologische Forschungszentren gehörten recht häufig zu den Targets, die Swann und die anderen ausspionierten. Ähnliche Zentren fanden sich in Stepnogorsk, Berdsk, auf der Insel Vozrozhdenije im Aralsee, sowie in der Stadt Sverdlovsk, wo nach einer militärischen Panne 1979 mehrere hundert Zivilisten durch Milzbrand-Erreger umkamen. Ob es nun etwas mit dem RV-Programm zu tun hatte oder nicht, jedenfalls veröffentlichten DIA und CIA Mitte der 80er Jahre eine lange Liste von sowjetischen Forschungszentren, in denen gegen das 1972 ratifizierte Abkommen gegen die Verwendung biologischer Waffen im Angriffsfall verstoßen wurde.

Häufig wurden die RV-Sitzungen auch am SRI mit denen in Fort Meade koordiniert. So deckten sich Gary Langfords Beschreibungen eines *Typhoon*-U-Bootes mit denen von Joe McMoneagle, was für Jake Stewart und die anderen vom NSC Anlaß genug war, diese Informationen ernst zu nehmen. Übereinstimmungen gab es auch zwischen Langford und Swann, als sie im selben Jahr gegen die chinesische Nuklearanlage vorgingen. Nur ging Langford korrekt von einer Fehlzündung aus, während Swann eine echte nukleare Detonation wahrzunehmen meinte, die tausende chinesischer Wissenschaftler tötete.

Die Kooperative der Seher erstreckte sich auch auf subozeanische Ziele. So durchkämmten sie einmal bestimmte Unterwassercanyons im Atlantik, um sie auf das Vorhandensein sogenannter »Boomer« zu überprüfen – damit werden U-Boote bezeichnet, die als Abschußbasen für Interkontinentalraketen dienen. Im Jahr 1980 waren Swann und Langford auch an jener geheimnisvollen Suchaktion nach einem vor der Küste von Spanien verlorengegangenen NATO-Atomsprengkopf beteiligt.

Anfang 1979 rief Dale Graff bei Puthoff an, um ihm mitzuteilen, daß sich möglichweise eine günstige Gelegenheit ergeben hatte, das SRI-Projekt auf ein solideres Fundament zu setzen. Er erzählte ihm von einem Multimilliarden-Dollar-Projekt der Air Force im Bereich der Konterspionage, an dem auch das Projekt partizipieren könne – vorausgesetzt, man würde sich im Vorfeld entsprechend bewähren.

Teil des Air Force-Programmes war eine neue Klasse von ballistischen Interkontinentalraketen, die MX-Klasse. Diese Raketen sollten an bestimmten Orten abseits der üblichen US-Raketenbasen stationiert werden, um im Falle eines sowjetischen Erstschlages eine nukleare Variante des Pearl-Harbour-Szenarios auszuschließen.

Ursprünglich basierte das nukleare Arsenal der USA fast ausschließlich auf Raketen, die aus unterirdischen Silos gestartet werden sollten. Man war davon ausgegangen, daß die Sowjets aufgrund von Zielabweichungen keinesfalls alle Silos zerstören konnten, so daß die verbleibende Kapazität für einen Gegenschlag ausreichen würde. Doch mittlerweile hatten die Russen ihre Raketen verbessert, so daß die Air Force ein neues Raketensystem einführen sollte, dessen Abschußbasen über eine ausreichende Mobilität verfügten, um dem russischen Erstschlag zu entgehen. Gleichzeitig durfte der Grad an Mobilität aber auch nicht so hoch sein, daß die Zielgenauigkeit darunter leiden würde[45].

1979 hatte die Air Force dazu eine Art »Hütchenspiel« entwickelt, bei dem die einzelnen MX-Raketen auf Schienen in einem gut 45 Kilometer langen Korridor entlangbewegt wurden, der in gleichmäßigen Abständen mit insgesamt 23 möglichen Abschußvorichtungen ausgestattet war. Die Rakete wurde auf einem verdeckten Wagen mal in diese, mal in jene Abschußvorrichtung gebracht, manchmal auch nur scheinbar. Die einzige Methode, diese Anlage auszuschalten, lag in einer Zerstörung aller Abschußvorrichtungen entlang der Strecke. Nach den üblichen Regeln des taktischen Nukleareinsatzes waren dafür zwei Atomsprengköpfe pro Abschußvorrichtung notwendig, insgesamt also 46. Somit hätten die Sowjets insgesamt allein 9200 Atomsprengköpfe einsetzen müssen, um das MX-System lahmzulegen. Durch diese mathematische Strategie hofften die US-Militärs, die Sowjets von der Idee eines Erstschlages abzubringen.

Sieht man einmal von den enormen Kosten und den Protesten der in der Nähe der Abschußvorrichtungen wohnenden Bürger von Nevada und Utah ab, erschien dieser Plan durchaus wasserdicht. Trotzdem hatte die Air Force auf der Norton Base in Kalifornien ein Team zusammengestellt, das herausfinden sollte, ob es nicht doch eine obskure Möglichkeit gab, diese Taktik zu unterlaufen[46].

Zufällig hatte Puthoff gerade von einem PSI-Massentest gehört, den der Parapsychologe Charles Tart von der University of California in Davis durchgeführt hatte. Dabei wurden zunächst rund 2000 Studenten und Doktoranden durch Kartentests auf ihre paranormalen Fähigkeiten untersucht. Anschließend wurden die vielversprechendsten Kandidaten einem PSI-Computertest unterzogen, um wiederum die zehn Besten herauszusieben.

Das letzte Experiment basierte auf einer Computerversion des bekannten »Hütchenspiels«, bei dem erraten werden mußte, unter welchem von insgesamt zehn Hütchen eine Murmel steckte. Dabei wurden in jedem der durch einen programmierten Zufallsgenerator konfigurierten Durchgänge 25 Rateversuche durchgeführt, wobei man nur das Hütchen in die Wertung aufnahm, für das sich der Kandidat am häufigsten entschieden hatte. Ähnliche statistische Verfahren zur Fehlereliminierung wurden seit den 60er Jahren auch von tschechischen und russischen Parapsychologen verwendet.

Rein statistisch betrachtet standen die Chancen so, daß jeder Kandidat nur in zehn Prozent aller Fälle das richtige Hütchen erraten würde. Die oben angesprochene Fehlerkorrektur änderte daran nichts, da die 25 Einzelversuche letztendlich zu einem einzigen Gesamtwert zusammengefaßt wurden.

Bei den Versuchen tat sich eine Kandidaten namens Mary Lang besonders hervor. Als Puthoff Tarts Bericht gelesen hatte, versuchte er, die statistischen Resultate auf das MX-Problem anzuwenden. Er errechnete, daß Mary Lang in nur 50 Rateversuchen die Position einer MX-Rakete bestimmen würde, und zwar mit eine Treffsicherheit von 80 Prozent. Womit klar war, daß ein gutes Team von

Remote Viewern in wenigen Stunden ein System unterlaufen könnte, dessen Bau den US-Steuerzahler viele Milliarden Dollar kosten würde.

Auf der Norton Base war man über Puthoffs Bericht recht beuruhigt. Doch die Leitung der Air Force war von ihrem MX-Projekt offenbar so angetan, daß sie die Findungen der Remote Viewer ignorierte. So leicht ließ sich Puthoff jedoch nicht unterkriegen. Mit Dale Graffs Hilfe nahm er direkt Kontakt mit Jake Stewart vom NSC auf, der den Bericht Präsident Carters Beratern zuspielte.

Einige wollten schlichtweg nicht glauben, daß sich PSI-Kräfte in so starkem Maß auf die nationale Sicherheit auswirken könnten. Andere zeigten sich durchaus beeindruckt, aber die Entscheidung wurde letztendlich in die erste Legislaturperiode der Amtszeit von Carters Nachfolger Ronald Reagan verschoben[47].

Trotzdem hatten die RV-Pioniere zum ersten Mal wirklich etwas bewirkt, was ihnen jedoch von Seiten der Air Force eher Mißtrauen als Lob einbrachte. Das sollte besonders Graff deutlich spüren, als er 1980 ein Stipendium aus dem Geheimdienstbereich erhielt, das ihm eine etwa zweijährige Forschung auf einem beliebigen Gebiet ermöglichen sollte. Graff wollte diese Gelegenheit nutzen, um an vier verschiedenen Projekten mitarbeiten zu können: Dem SRI, einem Labor für Psychokinese an der Princeton University, einem PSI-Labor des J. B. Rhine-Projektes in Durham (North Carolina), sowie einem Labor des Department of Energy, in dem Experimente zur Mikrowellen-Waffentechnik durchgeführt wurden.

Als Graff gerade seinen Flug nach Washington antreten wollte, erhielt er einen Anruf. Offenbar hatte sich das Stabsbüro der Air Force in einem unerhörten Präzedenzfall dazu entschlossen, ihm das Stipendium wieder abzuerkennen.

Seine Karriere auf Wright-Patterson war damit beendet. Doch dann schaltete sich Jack Vorona ein, der große Supergott im Himmel. Und so nahm Graff seinen Abschied bei Wright-Patterson und trat Voronas DIA-Gruppe bei.

16. Aol

Während er an einer fiebrigen Kinderkrankheit litt, hatte Nabokov seine erste hellseherische Erfahrung. In einer Vision sah er, wie seine Mutter einen Schlitten nach Nevsky zog und dort einen Bleistift kaufte, der verpackt und dann von einem Helfer zu dem Schlitten getragen wurde. Er wunderte sich, wieso seine Mutter etwas so kleines wie einen Bleistift nicht selbst tragen konnte. Doch dann betrat sie sein Zimmer und zeigte ihm einen riesige Bleistift von Faber-Castell – es war ein Werbedeko, das sie ihm mitgebracht hatte.

Brian Boyd/Vladimir Nabokov: The Russian Years

In den letzten Tagen der Carter-Administration erlebte das SRI-Programm seine Glanzzeit. Wenn die Seher einmal nicht mit einer echten Mission beschäftigt waren, wurde weiterexperimentiert, wobei die Versuche zunehmend esoterischer wurden. So wurden auch Tests durchgeführt, die klarstellen sollten, wie hoch die Zuverlässigkeit der Seher in Bezug auf den Zeitpunkt war, an dem das Geschehen in ihren Visionen stattfand. So gab man Swann einmal die Koordinaten einer Air Force-Basis, auf der irgendwann ein halbstündiger Tests eines Raketenantriebs stattfinden würde. Swann sollte bestimmen, wann der Test beginnen würde.

»Wow!« sagte er plötzlich und richtete sich auf. »Ich glaube, es ist vor ein paar Sekunden passiert!«

Er hatte recht.

Ein ähnlicher Test wurde auch mit einem unterirdischen Atomversuch durchgeführt, der in Nevada stattfand. Swann sollte in diesem Fall feststellen, ob der Test innerhalb eines gewissen Zeitraumes tatsächlich ausgeführt wurde. Auch diesmal landete er einen Treffer.

Desweiteren gab es Tests zur präkognitiven RV, bei denen die Wahrscheinlichkeit variiert wurde, mit der der Computer ein bestimmtes Target auswählte. Beispielsweise wurde ein Target mit 67 Prozent gewichtet, das andere mit 33 Prozent – oder auch 99 Prozent zu einem Prozent. Puthoff und seine Kollegen wollten wissen, ob ein Remote Viewer beide Targets gleich gut aufspüren würde, oder ob das Aufspüren des weniger häufig gewählten Targets Schwierigkeiten aufwarf, wie es bei nicht vorhersehbaren Vorgängen des richtigen Lebens der Fall war, die sich auch durch PSI nicht genau visualisieren ließen. Die Ergebnisse dieser Tests schienen nahezulegen, daß die Seher eher die *wahrscheinlichste* Zukunft als die wirkliche wahrnahmen, was möglicherweise erklärt, warum die Remote Viewer bei der Vorhersage von Lottozahlen und anderen unvorhersehbaren Ereignisse auf Probleme stießen.

Weiterhin wurden Versuche mit Außenkontakt-RV über Entfernungen von vielen tausend Kilometern durchgeführt und ebenso Simulationen, in denen die Seher üben sollten, Entführungsopfer oder von Terroristen versteckte Bomben zu finden. Technische Einrichtungen standen sehr häufig auf dem Plan, um die Sinne der Seher für die Feinheiten der militärischen Technologie zu schärfen.

Daneben wurden den Remote Viewern wie zu alten CIA-Zeiten ständig etablierte und neuartige psychologische Tests vorgelegt. Neurologische Untersuchungen wurden ebenfalls häufig durchgeführt, und einmal fuhr man sogar zum Los Alamos National Laboratory hinaus, um die Gehirne der Seher mit einem Kernspingerät zu durchleuchten. So wollten die Forscher erfahren, welche Teile des Gehirns für PSI verantwortlich waren. Einiges schien auf die Schläfenlappen zu deuten, aber wie in vielen Bereichen der Neurologie ließen sich auch hier keine genaueren Aufschlüsse gewinnen.

Joe McMonaegle führte auch Versuche zur außerkörperlichen Wahrnehmung durch, in denen er nach Puthoffs Anweisungen mit seinem Geist einen Raum aufsuchte, um einen dort vesteckten Gegenstand zu beschreiben.

Während eines RV-Experimentes mit McMonaegle stürzte im Nebenraum ein Computer ab, woraufhin die Forscher den Seher fragten, ob er dies absichtlich bewirken könnte. McMoneagle versuchte es, die Resultate waren allerdings nicht gerade überzeugend. Trotzdem würden Puthoff und Targ später bei einem Vortrag vor der Association for the Advancement of Science erwähnen, daß es »während einer RV-Sitzung zu geringfügigen Störungen bei Laborgeräten« kommen kann.

In den frühen 80er Jahren führte man sogar Versuche durch, mit denen man eine Relation zwischen RV und den Schwankungen des Erdmagnetfeldes zu finden hoffte. Puthoff war auf diese Idee gekommen, nachdem er einen Artikel von Michael Persinger gelesen hatte, einem Psychologen der Laurentian University von Ontario.

Wie seine russischen Kollegen Kogan und Vasiliev vermutete auch Persinger, daß PSI auf niederfrequenten elektromagnetischen Wellen (ELF) beruht. Zunächst hatte Persinger die Labordaten von vielen hundert PSI-Experimenten zusammengetragen und ihre Ergebnisse mit den Schwankungen des Erdmagnetfeldes verglichen. Tatsächlich konnte er einen geringen Grad an Korrelation feststellen, da außersinnliche Wahrnehmungen in den von ihn überprüften Daten häufiger an Tagen auftraten, an denen die magnetischen Fluktuationen nur gering waren. Deshalb meinte er, daß PSI durch magnetische Störungen beeinträchtigt werden könnte – genau wie beispielsweise der Radioempfang auf der Mittelwelle, was für die Richtigkeit der ELF-Hypothese zu sprechen schien.

Puthoff und andere Gegener der ELF-Hypothese gingen jedoch davon aus, daß magnetische Störungen sich nur indirekt auf PSI auswirkten, indem sie Veränderungen im Gehirn des Mediums hervorriefen, was mithin auch zur Beeinträchtigung weitaus alltäglicherer Hirnfunktionen führen könnte.

Schließlich konstruierte Puthoff mit Hilfe seiner Kollegin Marcia Adams ein neuartiges Magnetometer. Adams hatte bereits ähnliche Geräte für die Army entworfen. Im Verlauf ihrer Untersuchungen erfuhren die Forscher, daß – so seltsam es klingen mag – Bäume sich hervorragend als Antennen bzw. Sensoren für Magnetfelder eignen. Also klemmten sie einfach einen Verstärker an eine große Eiche, die auf dem Laborgelände stand. Das Signal wurde in einen Computer eingespeist, der die Fluktuationen auf dem Bildschirm zeigte.

Schließlich stellten sie fest, daß die magnetische Aktivität in der Tat bei erfolgreichen PSI-Experimenten meist sehr gering war. Obwohl diese Korrelation in der Parapsychologie heute große Beachtung findet, hielt Puthoff sie für zu unbedeutend, um der Sache weiter nachzugehen. Letztendlich ließen sich die Seher des SRI weder durch Magnetfelder noch durch Protonenbeschuß oder Röntgenstrahlen davon abhalten, gute Arbeit zu leisten.

Ein Teil der SRI-Experimente konzentrierte sich nach wie vor auf die Wiederholung sowjetischer, osteuropäischer und chinesischer Versuche. 1982 hörte Puthoff von einem chinesischen Experiment, das etwa so verlief: Ein Stück Reispapier wurde mit einigen chinesischen Schriftzeichen versehen und dann auf einen hochempfindlichen Film gelegt, der zusätzlich mit Fotodetektoren versehen wurde, um etwaige Lichterscheinungen nachweisen zu können. Dieser Aufbau wurde dann in einem gegen Fremdlicht abgeschirmten Kasten untergebracht. Das Medium – von den Chinesen als »EHBF-Subjekt« bezeichnet, wobei EHBF für »extreme Humane Bio-Funktion« stand – sollte nun die Schriftzeichen auf dem Reispapier erkennen. Die Chinesen behaupteten, daß die in dem Kasten untergebrachten Detektoren während ihrer Versuche Lichterscheinungen im sichtbaren und infraroten Bereich registrierten, und daß auf dem entwickelten Film die Schriftzeichen zu sehen waren – und zwar nur jene, die das jeweilige Medium auch wahrgenommen hatte!

Puthoffs Team wollte dieses Exeriment in einem Doppelblindversuch wiederholen. Dazu verwendeten sie nach dem Zufallsprinzip ausgewählte Dias von Targets, die vor einem hochempfindlichen Photomultiplier lagen, während die Seher sie zu erkennen versuchten. Schließlich wurden die Sichtungen genau analysiert und mit den Ausgangssignalen des Photomultipliers verglichen, um etwaige Korrelationen nachzuweisen. Das gelang ihnen zwar, allerdings bei weitem nicht mit der von den Chinesen behaupteten Signifikanz. Der Photomultipier zeichnete ständig kleine Signale auf, auch wenn sich gerade keiner der Seher an diesem Experiment versuchte. Im Großen und Ganzen schien es so, als ob eine Fortsetzung dieser Versuchsreihe nicht zu rechtfertigen war.

Ingo Swann hielt sich aus derartigen Experimenten heraus, weil er meinte, daß seine eigenen Versuche wichtiger seien, in denen es hauptsächlich um die Verbesserung der Trefferquote und Detailauflösung der Sichtungen ging.

Seit den Anfängen der Versuche war eigentlich jedermann klar, daß das Hauptproblem von RV in den Störungen des eigentlichen Signals durch solche lag, die weniger interessierten. Diese Störsignale überdeckten oft wichtige Informationen, genau wie das Signal eines Kurzwellensenders beim Empfang während einer Schlechtwetterlage oft durch andere Stationen überlagert wird. Nur waren die Störungen bei RV weitaus gravierender: Puthoff hatte in den späten 70er Jahren ausgerechnet, daß unabhängig vom verwendeten Verfahren nur etwa zwei Drittel der RV-Daten relevant waren. Andere gingen davon aus, daß Puthoffs Analyse etwas zu optimistisch war.

Natürlich gab es auch Fälle, in denen eine Sitzung geradezu atemberaubend klare und korrekte Details lieferte, was allerdings nie direkt, sondern erst viel später verifiziert werden konnte[48].

Zur Lösung dieses Problems mußte man entweder die wichtigen Signale verstärken oder die unwichtigen reduzieren. Eine Möglichkeit lag darin, mehrere Seher auf dasselbe Target anzusetzen und ihre Daten nachher zu vergleichen, um nur die Übereinstimmungen zu bewerten. Auch wurde überlegt, den Seher in ein tieferes Trancestadium zu versetzen, um seine Gedanken stärker auf das Target auszurichten. Eine Variante dieser Methode basierte auf der Nutzung »automatisch« erstellter Skizzen anstatt verbaler Berichte, um dem Unterbewußtsein des Sehers mehr Raum zu lassen.

Einige Experimentatoren gingen noch weiter, indem sie als Target ein Lebewesen benutzten, das sich in einem traumatischen Stresszustand befand. Aus der Geschichte des Paranormalen sind viele Fälle bekannt, in denen beispielsweise eine Mutter hellseherisch miterlebt, wie ihr Sohn im Krieg fällt. Die sowjetischen Forscher verwirklichten ihre eigene Variante dieser Methode, indem sie das bereits erwähnte Kaninchen-Experiment durchführten.

Andere Techniken konzentrierten sich darauf, die Störsignale zu unterdrücken. Ein Beispiel dafür ist die von den Remote Viewern in Fort Meade benutzte Methode, sich zu suggerieren, daß man seine Sorgen und Nöte in einen Koffer packt. Die Sowjets experimentierten dagegen auch mit Drogen und anderen Mitteln, die ein erweitertes Bewußtseinsstadium herbeiführen.

Ingo Swann machte sich jedoch daran, eine dritte Möglichkeit auszutesten, bei der ein Seher selbst lernen sollte, zwischen Nutzsignalen und Störungen zu differenzieren.

Grundsätzlich fielen die Resultate jeder RV-Sitzungen in eine von zwei Kategorien. Zum einen konnten die Daten aus groben, nicht näher bezeichneten Skizzen des Targets bestehen, die durch einfache verbale Beschreibungen wie etwa »trocken«, »steil«, »scharf« oder »ein pulsierender Ton« ergänzt wurden. Am anderen Ende des Spektrums lagen die eher analytischen, induktiven Protokolle, die detaillierte Zeichnungen des Targets und präzise verbale Beschreibungen enthielten: »ein Tennisplatz«, »ein Atomreaktor«, »sieht aus wie der Hoover-Tower«.

Puthoffs Frau Adrienne war von Beruf Lehrerin und interessierte sich für die psychologischen Aspekte des Lernens. Seit den frühen 70er Jahren hatte sie sich bereits einige Male mit RV-Daten befaßt, die ihr Mann mit nach Hause gebracht hatte. Dabei war ihr aufgefallen, daß die komplexeren Daten zwar oft das Target detailliert beschrieben, trotzdem aber gravierende Fehler enthielten. Ein Beispiel dafür war Richard Bachs Sitzung, bei der er anstatt der als Target ausgewählten Methodistenkirche einen Flughafen visualiserte und das Kreuz für das Logo einer Fluggesellschaft hielt.

Daß es bei RV häufig zu solchen Fehlschlägen kam, war nun beileibe nichts neues. So erwähnte der Romanautor Upton Sinclair in seinem Sachbuch *Mental Radio*, das seine in den 20er Jahren mit seiner Frau Mary Craig (und anderen Medien) durchgeführten RV-Experimente beschreibt: »Häufig fertigt sie eine gute Zeichnung des Gegenstandes an, beschreibt ihn aber falsch ... ich zeichnete eine Hacke, die sie auch von der Form her richtig zeichnete. Dazu meinte sie jedoch: ›Vielleicht eine Schere, oder eine Brille mit langen Ohrbügeln.‹«

»In derselben Versuchsreihe bezeichnete sie das Geweih eines Rentiers als »Holunderblätter«. Dazu sei erwähnt, daß sowohl Holunderblätter als auch Rentiere in Craigs Kindheit eine bedeutende Rolle als Symbole für die Weihnachtszeit spielten.

Adrienne Puthoff wußte, daß die linke Hirnhäfte, sehr vereinfacht gesagt, auf verbale, mathematische und analytische Aufgaben spezialisiert ist. Da RV vor allem im Hinblick auf alphanumerische Daten sehr unzuverlässig war, ging sie davon aus, daß ein anderer Teil des Gehirns für dieses Phänomen verantwortlich ist. Dafür kamen in erster Linie jene Hirnsektionen in Frage, die für visuelle, räumliche und unterschwellige sinnliche Wahrnehmungen zuständig sind.

Diese Ansicht wurde auch von den Neurologen und Psychologen verteten, mit denen Hal Puthoff zusammenarbeitete. Sie erinnerten die Unfähigkeit der Seher, sich auf alphanumerische Daten zu konzentrieren und Zeichnungen richtig zu interpretieren, an die typischen Symptome von Patienten, die unter einer Schädigung der linken Hirnhälfte leiden und für deren Funktionen ersatzweise auf andere Teile des Gehirns zurückgreifen müssen[49].

Wenn ein Remote Viewer ein Objekt falsch identifizierte, also etwa ein Rentiergeweih für ein Holunderblatt hielt, dann kam es häufig vor, daß sich dahinter ein unterschwelliger Zusammenhang verbarg. In diesem Beispiel stimmt die Form (die Swann gerne mit dem deutschen Wort »Gestalt« bezeichnete[50]) der Gegenstände weitgehend überein, aber zudem wurden beide für den Seher (Craig) auch durch den weihnachtlichen Zusammenhang miteinander verknüpft.

Swann erwähnte dazu in einer SRI-internen Notiz, daß die RV-Sichtungen auf einer automatischen Analysefunktion beruhen, die auch die Fehler verursacht. Er bezeichnete die Störungen als »analytische Überlagerung« (Analytical Overlay, Aol) und machte sich daran, eine Methode zu entwickeln, mit der ein Seher *Aol* selbst identifizieren konnte. Falls es gelang, dann sollten die Seher solche Daten zukünftig mit »Aol« kennzeichnen, um sie von den relevanteren Sichtungen abzugrenzen.

Swann schaffte es, Puthoff von dieser Idee so weit zu überzeugen, daß dieser 1975 einem damals streng geheimen Report für die CIA-Sponsoren einen Bericht des Sehers zu diesem Thema beilegte. Darin hieß es: »Zu dieser Thematik wurden genug Daten gesammelt, um sicherzustellen, daß es sich wohl nicht um ein Wahrnehmungsproblem handelt, sondern um eines, das bei der

Umsetzung der Signale der PSI-Matrix in korrekte analytische Sequenzen entsteht ... Falls es gelingen würde, eine entsprechende Prozedur zu entwickeln, dann könnte die analytische Überlagerung zukünftig in positiver Weise zur Analyse beitragen, anstatt sie zu behindern.«

Was Ingo Swann hier in seinem nicht ganz einfachen, akademisch klingenden Schreibstil beschreibt, ist letztlich ein recht simples Verfahren: Analystische Übermittlungen werden ignoriert, wenn sie am Beginn einer RV-Sitzung auftreten, da hier die Fehlerquote am größten ist.

Etwa zur gleichen Zeit kam Puthoff auf einer Parapsychologie-Konferenz mit einem Artikel der britischen Abschlußstudentin Serena Roney-Dougal in Berührung. Roney-Dougals Tutor war der bekannte Psychologe Norman Dixon, der kurz zuvor ein Buch über subliminale Wahrnehmung veröffentlicht hatte. Die Studentin vertrat die Ansicht, daß PSI-Wahrnehmungen ebenfalls auf subliminalen Erfahrungen basieren, was Puthoff für bedeutend genug hielt, um es in seine Arbeit am SRI einfließen zu lassen.

Das Wort »subliminal« bezeichnet solche Empfindungen, die unter (sub-) der Wahrnehmungschwelle des Bewußtseins (dem »Limen«) liegen. Alle Sinneswahrnehmungen müssen eine bestimmte Intensität und Dauer aufweisen, um über der liminalen Schwelle zu liegen, so daß sie bewußt registriert werden. Was dagegen unter dieser Schwelle liegt, macht sich auf andere Weise bemerkbar. Zeigt man beispielsweise einem jungen Mann für einen Sekundenbruchteil das Foto einer schönen, nackten Frau, dann wird er es nicht bewußt wahrnehmen, aber gleichzeitig vielleicht diverse biomedizinische Reaktionen zeigen, die auf eine sexuelle Erregung deuten.

Ein anderes Beispiel ist vielleicht bekannter, da es bereits einige Male durch die Weltpresse ging. Dabei wird einer Testperson ein Film vorgeführt, der extrem kurze Bilder enthält, auf denen jemand eine Flasche Coca Cola trinkt. Bei der Testperson kann sich dadurch ein Durstgefühl entwickeln, ohne daß sie sich der Ursache bewußt ist. Diese Geschichte verursachte Mitte der 70er Jahre einen ziemlichen Aufruhr, da viele Menschen befürchteten, daß solche Botschaften bereits gewohnheitsmäßig in Kinofilmen versteckt wurden, um die Zuschauer zum Kauf bestimmter Produkte zu bewegen.

Jedenfalls waren Puthoff und Swann der Ansicht, daß die RV-Wahrnehmungen tatsächlich einiges mit den subliminalen Botschaften gemeinsam hatten. Wie die RV-Daten in das menschliche Gehirn gelangten, war noch ungeklärt, aber man wußte, daß die Informationen bruchstückhaft einflossen, so als ob der Remote Viewer wiederholt für winzige Augenblicke mit dem Target in Berührung kam, um direkt danach wieder zu dem Ort zurückgerissen zu werden, an dem er sich wirklich befand. Insgesamt schien sich herauszukristallisieren, daß RV letztlich wie alle anderen Sinneswahrnehmungen funktioniert, allerdings weitaus schwächer wirkte, so daß die Daten zumeist unterhalb der liminalen Wahrnehmungsschwelle lagen. Für die meisten Menschen war der Anteil von Störungen dabei extrem hoch. Da man daran nichts ändern konnte, mußte eine Methode gefunden werden, mit der man die echten Signale von den Störungen trennen kann.

Puthoff und Swann hatten schließlich die Gelegenheit, Dixon mit ihren Forschungen bekannt zu machen. Der war so beeindruckt, daß er direkt einen Artikel für ein parapsychologisches Magazin verfaßte, in dem er auf die Verbindung zwischen RV und subliminaler Wahrnehmung hinwies. Wie man sich denken kann, wurde dieser Artikel von der akademischen Psychologie vollkommen ignoriert.

Um 1980 begann Swann, eine Technik zu entwickeln, mit der er die analytischen Überlagerungen von relevanten RV-Signalen zu trennen hoffte. Er hatte bemerkt, daß die Überlagerungen während einer RV-Sitzung immer dann auftraten, wenn Informationen mit Worten wie »es sieht aus wie ...«, »es scheint ein ... zu sein« oder »es erinnert mich an ...« eingeleitet wurden. Speziell das Wort »wie« wertete Swann als Indikator für das Auftreten einer analytischen Überlagerung. Schließlich bezeichnete er solche Informationen mit dem Kürzel »Aol« und versuchte, sie direkt aus seinem Gehirn zu verdrängen, wenn sie auftraten. Bei der anschließenden Analyse wurden die Aol entweder ignoriert oder bestenfalls als metaphorische Umschreibung betrachtet.

Doch Swann würde diese Eliminierung der AOL stark relativieren, wenn sie erst später im Verlauf einer RV-Sitzung auftraten, da er glaubte, daß sie sich bei einer umsichtig durchgeführten Sitzung zunehmend auf das wirkliche Target konzentrierten. Diese korrekte Analyse tritt auch bei Testpersonen auf, die man über einen längeren Zeitraum subliminalen Botschaften aussetzt.

Wenn es sich also bei dem Target beispielsweise um die Großen Pyramiden von Giseh handelte, dann wurden AOL wie etwa »Wolkenkratzer« ignoriert, wenn sie am Anfang der Sitzung auftraten. Doch falls der Seher im weiteren Verlauf etwas zu sehen meinte, das »wie eine Gruft« oder »wie ein Zelt« aussieht, sollten diese Informationen beachtet werden. Swann wurde bald klar, daß es nur sinnvoll war, wenn die Seher die wichtigen, echte Informationen enthaltenden AOL erst am Schluß der Sitzung einfließen ließen, während sie sich am Anfang lediglich mit groben Basisdaten beschäftigten. Swann meinte später einmal, das PSI-Signal oder der »Signalfaden« würde sich als Informationsfluß durch eine Blende zwängen, die am Anfang fast geschlossen war und sich mit dem Voranschreiten der Sitzung weiter öffnen würde, bis eine ganze Flut von Daten hindurchrauschen konnte.

Der Künstler Swann vermutete also, daß RV eine naturgegebene Struktur aufweist, die er in seiner Eigenschaft als »Psychoingenieur« entdeckt hatte. In den Kursen, die er in späteren Jahren geben sollte, verwendete er eine eigene Terminologie, in der es unter anderem hieß, daß ein Seher den »Signalfaden« nicht verlieren würde, solange er »in der Struktur« blieb.

Swann hatte nicht die Absicht, das bewährte Verfahren zu ändern, das grundsätzlich damit begann, daß der Seher, mit Bleistift und Papier ausgerüstet, auf seine Eingebungen wartete, nachdem man ihm die Koordinaten des Targets genannt hatte (Swann ignorierte alle anderen Verfahren – außer das von ihm entwickelte Koordinaten-RV). Doch stellte sich die Frage, wie der Seher weiter vorgehen sollte. War es richtig, grobe, unterhalb der Liminalschwelle liegende Rohdaten einzusammeln, wie etwa »riecht wie Gras«, »grün« oder »es ist ruhig«? Oder sollte er besser mit »automatisch« erstellten Skizzen beginnen? Anders formuliert: Wie sahen die RV-Daten aus, die möglichst allgemein und frei von AOL waren?

An diesem Punkt griff Swann auf ein Buch des Kritikers und Malers Rudolf Arnheim zurück, das den Titel *Art and Visual Perception* trägte. Dieses Werk beschäftigt sich mit der Psychologie des Sehens, dem Zunehmen des Detailreichtums beim längeren Beobachten eines Gegenstandes und der Entwicklung der Wahrnehmung und der künstlerischen Gestaltungsfähigkeit bei Kindern. Das gesamte von Swann entwickelte System, das er später »Stufe Eins« nennen sollte, beruht auf Arnheims Erkenntnissen. Vermutlich ist dieses Buch also die wichtigste Grundlage des Swann'schen Psycho-Engineering.

In seinem Buch beschäftigt sich Arnheim auch mit Subliminalen und Formen der Wahrnehmung geringfügiger Stimuli. Er erwähnt, daß bei nur für sehr kurze Augenblicke wahrnehmbaren Eindrücken lediglich die grob umrissenen Eigenschaften korrekt registriert werden. Mit anderen Worten: Was nicht direkt der »Gestalt« des Targets entspricht, ist mit hoher Wahrscheinlichkeit ein Produkt der Einbildungskraft des Rezipienten.

Deshalb entschied Swann, daß die Remote Viewer in der »Stufe Eins« einer Sitzung lediglich versuchen sollten, die »Gestalt« des Targets zu visualisieren.

Auch bei der Ausarbeitung der Methode griff Swann auf Arnheims Erkenntnisse zurück, der in seinem Buch schrieb: »Wenn wir einen Gegenstand betrachten, dann greifen wir danach. Mit unsichtbaren Fingern bewegen wir uns durch den Raum an ferne Orte, an denen wir Gegenstände finden, sie berühren, vermessen, ihre Oberfläche betrachten, ihren Umrissen nachspüren, ihre Struktur ertasten.« So ist der Vorgang, wenn man beispielsweise zum ersten Mal an den Säulen des Parthenons hochschaut, durchaus mit einem Steilflug in die Höhe zu vergleichen, der wieder in einen Sturzflug in die Tiefe übergeht, bei dem man zunehmend die Struktur des vom Zahn der Zeit angefressenen Marmors zu ertasten glaubt.

Swann meinte, daß die Remote Viewer die von Arnheim beschriebenen Informationen in einem impulsartigen Schwall zu Beginn einer RV-Sitzung wahrnehmen würden – und zwar in dem Moment, in dem man ihnen die Koordinaten nannte. Doch wurden diese Informationen keineswegs in visueller Form übermittelt, sondern eher in autonomer, kinästhetischer Weise. Swann wußte aus eigener Erfahrung, daß seine Hand zu Beginn einer Sitzung von selbst über das Papier gleiten würde, um die Grundform des Targets zu beschreiben. Typischerweise bestand etwa die Skizze eines Berges aus einer flüchtig hingeworfenen Diagonale nach oben, gefolgt von einer zweiten, die wieder nach unten verlief – was insgesamt der nicht auf paranormalem Wege zustandegekommenen, visuellen Wahrnehmung durchaus ähnelt. Oft vergingen nur eine oder zwei Sekunden, bis die erste Skizze fertig war.

Swann war bald überzeugt, daß es genau diese visuellen, kinästhetischen Elemente waren, nach denen er suchte. War das Target ein Berg, dann genügte es, ihn als auf dem Kopf stehendes »v« zu skizzieren. War es eine Wüstenlandschaft, dann bestand die Skizze vorwiegend aus flachen Linien. Und wenn es sich um ein Gebäude handelte, würden sicher rechte Winkel zu sehen sein, die sich in natürlich entstandenen Strukturen nur selten finden.

Während er diese simplen Skizzen hinwarf, versuchte Swann gleichzeitig, einige Eindrücke der grundsätzlichen Eigenschaften und der Oberflächenstruktur des Targets aufzuspüren. Die Skizze bezeichnete er als »Ideogramm«, die dazugehörigen grundsätzlichen Eindrücke als »Tastbewegung«.

Swann konnte bald auch Puthoff von seiner neuen Methode überzeugen. Bald begannen die RV-Sitzungen am SRI grundsätzlich damit, daß der Seher die Koordinaten erfuhr und direkt im Anschluß eine Skizze hinwarf, deren Form er möglichst weitgehend den autonomen Reaktionen seines Nervensystems überlassen sollte. Dann ergänzte er diese Skizze durch verbale Beschreibungen der »Gestalt« des Targets, die er durch eine erste Mutmaßung ergänzen durfte, um was es sich dabei handelte. Lag das Target beispielsweise mitten im Meer, dann würde der Seher zunächst eine flache, leicht gewellte Linie zeichnen, die er dann als »wellig, weich« beschrieb und danach als »Wasser« interpretierte.

Swann sah dieses neue Verfahren als Schlüsselmethode für erfolgreiche RV an, die das störungsfreie Fundament für den weiteren Verlauf einer Sitzung bildete. Jahre später würde er bekennen, daß

»Stufe Eins« seiner Meinung nach unter den bedeutendsten Entdeckungen seines Lebens rangiert.

***

Swann übte sich viele Monate lang an der Erstellung von Ideogrammen. Wenn er zu Beginn einer Sitzung ein offensichtlich fehlerhaftes Ideogramm erstellte oder anderseits gar nichts zu Papier brachte, legte er eine kurze Pause ein, um anschließend die Koordinate erneut aufzuschreiben und darauf zu warten, daß sein Nervensystem wieder den Impuls abgab, eine Skizze anzufertigen. Es konnte mehrere Minuten dauern, bis seine Ideogramme zunehmend konsistenter wurden. In diesem Stadium könnte es passieren, daß er plötzlich zu einem ganz anderen Aspekt des Targets überwechselte. Swann sprach jedes Wort laut aus, das er zu Papier brachte, und schrieb jedes auf, das er aussprach. Er hoffte, auf diese Weise beide Hälften seines Gehirnes zu aktivieren, um auf jede erdenkliche Weise zu erfassen, was er wahrnahm.

Während sich »Stufe Eins« mit Ideogrammen und ihrer Interpretation befaßte, verlief »Stufe Zwei« wesentlich entspannter. Swann meinte, daß seine Eingebungen nach Überwindung des Problems der Ideogramme die Wahrnehmungschwelle überwinden würden, und auf diese Weise in seinem Bewußtsein als klare Eindrücke bemerkbar machten: »hart«, »grau«, »dröhnend«, »steil«, »sich bewegend«, »nach Wasser riechend«. Wenn jedoch in dieser Stufe ein komplexer Eindruck wie etwa »Springbrunnen« auftauchte, dann sagte er laut »Aol Break, Springbrunnen« (Pause, Abbruch) und notierte das Kürzel »Aol brk.« und darunter »Springbrunnen«, um danach eine kurze Pause einzulegen, in der er versuchte, den Vorfall aus seine Gedanken zu verdrängen.

Nachdem er eine Reihe von Versuchen der »Stufe Zwei« hinter sich gebracht hatte, bemerkte Swann, daß es dabei zuweilen zu ästhetischen Interpretationen kam, indem ihm beispielsweise das Wort »atemberaubend« in den Sinn kam. Auch bei derartigen Eindrücken legte er kurz eine Pause ein und klassifizierte sie mit dem Kürzel »Ai«, was für »ästhetische Impressionen« stand. Als Variante der *Ai* kategorisierte er »emotionale Impressionen« (Ei), wie sie Menschen haben würden, die sich wirklich am Target aufhielten. Ein Eintrag dieser Kategorie konnte beispielsweise so aussehen: »Ei brk., Eintönigkeit – ich fühle mich gelangweilt.«

Nach etwa einer Minute in »Stufe Zwei« trat häufig eine andere Gruppe von Eindrücken auf, die Swann als »Dimensionale« bezeichnete – etwa »groß«, »weiträumig«, »dick« oder »schwer«. Diese Eindrücke kennzeichneten den Übergang zu »Stufe Drei«, die typischerweise damit begann, daß der Seher automatisch größere Skizzen anlegte. Was sie zeigten, kristallisierte sich oft erst im weiteren Verlauf der Sitzung heraus. Handelte es sich bei dem Target etwa um das Stauwehr eines Wasserkraftwerks, dann zeichnete Swann vielleicht eine Reihe vertikaler Striche, die oben von einer geraden und unten von einer gekrümmten Linie begrenzt wurden.

In diesem Stadium häuften sich die Aol, da der Seher zunehmend dazu neigen würde, seine Skizzen unbewußt zu interpretieren. Hier enthielten Swanns Aufzeichnungen oft eine größere Reihe von Aol-Anmerkungen, die diese Interpretation von den echten Daten abgerenzen sollten – »Aol brk., Wand«, »Aol brk., Gebirgshang« etc..

Für einige Zeit kam Swann bei seinen Versuchen nicht über Stufe Drei hinaus. Andererseits hatte er genug erreicht, so daß es ihm nicht unbedingt notwendig erschien, seine Forschungen weiter voranzutreiben. Was ihm jedoch immer noch fehlte, war eine Methode, mit der man komplexe aber störungsfreie Informationen über die Funktion oder den Zweck eines Targets gewinnen konnte.

Schließlich fand er aber doch einen Ausgangspunkt, der die Basis der Stufe Vier bilden sollte. Dazu schrieb er in eine Zeile des Protokollbogens mehrere allgemein gehaltene Überschriften, unter die er jeweils seinen Stift setzte, um entsprechende Eindrücke zu erhalten. Die Titel entsprachen den typischerweise in Stufe Zwei auftretetenden Kategorien von Eindrücken, also Dimensionalen, Ai, Ei und Aol. Zusätzlich führte er zwei neue Klassifizierungen ein, die »Tangibles« (Greifbares) und »Intangibles« (nicht Greifbares). Zu den Tangibles gehörten Eindrücke wie »Beton«,

»Stahl«, »Maschinen«, »Kabel« und »Energie«, also insgesamt körperhafte, materielle Bestandteile eines Targets, während die Intangibles (etwa »öffentlich«, »praktisch« und »notwendig«) eher Konzepte oder Funktionen zum Ausdruck brachten. Zwar waren die Eindrücke dieser beiden neuen Kategorien von Aol durchsetzt, doch Swann ging davon aus, daß sich der Seher in dieser Phase bereits etliche Minuten lang mit dem Target beschäftigt hatte und deshalb zu weitaus zutreffenderen analytischen Schlüssen fähig war als am Anfang einer Sitzung.

Swann legte manchmal mitten in diesem Stadium seine Liste beiseite, um eine neue anzufangen oder auch eine vorhergehende weiter zu bearbeiten. Im Laufe einer Sitzung konnten auf diese Weise allmählich auch die winzigsten Daten herausgearbeitet werden, die Swann dann in einer »analytischen Skizze« zusammenfaßte, die dann als Ergebnis der Sitzung vorgelegt wurde.

[Siehe Bildteil]

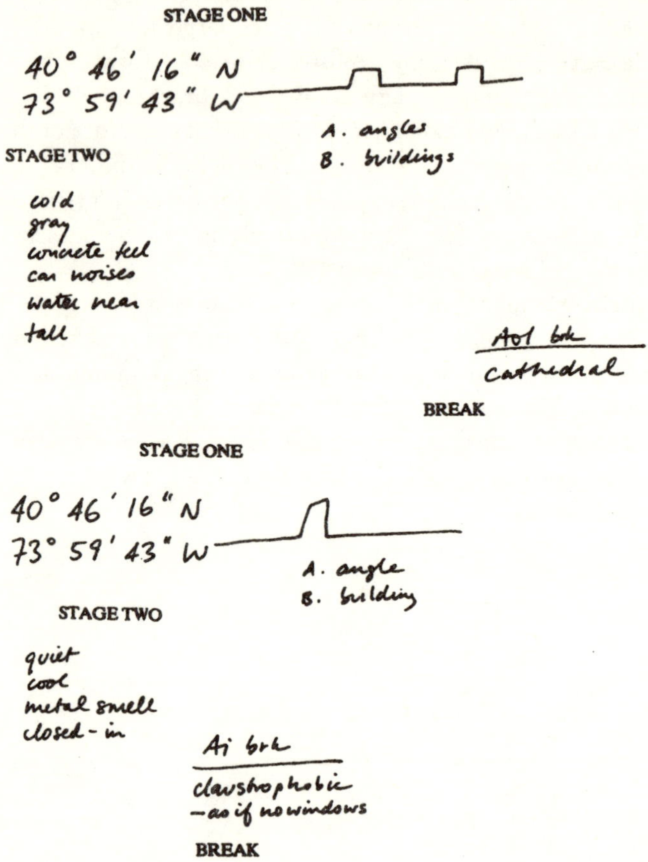

Beispiel einer vierstufigen Sitzung (Swann, S. 237)

STAGE THREE

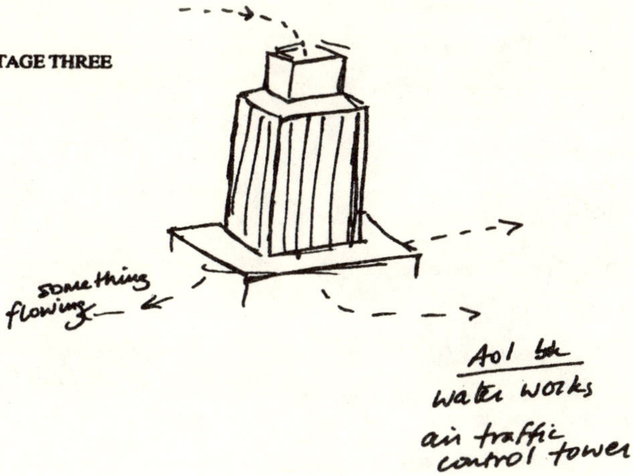
something flowing
A01 bk
water works
air traffic control tower

?

STAGE FOUR

S2	D	Ai/Ei	T	I	Ao1
quiet motion sounds of many voices – but somehow not "real" voices					
	tall verticals many small spaces				
		very busy – many small things happening at once			
			metal, wires electronics machines computers fans/coolers microwaves antennas		
				automated processing "switching" connecting communications – related	

FINAL SKETCH, BASED ON THE DATA

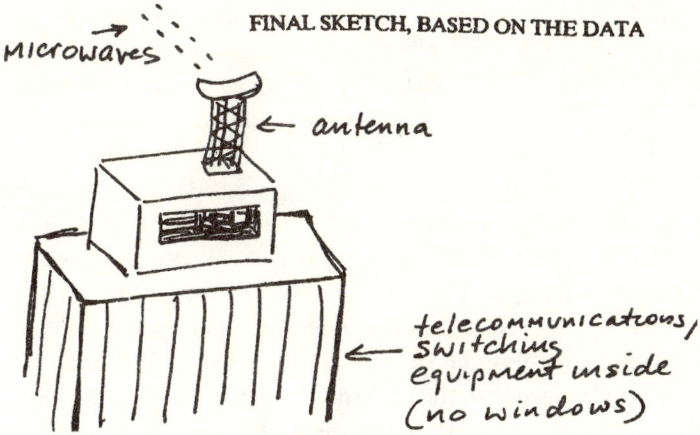

Später entwickelte Swann sein RV-System weiter, indem er eine Methode erdachte, mit der man Details einzelner Teile des Targets ermitteln konnte. Dieses Stadium bezeichnete er als Stufe Fünf, während er in »Stufe Sechs« versuchte, aus Ton ein dreidimensionales Modell des Targets anzufertigen, anhand dessen sich weitere Einzelheiten herausarbeiten ließen. In »Stufe Sieben« würde er schließlich versuchen, den Namen des Targets in Erfahrung zu bringen, in dem er einen tiefen Atemzug nahm und dann kurze Einzelsilben ausstieß, um sich auf den wirklichen Namen einzuschießen: »Vah«, »huh«, »dah«, »vah«, »dah«, »muh« – »Hoover-Damm«. Einige seiner Schüler beherrschten diese Methode eines Tages sehr gut, obwohl Swann selbst sie später ablehnte, weil sie seiner Ansicht nach zuviele Störungen produzierte [51].

Swann entdeckte und benannte auch einige recht interessante Fallstricke, so etwa den gefürchteten »Aol-Drive«, bei dem sich ein Aol so sehr in den Gedanken des Sehers festfraß, daß es die gesamte Sitzung negativ beeinflußte. Manchmal war der »Drive« so stark, daß der Seher auch nach einer mehrtägigen Pause immer noch seinem Einfluß unterlag, so daß man ihn letztlich von dem Target abziehen mußte.

Eine andere Falle war das »Peacocking« (von Peacock, Pfauenschwanz), bei dem ein Aol den Seher in einer bunten Spirale zu einem anderen führte. Mit »Burnout« (Ausbrennen) und »Overtraining« bezeichnete Swann Erschöpfungszustände durch übermäßig lange oder intensive RV-Sitzungen. »Too much Break« (etwa: Pause wegen Überlastung) notierte er immer dann, wenn soviele Informationen auf ihn hereinströmten, daß er sich ihnen nicht gewachsen fühlte, während er bei verwirrenden Eindrücken, die er nicht zu Papier bringen konnte, eine »Confusion Break« einlegte.

Ein seltsames Phänomen war das »Telepathic Overlay«, bei dem eine Sitzung von den Gedanken des Monitors oder anderer Seher beeinflußt wurde. Ähnliche Wechselwirkungen sind bereits aus der Pionierzeit der Hypnose nach Mesmer bekannt und lassen sich nur eliminieren, wenn beispielsweise der Monitor selbst nichts vom Target weiß. Zudem zeigt dieses Phänomen, daß die Sitzungen zweier Remote Viewer gegen das selbe Target nicht so unabhängig voneinander verlaufen, wie man meinen sollte.

Mit dem »Telepathic Overlay« verwandt war »Remote-Viewing your Feedback«, bei dem der Seher statt des eigentlichen Targets die im Umschlag versteckten Informationen – beispielsweise ein Foto – anpeilte.

So destruktiv diese Störungen auch waren, sie traten bei erfahrenen Sehern nur selten auf, so daß Swanns Arbeiten nicht unbedingt ein schlechtes Licht auf die Zuverlässigkeit von RV warfen.

Als Swanns Erkenntnisse in den frühen 80er Jahren das Interesse der Washingtoner Kundschaft des SRI erweckte, hatten Puthoff und die anderen den Jargon des Sehers bereits übernommen und kommentierten ihre Versuche mit Worten wie »Woah! Diese AI haut mich wirklich um!«.

Wenn Swanns Technik auch in manchen Belangen bizarr und reichlich konstruiert wirkte, so koinzidierte sie doch mit früheren Erkenntnissen, die allerdings nicht in der modernen Fachliteratur erwähnt werden. Upton Sinclair nimmt in seinem Buch »Mental Radio« neben AoI auch Telepathic Overlay vorweg, indem er erwähnt, daß seine Frau manchmal nicht die als Targets verwendeten Zeichnungen reproduzierte, sondern das, was Sinclair selbst durch den Kopf ging, als er sie anfertigte.

1982 kam Puthoff zufällig in den Besitz eines von einem obskuren Verlag kurz nach dem Zweiten Weltkrieg herausgegebene Buches mit dem Titel »Mind to Mind«. Es handelte sich um die Übersetzung eines Werkes, das ein Zeitgenosse Sinclairs verfaßt hatte, der französische Parapsychologe René Warcollier. Das Buch enthielt die bearbeitete Fassung einer Rede, die Warcollier im Sommer 1946 an der Sorbonne gehalten hatte. Puthoff stellte erstaunt fest, daß der Autor in noch eindeutigerer Weise als Sinclair Ingo Swanns Erkenntnisse vorweggenommen hatte.

Warcollier war von Beruf Chemiker und hatte Anfang des 20. Jahrhunderts ein Verfahren entwickelt, mit dem man aus Fischschuppen künstliche Edelsteine herstellen kann. Er verdiente damit ein Vermögen, was es ihm ermöglichte, sich ab 1909 bis zu seinem Lebensende der Erforschung der Telepathie zu widmen. Nachdem Puthoff Warcolliers Buch gelesen hatte, schickte er eine Kopie davon an Swann und legte folgenden Begleitbrief bei:

Lieber Ingo,

ich glaube, daß dieses Buch genau das ist, worauf du gewartet hast. Warcollier erwähnt so ziemlich alles, was du herausgefunden hast – Aol (er bezeichnet es als »sekundäre Elaborate«), Telepathic Overlay (Mentale Ansteckung), die Tatsache, daß das dynamische oder kinästhetische Element eher durchdringt als das statische, daß Zeichnungen besser sind als Worte, weil die telepathischen Daten auf einer vorsprachlichen Ebene verarbeitet werden, etc. etc. Und dann führt er alles zusammen, indem er beschreibt, was den Wahrnehmungspsychologen über die Bildung des Wahrnehmungsvermögens bei Kindern und in Primitivkulturen bekannt ist … er ist unser Mann und spricht unsere Sprache.

***

Anfang der 80er Jahre begann Swann, andere Remote Viewer nach seiner Methode auszubilden, um auf diese Weise Erfahrungen zu sammeln, die letztlich in ein durchstrukturiertes Trainingsprogramm einfließen sollte, das man der DIA und der Army zu verkaufen gedachte.

Unter Swanns Anleitung durchsuchte die Sekretärin Martha Thompson die Zeitschrift »National Geographic« nach Bildern und Beschreibungen von Targets, deren Koordinaten sie anschließend in einem Atlas oder auf den genaueren Karten des Pentagon fand. Dann bereitete sie für jedes Target einen Umschlag vor, der eine Beschreibung des Targets enthielt und mit den Koordinaten beschriftet wurde.

Zwischen 1980 und 1982 nahmen rund ein Dutzend Remote Viewer an Swanns Experiment teil. Die meisten waren Angestellte des SRI, die an nicht PSI-orientierten Projekten arbeiteten. Einige waren Freunde von Swann, die das SRI vorübergehend anheuerte.

Zu den Teilnehmern gehörte auch der bekannte UFO-Forscher Jacques Vallée, der als Computerspezialist im Bereich der Netzwerktechnik am SRI tätig war. Obwohl er mit Swanns Technik einige Schwierigkeiten hatte, war Vallée von dem Projekt überzeugt und arrangierte sogar gemeinsame RV-Sitzungen unter den Anwendern im Computernetzwerk.

Für kurze Zeit gehörte auch Hal Puthoff zu den aktiven Teilnehmern. Er schlug sich recht wacker und schien besonders empfindlich auf Targets zu reagieren, die etwas mit Wasser zu tun hatten. So fertigte er einmal eine sehr detaillierte Skizze eines Wasserfalls in Brasilien an. Sehr erfolgreich war er auch, als man ihn auf ein Chemiewerk von Union Carbide ansetzte: Er erhielt Eindrücke von Rauch, Schornsteinen, Feuer und einem stechenden Geruch. Schließlich erhielt er ein AoI – »Ölraffinerie«.

Für Gary Langford und Hella Hammid hatte Swann einige besonders perfide Targets herausgesucht, wie etwa den aktiven Vulkan Mount St. Helen, der die scheinbaren Gegensätze Feuer und Eis vereinte.

Einmal fühlte sich einer der Trainees an einen außergewöhnlich kargen, kalten und bedrohlichen Ort versetzt und meinte: »Menschen kommen hierher und gehen wieder«. Das Target lag in diesem Fall nicht auf der Erde, denn es handelte sich um das »Meer der Ruhe« auf dem Mond, der Landeort der Apollo 11-Mission. Wie der Vulkan eignete sich auch dieses Target besonders für Versuche der Stufe Zwei, da es sehr dramatische Grundeindrücke vermittelte.

Für die Stufe Drei eigneten sich vor allem Targets mit einfachen, charakteristischen Formen, die sich gut zeichnen ließen, wie beispielsweise das Washington Monument oder das Taj Mahal. In der Stufe Vier waren es dagegen Targets, die einen klar definierten Zweck erfüllten, der sich sofort in der Spalte »Intangibles« durch Fomulierungen wie »Strom wird erzeugt« niederschlugen.

Manchmal gab es auch Targets, die bereits in Stufe Eins deutlich wurden. So setzte Swann Hella Hammid einmal auf den Khyber-Paß an, dessen Steilheit Hammids kinästhetischen Nerv so traf, daß sie direkt am Beginn der Sitzung ein treffsicheres Ideogramm zu Papier brachte: Sie zog den Stift vertikal über das Papier und dann weiter über die nackte Tischplatte, bis sie deren Ende erreichte …

17. Blue

Am SRI herrschte eine Art Kleinkrieg. Es war extrem stressig. Es gab, wissen Sie, Druck wegen der Finanzierung, und Druck innerhalb der kleinen Gruppen und andere Dinge, auf die ich nicht näher eingehen möchte. Jedenfalls war es nicht schön, dort zu arbeiten … es war schrecklich, es war ein Albtraum, es war gottverdammt mies, es war eine Tragödie. Es war das Schlimmste.

Keith »Blue« Harary

Anfang 1980 wurde die Gruppe der dauernd für das SRI tätigen Seher durch Keith Harary ergänzt. Seine Leistungen waren von Anfang an so gut, daß Jake Stewart vom NSC beschloß, ihn im Rahmen der Iran-Geiselaffäre auf ein besonders wichtiges Target anzusetzen. Hararys Spezialität waren menschliche Targets, und der NSC wollte, daß er die Geisel Richard Queen aufspürte. Man vermutete, daß Queen im Frühstadium an multipler Sklerose erkrankt war und wollte deshalb wissen, wie es um ihn stand.

Stewart teilte Puthoff lediglich mit, daß es sich um ein menschliches Target handelte. Hararys Technik ähnelte eher dem »extensiven RV« als Ingo Swanns koordinatenorienter Variante. Dabei saß er entspannt und mit geschlossenen Augen auf seinem Stuhl und berichtete von seinen Eindrücken, statt sie in schriftlicher Form festzuhalten. Er erzählte von einem dünnen bärtigen Mann, der sich in einer spartanischen Umgebung aufhielt. Der Mann habe gesundheitliche Probleme, ihm wäre schlecht und sein Nervensystem sei geschädigt, wodurch er halbseitig gelähmt sei.

Harary beschrieb auch einige Menschen, die sich in der Nähe des Targets aufhielten. Dann meinte der Seher, daß dem Target in zwei oder drei Tagen eine Reise mit einem Flugzeug bevorstände.

Während das Team vom SRI die Ergebnisse der Sitzung begutachtete, kamen sie zu dem Schluß, daß es sich bei dem Target um irgendeinen Staatsführer handelte. Jedenfalls war Stewart mit den Resultaten sehr zufrieden, da sich die Beschreibung der Zielperson mit der von Queens deckte. Nur über den bevorstehenden Transport der Geisel wunderte er sich ein wenig. Was hatten die Iraner vor? Wollten sie Queen freilassen?

Tatsächlich setzten die Iraner Queen zwei Tage nach der Sitzung in ein Flugzeug, um ihn nach Hause zu schicken. Nach seiner Ankunft wurde Hararys Bericht über seinen Gesundheitszustand durch eine medizinische Untersuchung bestätigt. Später las man Queen Auszüge aus Hararys Bericht vor, ohne ihm zu sagen, aus welcher Quelle die Informationen stammten. Queen regte sich ziemlich auf, da er nun glaubte, daß einer seiner Entführer ein US-Spion gewesen sein mußte – woher sollten die Informationen denn sonst stammen?

Harary war noch nicht einmal dreißig Jahre alt und damit das jüngste Mitglied des RV-Teams. Er war mittelgroß, hatte dunkles, lockiges Haar und einen Bart. Seine Vorfahren stammten aus einer kleinen jüdischen Kolonie in Ägypten, er selbst wurde jedoch in Long Island geboren.

Als Teenager hatte er eine Reihe außerkörperlicher Erfahrungen durchlebt, wodurch er mit der Amercian Society for Psychical Research in Berührung kam. Dort hatte er auch Ingo Swann kennengelernt. Die anderen vom SRI nannten ihn »Blue«, diesen Spitznamen hatte er bereits in seiner Kindheit getragen[52].

Während er an der Duke University Psychologie studierte, nahm Harary auch als Testperson an PSI-Experimenten teil. Eines dieser Experimente wurde recht oft publiziert. Es beschäftigte sich mit dem Phänomen der außerkörperlichen Erfahrung. Harary sollte dabei in einen besonderen Raum vordringen, der in einem anderen Gebäude auf dem Universitätsgelände lag. In diesem Raum befand sich »Spirit«, Hararys Katze, deren Verhalten von Videokameras aufgezeichnet wurde. Zunächst verhielt sich das Tier vollkommen normal, als Harary jedoch in Trance fiel, wurde es zunehmend ruhiger und schien irgendetwas anzustarren. Das Experiment wurde als voller Erfolg bewertet, allerdings gelang es Harary nicht, es zu wiederholen. Jedenfalls war Harary Ende der 70er Jahre so bekannt, daß er zum SRI eingeladen wurde.

Harary war hochintelligent und für seine Logik und seinen Hang zum Perfektionismus bekannt. Er sah sich als Forscher und haßte es, mit dem Reizwort »Medium« bezeichnet zu werden. Auch hinsichtlich seiner festgefaßten Ansichten über PSI und RV hatte er einiges mit Swann gemeinsam. Da beide zudem zur Sturheit neigten, überrascht es kaum, daß sie nicht allzu gut miteinander klar kamen.

So sperrte sich Harary gegen Swanns lehrmeisterhafte Attitüden, da er glaubte, dem älteren Mann in seinen Leistungen um nichts nachzustehen. Er verfügte über eine eigenständige RV-Methode und war alles andere als überzeugt davon, daß Swanns neues Mehrstufensystem wirklich so universell geeignet war, wie es ihr Erfinder behauptete.

Harary meinte, daß man dies nur in einem Laborversuch festellen könnte, in dem eine Gruppe von Sehern nach Swanns Technik vorging, während eine Kontrollgruppe andere Methoden anwendete. Es störte ihn, daß niemand daran interesiert zu sein schien.

Außerdem wies er immer wieder darauf hin, daß Swanns Methode nicht neu sei, sondern auf den Erkenntnissen von Sinclair und Warcollier beruhte, die seiner Ansicht nach auch eine Reihe alternativer RV-Techniken stützen würden. Soweit es Harary betraf, hatte Swann keine Zauberformel entdeckt, sondern beharrte lediglich stur auf seinen Standpunkten, um seine Findungen zu schützen.

Zu Hararys Kritikpunkten gehörte auch Swanns Festhalten an der Koordinatenmethode. Swann kam damit gut zurecht, und das hatte Jack Vorona letztlich so sehr überzeugt, daß das Geld hereinrollte. Seitdem wurde diese Technik einfach nicht mehr in Frage gestellt.

Doch Harary meinte, daß er zwangsläifig am Anfang einer Sitzung versuchen würde, anhand der Koordinaten auf analytischem Weg das Target zu finden. Lauteten die Koordinaten beispielsweise 5° Süd, 30° Ost, dann würden sofort AoI über eine feuchte afrikanische Dschungellandschaft auftreten, obwohl das Target möglicherweise nicht im Dschungel lag.

Bei manchen Gelegenheiten stimmte Puthoff ihm zu, obwohl er keineswegs lautstark protestierte, als die DIA beschloß, Geld in Swanns Koordinatenmethode zu investieren. Zumindest wies Puthoff bei dieser Gelegenheit darauf hin, daß man die anderen Methoden nicht vernachlässigen sollte.

Für Harary war längst bewiesen, daß die anderen Methoden keineswegs schlechter funktionierten, zumal das SRI selbst erfolgreich mit der Außenkontakt-Methode und anderen Möglichkeiten experimentiert hatte, bevor Swann seine Technik entwickelte. Schließlich führte man einen Versuch durch, bei dem Gegenstände in schachbrettartig angeordneten Fächern versteckt wurden. Puthoff teilte den Sehern dann die »Koordinate« innerhalb des Schachbrettmusters mit – beispielsweise »B7«. Objektiv waren die Resultate bei diesem Verfahren genauso gut wie die mit Swanns geographischen Koordinaten erzielten.

Soweit es Swanns Methode betraf, ließ die Zuverlässigkeit der Sichtungen auch dann nicht nach, wenn Puthoff den Sehern die Koordinaten in kodierter Form mitteilte. Und mehr noch – sie funktionierte sogar, wenn die Seher gar nicht wußten, daß der Code eine Koordinate darstellen sollte, sondern ihn vielmehr für eine Zufallszahl hielten.

»Warum sagst du nicht einfach nur ›Target‹?« schlug Harary Puthoff eines Tages vor.

»Okay«, erwiderte Puthoff, »Target!«

Auch diese Sitzung war ein voller Erfolg.

***

Das Paranormale war bei weitem nicht das Einzige, worüber innerhalb des kleinen Forschungsteams ständig Zank herrschte. Andere Streitpunkte betrafen die Nutzung der Labors, der Gelder und auch die Methoden der Forschung.

Irgendwann kam es auch zu einem Knall zwischen Hella Hammid und Keith Harary, der zu der Überzeugung gelangt war, daß seine Kollegin sich für eine Art Supermedium oder Halbgöttin hielt. Einen Tag nach der Hochzeitsfeier von Harary und seiner Frau Darleen meinte Hammid, daß sie die paranormale Eingebung habe, die Ehe würde bald schon in die Brüche gehen. »Sei nicht traurig, du wirst viel dadurch lernen«, erklärte sie (Dieses Buch wurde vierzehn Jahre später geschrieben, und Hararys Ehe ist immer noch intakt!).

Viel Schlimmer noch waren jedoch die Kleinkriege, die die Forscher einerseits mit ihren Auftraggebern, anderseits mit »Beratern« wie Swann ausfechten mußten. Swann leitete nun einen Großteil des Programmes, und es mag verständlich erscheinen, daß er diese Pfründe verteidigte. Seiner eigenen Darstellung nach mußte er die Forschung ständig vor den Übergiffen Einzelner schützen. So erinnert er sich an einen Vorfall, bei dem er Puthoff und Targ aus seinem Labor warf und ihnen wutentbrannt einen Hammer nachschleuderte, während sie in den Aufzug flüchteten.

Zu Swanns Intimfeinden gehörte auch der Physiker Ed May, der dem Team 1976 beitrat. Der kleinwüchsige, bärtige und kurzatmige Wissenschaftler versuchte bald schon, sich eigene Forschungsaufträge zu beschaffen, wobei er mit Swann aneinandergeriet. Später meinte Swann dazu: »Bis zum heutigen Tage bedauere ich es, daß ich mir nicht zuerst Ed Mays Horoskop angesehen habe.«

Hal Puthoff stand zwischen allen Fronten und versuchte auf seine ruhige Art, das Projekt trotz der persönlichen Querelen in Gang zu halten. Eine Zeit lang klappte das ganz gut. Aber im Verlauf des Jahres 1982 kamen Harary und Hammid auf die Idee, ein eigenes Unterprojekt zu gründen, das von Targ geleitet werden und an dem Swann nicht mitwirken sollte.

Targ war einverstanden und bald kursierten diverse interne Mitteilungen zu diesem Thema. Eine stammte von Gary Langford, der für Harary und Hammid und gegen Swann stimmte. Daraufhin verlangte Swann, daß man die drei entlassen sollte. Puthoff, Targ und Jim Salyer versuchten die Wogen zu glätten, aber schließlich verließen Hammid und Harary das SRI, während Langford aus Swanns Projektbereich ausgegliedert wurde[53].

Dann verließ auch Targ das Projekt, womit Swann allerdings wenig zu tun hatte. 1982 galt Targ als einer der fünf bekanntesten PSI-Forscher der Welt, was nichts daran änderte, daß er sich innerhalb des Projektes Grill Flame etliche Feinde gemacht hatte, zu denen auch Ingo Swann gehörte.

Eigentlich sollte Targ 1981 und 1982 eine vergleichende Studie durchführen, die sich mit allen bekannten RV-Methoden auseinandersetzen sollte, einschließlich der »Target«-Methode, die Harary in der bereits erwähnten Sitzung mit Puthoff zusammen improviosiert hatte.

Als Targ den Bericht im Frühjahr 1982 bei Jim Salyer einreichte, befand sich Puthoff gerade auf einer Forschungsreise in China. Nach seiner Rückkehr wurde er mit einer handfesten Krise konfrontiert: Salyer und andere DIA-Offizielle warfen Targ schlampige Arbeit vor. Die Kritik erstreckte sich von fehlerhaften Statistiken bis zu falschen Beschriftungen von Fotos und Diagrammen. Beim DIA war man so in Rage geraten, daß man Targ am liebsten vor die Tür gesetzt hätte. Mit Mays Hilfe überarbeitete Puthoff den Bericht und schickte Targ eine persönliche Mitteilung, in der er scharf auf die möglichen Folgen für dessen Karriere hinwies.

Targ versprach, beim nächsten Mal darauf zu achten. Doch ein nächstes Mal gab es nicht – der DIA beschloß, Targs Gehalt nicht mehr aus dem Etat von Grill Flame zu bestreiten.

Nach den am SRI für solche Fälle üblichen Regelungen wurde Targ ein kleines Büro zugewiesen und sein Gehalt aus den Profiten des Instituts bestritten. Doch die Zeitbombe tickte, da man ihn nach dem Ablauf von acht Monaten einem anderen Projekt zuweisen würde, falls er keinen neuen Forschungsauftrag vorweisen konnte. Aber Targ ließ die acht Monate ohne ersichtliche Bemühungen in dieser Richtung verstreichen und verließ das Institut Anfang 1983. Er rechtfertigte sich mit moralischen Beweggründen: Angeblich war er in höchstem Maße schockiert, daß sich das Projekt so sehr auf militärischen Anwendungen konzentriert hatte. Eine Gegendarstellung seitens des SRI erfolgte nicht, so daß Targs Behauptungen bis heute nicht widersprochen wurde.

Kurz darauf unternahm Targ mit Harary eine Tour durch die Sowjetunion. Sie hielten Vorlesungen und tauschten ihre Erfahrungen mit russischen Forschern aus, was man bei der DIA und am SRI mit einiger Unruhe zur Kenntnis nahm, da Targ an streng geheimen Projekten beteiligt gewesen war. Später sagte ein Beteiligter: »Am SRI war es verpönt, etwas über die Missionen oder die Experimente verlauten zu lassen, ohne vorher eine Freigabe beim Sponsor zu beantragen. Russell schien diese Regel jedoch nicht so ernst zu nehmen wie wir anderen. Und als er das Institut verließ, sah er sich noch weniger dazu veranlaßt.«

Bis Ende 1984 besuchte Targ die damalige UDSSR insgesamt drei mal und ließ schließlich verlauten, daß er am Moskauer Institut für Theoretische Probleme Experimente mit Remote Viewern durchführen würden. Gegenüber dem britsichen Magazin »New Scientist« erklärte er: »Wir versuchen, physikalische Korrelate zu finden, mit denen sich die Funktionsweise von PSI im Rahmen der Physik erklären läßt.« Er führte weiter aus, daß es sich um ein reines Wissenschaftsprojekt handle, bei dem keine militärischen Interessen im Vordergrund ständen.

Während er noch am SRI tätig war, hatte Targ zusammen mit Harary und einem Geschäftsmann namens Tony White die Firma Delphi Associates gegründet. Sie beschäftigten sich zunächst mit der Entwicklung eines PSI-Spiels, das sie an die Videospielfirma Atari verkaufen wollten. Doch dazu kam es nicht, weil Atari in finanzielle Schwierigkeiten geriet.

Danach versuchten sich die Inhaber von Delphi an der Vorhersage der Kursverläufe von Silberoptionen mittels RV. Dabei wurden zunächst aus einer Gruppe von mehreren Dutzend leicht zu identifizieredner Targets zwei ausgewählt – etwa das Transamerican-Gebäude und Fisherman's Wharf. Ersteres stand dafür, daß die Kurse am nächsten Montag steigen würden, zweiteres dafür, daß sie fielen. Harary sollte präkognitiv voraussehen, zu welchem der Targets Targ ihn nach dem Börsenschluß führen würde.

Wenn Harary also in die Zone abtauchte und den Ozean spürte, Seemöven kreischen hörte und den Geruch von Fischen bemerkte, würde Targ dem Broker sagen, er solle sich auf einen fallenden Kurs einrichten. Falls Harary dagegen Schwindelgefühle verspürte und meinte, über einer Stadt zu schweben, ging Targ von einem Kursanstieg aus.

Anfänglich war es ein reines Experiment. Aber nachdem Harary zwei erfolgreiche Vorhersagen zustandegebracht hatte, stieg ein Investor in das Projekt ein, der bereit war, sein Geld zu riskieren. Nach zwei Wochen war Targ bereits davon überzeugt, daß sie bald schon die finanzielle Weltherrschaft in ihren Händen halten würden. Doch als Harary hintereinander zweimal danebentippte, stieg der Investor aus.

Während Targ Harary für den Schuldigen hielt, warf dieser ihm eine fehlerhafte Analyse der Daten vor. Einige Monate später wurde die Angelegenheit publik, als Targ eine Vorlesung von Harary am Esalen Institute mit Zwischenrufen störte. Harary verklagte Targ auf Schadenersatz in der Höhe von 1,5 Millionen Dollar. Dieser Rechtstsreit wurde erst nach drei Jahren beigelegt, in denen sich die beiden auf alle nur erdenklichen Weisen ständig attackierten. Selbst im Jahr 1992 war der Streit noch nicht beendet und wurde auf den Leserbriefseiten diverser parapsychologischer Fachmagazine ausgetragen.

18. Löffelbieger

Er war wirklich entsetzt ... er legte die Gabel wieder auf den Tisch und sagte: ›Ich wünschte mir, daß das nicht passiert wäre.‹
Der ehemalige INSCOM Stabsoffizier Colonel John Alexander über einen Kollegen.

Auf der anderen Seite des Atlantiks, in der deutschen Stadt Augsburg, lebte Mitte der 80er Jahre ein sanftmütiger texanischer Sergeant namens Leonard »Lyn« Buchanan. Er war ein Computerspezialist und sprach fließend russisch. Anfang 1984 hatte er seinen Vorgesetzten ein Programm präsentiert, mit dem man die verschiedenen Computer der NATO-Geheimdienste vernetzen konnte. Die Zuschauer der Vorführung standen vor einem großen Projektionsschirm, auf dem eine Karte des Grenzgebietes zu sehen war, auf der die verschiedenen Stützpunkte der NATO und des Warschauer Paktes durch Symbole dargestellt wurden.

Buchanan startete das Programm, woraufhin sich eigentlich auf der Projektionswand etwas verändern sollte. Aber es passierte nichts, und kurz darauf stürzte das Programm ab.

»Hast du an meinem Programm herumgebastelt?« fragte er seinen Kollegen Stan Snyder.

»Nur eine Kleinigkeit geändert«, gab Snyder zu. Buchanan packte daraufhin die Wut – und plötzlich fiel der Projektionsschirm aus. Was Buchanan nicht wußte, war, daß zur gleichen Zeit Hunderte von Computern des Netzwerks ebenfalls abstürzten.

Buchanan hatte eine Erklärung für das Phänomen parat: Schon als Kind war ihm Ähnliches passiert – beispielsweise hatte er einen anderen Jungen, der seine Spielkameraden gerne quälte, von dessen Fahrrad gestürzt – einfach nur, indem er sich darauf konzentrierte. Er hatte eigentlich geglaubt, daß man ihm diese Mätzchen in der fundamentalistischen Kirchengemeinde ausgetrieben hatte, der er in seiner Jugend angehörte. Aber offenbar hatte dieser Augenblick der Wut seine paranormalen Fähigkeiten wieder aktiviert.

Etwa einen Monat nach diesem Vorfall wurde der Stützpunkt in Augsburg einem neuen Commander unterstellt. Zu dessen Begrüßung traf auch der Leiter der INSCOM-Abteilung ein, Major General Albert N. Stubblebine III.

Stubblebine hatte eine derartig frappierende Ähnlichkeit mit dem Schauspieler Lee Marvin, daß manche INSCOM-Mitarbeiter glaubten, er wäre ein Bruder des Schauspielers. Seine Stimme war allerdings höher und nicht ganz so knurrig wie die Marvins, was nichts daran änderte, das seine Auftritte recht beeindruckend waren. Bei seinen Mitarbeitern war er ausgesprochen beliebt, was in großem Maße dazu beitrug, daß bei INSCOM ein vorbildliches Betriebsklima herrschte.

Am Tag der Begrüßungsfeier erhielt Buchanan den Befehl, nach Hause zu gehen und seine Paradeuniform anzulegen. Zunächst ging er davon aus, daß er bei einem Essen oder einer Cocktailparty im Rahmen der Festlichkeiten den Zeremonienmeister spielen sollte, aber dann teilte ihm sein Vorgsetzter mit, daß der General ihn zu sehen wünsche.

Etliche Stunden später saß Buchanan schließlich im Empfangsbereich des Commander-Büros. Nach dem Ende der Begrüßungszeremonien betrat Stubblebine in Begleitung des neuen Commanders den Raum. Stubblebine erklärte dem Commander, daß er allein mit Buchanan reden wolle und begab sich dann mit ihm in einen anderen Raum.

»Haben Sie meine Computer zum Absturz gebracht?« fragte Stubblebine den verwirrten Sergeant, nachdem er die Tür geschlossen hatte.

»Ja, Sir«, gab Buchanan nach einem Moment des Nachdenkens zu. »Ich war es.«

Ein Grinsen stahl sich auf das Gesicht des Generals. »Leck mich, was ein irrer Scheiß!«

Wie Buchanan bald erfuhr, hatte sich einer von Stubblebines Adjudanten gerade in Augsburg aufgehalten, als das Netzwerk zusammengebrochen war. Und auch er hatte sich gefragt, ob hinter diesem Vorgang etwas Paranormales stecken könnte. Der Adjudant wußte, daß Stubblebine Soldaten mit paranormalen Fähigkeiten suchte – ganz besonders im Bereich der Psychokinese (PK).

Stubblebine plante, neben dem RV-Projekt auch eines für PK einzurichten.

»Würden Sie gerne an einem Spezialprojekt teilnehmen?« fragte der General. »Etwas, bei dem sie Gebrauch von ihren Fähigkeiten machen könnten?«

»Absolut, Sir!« antwortete Buchanan.

Einen Monat später traf Joe McMoneagle in Augsburg ein. Er wurde von Lieutenant Colonel Brian Busby begleitet, der zu diesem Zeitpunkt das Kommando bei der RV-Einheit von Fort Meade führte. Sie sprachen mit Buchanan über das neue Projekt und erklärten ihm, daß er dadurch die Chance erhielt, PSI-Phänomene dauerhafter und stärker mitzuerleben, als es den meisten Menschen vergönnt sei. Sie erwähnten auch, daß die Experimente, obwohl sie nicht eigentlich gefährlich waren, möglicherweise seine Sichtweise über sich selbst, sein Leben und seine Ehe verändern würden.

Abends führte Busby Buchanan und dessen Frau Linda zum Essen aus, um Linda ebenfalls darüber aufzuklären, daß sich ihr Mann durch die Teilnahme an diesem Projekt in einen anderen Menschen verwandeln könnte. Sie antwortete, sie wüßte noch nicht, ob sie bereit war, dieses Risiko einzugehen, und wollte das Ganze erst mit ihrem Mann unter vier Augen besprechen.

Als sie allein waren, offenbarte Linda ihrem Mann, daß sie bereits bemerkt hatte, daß er über seltsame Fähigkeiten verfügte. Beispielsweise war ihr aufgefallen, daß er immer wußte, wer gerade bei ihnen anrief – manchmal sogar schon, bevor das Telefon klingelte. Linda glaubte nicht, daß er sich wirklich spürbar verändern würde und war deshalb mit seiner Teilnahme an dem Projekt einverstanden.

Zu dieser Zeit machte sich in US-Regierungskreisen ein Trend bemerkbar, der auf den oberflächlichen Betrachter den Eindruck erweckte, ein neues Zeitalter sei angebrochen. Was passierte, gelangte zwar nur selten an die Öffentlichkeit, aber im Vergleich zu den 50er Jahren erweckte das Verhalten in den 80ern den Eindruck, als ob man auf einem ganz anderen Planeten gelandet sei.

Ein Beispiel lieferte der Texaner Jim Wright, ein einflußreicher Abgeordneter der Demokratischen Partei, der später zum Kongreßsprecher ernannt wurde. Er besuchte ganz offiziell die von einem aus Virginia stammenden Medium namens Anne Gehman abgehaltenen Vorlesungen über Präkognition. Gehman berichtete später, daß Wright selbst über durchaus beachtenswerte paranormale Fähigkeiten verfügte.

Der demokratische Abgeordnete Charlie Rose aus North Dakota, der mit Swann und Jack Vorona befreundet war, soll sogar eines Tages im Beisein der Philantropin Judy Skutch[54] mit einigen Medien versucht haben, den Kongreßsprecher Tip O'Neill telepathisch dazu zu bewegen, seinen Kopf in die eine oder andere Richtung zu drehen und dafür zu sorgen, daß er einige der Projekte in Roses Wahlbezirk mit einem Lächeln zur Kenntnis nahm. Rose soll auch eine Gruppe von Erfindern unterstützt haben, die dem Pentagon ein elektronisches Gerät verkaufen wollte, das paranoide Zustände hervorrufen sollte. Rose hatte das Gerät im Selbstversuch ausprobiert und war von seiner Funktionstüchtigkeit überzeugt. Das Pentagon konnte dem offenbar nicht folgen und sah vom Ankauf des Gerätes ab.

Auch das RV-Programm verteidigte Rose vehement. Einem Journalisten erzählte er: »Ich habe ganz erstaunliche Fälle von Remote Viewing miterlebt, so erstaunlich, daß ich meine, wir sollten die Entwicklungen auf diesem Sektor genau mitverfolgen und auch darauf achten, was die Sowjets machen. Die stecken bis über den Hintern in solchen Sachen drin.«

Zu den Befürwortern des RV-Programms soll auch der texanische Senator und Minderheitsverteter des Armed Services Committee, John Tower gehört haben. Das gleiche wird über Clairborne Pell erzählt, den Senator von Rhode Island. Pell war ein New Age-Anhänger und konsultierte neben RV-Medien auch spiritistische. So nahm er etwa Verbindung zu verstorbenen Sowjetführern auf, die er dazu bewegen wollte, die seinerzeitigen Machthaber in der UDSSR zum Frieden zu bekehren. Pell verheimlichte seine Aktivitäten in keinster Weise und stellte sogar den ehemaligen Navy-Geheimdienstler C. B. »Scott« Jones als Berater ein, dessen Funktion ausschließlich darin bestand, den Senator über die neuesten Entwicklungen auf dem Gebiet des Paranormalen auf dem Laufenden zu halten.

Ingesamt manifestierte sich dieser Trend jedoch nicht nur in Einzelpersonen, sondern auch in ganzen Interessengruppen. Komitees des Abgeordnetenhauses versorgten nun die Seher von Fort Meade und vom SRI regelmäßig mit Aufträgen und trafen sich mit Hal Puthoff, Jack Vorona oder General Stubblebine.

Im Sommer 1981 veröffentlichte das Komitee des Abgeordnetenhauses für Wissenschaft und Technik einen Bericht über die zukünftige Entwicklung ihres Arbeitsgebietes, in dem es unter anderem hieß: »Jüngste Untersuchungen auf dem Gebiet des Remote Viewing und andere parapsychologische Studien legen den Schluß nahe, daß das menschliche Gehirn mit anderen Gehirnen, aber auch mit der Materie selbst in Verbindung steht ... Diese Experimente implizieren, daß das menschliche Gehirn Informationen unabhängig von deren geographischer Lage und der Zeit erfassen kann ... Wenn man die potentiell ungeheuerlichen und weitreichenden Implikationen dieses Themas betrachtet und dabei berücksichtigt, daß die Sowjetunion dem allgemeinen Vernehmen nach diesbezügliche Forschungen auf einer weitaus höheren und offizielleren Ebene betreibt, dann wäre es für den Kongress möglicherweise wünschenswert, in diesem Land eine ernsthafte Erforschung in Erwägung zu ziehen.«

Auch das FBI schien der Idee einer paranormalen Informationsbeschaffung positiv gegenüberzustehen. Anfang 1981 hatte das Medium Noreen Renier eine Vorlesung im FBI-Ausbildungszentrum in Quantico, Virginia, abgehalten, in deren Rahmen sie für den Frühling ein Attentat auf Ronald Reagan voraussah – was sich nachträglich als zutreffend herausstellte. Später schuf das FBI ein Netzwerk, über das interessierte Polizeistellen im Bedarfsfall bei Ermittlungen auf Medien zurückgreifen konnten.

Selbst das Weiße Haus ließ sich offenbar von dem Sturm mitreißen. So ist bekannt, daß Nancy Reagan häufig die Astrologin Joan Quigley konsultierte, was laut Insidern das Einverständnis ihres Gatten fand, der ja selbst seit seinen Tagen als Gouverneur von Kalifornien bisweilen auf Astrologen zurückgriff. Clairborne Pells Stabsleiter Scott Jones erwähnte später einmal, daß jemand aus den Administrationskreisen zu ihm gesagt hätte: »Das ist ein wirklich paranormales Weißes Haus.«

Während Grill Flame feste Teams am SRI und in Fort Meade unterhielt, bildete sich allmählich auch ein Markt für freischaffende Medien. Scott Jones unterhielt ein Netzwerk von über die gesamten USA verteilten Medien, die er gelegentlich für Einsätze an diverse Geheimdienste vermittelte. Zu diesen Freischaffenden gehörte auch Alex Tannous. Im Jahr 1984, einige Monate nach der Entführung von William Buckley, dem Dienststellenleiter des CIA-Außenbüros in Beirut, wurde Tannous vom Directorate of Operations angeheuert, um den Entführten aufzuspüren.

Tannous beschrieb die Route, die Buckleys Kidnapper zurückgelegt hatten, bis zu dem Ort, an dem man ihn verhört hatte. Dann meinte er, daß man Buckley bereits zu Tode gefoltert habe. Was seinen Auftraggebern gar nicht schmecken wollte, sich aber schon bald als zutreffend erwies. Jones' Netzwerk kam auch zum Einsatz, als der Secret Service die Spur eines potentiellen Reagan-Attentäters verfolgte, der unter dem Spitznamen »Cat« bekannt war.

So wundert es kaum, daß bald Gerüchte kursierten, nach denen die CIA und die Navy angeblich eine ganze Phalanx von Kristallkugel-Wahrsagern, Handlesern und sonstigen Jahrmarktattraktionen in ultrageheime Missionen einspannten.

Zumindest in einem Fall trifft das sogar zu. Um 1980 hatte ein junger CIA-Beamter namens Donald Ebsen während eines Kurzurlaubs mit seiner Frau eine ältliche Handleserin namens Jean MacArthur kennengelernt, die ihr Geschäft in der Nähe von Tyson's Corner, Virginia, betrieb. MacArthur warf nur einige kurze Blicke auf Ebsens Hand und sagte dann: »Sie arbeiten fürs FBI!«

Ebsen schluckte ungläubig, als die Frau schon fortfuhr: »Sie sollten Ihren Kollegen sagen, daß jemand Bomben auf einer Bohrinsel in der Nordsee anbringt. Es wird eine Explosion geben, und eine Menge Menschen müssen sterben.«

Die Ebsens bedankten sich bei Mrs. MacArthur und gingen. Eigentlich hatte Ebsen nicht vor, den Vorfall weiterzugeben. Doch etwa zehn Tage später las er in der Zeitung, daß eine norwegische Bohrinsel während eines Sturms gekentert war, wobei etliche Besatzungsmitglieder ihr Leben verloren hatten. Aus technischer Sicht hätte die Bohrinsel den Sturm schadlos überstehen müssen, und so begann Ebsen sich zu fragen, ob Mrs. MacArthur doch recht gehabt hatte. Ebsen informierte seinen Vorgesetzten, der ihn schließlich an Norman Everheart verwies, den CIA-Verbindungsoffizier für die Grill Flame-Missionen.

Everheart hörte sich Ebsens Geschichte an und beauftragte einen für seine nüchterne Weltsicht bekannten Beamten namens Walt Jerome, sich näher mit Mrs. MacArthur zu befassen. Dabei sollte er sich ganz wie ein normaler Kunde benehmen und die üblichen Honorare zahlen.

Kaum hatte Jerome MacArthurs Büro betreten, da rief sie schon: »Ich weiß, wer Sie sind! Ich weiß, warum Sie hier sind!«

Everheart war so beeindruckt, daß er die Norweger über offizielle Kanäle um weitere Informationen über die Hintergründe des Bohrinsel-Unglücks bat. Doch die Norweger reagierten mehr als zugeknöpft. Die Wahrheit erfuhr Everheart nie, aber die Norweger gaben später offiziell bekannt, daß der Verdacht auf Sabotage keineswegs restlos ausgeräumt werden konnte.

Everheart ließ Mrs. MacArthur durch Jerome mitteilen, daß man in Verbindung bleiben würde. Die Wahrsagerin willigte ein, drängte jedoch bald auf eine Festanstellung bei der CIA, da sie gesundheitliche Probleme hatte und hoffte, auf diese Weise in den Genuß einer Beamtenversicherung zu gelangen. Deshalb erzählte sie Jerome wohl auch, daß die Israelis sie bereits für zahlreiche Missionen rekrutiert hatten. Dabei wäre sie einmal sogar nach Israel geflogen, um von den Golanhöhen aus paranormale Spionage zu betreiben. Niemand wußte, wie es um den Wahrheitsgehalt dieser Behauptungen stand. Da eine Festanstellung jedoch nicht zur Debatte stand, verlor sich der Kontakt bald darauf.

Trotzdem sollten sich Everehart und Jerome noch lange Zeit an ihre seltsamen Prophezeiungen erinnern. So hatte sie 1980 auf dem Höhepunkt der Geiselaffäre im Iran Kontakt zu Jerome aufgenommen, um ihm zu erzählen, daß die US-Regierung eine zweite Befreiungsaktion plane. Die Mission würde vom Westen aus erfolgen, an diesem und jenem Längen- und Breitengrad. Neben Panzern und Flugzeugen würde man auch Fallschirmspringer einsetzen, einige davon würden im Wasser landen.

Etwa einen Monat danach fand die Aktion tatsächlich in der

Weise statt, wie Mrs. MacArthur es vorausgesagt hatte. Nur stammten die Truppen nicht aus den USA – es waren irakische Soldaten, die damit die ersten Schüsse in einem brutalen Krieg abfeuerten, der mehr als ein Jahrzehnt andauern sollte.

Wenn das Weiße Haus schon vom Geiste des New Age durchzogen war, dann traf das erst recht auf die Army zu. Der neue INSCOM-Commander General Stubblebine erwies sich als wahrer Gläubiger, als Evangelist.

Stubblebine hatte seine militärische Ausbildung in der Eliteschule Westpoint absolviert und sein Diplom als Chemiker an der Columbia University abgeschlossen. Er war nicht nur intelligent und kreativ, sondern auch für seine multilaterale Denkweise bekannt. Bevor er INSCOM übernahm, hatte er die Ausbildungsstätte für den Army-Geheimdienst in Fort Huachaca, Arizona, geleitet. Dort hatte er sich zum ersten Mal mit Büchern über das Paranormale befaßt und einige Menschen kennengelernt, die dieses Interesse teilten.

Bald nach seiner Versetzung zu INSCOM schlug der Keim des New Age hier neue Triebe aus. So wurde unter der Bezeichnung »High Performance Task Force« eine Arbeitsgruppe gegründet, die sich mit neuen, »alternativen« Projekten befassen sollte. Zudem gab es plötzlich Motivationskurse für ranghöhere Offiziere, die nach dem Verfahren der »neuro-linguitischen Programmierung« (NLP) durchgeführt wurden. Unter Anleitung des Selbsthilfe-Gurus Tony Robbins wandelten Dutzende von Offizieren barfuß über glühende Kohlen, um das in ihnen verborgene Potential zu demonstrieren. *Denk an kaltes Eis! Kaltes Eis! Kaltes Eis!*

Erweiterte Bewußtseinsstadien und Visualisierungstechniken wurden auch als Möglichkeit in Erwägung gezogen, die Lernfähigkeit und Leistung von Scharfschützen und Sprachanalytikern zu verbessern. Zwischenzeitlich wurden INSCOM-Stabsleiter zum Monroe Institute geschickt, einem einsam gelegenen Ausbildungscamp in den Blue Ridge Mountains, wo sie in verdunkelten Zellen Meditationskassetten anhörten und dabei versuchten, den Zustand einer außerkörperliche Erfahrungen zu ereichen.

Viele dieser von Stubblebine initiierten Projekte wurden von dem INSCOM-Stabs-Colonel John Alexander geleitet, einem schlanken Texaner, der seine Militärausbildung bei den Special Forces erhalten hatte. Unter Stubblebines Kommando setzte die Karriere des Vietnam-Veteranen zu einem Steilflug an. Während andere Offiziere sicher Bedenken gehabt hätten, daß sich die Beschäftigung mit dem Paranormalen negativ auf ihre Laufbahn auswirken könnte, traf dies auf Alexander nicht zu.

Bevor er bei INSCOM anfing, hatte Alexander für das respektable Magazin »Military Review« einen Artikel mit dem Titel »The New Mental Battlefield« (Das neue mentale Schlachtfeld) verfaßt. Es handelte sich um eine Art Werbetext für RV, in dem Alexander unter anderem andeutet, daß es bereits »tödliche« Geräte geben würde, mit denen man – gemeint waren wohl die Sowjets und ihre Trabantenstaaten – das menschliche Gehirn beeinflussen kann. In den Folgejahren tauchten aus Militärkreisen eine ganze Reihe ähnlicher Geschichten auf. So forderte der Wissenschaftsredakteur Charles Wallach im »Journal of Defense and Diplomaty« die Einrichtung eines PSI-Bataillons, während der Army-Captain Richard Groller in »Military Intelligence« Besorgnis darüber äußerte, »daß das psychotronische Progamm der Sowjets etwa sieben Manhattan-Projekten gleichzusetzen ist«. Dem pensionierten Lieutenant Colonel Tom Bearden gelang es sogar, mit der Army einen Forschungsauftrag abzuschließen, der die »Hyperraum-Haubitzen«, »Photonen-Barrieren-Modulatoren« und andere absurde Sowjet-Waffen zum Inhalt hatte, die laut Bearden für so ziemlich alles Übel in der Welt verantwortlich waren, einschließlich der UFOs und der Legionärskrankheit. Und sogar der teilweise streng geheime »Fire Support Mission Area Analysis Report 1981« erwähnt die Gefahr »kryptomentaler« Waffengattungen.

Aus den Dollars der Steuerzahler wurde auch das Army-College-Projekt »Task Force Delta« finanziert, bei dem es um die militärischen Anwendungsmöglichkeiten New-Age-orientierter Philosophien ging. Ein Lieutenant Colonel Jim Channon und andere Mitglieder der Task Force propagierten schließlich die Idee, ein »First Earth Bataillon« zu begründen, das die Supersoldaten der Zukunft vereint, die man sich als umweltbewußte und politisch korrekte Kampfmönche vorstellte. Bald schon vergnügten sich Channon und die anderen mit Rollenspielen, um ihre Fantasien voll auszuleben. In einem Report über ein Treffen der Task Force im Jahr 1982 schreibt Colonel Mike Malone:

Ich bin einer der Stammesälteren … mein Name lautet »Meeräschen-Mann«. Ich bin als der bekannt, der Netze spinnt. Und ich sage den Menschen, daß die meisten von jenen, die Netze spinnen, sich darum bemühen sollten, etwas zu fangen, während sich zumindest einige davon eher auf das Auswerfen als auf das Fangen konzentrieren sollten. Ich lebe für die Meeräsche und fische nach ihr und setzte mich für diesen Fisch ein, denn er gilt als Fisch einer niedrigen Klasse. Er ist einfach, er ist ehrlich. Er bewegt sich in großen Formationen und Schwärmen. Er macht verdammt noch mal fast die ganze Arbeit …

Anfang der 70er Jahre hatte Uri Geller die Idee des Löffelbiegens an die Öffentlichkeit herangetragen. Kaum zehn Jahre später war dieses Phänomen bereits auf ungewöhnliche Weise popularisiert worden. An der US-Westküste entwickelte es sich zu einer neuen Marotte, »Löffelbiege-Partys« zu veranstalten, bei denen die Gäste stundenlang Löffel oder andere Metallteile in der Hand hielten, um sie auf psychokinetischem Wege zu verbiegen. Einer der Hauptakteure war Jack Houck, ein Berater des US-Verteidigungsministeriums. Ihm war es schließlich zu verdanken, daß der Trend auch Washington erreichte, wo Stubblebine und Alexander 1983 eine eigene Party initiierten, zu der auch der frischgebackene CIA-Vizedirektor John McMahon und General Thompson eingeladen wurden. Im Verlauf des Festes wurden ihnen die Regeln des psychokinetischen Löffelbiegens erklärt, und dann harrten die Gäste darauf, das Unmögliche selbst zu vollbringen. Plötzlich schrie ein Junge von etwa zwölf Jahren, daß sein Löffel sich zu biegen begann. Dann bemerkte auch General Thompson, wie sein eigener Löffel scheinbar weich wurde und sich herunterbog. Nicht anders erging es auch John McMahon, dessen Löffel anschließend aussah wie ein Korkenzieher.

Am nächsten Tag erzählte McMahon seinen FBI-Kollegen davon und gab den Löffel Norman Everheart, der ihn heute noch besitzt.

Stubblebine faßte bald darauf den Plan, aus dem Partyspaß eine handfeste militärische Waffengattung zu entwickeln. Bei einem

INSCOM-Treffen in einem Freizeitzentrum der Firma Xerox in Leesburg, Virginia, wurde eine entsprechende Demonstration abgehalten. Zunächst teilte man Besteckteile an die Anwesenden aus, während Stubblebine eine einführende Rede hielt. Danach starrten etwa 25 oder 30 Colonels und Generäle die von ihnen gehaltenen Utensilien an und warteten auf das Wunder.

Irgendwann drehte sich ein etwas skeptischer Colonel kurz zu einem Nachbarn hin, um einen Kommentar abzugeben. Doch in diesem Augenblick merkte er, wie die von ihm gehaltene Gabel um 90° nach unten abknickte.

Alle starrten ihn an. Plötzlich bog sich das Ende der Gabel wieder hoch, wieder herunter, und blieb schließlich im Winkel von etwa 45° stehen.

Der Colonel schüttelte fassunglos den Kopf. Er war ein gläubiger Christ und behauptete bald darauf, daß das Ganze das Werk des Teufels sei.

Seine Gabel behielt Alexander.

Stubblebine war auch einer der engagiertesten Befürworter von Grill Flame. Einige der Teilnehmer dieses Projektes betrachteten dies mit gemischten Gefühlen, was sich jedoch geändert haben dürfte, als Thompson seinen Posten 1981 an Major General William Odom abtrat, der die militärischen Anwendungsmöglichkeiten des Paranormalen weitaus weniger optimistisch beurteilte als sein Vorgänger.

Stubblebine sorgte zunächst dafür, daß die Einheit den Status eines Sonderkommandos innerhalb von ISNCOM erhielt und nun offiziell als »Detachment G« bzw. »Det-G« geführt wurde. Ab 1983 wurde Det-G unter dem Codenamen »Center Lane« direkt dem INSCOM-Kommando unterstellt und mit dem Kürzel ICLP bezeichnet – INSCOM Center Lane Project.

1982 verließ Scotty Watt turnusmäßig das Projekt und wurde zunächst durch Lieutenant Colonel Jachim ersetzt, dessen Nachfolge 1983 von Lieutenant Colonel Brian Busby angetreten wurde. Busby war als Vorgesetzter recht beliebt und sah zudem einer vielversprechenden Laufbahn entgegen.

Obwohl die Einheit in diesen Jahren sehr erfolgreich operierte, waren einige der Mitglieder mit der Entwicklung nicht allzu glücklich. Die wilden Jahre des Experimentierens waren vorbei, und die RV-Sitzungen wurden zunehmend nach den Ideen Ingo Swanns schematisiert. Anfang 1982 warb die Einheit zwei neue Seher aus der Army-Geheimdienstschule in Fort Huachuca an. Die Captains Tom Nance und Rob Cowart suchten zunächst für einige Wochen das SRI auf, um ihre »RV-Grundausbildung« zu erhalten. Damals war Swann noch nicht über Stufe Drei seines Systems hinausgekommen und teilte INSCOM mit, daß der Lehrgang unter Umständen sehr viel Zeit in Anspruch nehmen würde.

Die Missionen der Einheit von Fort Meade wurden seinerzeit noch von der ersten Generation der PSI-Spione durchgeführt – McMoneagle, Bell und Trent. Genau wie ihre SRI-Kollegen Harary und Langford bezweifelten sie, daß sich aus Ingo Swanns Plänen wirklich etwas Brauchbares entwickeln würde. Zwar akzeptierten sie einige seiner Findungen, gingen jedoch ansonsten davon aus, daß es weniger auf die Technik als auf die natürliche PSI-Begabung ankäme, die bei den beiden Neulingen nicht allzu ausgeprägt zu sein schien. 1982 schied Ken Bell aus dem Projekt aus, weil er mit dieser Entwicklung unzufrieden war.

McMoneagle, der zu diesem Zeitpunkt zwei Jahre vor seiner Pensionierung stand, äußerte ebenfalls Bedenken. Trotzdem blieb er dabei und trug einen großen Teil der Arbeitslast des Teams. Als Trents und Cowarts Leistungen 1982 wegen gesundheitlicher Probleme abnahmen, führte McMoneagle eine Zeit lang nahezu sämtliche Missionen im Alleingang durch.

Eine der ersten großen Missionen der Stubblebine-Ära beschäftigte sich mit dem internationalen Terroristen »Carlos«, von dem man um Weihnachten 1981 herum vermutete, daß er einen Anschlag auf Ronald Reagan verüben wollte.

Reagan war im März 1981 knapp mit dem Leben davongekommen, als John Hinckley in Washington auf ihn geschossen hatte[55]. In den Folgemonaten gab es weitere Anzeichen dafür, daß Attentate sich bald zu einem größeren Problem entwickeln könnten. Im Mai überlebte Papst Johannes Paul nur um Haaresbreite das Attentat eines Türken, während der ägyptische Präsident Anwar El-

Sadat im Oktober einem Terroranschlag islamischer Extremisten zum Opfer fiel. Als Ende des Jahres der libysche Führer Ghaddafi Morddrohungen gegen Reagan und andere US-Politiker aussprach, brach bei den US-Geheimdiensten fast schon so etwas wie Hysterie aus.

Der Secret Service verstärkte den Schutz des Präsidenten und stellte zusätzliches Personal ab, um die Kinder der Stabsmitarbeiter zu schützen. Zudem untersagte man den Reagans, am Weihnachtstag vor die Tür des Weißen Hauses zu gehen, um vor der Öffentlichkeit das traditionelle Anzünden der Weinachtskerzen zu zelebrieren. Und um sich gegen alle Eventualitäten abzusichern, montierte man noch flugs zwei Flugabwehrraketen auf dem Dach des Regierungsgebäudes.

Natürlich blieben auch die Seher am SRI und in Fort Meade von der Aufregung nicht unberührt. In den folgenden Jahren sollten sie recht häufig gegen Terroristen und deren Sponsoren vorgehen.

Zunächst aber ging es darum, herauszufinden, ob Carlos sich bereits in den USA aufhielt. Eines Tages beschrieb Gary Langford ein Szenario, das deutlich von den bisherigen RV-Missionen gegen Carlos abwich. Er »sah« einen blauen Van mit seltsamen weißen Markierungen an den Seiten, in dem eine Gruppe von Südländern saß. Im Laderaum lag ein Gefangener, vermutlich ein hoher US-Beamter. Langford fertigte eine Zeichnung davon an. Er meinte, daß der Vorfall erst in einigen Tagen stattfinden würde. Aber man könne nichts dagegen unternehmen.

Puthoff versuchte es trotzdem, indem er die Daten über Jim Salyer an das FBI und die DIA weiterleiten ließ.

Einige Tage nach der Sitzung passierte es dann: In der italienischen Stadt Verona stürmte ein Kommando der Roten Brigaden die Wohnung des NATO Brigadier Generals James Dozier. Dozier wurde entführt, seine Frau ließen die Terroristen gefesselt zurück.

In ähnlicher Weise hatten die Roten Brigaden drei Jahre zuvor den christdemokratischen Politiker Aldo Moro entführt, dessen von Kugeln zerfetzte Leiche man schließlich in einem abgestellten Wagen fand. Also setzten die US-Behörden alles daran, Dozier zu finden.

Eigentlich hatte Stubblebines INSCOM wenig mit dieser Angelegenheit zu tun. Doch sie wurden von Dale Graff auf dem Laufenden gehalten, der nach seinem Weggang von der Air Force nun für die DIA tätig war. Bald wurde Gary Langford zum Pentagon eingeladen, dessen Mitarbeiter er durch die Beisteuerung weiterer Details beeindruckte – unter anderem beschrieb er korrekt, daß einer von Mrs. Doziers Ohrringen nach dem Übefall an einer bestimmten Stelle auf dem Boden lag.

Natürlich war das Pentagon mehr an solchen Informationen interessiert, die es noch nicht kannte. Langford spürte den Kidnappern bereitwillig nach, konnte aber nicht genug über ihren Standort in Erfahrung bringen. Soweit es die Seher vom SRI und von Fort Meade betraf, gingen ihre Berichte in der Menge der Informationen von freischaffenden Sehern unter, die die Militärs ebenfalls auf den Fall angesetzt hatten. Einer davon war Ted Wheatley, der auf Intervention eines Navy-Captains ins Krisenzentrum nach Vincenza geflogen wurde und die US-Beamten mit Sonderwünschen hinsichtlich seiner Behandlung und Verpflegung ziemlich auf Trab hielt. Schließlich eröffnete er: »Ich sehe ein kleines Haus aus Stein. Es ist von einer Mauer und einigen wenigen Bäumen umgeben. Es hat ein Schindeldach, in der Nähe gibt es eine Straßenkreuzung und weiter hinten Berge.«

So vage dieser Bericht auch erscheinen mag, er verleitete die Italiener dazu, das Versteck der Terroristen in einem bestimmten Haus zu vermuten, das in einer ländlichen Gegend bei Padua lag.

Eines Morgens wurde das Haus also von einem großen Trupp bis an die Zähne bewaffneter Carabinieri gestürmt. Doch sie fanden nichts – außer einer vollkommen unschuldigen und vermutlich stark traumatisierten Familie.

In Fort Meade mühte sich Joe McMoneagle mit dem Fall ab. Er skizzierte ein Zimmer, das im ersten Stock eines anderen Hauses in Padua lag. An einer Stelle zeichnete er einen Heizradiator ein und beschrieb auch die Fassade des Hauses, in dessen Erdgeschoß ein kleiner Laden untergebracht war. Eine recht detaillierte Sichtung also, die die Ermittler jedoch ignorierten, da sie die paranormale Schützenhilfe ziemlich satt hatten.

Schließlich wurde Dozier gefunden, was in erster Linie einer ausgedehnten SIGINT-Mission zu verdanken war, die in Padua insgesamt zwei Dutzend Mitglieder der Roten Brigaden enttarnte. Einer von ihnen verlor die Nerven und packte aus. Wie sich bei der Rettungsaktion herausstellte, hatte man Dozier in einem Raum festgehalten, der exakt McMoneagles Beschreibung entsprach.

1983 sahen sich die US-Geheimdienste erneut mit dem Problem des Terrorismus konfrontiert. Anlaß waren die Bemühungen der US-Regierung, im Libanon zwischen den Christen und den islamischen Milizen zu intervenieren. Zunächst wurde die US-Botschaft mittels einer Autobombe in die Luft gejagt. Einige Monate später ging man in gleicher Weise gegen eine Barackensiedlung der Marines vor. Die Anschläge gingen auf das Konto der Hisbollah-Fraktion der schiitischen Muslime, die vom Iran und Syrien unterstützt und von dem Prediger Muhammad Hussein Fadlallah angeführt wurden.

Das Pentagon und die CIA wollten daraufhin einen Gegenschlag auf die syrischen Militärposten im Libanon und gegen Fadlallah selbst ausführen. Dazu wurden fast sämtliche Ressourcen der Geheimdienste beansprucht, einschließlich der Satellitentechnik, elektronischer Abhöreinrichtungen, libanesischer CIA-Doppelagenten und verdeckt operierender US-Army-Schwadronen.

Bald hatte man Fadlallahs Haus im Süden von Beirut ausgemacht und fertigte davon Fotos an, die nach Fort Meade und ans SRI geschickt wurden. Die Seher beschafften nun einen ziemlich detaillierten Grundriß des Hauses, dessen Korrektheit später zu großen Teilen bestätigt wurde. Die Aktion selbst wurde jedoch abgeblasen, da man befürchtete, zu viele Unschuldige würden dabei ihr Leben verlieren.

Die Libanesen waren diesbezüglich weniger zimperlich. Anfang 1985 deponierte eine Einheit der Miliz, die Verbindungen zur CIA unterhielt, eine gigantische Autobombe vor Fadallahs Haus, bei deren Explosion 80 Menschen getötet wurden. Fadlallah gehörte jedoch nicht zu den Opfern.

Die von Stubblebine höchstpersönlich eingeleitete Mission »Landbroker« richtete sich gegen den panamesischen Diktator Manuel

Noriega. Die US-Army unterhielt seit langem Beziehungen zu Noriega, der einerseits ihre Präsenz garantierte und Informationen beisteuerte, sich andererseits aber zunehmend zu einem Gegner entwickelte. So versorgte er offenbar linksgerichtete Rebellen in Süd- und Mittelamerika mit Waffen und verschob amerikanische Hightech-Güter nach Moskau. Zudem bestand der Verdacht, daß seine Agenten bereits die US-Army infiltriert hatten.

Als Stubblebine 1983 Panama besuchte, packte ihn die Wut, weil er vermutete, daß man sein Zimmer auf Veranlassung des Diktators verwanzt hatte. Daraufhin beschloß er, Noriega von einer Sondereinheit der INSCOM aushorchen zu lassen, dem »Quick Reaction Team« (QRT).

Unter anderem zogen die QRT-Agenten in ein Appartement in Panama City ein, das in der Nähe einer Villa lag, in der Noriega bisweilen residierte. Nun wurden Fotos geschossen und Zeichnungen für die Analytiker von Fort Meade angefertigt. Einige davon gingen schließlich in versiegelten Briefumschlägen der RV-Einheit in Gebäude 2560 zu.

Joe McMoneagle erstellte nun einen genauen Plan des Gebäudes und versuchte sogar, in Erfahrung zu bringen, was Noriega dachte und sagte. Mit den von ihm beschafften Daten versuchten zwei QRT-Agenten eines Nachts, in das Haus einzudringen, um dort Abhöreinrichtungen zu montieren. Unglücklicherweise wurden sie von zwei scharfen Wachhunden attackiert, denen sie nur mit knapper Not entkamen, indem sie den tatktischen Rückzug über die Mauer des Gartens antraten.

Dieser Vorfall und einige von QRT-Agenten verschuldete Sicherheitspannen führten dazu, daß man das Unternehmen kurz darauf abbrach.

Irgendwann im Verlauf des Jahres 1983 führte Joe McMoneagle seine tausendste RV-Sitzung durch. Es gab keine offizielle Feier, nur Schulterklopfen und Shakehands seitens Atwater und Busby.

Für McMoneagle war es sicher ein eher melancholischer Augenblick, da er zu diesem Zeitpunkt neben Tom Nance der einzige Aktive in der Einheit von Fort Meade war. Zudem war Nance nicht dauerhaft in Fort Meade stationiert, da er zwischendurch immer wieder zu Trainingszwecken zum SRI geschickt wurde. Nance war ziemlich von Swanns Technik überzeugt und geriet deshalb oft mit McMoneagle in Streit, weil dieser der Ansicht war, er müsse sich von Swann lösen, wenn er ein richtig guter Seher werden wollte. Schließlich sah Busby sich gezwungen, McMoneagle diesbezüglich zurechtzuweisen.

Rob Cowart erlitt nach der Behandlung eines Tumors eine Querschnittslähmung und wurde deshalb aus dem Militärdienst entlassen. Seitdem war Nance der einzige RV-Trainee.

Auch Hartley Trent hatte mit gesundheitlichen Problemen zu kämpfen. Es begann mit Hüftschmerzen, die sich ständig verschlimmerten, bis die Ärzte ihm zu einer Operation rieten, bei der sie in seinem Bein ein Karzinom entdeckten. Später wurde festgestellt, daß er an der Hodgkinschen Krankheit litt. Seine Kollegen waren schockiert, und selbst Riley, der zu diesem Zeitpunkt in Deutschland stationiert war, versuchte, den Kranken zu ermuntern, während dieser sich einer Chemotherapie unterzog. Zwischendurch arbeitete er immer wieder für einige Wochen oder zumindest ein paar Tage in jeder Woche in Fort Meade, bis er schließlich im Beisein seiner Frau und Joe McMoneagles im Walter Reed Army Hospital verstarb.

Ende 1983 erfuhr das Projekt wieder einen Aufschwung, als Atwater und Busby vier neue Trainees rekrutierten. Anfang 1984 war es überrachenderweise Stubblebine, der drei handverlesene Kandidaten beisteuerte, unter denen sich auch Lyn Buchanan befand.

Nun entschied Joe McMoneagle, daß es für ihn an der Zeit war, seine Zelte abzubrechen. *Die Wachablösung war eingetroffen,* dachte er.

Gott helfe ihnen.

19. Obi Swann

Die Veranlagung ist da, genau wie Obi-Wan Kenobi es immer gesagt hat.

Ingo Swann

Als Ed Dames 1984 der RV-Einheit beitrat, war er 35 Jahre alt, sah aber gut zehn Jahre jünger aus: Ein mit 1,65 Metern etwas kurz geratener »Pilzkopf«, der den Slang seines heimatlichen San Diego sprach. Es hätte niemanden gewundert, wenn er ständig mit einem Skateboard unter dem Arm herumgelaufen wäre.

Nach seinem Highschool-Abschluß war Dames in den Army-Geheimdienst eingetreten und hatte chinesisch gelernt, um dann auf einem NSA-Lauschposten auf Taiwan Stellung zu beziehen, wo er sich hauptsächlich damit beschäftigte, den rotchinesischen Militärfunk abzufangen.

Als er eine attraktive Frau aus Taipeh kennenlernte, ließ er sich von seiner Highschool-Liebschaft scheiden und stürzte sich im reifen Alter von 20 Jahren in das Abenteuer einer zweiten Ehe. Dummerweise war die Ehe mit einer Nichtamerikanerin einer der Tatbestände, die nach den Regeln des Geheimdienstes ein Sicherheitsrisiko darstellten, so daß er sich mit diesem Manöver beruflich disqualifizierte. Nachdem man ihm eine Reihe von weitaus uninteressanteren Aufgaben zugewiesen hatte, nahm er seinen Abschied. Zunächst überlegte er, Ingenieurwissenschaften zu studieren, bis er merkte, daß ihn das Leben als Zivilist doch langweilte. Anfang der 80er Jahre landete er als Offizier bei INSCOM in Fort Meade in einer für militärische Belange reichlich freidenkerischen Einheit, die dem »Systems Exploitation Department« (SED) untergeordnet war.

Dames blühte in seinem neuen beruflichen Umfeld auf, schließlich hatte er sich schon als Junge nicht viel um Konventionen geschert. Wälder abzubrennen, sich auf Friedhöfen als Vandale zu betätigen – das war damals sein Lebensinhalt gewesen. Heute ist er überzeugt davon, daß er in einer Jugendstrafanstalt gelandet wäre, wenn man ihn nicht so oft verprügelt hätte.

Dames war schon immer sportlich aktiv und hatte in seiner Zeit auf der Highschool dem Querfeldein-Marathon-Team angehört. Laufen und Gewichtheben waren seine favorisierten Sportarten, in denen er versuchte, seine überschüssige Energie loszuwerden. Seinen ersten Absprung mit dem Fallschirm machte er im Alter von 16 Jahren. Doch interessierte er sich auch für das Spirituelle und empfand bereits als Kind eine große Faszination, wenn er Geschichten über UFOs und Schneemenschen hörte. Bevor er nach Taiwan ging, hatte er sich in Berkeley während seines Studiums mit Zen-Meditation beschäftigt und dabei einmal eine außerkörperliche Erfahrung erlebt. Dabei empfand er allerdings überwiegend Panik, da er befürchtete, nicht mehr in seinen Körper zurückkehren zu können. Er leistete den heiligen Schwur, sich nie mehr auf so etwas einzulassen.

Was nichts daran änderte, daß er sich immer noch für das Paranormale interessierte. Als er in Fort Meade eintraf, nahm er bald schon Kontakt zu den Sehern auf und versorgte sie mit Targets.

Dames interessierte sich auch für das am SRI laufende Forschungsprogramm. Als er Rob Cowart und Tom Nance kennenlernte, begannen diese gerade mit ihrer RV-Ausbildung. Beide waren junge Captains wie er, und Dames nahm erstaunt zur Kenntnis, daß sie nicht über eine »natürliche« paranormale Begabung verfügten. Nach dem Debakel mit Hammid und Harary hatte Swann den Leitern des Projektes mitgeteilt, daß er es bevorzugen würde, nicht mehr mit Medien zu arbeiten, sondern mit jungen, intelligenten Offizieren, die gewillt waren, seine Technik zu erlernen. Er versprach, die Kandidaten so gut auszubilden, daß sie selbst die besten natürlichen Medien übertreffen würden.

Bald darauf bekniete Dames Skip Atwater, ihn ebenfalls zu rekrutieren. Dames träumte davon, zu den Füßen des Großmeisters Ingo Swann zu sitzen und dessen Weisheit zu erfahren, um schließlich im Äther PSI-Duelle mit den sowjetischen »Extrasensors« auszufechten.

Ende 1983 verfügte man über das Budget, vier neue Seher am SRI von Swann ausbilden zu lassen. Sie sollten später selbst in der Lage sein, die Technik an neue Kandidaten weiter zu vermitteln.

Wie es aussah, würden die vier auserwählten Kandidaten also die letzten sein, die jemals zu Füßen des Meisters sitzen durften.

Dames gelang es schließlich, Skip Atwater so weit zu überzeugen, daß dieser ihn in das Projekt übernahm – allerdings nur als Monitor und Analytiker, da das Team zu diesem Zeitpunkt über mehr als genug Seher verfügte. Trotzdem hielt man es für ratsam, ihn das RV-Trainingsprogramm am SRI absolvieren zu lassen. Schließlich unterzeichnete Stubblebine die notwendigen Formulare, und damit gehörte Dames zum Quartett der Auserwählten.

Bald lernte Dames die drei anderen kennen, die das selbe Privileg genossen wie er. Der irischstämmige Captain Bill Ray war ein athletischer, 1,82 Meter großer Spezialist für Konterspionage, der aus Anaheim, Kalifornien, stammte. Er war Ende dreißig und hatte angegraute Haare, einen Schnurrbart und litt unter einem Rückenproblem, das er sich beim Fallschirmspringen zugezogen hatte. Der notorische Pfeifenraucher war gerne Soldat, trank gerne Bier und sang ebenso gerne wie falsch irische Volkslieder.

Captain Paul Smith war untersetzt, hatte schütteres Haar und trug eine Brille mit dicken Gläsern. Er hatte bei INSCOM in Deutschland gedient und sprach fließend arabisch. Ein gläubiger Mormone, der gerne Heavy Metal hörte.

Die einzige Frau im Team war die Enddreißigerin Charlene Cavanaugh, die als Zivilistin für INSCOM arbeitete. Schlank, dunkelhaarig, hübsch und extrovertiert. Sie kannte Stubblebine recht gut, und es wurde gemunkelt, sie habe auf einer seiner Löffelbiege-Partys gut abgeschnitten. Unter ihren Kollegen war sie recht beliebt, was nichts daran änderte, daß Ed Dames von ihr alles andere als begeistert war, weil eine Frau, und dazu noch eine Zivilistin, nicht so richtig in seine grandiosen Fantasien der paranormalen Kriegsführung paßte[56].

Trotzdem ging der Traum in Erfüllung, und das Geschehen bot im großen und ganzen durchaus jene dramatischen Hürden, die man von einem Heldenepos erwartet. Mit jeder Hürde kamen Dames und seine drei Mitstreiter dem Kulminationspunkt näher, an dem sie sich endlich in vier Schamanen verwandelte haben würden, die über höchste geheimdienstliche Sicherheitsfreigaben verfügten.

An einem Samstag Ende 1983 traf das Quartett am Monroe Institute ein, das zwei Autostunden von Washington entfernt am Fuße der Blue Ridge Mountains lag. Hier sollten sie mit rund einem Dutzend anderer INSCOM-Mitarbeiter für sechs Tage das Erreichen erweiterter Bewußtseinsstadien durch die Monroe-Audiomethode üben.

Dieser Kursus war eigentlich für Zivilisten geschaffen und als »Gateway Voyage« vermarktet worden. Um die Teilnahme der INSCOM-Offiziere zu rechtfertigen, hatte man die Veranstaltung auf Drängen der Army jedoch in »RAPT« umbenannt – Rapid Advanced Personal Training. Dames und die anderen drei stimmten darin überein, daß die bewußtseinserweiternden Monroe-Techniken zumindest klarstellen würden, wer von ihnen für das RV-Programm wirklich geeignet war, und wer möglicherweise nicht über die entsprechende psychische Verfassung verfügte.

Für die Einschaltung des Monroe Institutes war amüsanterweise Skip Atwaters Mutter verantwortlich. Sie wußte seit Mitte der 70er Jahre, daß sich ihr Sohn beruflich mit dem Paranormalen beschäftigte, und hatte ihn an das Institut verwiesen, das ihr von einigen Freunden empfohlen worden war. Damals war es noch auf einer alten Farm untergebracht, die in der Nähe von Charlottesville in Virginia lag. Anfang der 80er zog man dann in einen Komplex neuer Gebäude um, der weniger als zwanzig Kilometer entfernt auf der Spitze eines entlegenen Berges erbaut worden war.

Gründer des Institut war ein gewisser Bob Monroe, der in den 50er Jahren ziemlich erfolgreich Radiosendungen produzierte. 1958 litt er zunächst unter Anfällen von Schlaflosigkeit und erlebte dann außerkörperliche Erfahrungen (AKE). Die Ärzte meinten, er stünde am Rande eines Nervenzusammenbruchs, was Monroe jedoch nicht glauben wollte.

Bald richtete er in seiner Firma ein kleines Labor ein, das mit einer abgedunkelten Zelle für AKE-Versuche ausgestattet war. Um zu verhindern, daß die Testsubjekte einschliefen, wurden sie über Kopfhörer mit Musik berieselt. Schließlich kam er auf die Idee, daß Klänge möglicherweise bislang unbekannte AKE-Stadien induzieren könnten.

Bis zu einem gewissen Grad können AKE-Zustände durch physiologische Messungen belegt werden, indem man beispielsweise die Gehirnwellen aufzeichnet. Schließlich kam Monroe auf die Idee, daß es doch möglich sein müßte, die Produktion der für Trance-Zustände charakteristischen Hirnwellenmuster durch Klänge zu steuern, da das Gehirn dazu tendiert, wahrgenommene Frequenzen zu imitieren. Dabei wollte Monroe die Beeinflussung aber auf indirekte Weise vornehmen, indem er eine Technik benutzte, die im Funkerjargon als »Beat-Frequency-Technik« (exakter: Modulationssynthese) bekannt ist. Dabei wird der Effekt genutzt, daß zwei Töne unterschiedlicher Frequenz (Tonhöhe) unter bestimmten Voraussetzungen sogenannte Differenzfrequenzen erzeugen. Wenn man also einem Ohr einen Ton mit der Frequenz 8000 Hertz und dem anderen einen von 7990 Hertz zuspielt, dann wird »im Kopf« zusätzlich ein Ton von 10 Hertz wahrgenommen, was genau im Berech der Hirnwellen liegt. Die Methode funktionierte so gut, daß Monroe sie sich unter dem Namen »Hemi-Sync« patentieren ließ. Bald darauf hatte er bereits zahlreiche Tonbänder bespielt, deren Inhalt die unterschiedlichsten Bewußtseinsstadien erzeugen konnte, einschließlich solcher, die zu AKE führten.

1977 besuchte Atwater das Institut und erzählte Monroe von seinen eigenen AKE. Anschließend begab er sich in den AKE-Raum, um Monroes Methode selbst auszuprobieren.

»Verdammt noch eins ...« Atwater meinte plötzlich zu schweben. Hatte Monroe irgendeine Hebevorrichtung unter dem Bett aktiviert? Atwater schwebte eine Weile durch die seltsamen Landschaften des Äthers, bis Monroes Stimme ihm befahl, wieder in seinen Körper zurückzukehren.

Schließlich mußte Atwater anerkennen, daß Monroes Technik funktionierte. Neben ihm gehörten bald auch McMoneagle, John Alexander und sogar Stubblebine zu den regelmäßigen Besuchern des Instituts. Die Hemi-Sync-Bänder wurden auch im Rahmen des Projektes Grill Flame eingesetzt, da sie bei bestimmten geistigen Anspannungen Linderung zu verschaffen schienen.

Anfang der 80er Jahre hatte sich das Monroe Institute in ein blühendes Unternehmen verwandelt, das Tonbandkassetten verkaufte und Hemi-Sync-Kurse durchführte. Die Ruhezellen wurden nun als »Kontrolliertes holistisches Umfeld« bezeichnet, in dem die Kandidaten nackt oder halbnackt lagen und Hemi-Sync-Bänder anhörten, während sie seltsame Visionen hatten, körperlose Stimmen hörten oder AKE durchlebten. Anschließend wurde das Erlebte in der Gruppe diskutiert, wobei wenig Zurückhaltung und viel Sentimentalität auf dem Plan stand.

Stubblebine entsandte bald Dutzende von INSCOM-Mitarbeitern zum Monroe Institute, wofür eigens ein Shuttlebus gechartert wurde, der jeden Freitag vom INSCOM-Hauptquartier in Arlington losfuhr.

Lyn Buchanan erlebte am Monroe Institute seine erste AKE, was ihn restlos davon überzeugte, daß der Mensch eine unsterbliche Seele hat. So erging es keineswegs jedem, und es gab unter den Kandidaten auch solche, die von Gehirnwäsche oder sogar den Aktivitäten eines Satanskultes redeten. Abgesehen davon, leuchtete den wenigsten ein, was sich der militärische Geheimdienst eigentlich davon versprach. Die Ausnahme bildeten jene vier Besucher des Instituts, die zu Remote Viewern ausgebildet werden sollten.

Typischerweise begann die erste Hemi-Sync-Sitzung damit, daß über den Kopfhörer ein künstlich erzeugtes Geräusch zu hören war, das an Meeresrauschen erinnerte. Dann forderte Bob Monroes Stimme den Kandidaten dazu auf, bestimmte Übungen durchzuführen, während im Hintergrund weiter die Hemi-Sync-Töne zu hören waren.

Monroe leitete die Trance in Stufen ein. Bei »Focus 10« wurden die Arme und Beine des Kandidaten gefühllos, während »Focus 12« ihn bereits in einen fast narkotischen Zustand versetzte. In »Focus 15« verlor sich jegliches Zeitgefühl. Danach wechselten die Stadien immer schneller: Vielfarbige Visionen, das Gefühl, durch Wolkenschichten zu schweben, Kitzeln, Muskelanspannungen … bis hin zum außerweltlichen, irren, orgasmischen, halluzinoiden »Focus 21« … einer unbeschreibbaren, alternativen Realität –

– und dann wieder zurück durch die Wolkenschichten, begleitet von singenden Hemi-Syncs und Bob Monroes hypnotisch klingender Stimme.

Im Verlauf der Trainingswoche fiel es den Kandidaten immer

leichter, die höheren Bewußtseinsstadien zu erreichen. Doch die Meditation wirkte sich auch auf die Stunden aus, in denen sie nicht im AKE-Raum lagen. Sie fühlten sich entspannter, nachdenklicher und meinten, ihre unterschwelligen Veranlagungen nun besser erkennen zu können. Es war ihnen nicht erlaubt, mehr als ein paar Stunden in jeder Nacht zu schlafen. Trotzdem litt keiner unter einem Schlafdefizit, und die Nächte waren von lebhaften, interessanten, wilden Träumen erfüllt.

Selbst die Umgebung des Monroe Institutes, in der sie zwischen den Sitzungen und Diskussionsrunden spazieren gingen, wirkte wie eine Szenerie auf einem anderen Planeten. Eine riesige Rasenfläche dehnte sich ins Tal aus, dahinter waren Felder und Bäume zu sehen, sowie eine Farm, auf der jemand Lamas züchtete. Besonders unwirklich erschien dieses Panorama nach einer Focus 12-Sitzung, da die Landschaft so lebhaft und leicht wie in einem LSD-Rausch wirkte. Dieser Anblick klärte augenblicklich die Frage, warum Monroe sein Institut ausgerechnet hier angesiedelt hatte.

Trotz seiner exotischen Ideen umgab Monroe eine durchweg weltliche, sympathische Aura. Ein sehr freundlicher, grauhaariger Mann in seinen Sechzigern, der einen weichen Südstaatenakzent sprach, in dem sich alle Orte zu vermischen schienen, an denen er schon gelebt hatte. Das einzige Anzeichen seiner außerweltlichen Exkurse waren die Ringe unter seinen Augen, die davon zeugten, daß er bereits seit einem Vierteljahrhundert mit Hemi-Sync experimentierte. Er gönnte sich immer nur einige, wenige Stunden Schlaf.

Wenn die INSCOM-Leute das Institut mit Beschlag belegten, herrschte immer eine militärische Atmosphäre der Geheimniskrämerei. Niemand wäre auf die Idee gekommen, einen der anderen zu fragen womit er sich gerade beruflich befaßte. Doch die kleine Gruppe der Kandidaten, die am RV-Programm beteiligt waren, grenzte sich noch weiter aus, indem sie heimlich ihre eigenen Experimente durchführte.

So gab es einen Laborraum, der mit einem ständig auf Körpertemperatur gehaltenen Wasserbett ausgestattet war. Hier wurden Experimente mit Joe McMoneagle durchgeführt, bei denen man an seinem Körper zahlreiche Meßelektroden anbrachte, die unter anderem den Hautwiderstand und die kleinsten elektrischen Spannungen registrierten. Man wußte genau, welche Werte untrügerisch anzeigten, daß McMoneagle in seine Zone vorgedrungen war.

Monatelang wurde er mit speziellen Hemi-Sync-Aufnahmen bombardiert, die seine RV-Fähigkeiten steigern sollten. Ein Erfolg stellte sich nur insofern ein, daß sich seine Entspannungsphasen verkürzten. Bald konnte sich McMoneagle fast auf Anhieb in einen AKE-Zustand begeben. In diesem Augenblick wechselte die Polarität der zwischen seinem Kopf und den Füßen gemessenen Spannung schlagartig. Warum das so war, blieb ungeklärt.

Auch Ed Dames kamen die seltsamen Geschichten über McMoneagles Versuche zu Ohren. So hatte McMoneagle bei einer RV-Sitzung das Target als »Energiewesen« beschrieben, das vor vielen Jahren auf die Erde gekommen war, um die Evolution voranzutreiben. Wie er später erfuhr, hatte man als Target für diese Sitzung Jesus Christus ausgewählt.

Bereits gegen Anfang der 80er Jahre war mit »Miranon« eine andere Wesenheit in Erscheinung getreten. Sie sprach durch Bob Monroe, der sich offenbar mittels RV in ein Channeling-Medium verwandelt hatte. Als Ed Dames das Institut besuchte, trat Miranon immer noch gelegentlich in Erscheinung. Monroe hatte sogar einen kleinen See, in dem die Schüler des Instituts im Sommer nackt herumplanschten, »Lake Miranon« benannt.

Die allerseltsamste Geschichte war jedoch die über die mysteriöse Inga Arnyet. Bei einem AKE-Experiment hatte Monroe plötzlich die Gegenwart einer Frau verspürt, die wie er durch den Niemands-Äther schwebte. Es war eine Ausländerin, und Monroe erfuhr in einer Eingebung, daß sie Inga Arnyet hieß. Monroe vermutete, daß sie ein KGB-»Extrasensor« war, die quasi das sowjetische Gegenstück zu den amerikanischen Remote Viewern darstellen sollte. Offenbar wollte sie auf diese Weise das RV-Programm ausspionieren, war aber aus irgendeinem Grund an Monroe geraten. Sie schien nett und keineswegs feindselig zu sein. Aber Monroe fragte sich doch besorgt, ob sie etwas aus seinen Gedanken erfahren haben könnte.

Schließlich erstattete er Skip Atwater Bericht, der daraufhin die

Akten des Pentagon konsultierte, um in Erfahrung zu bringen, ob sie als Sowjet-Agentin geführt wurde.

Skip Atwater fand nichts, was auf eine Frau dieses Namens hinwies. Aber die Geschichte wurde in die inoffizielle Mythologie der RV-Einheit aufgenommen. Nach dem Ende des Kalten Krieges behauptete Ed Dames, er habe das sowjetische Pendant zu dieser Geschichte aus dem Munde eines ehemaligen KGB-Agenten gehört, den er auf einer New Age-Tagung kennenlernte. Demnach hätten die Extrasensors einmal versucht, den Geist eines älteren Amrikaners zu infiltrieren ...

Das RV-Trainingsprogramm wurde bereits gestartet, als Swann noch nicht über Stufe Drei seiner komplexen Methode hinausgekommen war. Swann behauptete später, er sei dagegen gewesen, aber der DIA und die Army hätten das Projekt unbedingt vorantreiben wollen.

Die ersten Studenten waren Nance und Cowart, sie trafen im November ein. Die Folgemonate verbrachten sie jeweils zur Hälfte am SRI und in Fort Meade. Cowart schied schließlich wegen seiner Erkrankung aus. Später stießen zwei Zivilisten von der NSA hinzu. Debbie Norfeld sollte zur Seherin ausgebildet werden, Richard Henderson zum Monitor und RV-Analytiker. Ihre Ausbildung wurde jedoch bald darauf unterbrochen, nachdem bei der NSA festgestellt wurde, daß ihre Dienststelle nicht dazu berechtigt gewesen war, sie an diesem ungewöhnlichen Kursus teilnehmen zu lassen. Swann sah die beiden nie wieder. Dafür schickte ihm ein anderer Geheimdienst zwei neue Schüler, deren Trainingsphasen sich mit Nances abwechselten. Schließlich traf auch das INSCOM-Quartett am SRI ein.

Daß Swann nicht vollständig auf die Situation vorbereitet war, fiel Ed Dames und den anderen nicht auf. Vielleicht lag es daran, daß Ingo nun in seinem Element war: *Er* war es, der die Regeln aufstellte, den Schülern beibrachte, was *er* für richtig hielt und sie aus dem Kurs warf, wenn sie nicht parierten.

Am Anfang des Kurses standen Lektionen auf dem Plan, über die die Schüler nachher Aufsätze verfassen mußten. Swann legte großen Wert auf die von ihm geprägten Schlüsselworte – »Struktur«, »Matrix«, »Ideogramm« etc. Dabei waren diese Lektionen noch der angenehmere Teil der Ausbildung.

Ganz anders dagegen die endlosen Übungssitzungen der Stufe Eins, in denen es um Ideogramme ging. Die Ideogramme waren die wichtigste Hürde, die man überwinden mußte, um in den Kreis der Halbgötter aufgenommen zu werden. Stunden um Stunden würde Swann die Koordinaten von einfachen Targets vorlegen, während Dames seinen Stift über das Papier flitzen ließ. Swann lehnte es ab, Dames behutsam auf Fehler hinzuweisen. Statt dessen hüllte er sich in eisiges Schweigen.

Es vergingen Wochen, bis Dames allmählich merkte, daß seine Ideogramme immer häufiger so aussahen, wie Swann es sich vorstellte. Schließlich arbeitete er sich über die Stufe Zwei zu Dimensionalen hoch und beschäftigte sich bald auch mit den Feinheiten der Stufe Drei: »rollend« ... »wellig« ... »sandig« ... »heiß« ... »trocken« etc. Immer häufiger hakte Swann diese Begriffe mit der Anmerkung »Korrekt!« ab[57], um schließlich für einen Augenblick seine Zigarre auf den Rand des Aschenbechers zu legen und Dames den Target-Schnellhefter zu überreichen.

In diesen Augenblicken kamen bei Dames so etwas wie weihnachtliche Gefühle auf – voller Erwartung würde er den Schnellhefter aufschlagen und dort vielleicht ein aus dem Magazin »National Geographic« ausgeschnittenes Bild der Sahara finden, eine sandige Landschaft mit rollenden Sanddünen.

Dames würde grinsen, während Swann etwas wie »Du darfst dir selbst auf die Schulter klopfen!« sagte, denn er glaubte daran, daß Lob sich positiv auf den Lernvorgang auswirkt. Oft ordnete er dann eine mehrstündige Ruhepause an, auch wenn der Seher unbedingt weitermachen wollte. Swann wollte den Gehirnen seiner Schüler nicht zuviel zumuten, da er glaubte, daß dies die durch das Training mühsam geschaffene Struktur der Synapsen gefährden könnte.

Trotz Swanns Eigenheiten entwickelte er sich bei seinen Schülern zu einer beliebten und verehrten Bezugsperson. Oft verglichen sie ihn sogar mit Yoda oder Obi-Wan Kenobi, den weisen Lehrmeistern des Luke Skywalker aus den »Star Wars«-Filmen. Swann hatte nichts gegen diesen Vergleich einzuwenden.

Sicher hätten seine Schüler ihm diese Verehrung nicht entgegengebracht, wenn seine Lehrmethode nicht funktioniert hätte. Aber er schaffte es, ihnen RV so weit beizubringen, daß sie in ihrem Innersten davon überzeugt waren, er habe in ihnen eine fantastische Begabung erweckt. Einige von ihnen erlebten während der Sitzungen sogar ein Phänomen, das Swann als »Bilokation« bezeichnete: Während sich die Seher normalerweise in einem Wachzustand befanden, kam es vor, daß sie plötzlich in einer sehr kurz dauernden, traumartigen Vision das Target intensiv und klar vor Augen hatten. Swann brachte ihnen bei, »Bilo break« zu notieren, wenn sich eine Bilokation einstellte. Danach brach er die Sitzung in den meisten Fällen direkt ab.

Die Trainingsphasen dauerten etwa vierzehn Tage und fanden zumeist in einmonatigen Abständen statt. Während des Trainings wurden die vier in einem Hotel einquartiert. Außerhalb der Trainingstunden konnten sie sich dort im Swimmingpool vergnügen, zum Strand gehen oder sich im Kino einen Film ansehen. Im Verlauf des Programms unterzog man sie irgendwann einem medizinischen und psychologischen Testprogramm, das allerdings bald schon abgeschlossen war.

Swann hatte ihnen verboten, unter der Woche Alkohol zu sich zu nehmen. Aber Freitag nachmittags pflegte Dames ein Sixpack aus seinem Aktenkoffer hervorzuholen, das erst einmal geleert wurde, um anschließend zum Essen auszugehen und noch mehr zu trinken. Swann begleitete sie auf diesen Streifzügen recht häufig. Bei diesen Gelegenheiten gab er sich nicht als schweigsamer Lehrmeister, sondern verwandelte sich in einen humorvollen, schwatzhaften Kumpanen.

Swann mochte die vier gut leiden und freundete sich richtig mit ihnen an. Als »New-Yorker« kam er in Menlo Park allerdings nicht sonderlich gut zurecht. Im Sommer 1984 gaben seine Vorgesetzten seinem Wunsch nach, die Schulungen nach New York zu verlegen. Das SRI unterhielt dort ohnehin eine Filiale, und für seine Schüler war es ebenfalls vorteilhaft, da sie von Washington aus hier in kürzester Zeit einfliegen und somit am Wochenende problemlos nach Hause pendeln konnten.

In diesem Sommer führte der bärtige, ergrauende Ingo Swann

das Quartett also ständig zu den wichtigsten Sehenswürdigkeiten Manhattans, um ihnen beizubringen, wie man mittels RV einen Wolkenkratzer oder auch einen alleinstehenden Baum anpeilt.

Auch wenn Ed Dames oft mit den anderen zusammen war, hielt er sich doch für einen Außenseiter, weil er fest daran glaubte, der einzige zu sein, der die wirkliche Bedeutung ihres Tuns zu würdigen wußte. Er wollte derjenige sein, der RV bei der Army untersuchen und weiter entwickeln würde. Er hielt sich für Swanns wahren Protégé, den Luke Skywalker der paranormalen Kriegsführung, den »Verwalter des Wissens«.

Swann sah das anders: Zwar mochte er Dames und hielt ihn für einen hochintelligenten und fähigen Offizier. Aber Dames sollte kein Seher werden, sondern ein Monitor und Analytiker. Für ihn hieß der wahre Protégé Tom Nance, der genau Swanns Vorbild des nach der Koordinatenmethode ausgebildeten Soldaten entsprach. Bei Dames und den anderen würde die Ausblidung in einigen Monaten zuende sein, während Nances Schulung noch zwei Jahren andauern sollte, bis Swanns Vertrag mit INSCOM auslaufen würde.

Nance hatte rabenschwarzes Haar und sein gutaussehendes, wenn auch etwas koboldhaftes Gesicht wurde von einem Schnurrbart verziert. Er ging der Schulung sehr engagiert nach, pflegte andererseits aber wie Dames seine ganz individuellen Neigungen. Nance fuhr gerne mit dem Motorrad quer durchs Land. Die anderen fragten sich manchmal, wie ein solcher »Easy Rider« eigentlich bei der Army gelandet war.

Nance stand Swann weitaus näher als die anderen Schüler. Seine Leistungen waren mithin die besten, obwohl er meist nur recht langsam auf Trab kam. Oft pflegte er in Stufe Eins mehrere mißlungene Versuche hinzulegen, aber wenn er das Target einmal im Griff hatte, ließ er es nicht mehr los.

Als sich der reguläre Teil seiner RV-Grundausbildung im Mai 1984 seinem Ende näherte, beschloß Swann, ihn einer Reihe von Tests zu unterziehen, um deren Resultate den Chefs der Army und der CIA als Demonstration vorzulegen[58].

Eines der Targets war der Grand Coulee-Staudamm. Nance fertigte von ihm nicht nur genaue Skizzen und Beschreibungen an, sondern erstellte auch in Stufe Sechs ein Tonmodell, das den Damm und einige der am Flußufer stehenden Gebäude darstellte. Später wurde aus dem gleichen Blickwinkel ein Foto des Damms angefertigt, das mit dem Modell nahezu perfekt übereinstimmte.

Ein anderes Target stand in Tulsa, Oklahoma. Es bestand aus geometrischen Formen wie Kugeln, Würfeln und Pyramiden. Nance meinte, der Ort wirke wie eine Kirche, anderseits aber auch wie Disneyland. In Stufe Vier bekam Nance dann heraus, daß es sich um eine Universität handelte. Am Ende der Sitzung nannte er sogar den Namen des Targets – Oral Roberts University.

Dies gelang ihm auch beim Bunker Hill National Monument, das in Boston steht, sowie bei der Grant'schen Gruft in New York. Bei einem Target in Mexiko versuchte Nance durch Phoneme der Stufe Sieben auf den Namen zu kommen: »Tah« ... »Tu« ... »lah« ... »lu« – »Tulum« (im amerikanischen »Tallum« bzw. »Tallam« ausgesprochen).

Sechs Jahre später reisten Swann und Nance nach Yucatàn, wo sie unter anderem auch den alten Tempel bei Tulum besichtigten. Wie bei vielen Ortsbesichtungen überkam Nance auch hier das Gefühl, er wäre schon einmal an diesem Ort gewesen.

20. Der Grill ist aus

Er saß in der Zelle und hatte die Kopfhörer auf. Und plötzlich kam er herausgelaufen, splitternackt. Er wollte sich über eine Krankenschwester hermachen … sie mußten ihn in einer Zwangsjacke wegschaffen.
Ed Dames über Lieutenant Pemberton

Nachdem Mel Riley 1981 Fort Meade verließ, wurde er zunächst wieder seiner alten Einheit in Deutschland zugeteilt. Obwohl er hier nur das konventionelle Arsenal der Spionage einsetzen durfte, betrieb er weiterhin RV, um sich auf diesem Gebiet fit zu halten. Außerdem unterhielt er weiterhin Kontakte zu Atwater und den anderen in Fort Meade.

Als sich seine Dienstzeit in Deutschland dem Ende näherte, beschloß Riley, sich wieder dem RV-Projekt zuteilen zu lassen, da es seit Beginn der Kooperation mit dem SRI dort mächtig voranzugehen schien.

Im Sommer 1984 verkauften Riley und seine Frau Brigitte ihr Haus, um wieder in die USA überzusiedeln. Bis zu Rileys Pensionierung würden noch fünf Jahre vergehen, und er wollte diese Zeit in der RV-Einheit verbringen.

Einen Tag vor der Abreise erhielt er jedoch einen Anruf von Brian Busby, der ihm mitteilte, daß Riley bedauerlicherweise nicht nach Fort Meade versetzt werden würde.

»Tut mir leid, Mann«, sagte Busby. »Man hat dich verarscht.«

Die Wurzeln der Krise reichten bis ins Jahr 1981 zurück, als Ed Thompson seinen Posten als »Assistant Chief of Staff for Intelligence« niederlegte. Der ACSI verfügt über große Befehlsgewalt, obwohl er genau wie der INSCOM Commander im Rang eines Major Generals steht. Eine Kooperation der beiden Abteilungen setzt also voraus, daß sie sich gut verstehen. In Thompsons Dienstzeit war dies der Fall, weil er mit dem INSCOM Commander William Rolya gut zurecht kam.

Thompsons Amt wurde von William Odom übernommen, der

die Meinung von Rolyas Nachfolger Bert Stubblebine in Sachen RV absolut nicht teilte. Zudem kamen sie miteinander auch persönlich nicht zurecht. Stubblebines Stern innerhalb des Army Geheimdiesntes begann zu sinken, und 1984 nahmen einige der Stabsoffiziere ihre Befehle bereits von Odom entgegen.

Hinzu kam, daß selbst die Mitglieder der RV-Einheit der Meinung waren, Stubblebines Enthusiasmus für ihre Tätigkeit sei etwas außer Kontrolle geraten. So hatte er einige ziemlich fragwürdige Projekte befürwortet, was ein schlechtes Licht auf die gesamte Thematik zu werfen drohte. Überdies griff er nun auch direkt in die Arbeit der RV-Einheit ein. Um 1983 schloß er Freundschaft mit einem freischaffenden Medium namens Alex Tannous. Stubblebine wollte Tannous bei wichtigen Missionen einsetzen, worauf Atwater sich gezwungen sah, einzugreifen. Er informierte Brian Busby, der Stubblebine vorsichtig einschärfte, daß Tennous entweder der RV-Einheit zugeteilt oder besser noch überhaupt nicht in die Army-Spionage involviert werden sollte. Schließlich einigten sich die beiden darauf, Tennous zunächst auf Probe der RV-Einheit zuzuteilen.

Eines Abend wurde Tennous von einer Party weggeholt und nach Fort Meade gebracht, wo man ihn mit Atwater, Busby und einigen der Seher bekanntmachte. Der Neuling zeigte sich von der geheimnisvollen Atmosphäre beeindruckt. Ansonsten schien er dem psychologischen Stereotyp des für paranormale Eingebungen Prädestinierten durchaus zu entsprechen – zumal er Makeup und Lidschatten trug.

Der nun folgende Test verlief katastrophal: Statt sich auf das Target einzuschießen, begann Tennous, Fragen zu stellen: »Ist es *so* oder könnte es *das* sein?« Damit war der Test vorbei, und Stubblebine mußte sich geschlagen geben.

Atwater und Busby waren darauf bedacht, nur solche Kandidaten in Erwägung zu ziehen, die entweder ausgeprägte paranormale Fähigkeiten aufwiesen oder sich durch Attribute wie Intelligenz und Disziplin auszeichneten. Trotzdem versuchte Stubblebine weiter, auf ähnliche Weise Menschen in das Projekt einzuschleusen, die diese Kriterien nicht erfüllten. So wurde Lyn Buchanana nicht aufgrund seines Potentials als Seher ausgewählt, sondern lediglich, weil Stubblebine von der Löffelbiegerei und anderen angeblichen PK-Effekten fasziniert war. Als er die Geschichte von dem zusammengebrochenen Computernetzwerk hörte, rekrutierte er Buchanan, obwohl nicht zweifelsfrei bewiesen war, daß der Zwischenfall auf einem paranormalen Phänomen beruhte. Es mag dahingestellt bleiben, ob Buchanan echte PK-Fähigkeiten hatte – sie waren jedenfalls nicht das, worum es bei dem Projekt gehen sollte. Aber Buchanan wurde mit Gewalt in die Rolle des Remote Viewers hineingepreßt[59]. Letztendlich schlug Buchanan sich aber recht wacker und wurde ein hoch angesehener Monitor und RV-Ausbilder.

Kurz nach seinem Beitritt rekrutierte Stubblebine die blonde Dawn Lutz, die als INSCOM-Corporal in Griechenland stationiert war. Sie betätigte sich oft als Handleserin, was Stubblebine als ausreichenden Grund betrachtete, um ihre Aufnahme in die RV-Einheit durchzusetzen. Unglücklicherweise war sie nicht dazu bereit, mehr zu lernen als die einfachsten RV-Techniken (Man verfügte nicht über den notwendigen Etat, um Stubbelbines Rekruten zum SRI zu schicken, und hoffte stattdessen, daß sie die Techniken von den Absolventen des Instituts erlernen würden).

Wie Alex Tennous gelang es auch Lutz nicht, brauchbare Daten zu produzieren. Deshalb kehrte sie dem Projekt bald den Rücken zu.

***

Neben diesen Faktoren erweckte auch Stubblebines Kooperation mit dem Monroe Institute den Eindruck, daß er sich hinsichtlich des Paranormalen etwas zu weit aus dem Fenster lehnte.

Zur Jahreswende 1983/1984 nahm Stubblebine selbst an diversen Hemi-Sync-Experimenten teil. Meist kam er nur für einen Tag vorbei, aber einige Male blieb er eine ganze Woche da. Er war auch anwesend, als Ed Dames und die drei anderen im Dezember 1983 ihr Hemi-Sync-Training absolvierten, und verpaßte auch nicht die Schulung von Lyn Buchanan und Dawn Lutz, die im Frühjahr 1984 stattfand. Neben John Alexander mußte sich sogar Stubblebines Sekretärin dem Trainingsprogramm unterziehen.

Schon im Winter 1983 begann Stubblebine, im Rahmen der Diskussionsgruppen am Monroe Institute seltsame Geschichten zu erzählen. So war zu hören, bei einem Spaziergang zum Lake Miranon habe ein kleiner oranger Salamander seinen Weg gekreuzt. Stubblebine wertete dies als Anzeichen für die ... *Richtigkeit* seines Tuns ... wie *weise* es war, Alternativen zur herkömmlichen Spionage in Erwägung zu ziehen.

Einem banalen Vorfall eine solche Bedeutung zuzumessen, das ist eigentlich ein typisches Anzeichen für erweiterte Bewußtseinszustände und auch bei Drogenanwendern ein hinlänglich bekanntes Phänomen. Aber offenbar litt Stubblebine daraunter, daß er bislang noch keine AKE durchlebt hatte, und versuchte so, dieses Manko zu überwinden. Da solche Erfahrungen im Rahmen des Monroe-Programms nichts ungewöhnliches waren, hätte er diesem Vorfall eigentlich nicht allzuviel Bedeutung beimessen dürfen.

Doch die Geschichte vom General und seinem Salamander zog bald weite Kreise. Schließlich erweckte sie die Besorgnis seiner Vorgesetzten, und man schickte General Thompson und einen Kollegen bei ihm vorbei, um ihn zurechtzuweisen. Was nichts änderte – später würde ein alter Freund, der Stubblebine noch von West Point kannte, erklären, daß der General »über die Stränge geschlagen« sei. Andere kritische Stimmen redeten von einem »Verlust des Überblicks«.

Negativ wirkte sich für ihn auch der sogenannte »Yellow Fruit«-Skandal aus. Es war publik geworden, daß einige verdeckt operierende INSCOM-Schwadronen sich aus ihren »schwarzen« Budgets bedient hatten, um sich mit schnellen Autos und Prostituierten zu vergnügen. Obwol Stubblebine sich nichts hatte zuschulden kommen lassen und sogar in erheblichem Maße zur Aufklärung dieser Affäre beitrug, erweckten die Vorfälle letztlich den Eindruck, das Schiff INSCOM treibe führerlos dahin.

Schon 1982 oder 1983 hatte Richard Kennett vom CIA Kritik an der Zusammenarbeit der Army mit dem Monroe Institute geäußert. Unter anderem wies er darauf hin, daß die erweiterten Bewußtseinsstadien mithin zu geistiger Instabilität führen könnten.

Obwohl er es wohlweißlich verschwieg, entsprang diese Behauptung seinem eigenen Erfahrungsschatz – er hatte durch einige Tips aus Monroes Büchern selbst AKE erlebt. Dabei hatte sich sein Geist von seinem Körper gelöst wie ein Hummer, der seinen alten Panzer abstößt. Während er durch den Raum wanderte, bemerkte er plötzlich, daß er nicht allein war – dort standen Monster! Ein Kobold sprang hoch und sah ihm direkt ins Gesicht – *Jesus!* Kennett beeilte sich, in seinen Körper zurückzukehren ...

Nach diesem Erlebnis schwor er sich, auf diesem Gebiet keine weiteren Experimente durchzuführen. Er vermutete, daß AKE die Emotionen und das gesamte Nervensystem in einer Weise beeinflußten, die möglicherweise bei labilen Menschen zu Herzanfällen, Traumata und sogar psychotischen Anfällen führen konnten.

Zunächst wurde Kennetts Warnung von niemandem beachtet. 1984 nahm ein junger INSCOM-Lieutenant namens Doug Pemberton an einem der Gateway-Kurse am Monroe Institute teil. Als Sohn eines Generals gehörte Pemberton zu jenem Typus Soldat, der vor dem Frühstück erst einmal 200 Liegestütze machte und anschließend ein Kampfsporttraining absolvierte.

Sein erster Tag am Monroe Institute verlief ganz normal – er saß mit einem Kopfhörer in einer Hemi-Sync-Zelle und beteiligte sich danach an einer Diskussionsgruppe. Doch am nächsten Tag kam der Eindruck auf, er stelle einer der Trainerinnen des Instituts nach. Doch schien dies nach einer Weile wieder abzuebben, und Pemberton benahm sich wieder normal.

Am dritten Tag saß Pemberton wieder in einer Zelle und ließ sich von Hemi-Sync-Signalen berieseln. Nach etwa 25 Minuten bemerkte ein Angestellter des Institutes, daß Pemberton seine Zelle verlassen hatte. Nackt und desorientiert stand er auf einem der Flure. Man sah sich schließlich gezwungen, ihn der psychiatrischen Abteilung des Walter Reed Army Medical Centers zu überlassen.

Während sich Pemberton wieder erholte, wurde deutlich, daß er der Army wie auch dem Monroe Institute in seinem Lebenslauf einige dunkle Punkte verschwiegen hatte – er hatte sich bereits mehrere Male in psychiatrische Behandlung begeben[60]. Wäre dies bekannt gewesen, hätte man ihn niemals an dem Programm teilnehmen lassen. Was letztlich nicht darüber hinweghalf, daß die Zahnpasta damit aus der Tube gequollen war und niemand sie wieder heineinzudrücken vermochte. William Odom nutzte die Gelegenheit, um Stubblebine dazu zu zwingen, sein Rücktrittsgesuch einzureichen. Er ging in die freie Wirtschaft und wurde schließlich Manager bei der BDM Corporation in Virginia, die als ziviler Subunternehmer für das Verteidigungsministerium arbeitete.

Sein Nachfolger wurde Major General Harry Soyster, der vom Pentagon den ausdrücklichen Auftrag erhielt, INSCOM wieder auf Schliff zu bringen. Wie Odom war auch Soyster ein überzeugter Skeptiker. Letztlich war aber ohnehin klar, daß die alternativen Forschungsprojekte und auch die Einheit von Fort Meade nach dem Pemberton-Zwischenfall dem Untergang geweiht waren.

Irgendwann im Jahr 1984, als Stubblebines Abstieg bereits offenkundig war, wurde Kennett zu einem CIA- Briefing geladen, an dem auch der CIA-Direktor William Casey und seine Stellverteter teilnahmen. Gerade mal ein Jahr war vergangen, seit Kennett die CIA verlassen und einen Job in der freien Wirtschaft angenommen hatte. Seitdem ging er weitaus bodenständigeren Aufgaben nach, wie etwa der Frage, welche biologischen und chemischen Waffen die Sowjets und ihre Trabantenstaaten gerade entwickelten.

Kennett hatte lange nichts mehr vom Stand der RV-Projekte gehört und war sehr gespannt, was man ihm nun berichten würde. Ganz im Gegensatz zu einigen anderen Teilnehmern – als Robert Gates, der Chef des Directorate of Intelligence, das Thema des Briefings erfuhr, verließ er wutschnaubend den Raum. Seiner Meinung nach gab es wichtigere Dinge als RV, zumal die CIA gerade einen Krieg in Mittelamerika angezettelt hatte und vollauf damit beschäftigt war, den nicaraguanischen Contras Waffen zu liefen und die Sandinisten aufzureiben, bevor der US-Kongreß eingreifen konnte.

Das Briefing wurde von Jack Vorona vom DIA abgehalten und diente in erster Linie dazu, Casey und seine Abteilung auf dem Laufenden zu halten. Gleichzeitig hoffte Vorona aber auch, die CIA zur Unterstützung des Projektes bewegen zu können. Casey war für sein hartes Durchgreifen bekannt und hätte das RV-Programm problemlos stoppen können. Doch schien er relativ beeindruckt von dem zu sein, was bisher geleistet worden war. Er bat Vorona, ihn weiterhin über den Fortgang der Dinge zu informieren.

Sonst kam bei dem Briefing jedoch nichts herum, und so erhielt Vorona den Eindruck, daß sich niemand bei der CIA für das RV-Projekt einsetzen würde.

Kennett war ebenfalls von dem Briefing enttäuscht, weil die von Vorona vorgetragenen Daten eigentlich nicht über das hinausgingen, was er bereits vor zehn Jahren gesehen hatte. Kurz gesagt, die Remote Viewer schafften es nicht, ihre Technik über diesen Stand hinaus zu entwickeln – trotz des intensiven Trainings am SRI. Nach wie vor war es unmöglich zu sagen, ob die Beschreibungen eines Sehers zutrafen oder nicht. Sie mußten immer von anderen Informationsquellen gestützt werden, was im Hinblick auf die mangelnde Detailliertheit jedoch den Aufwand nicht zu rechtfertigen schien. Während manche Sitzungen wirklich gut verliefen, hatten andere kein verwertbares Ergebnis. Möglicherweise wußte Kennett zu diesem Zeitpunkt noch nicht einmal, daß der Fehlschlag eines SRI-Sehers gerade zu einem großangelegten FBI-Einsatz geführt hatte, der sich als vollkommen überflüssig erwies. Der Seher hatte berichtet, daß jemand in der Nähe des Capitols einen Wagen parken würde, in dem eine Atombombe versteckt war, die gezündet werden sollte, während Ronald Reagan den jährlichen Bericht zur Lage der Nation vortrug. Der Wagen wurde nicht gefunden, und die Bombe ging nicht hoch – vermutlich handelte es sich um ein AoI.

Aber auch in Unkenntnis dieses Vorfalls war Kennett davon überzeugt, daß RV viel zu anfällig für Fehler war, um mit den traditionellen Spionagemethoden konkurieren zu können. Vielleicht würde man wirklich bis zum Anbruch des nächsten Jahrtausends warten müssen, um PSI-INT zu realisieren.

Jetzt sah es so aus, als ob Ed Dames Jedi-Träume ein jähes Ende gefunden hätten. Er saß wieder in seinem alten Büro beim SED, und seine drei Mitschüler wurden auf ähnliche Weise einer neuen Aufgabe zugeführt.

Trotzdem schaffte es der große Supergott Jack Vorona, das

Projekt am Leben zu erhalten, indem er die Leute von Fort Meade unter Mithilfe seiner Finanzplaner und Freunde im Scientific and Technical Intelligence Directorate bei der DIA unterbrachte. Er plante, daß die Einheit weiter in ihren alten Räumen in Fort Meade bleiben und die Finanzierung nach dem Ablauf der Army-Verträge Ende 1985 durch die DIA erfolgen sollte. In der Zwischenzeit sollte die Einheit keine Missionen mehr erhalten, sondern lediglich Trainings-Sitzungen abhalten. Brian Busby wurde versetzt, während Billie Ray, der nun im Rang eines Majors stand, zum provisorischen Leiter der Einheit ernannt wurde.

Den Verfall der Arbeitsmoral konnten diese Maßnahmen jedoch nicht aufhalten. Ende 1985 reichte Tom Nance seinen Abschied ein, nachdem er sich zu einer Art Legende im Bereich des nüchternen CRV entwickelt hatte. Er war der lebende Beweis für die Effektivität der Swann'schen Methoden. Dabei war er nicht perfekt – oft hielt ihn sein Vertrauen in Swanns rigoroses Technik davon ab, wirklich ins Zentrum eines Targets vorzudringen. Trotzdem war er der Beste aus der zweiten Generation, und sein Weggang stellte einen großen Verlust für das Projekt dar.

Nance wollte wieder ein ganz normales Leben führen, da sowohl seine militärische Karriere als auch seine Ehe unter dem RV-Projekt gelitten hatten. Deshalb ließ er sich nach Übersee versetzen.

Kurz nach Nances Weggang verfaßte einer der Seher eine Reihe von Pamphleten, in denen er sich über die allgemeine Lage und die Feindseligkeit General Odoms lustig machte:

DIE SPANNENDEN ABENTEUER VON PSI-FORCE 5

In dieser Woche:

DIE DROHUNG DES O-DUMM

Was bis jetzt geschah: Unsere Helden müssen sich damit abfinden, daß das Team von PSI-Force 5 von einer Katastrophe dezimiert wird. Der Verlust ihres Kameraden Tom hat in großem Maße ihre Fähigkeit beeinträchtigt, die Welt vor der herankriechenden Langeweile der Horden der O-DUMMITEN zu beschützen, den Feinden aller fortschrittlich Denkenden …

Am Beginn dieser Episode klärt Bill, der redegewandte und

schneidige Kommandant der *Force,* seine Teammitglieder über das Trainingsprogramm auf:

»Ich weiß, daß euch nichts mehr am Herzen liegt, als die O-DUMMITEN zu bekämpfen und die Menschheit zu erretten. Doch werden wir aus strategischen Gründen von dieser Aufgabe abgehalten, was uns eine hervorragende Gelegenheit gibt, unsere Fähigkeiten zu trainieren. Wie mein Idol General Custer möchte ich laut ausrufen: ›Ordentliches Exerzieren und gute Führungsqualitäten! So gewinnt man eine Schlacht!‹«

Dem SRI-Projekt erging es weitaus besser. 1984 und 1985 schafften es Puthoff und Vorona, eine ganze Reihe ziviler und militärischer Sponsoren zu gewinnen, während sie weiterhin gelegentlich mit den verbleibenden SRI-Sehern Missionen durchführten. Die beiden klapperten so ziemlich jede US-Behörde ab, um Verhandlungen zu führen und Demonstrationen zu veranstalten, bis hinauf zu George Keyworth, dem wissenschaftlichen Berater Ronald Reagans.

Schließlich wurde ein Fünfjahresvertrag über 10 Millionen Dollar mit einer zum Pentagon gehörenden Behörde abgeschlossen – welche es war, ist nicht bekannt. Jedenfalls ging es um die Erforschung der neurophysiologischen Aspekte von RV und anderen Formen von PSI.

Obwohl Puthoff seinen Teil des Projektes damit gerettet hatte, war ihm klar, daß er sich gegenüber Kongreßabgeordeneten oder Geheimdienstleitern mit Äußerungen über das Projekt sehr zurückhalten sollte. Privat war er jedenfalls von seiner Sache überzeugt, was sich unter anderem daran zeigte, daß er und seine Frau seit Mitte der 70er Jahre die RV-Techniken gelegentlich in Las Vegas zur Anwendung brachten. Meist lief es so ab, daß sie sich mit Freunden auf einem Hotelzimmer trafen, um mittels RV den Verlauf des Roulettespiels vorauszubestimmen. Als Ausgangspunkt wurde der Moment gewählt, an dem die Kugel bei »Zero« stehenblieb. Auf ihre Eingebungen wendeten sie ein System der Fehlerkorrektur an, das dem von Charles Tart betriebenen »Hütchen-Spiel« ähnelte. Wenn Puthoff davon überzeugt war, daß sie eine hinreichend zuverlässige Reihenfolge von roten und schwarzen Zahlen ermittelt hatten, gingen sie ins Kasino und warteten darauf, daß die Kugel einmal bei »Zero« stehenblieb, um direkt danach ihre Wetten anhand der vorhergesagten Farben zu plazieren.

Mitte der 80er Jahre engagierten sich Puthoff und seine Frau Adrienne für die Finanzierung einer Privatschule in Menlo Park. Als sich herausstellte, daß dem Etat kurz vor Beginn des neuen Schuljahres 25.000 Dollar fehlten, schlug Puthoff vor, das fehlende Geld durch eine Variante des von Targ und Harary erfunden Silberoptionsgeschäftes zu beschaffen. Da die Schule sonst Bankrott gemacht hätte, stimmten die Verantwortlichen schließlich zu.

Die Puthoffs stellten schnell ein kleines Einsatzkommando aus den Reihen der Schuldirektion zusammen und brachten ihnen RV bei. Die Kandidaten sollten denjenigen von zwei Gegenständen – beispielsweise ein Hut und ein Fahrrad – visualisieren, den Puthoff ihnen am nächsten Tag zeigen würde. Die Gegenstände sollten dabei den Kursverlauf der Silberoptionen am nächsten Tag symbolisieren. Auf dieser Basis sollte Puthoffs Broker dann Anteilsscheine kaufen oder abstoßen.

Im Gegensatz zu Targs und Hararys Unternehmung hatte diese ein Happyend: Nach einem Monat hatten die frischgebackenen Remote Viewer es geschafft, die benötigten 25.000 Dollar zusammenzutragen.

Die Schule war gerettet, aber kurz darauf sollte Puthoffs Leben einen neuen Verlauf nehmen. Er wußte, daß die Finanzierung des SRI-Projektes zumindest bis zum Ende des Jahrzehnts sichergestellt war. Doch sah er auch die Wolken am Horizont und war zunehmend von seiner Aufgabe gelangweilt. Zudem hatte Salyer nach dem Weggang von Targ und Harary allmählich begonnen, das Programm nach seinem Gutdünken umzugestalten und schien, bestimmte Seher gegenüber anderen zu bevorzugen. Immer häufiger kam es zwischen ihm und Puthoff deshalb zu Differenzen.

Plötzlich sah Puthoff jedoch ein neues Ziel vor Augen, das genau jene Herausforderungen bot, die einen Mann mit seinem Background reizen konnten. Seit Anfang der 70er Jahre hatte Puthoff gelegentlich als Teilzeit-Berater für Bill Church gearbeitet, den texanischen Philantropen, mit dem er befreundet war. Church machte sich wegen der drohenden Monopolisierung des Ölmarktes durch die OPEC Sorgen und war an alternativen Konzepten der

Energieversorgung interessiert. Anfänglich hatte Puthoff sich nicht allzusehr für dieses Thema interessiert, doch Mitte der 80er Jahre war er fasziniert von dem Phänomen, das als »Nullpunktenergie« oder »Vakuum-Feldenergie« bekannt ist. Dabei handelt es sich um eine Form von Energie, die das ganze Universum durchsetzt und die weit stärker ist als die vom Urknall hervorgerufene Mikrowellen-Hintergrundstrahlung. Obwohl diese Energieform bereits vor langer Zeit von Quantenphysikern postuliert wurde, gilt dieses Konzept als so obskur und schwierig, daß es vom Mainstream der Wissenschaft ignoriert wird. Doch Puthoff gelangte zu der Überzeugung, daß es möglich sein müßte, diese Energiequelle anzuzapfen.

Auf Puthoffs Drängen gründete Church eine Firma namens Jupiter Technologies, die sich mit der Erforschung des Phäomens auseinandersetzen sollte. Im Spätherbst 1984 war Puthoff von seinen ersten Untersuchungen so überzeugt, daß er beschloß, als Vollzeitkraft für die neue Firma zu arbeiten.

Anfänglich teilte er niemandem etwas über diese Pläne mit, da er nicht wollte, daß die DIA seinen Weggang zum Anlaß nahm, um die Finanzierung der PSI-Forschungen am SRI einzustellen. Erst als der entsprechende Vertrag abgeschlossen war, reichte er seine Kündigung ein. Zwei Wochen darauf war er fort.

Im September 1984 wurde Joe McMoneagle pensioniert. Seine Arbeit am RV-Projekt hatte ihn und seine zweite Ehefrau Peggy immer mehr entfremdet, bis sie sich trennten und bald darauf scheiden ließen. In dieser Zeit wurde das Monroe Institute für ihn soetwas wie ein zweites Zuhause. Die entspanntere Atmosphäre sagte ihm mehr zu als die in Fort Meade. Schließlich verliebte er sich in Bob Monroes Stieftochter Nancy Honeycutt und faßte schon bald darauf Heiratspläne.

Die Hügel von Virginia hatten es ihm bereits angetan, als er sich hier von den Strapazen des Vietnamkrieges erholte. Der Stadtrummel in Washington ging ihm zunehmend auf die Nerven – er überlegte, ob die vielen Jahre, in denen er RV praktiziert hatte, bei ihm eine Überempfindlichkeit gegen die Gedankenflut der Stadtmenschen hervorgrufen hatte.

Während seiner letzten Monate in Fort Meade fuhr er an den

Wochenenden zum Monroe Institute hinaus. Nach seiner Pensionierung bauten Nancy und er direkt in der Nähe des Instituts ein Haus. Er unterzeichnete einen Beratervertrag mit dem SRI und führte unter Puthoffs Nachfolger Ed May gelegentlich RV-Missionen aus. Außerdem gründete er mit Nancy eine Firma, die zivilen und staatlichen Kunden mediale Hilfe anbot.

Ein großer Teil seiner Arbeit wurde per Fax abgewickelt. So konnten beispielsweise ein Kunde in Californien einfach einen Umschlag mit Informationen über das Target auf seinen eigenen Schreibtisch legen, bevor sich McMoneagle daran machte, etwas über das Target in Erfahrung zu bringen. Seine Fähigkeiten hatten sich nicht vermindert, und er fühlte sich auch keineswegs ausgebrannt.

Aber er wußte genau, daß es anderen Sehern nicht so gut ergangen war. Viele waren vorzeitig verstorben – schädigte RV auf irgendeine Weise das Nervensystem der Seher?

Pat Price und Jackie Keith waren beide einem Herzanfall erlegen – McMoneagle konnte damals nicht wissen, daß es Alex Tennous später genauso ergehen würde. Rob Cowart und Hartleigh Trent waren ernsthaft an Krebs erkrankt, ebenso wie Jim Salyer, Hella Hammid und die SRI-Sekretärin Martha Thompson (bis auf Cowart erlagen alle genannten dieser Krankheit).

Im Juni 1985 veranstalteten McMoneagle und Nancy ein Picknick auf der künstlichen Insel mitten im Lake Miranon. Plötztlich spürte Joe einen dumpfen Schmerz im Oberbauch – es war fast, als ob ihn jemand getreten hätte. Nancy ruderte ihn ans Ufer zurück und brachte ihn in ein Krankenhaus. Vor der Notaufnahme brach er zusammen und die Ärzte versuchten, ihn mit verschiedenen Medikamenten zu stabiliseren. Er wurde mehrmals bewußtlos und durchlebte verschiedene Bewußtseinsstadien. Nach einer Woche verlegte man ihn in ein größeres Krankenhaus in Charlottesville, um einen Bypass zu legen.

Während die Ärzte seinen Brustkorb öffneten, schwebte McMoneagles Geist an der Decke und sah zu. Dann glitt er hinweg – an einen besseren Ort ...

Als er wieder aufwachte, bat er eine Schwester, ihm Bleistift und Papier zu bringen. Er hatte Dinge gesehen – das Licht ... die seltsamen, gottartigen Wesen – all das mußte er zu Papier bringen.

21. Die Hexen

Hier, sagte sie,
ist deine Karte, der ertrunkene phönizische Soldat,
(Da sind Perlen in seinen Augen. Sieh!)
Hier ist Belladonna, die Dame von den Felsen,
die Dame der Augenblicke.
T. S. Elliot, *The Waste Land*

Mattes Metall und Blut reflektierten das Sonnenlicht, Kampfgeräusche drangen in Mel Rileys Ohren. Steine, Stöcke, Äxte zischten an seinem Kopf vorbei, während Staub ihn zu ersticken drohte. Er befand sich irgendwo mitten in einer Schlacht, mitten in den fürchterlichsten Abgründen der Zone.

Doch dann riß ihn Ed Dames Stimme heraus, setzte der Bilokation ein jähes Ende. Mel Triley saß wieder im CRV-Raum des Gebäudes 2560 in Fort Meade.

Dames kicherte und reichte ihm den Schnellhefter mit den Angaben zum Target. Ein Trainings-Target, eine 500 Jahre zurückliegende Schlacht in Cornwall.

Ja, Mel Riley war zurück, nach all den Jahren.

Im Sommer 1984 hatte man ihn nach dem Fiasko in Deutschland zunächst der Rapid Developments Force (RDF) zugeteilt, die in Savannah im US-Bundesstaat Georgia stationiert war. Es waren schwierige Zeiten, die RDF mußte eine Reihe von Missionen in Mittelamerika durchführen – meist von Honduras ausgehend, wo eine der US-Basen lag, die verschiedene Operationen in Nicaragua durchführten. Rileys Bataillon führte Erkundungen durch. Dazu benutzten sie den »Mohawk«, ein Army-Flugzeug, das mit einem seltsam aussehenden Radarturm ausgestattet war.

Riley war der Sergeant einer etwa vierzigköpfigen Truppe. Jeden Morgen mußte er um halb fünf aufstehen und die anderen aus den Betten scheuchen, um sie erst zu einem Dauerlauf und anschließend zum Konditionstraining anzuleiten. Allmählich spürte er sein Alter. Außerdem stand das Bataillon unter starkem psychischen Druck – einmal mußte er einen Stabssergeanten entwaffnen, weil dieser mit seiner 9 mm-Pistole den Commander bedroht hatte.

1985 ließen sich Mel und seine Frau scheiden – Brigitte und ihre Tochter zogen nach Texas. Kurz darauf lernte Riley die Ex-Frau eines RDF-Soldaten kennen, die ebenfalls deutschstämmige Edith. Edith hatte selbst paranormale Erfahrungen erlebt und störte sich nicht daran, daß Mel wieder ein Remote Viewer werden wollte. Sie heirateten noch im selben Jahr.

Als sich die Lage in Fort Meade wieder beruhigt hatte und klar wurde, daß die DIA das RV-Projekt nicht einstellen würde, holte Atwater Riley zurück. Das war gar nicht so einfach, da Rileys Kommandant ihn nicht gehen lassen wollte und Vorona ein Machtwort sprechen mußte.

So traf Mel Riley nach fünf Jahren Absenz im Sommer 1986 wieder in Fort Meade ein.

Mittlerweile hatte die Einheit als Sektion der DIA eine neue Bezeichnung erhalten: DT-S. Der Kodename Center Lane wurde durch »Sun Streak« ersetzt.

Von den anderen Mitgliedern kannte Riley nur Atwater und Fern Gauvin. Nach dem Geiseldrama im Iran hatte Gauvin geschworen, nie wieder RV zu praktizieren. Er war standfest geblieben und stand der Einheit lediglich als Monitor und Analytiker zur Verfügung.

Als Commander fungierte nun Bill Ray, während Atwater immer noch den Posten des Missionschefs innehatte. Mittlerweile hatte man ihm drei Assistenten zugeteilt: Ed Dames, Fern Gauvin und den stämmigen, schnurrbärtigen Gene Kincaid. Die Seher wurden mittlerweile genau wie normale Spione als »Sources« (Quellen) bezeichnet.

Kincaid war vorher ein Undercover-Agent und, wie der Zufall so spielt, sieben Jahre zuvor an dem Ankauf des sowjetischen T-72-Panzers beteiligt gewesen. Als Offiziersanwärter hatte man ihn jedoch nur an den anfänglichen Verhandlungen beteiligt, während die eigentliche Aktion von höheren Geheimdienst-Offizieren durchgeführt wurde. Atwater hatte Kincaid auch über den paranormalen Teil der Mission informiert.

Kincaid war ein guter Geschichtenerzähler. Zu seinen bekanntesten Themen gehörte eine Nahtoderfahrung, die er in Vietnam gemacht hatte. Als HUMINT-Spezialist hatte er dort Feldagenten befehligt und mit der CIA kooperiert. Eines Tages saß er in einem Hubschrauber, der ein kleines Scharmützel überflog, wobei sowohl er als auch der Pilot angeschossen wurden. Kincaid erhielt einen Treffer ins Bein und einen in den Bauch. Nach der Bruchlandung stolperte er aus dem Wrack, aber die bald darauf ankommenden Sanitäter beachteten ihn nicht, da sie ihm weniger Chancen gaben als einigen der anderen Verletzten. Schließlich wurde aber auch er in einen Hubschrauber verfrachtet. Er hatte viel Blut verloren und spürte, daß es dem Ende zuging. Seine Lider wurden bleischwer, aber er wußte, daß er sterben würde, wenn er einschlief.

Als der Hubschrauber das Krankenhaus erreichte, wurde er mit mehreren anderen Vewundeten in einem OP untergebracht. Der Arzt beugte sich über ihn, schüttelte den Kopf und holte dann einen Priester, der Kincaid die letzte Ölung gab.

Kincaid gab sich die größte Mühe nicht einzuschlafen. Schließlich kam der Arzt zurück, worauf der Verwundete endlich die Augen schloß. Doch anstatt einzuschlafen verließ sein Geist seinen Körper. Er schwebte durch das Krankenhaus, bis er in einen anderen OP gelangte, wo die Ärzte gerade einen jungen Marine behandelten, dessen Beine übel aussahen. Kincaid sah der Operation eine Weile zu, bis er plötzlich einen grellen Lichtschein bemerkte, der ihn in Liebe einhüllte.

Später wachte er in seinem Krankenbett auf. Als er die Geschichte mit dem Marine überprüfte, stellte sich seine Vision als zutreffend heraus. Kincaid erzählte auch einem Priester davon, der ihm daraufhin sagte, daß solche Erlebnisse in Extremsituationen nichts ungewöhnliches sind.

Die hinzugekommenen Remote Viewer wurden nun von Swanns Schülern in CRV ausgebildet. Einige von ihnen sollten sich auch an tieferen Trancestadien wie ERV versuchen. Atwater ließ die Seher häufig in der ersten Phase einer Mission mit CRV vorgehen, um danach andere durch ERV weitere Details heranschaffen zu lassen.

Swann hatte seine Schüler angewiesen, auschließlich geographische Koordinaten zu verwenden, da er diese Methode für die überlegenere hielt. In der Praxis hielt sich jedoch niemand daran, und man verwendete statt dessen zwei vierstellige Zufallszahlen. Um Swann zu besänftigen, und möglicherweise auch, um RV ein wenig den Touch des Bizarren zu nehmen, bezeichneten sie diese Codenummern als »verschlüsselte Koordinaten«, obwohl sie keinen Bezug zu den echten Koordinaten hatten. Die Technik selbst wurde weiterhin als CRV bezeichnet.

Die Codenummern stellten so etwas wie Adressen innerhalb der ätherischen Matrix dar. Sie konnten auf alles mögliche verweisen – Orte, Menschen, Ereignisse, Gegenstände. Swann schüttelte nur seinen Kopf und sprach apokalyptische Warnungen aus, die jedoch keiner ernst nahm. Wie Puthoff am SRI herausgefunden hatte, war die koordinatenlose Methode keineswegs schlechter – zumindest, soweit es normale Targets betraf. Einige der Seher der DT-S waren genau wie vorher Hararay und Langford davon überzeugt, daß dieses Verfahren sogar besser war, weil die Kenntnis der geographischen Koordinaten eines Targets oftmals zu AoI führte.

Im April 1986, kurz bevor Riley wieder hinzustieß, wurde DT-S auf einen geplanten US-Luftangriff auf Libyen und Ghaddafi angesetzt, der als Gegenschlag für einen Bombenanschlag in Berlin geplant war, der das Leben eines US-Soldaten gefordert hatte. In einem Nachtangriff sollten etliche Ziele in Tripolis und Benghazi von Jets der US Air Force und Navy bombardiert werden: Regierungsgebäude, potentielle Standorte von Fabrikationsstätten für chemische Waffen, Trainingslager für Terroristen und das Nervenzentrum der libyschen Streitkräfte, Ghaddafis Hauptquartier.

Da Ghaddafi seinen Standort ständig wechselte, sollte DT-S ausfindig machen, wo er sich zum Zeitpunkt der Bombardierungen aufhielt. Einige der später veröffentlichten Pläne und Fotos schienen sich mit dem zu decken, was die Seher in Erfahrung gebracht hatten. Aber während der Mission ergab sich die Schwierigkeit, daß sie die aktuellen Daten nicht schnell genug nach oben weiterleiten konnten. Deshalb versuchten sie herauszubekommen, wo sich Ghaddafi einige Tagen nach der Sitzung aufhalten würde.

Später gelang es, durch einheimische Spione, Luftaufnahmen und Funkpeilung, den Standort des libyschen Anführers sehr genau zu bestimmen – es handelte sich um ein Zeltlager. Die Bomben verfehlten das Ziel nur um wenige hundert Meter.

Nach dieser Aktion ging ein US-Langstreckenbomber vom Typ F-111 vor der Küste verloren. Da rief überraschenderweise Ken Bell an, der nun einer ganz anderen Tätigkeit nachging. Er hatte den F-111 mittels RV angepeilt und meinte, daß der Bomber im Golf von Sidra auf dem Meeresgrund lag. Später stellte sich heraus, daß diese Information in realistischen Grenzen zutraf. Doch scheint es nicht so, als ob man davon Gebrauch machte.

Im Dezember 1989 ging die RV-Einheit auf ähnliche Weise gegen Manuel Noriega vor, der sich nach der Invasion Panamas versteckt hielt. Wie bei der Libyen-Mission schafften es die Seher, einige korrekte Informationen zu beschaffen, die insgesamt jedoch nicht detailliert und zuverlässig genug waren. Irgendwann meinte Lyn Buchanan zu seinem Monitor, er habe das sichere Gefühl, Noriegas Aufenthaltsort sei der jungen US-Fernsehschauspielerin Kristy McNichol bekannt. Doch niemand war bereit, die Schauspielerin zu fragen. Noriega flüchtete sich in die Botschaft des Vatikan, wurde später aber in den USA verhaftet und wegen Drogenschmuggels verurteilt.

***

Sun Streak ging auch gegen vermutete Hightech-Waffen der Sowjets vor, wobei die Aufträge meist von Dale Graff stammten, der innerhalb von Jack Voronas Abteilung das Advanced Concepts Office leitete. Eines der Targets war eine Stalliten-Bodenstation in Dushanbe, die mit auf den Himmel gerichteten Lasern ausgerüstet war. Die Seher beschrieben nicht nur die Laser, sondern auch kuppelartige Bauten, die acht oder neun Monate später tatsächlich errichtet wurden.

Auch in die Libanon-Geiselkrise war DT-S involviert, wobei es hauptsächlich darum ging, den Aufenthaltsort und Zustand der Geiseln in Erfahrung zu bringen. Dabei wurden auch Luftvideos durchgesehen und versucht, die Gebäude zu bestimmen, in denen die Geiseln festgehalten wurden, was allerdings nicht von Erfolg gekrönt war. Nebenher mußten sie auch iranische Waffenlager am persischen Golf ausfindig machen – speziell die, in denen die in China hergestellten Silkworm-Raketen stationiert waren.

In den späten 80er Jahren wuchs der Anteil an Missionen, die sich gegen Drogenschmuggler richteten. Die Aufträge kamen vom Zoll, der Küstewache und der Drug Enforcement Administration (DEA). Im Einzelnen ging es etwa um die Sichtung der Fracht von verdächtigen Schiffen und der Aktivitäten der Mitglieder diverser süd- und mittelamerikanischer Drogenkartelle. 1988 und 1989 konnten die Seher in einigen Fällen Informationen beschaffen, die später bestätigt wurden.

***

Die vielleicht erfolgreichste Mission dieser Ära wurde von Brigardier General James Shufelt initiiert, einem ehemaligen stellvertretenden Kommandanten der INSCOM, der in die höheren Ränge der DIA versetzt worden war. Shufelt war in der Einheit gut bekannt, da er 1986 die Remote Viewerin Charlene Cavanaugh geheiratet hatte – zu den Gästen gehörten etliche Mitglieder des RV-Projektes, unter ihnen auch Ingo Swann. Bei einem Dinner mit Skip Atwater hatte Shufelt erzählt, daß ihn das Pentagon beauftragt hätte, dem Gerücht nachzugehen, daß die Vietkong einige US-Soldaten immer noch als Kriegsgefangene festhalten würden. Die Geschichten klangen nicht allzu plausibel, aber der US-Kongreß hatte unter dem Druck diverser Veteranen-Organisationen das Pentagon mit der Angelegenheit betraut. Shufelt hat alle möglichen Informationsquellen aktiviert und wollte, daß sich auch die RV-Einheit mit dem Fall auseinandersetzte.

Atwater schlug Shufelt vor, die Mission mit einem Experiment zu beginnen. Man solle ihm zwei verschiedene Sätze von Fotos aushändigen – einer davon mit Gebäuden, in denen sich angeblich Kriegsgefangene aufhielten, während der andere solche darstellen sollte, bei denen dies mit Sicherheit nicht der Fall war.

Shufelt willigte ein und schickte bald darauf einige Dutzend Fotos, die Atwater in Briefumschläge steckte. Dann setzte er zwei RV-Teams darauf an, eines wurde von Kincaid, das andere von Dames geleitet. Niemand in der Einheit wußte, worum es überhaupt ging. Kincaid legte seinen Sehern die Fotos vor, während Dames ihnen lediglich Zufallskodes mitteilte, die den einzelenen Fotos zugeordnet waren.

Atwater verteilte die Mission über mehrere Monate, um zu verhindern, daß die Seher wegen der Vielzahl der Targets Aol produzierten. Sein Abschlußbericht war eindeutig: Die Seher hatten keine verbliebenen Kriegsgefangenen gefunden.

Als Shufelt den Bericht las, meinter er nur: »Schade, das ist wirklich dumm.« Doch später stellte sich heraus, daß die konventionellen Spione der gleichen Ansicht waren wie die Remote Viewer.

Dies war eine der letzten großen Missionen, die Atwater durchführte. Seine Pensionierung stand bevor, und er begann bereits, seine Pflichten zunehmend an Fern Gauvin abzugeben.

1982 hatte Atwater ein Grundstück in der Nähe des Monroe Institutes gekauft und begonnen, unter Mithilfe seines Sohnes ein Haus zu erbauen. 1987 wurde es fertiggestellt, und Atwater bereitete sich darauf vor, dort seinen Ruhestand zu verbringen. Als Abschiedsgeschenk überreichte ihm die Einheit einen Kaffeebecher, auf dem irgendein belangloser Spruch abgedruckt war.

Dann zog Atwater mit seiner Frau Joan und den Kindern in das neue Haus ein und nahm das Angebot Bob Monroes an, am Institut als Forschungsleiter zu arbeiten.

Mel Riley freute sich wie ein Schneekönig, als er im Sommer 1986 wieder in Fort Meade eintraf. Doch bemerkte er schnell, daß die RV-Einheit auf dem absteigenden Ast war, zumal ihre Reputation seit der Auslagerung aus der Army nicht die beste war.

Doch das sollte noch schlimmer werden, als Stubblebines Nachfolger Harry Soyster in den Rang eines Lieutenant General erhoben und zum Leiter der DIA berufen wurde. Er bezweifelte nicht unbedingt, daß es sich bei RV um ein echtes paranormales Phänomen handelte, wollte jedoch kein RV-Projekt innerhalb seines Wirkungskreises unterhalten. Kurzum, er war wegen des »Kicher-Faktors« besorgt.

Irgendwie schaffte es Jack Vorona trotzdem, die Einheit am Leben zu halten, indem er mit Dale Graff ein Netzwerk von Befürwortern innerhalb verschiedener Behörden unterhielt, denen er anbot, auf experimenteller und kostenloser Basis RV-Missionen für sie durchzuführen und deren Resultate so zu verwerten, wie sie es für richtig erachteten. Einige der Remote Viewer gingen auf Reisen, um potentiellen Sponsoren ihre Fähigkeiten zu demonstrieren. Im Rahmen dieser Aktion lieferte Paul Smith mit Lyn Buchanan als Monitor in Key West (Florida) eine sehr überzeugende Vorstellung vor den Leitern der gegen Drogendelikte eingerichteten Joint Task Force Four des Pentagon ab.

Ähnliche Veranstaltungen wurden auch für wichtige Kongreßabgeordnete abgehalten. So wurde Smith eines Tages nach Capitol Hill entsandt, begleitet von Gabrielle Peters, die der Einheit früher als Mitglied der INSCOM SED Aufträge erteilt hatte und nun selbst als Remote Viewerin arbeitete. Die beiden trafen sich mit vier Senatoren aus dem Auschuß für Geheimdienstangelegenheiten: William Cohen (Republikaner, Maine), Daniel Inouye (Demokrat, Hawaii), Ted Stevens (Republikaner, Alaska) und der ehemalige Astronaut John Glenn (Demokrat, Ohio). Ebenfalls anwesend war Dick D'Amato, der die Budgetangelegenheiten der Geheimdienste für den Majoritätsvorsitzenden des Senats, Robert Byrd leitete. In einem Zimmer des Russell Senate Office Buildings überreichte D'Amato Smith zwei vierstellige Kodenummern, die dieser Peters vorlas. Wie sich herausstellte, handelte es sich bei dem Target um ein Terroristencamp in Libyen. Peters Bescheibung war so zutreffend, daß sie überraschte Blicke und Lobesbekundungen von den Senatoren erntete.

Wenn derartige Demonstration auch keinen wirklichen stichhaltigen Beweis für die Brauchbarkeit der Methode lieferten, so überzeugten sie zumindest einige wichtige Leute davon, daß das Paranormale existiert und eine Einstellung der Einheit keineswegs wünschenswert sei. Durch das von Vorona und Graff aufgebaute Netzwerk konnten sie die Berichte der Einheit nun an den skeptischen DIA-Chefs vorbei direkt in die Hände jener lancieren, die sie zu nutzen wußten. Was insgesamt nichts daran änderte, daß es undenkbar war, unter diesen Bedingungen auf Dauer weiterzuarbeiten. Schließlich erzielten die Seher damit allenfalls Achtungserfolge, konnten aber nichts daran ändern, daß nur wenige die Angst vor dem »Kicher-Faktor« überwinden konnten und sie mit Missionen betrauten.

Zudem kündigte sich der Niedergang auch in der Art der Aufträge an, die immer öfter Suchprobleme zum Inhalt hatten. Einmal war es ein zum Drogenschmuggel benutztes Schiff, dann Terroristen, ein anderes Mal flüchtige Verbrecher wie Noriega. Dabei waren solche Suchaktionen ausgerechnet das, womit die Seher die meisten Schwierigkeiten hatten – je mehr sie sich anstrengten, desto geringer war ihr Erfolg.

Ohnehin schien die Einheit ihren Zenit überschritten zu haben, soweit es die geballte Ansammlung seherischen Talentes betraf. Trotz des Vertrauens in Swanns vielstufiges CRV-Systems verfügte die Einheit offenbar nicht über Mitglieder, die Botschaften mit jener Konsistenz und Klarheit hervorbringen konnten, wie es die großen »natürlich« Begabten PSI-Spione Price, McMoneagle und Bell vermocht hatten. Die beiden letztgenannten arbeiteten nun als Zivilisten am SRI, wobei sie Swann weitgehend unterliefen.

Als McMoneagle 1989 die Berichte der DT-S-Missionen durchging, fiel ihm auf, daß sich einer mit der Werft in Severodvinsk beschäftigte, in der er bereits 1979 im Auftrag des NSC das U-Boot der Typhoon-Klasse aufgespürt hatte. Die Skizzen sahen genau aus wie die, die er eigenhändig zehn Jahre zuvor angefertigt hatte. Bald gelangte er zu der Überzeugung, daß jemand einfach alte Berichte überarbeitete und sie mit einer neuen Aktennummer und Seher-Identifikation versah. McMoneagle fragte sich, was dazu geführt haben konnte, daß es um die Einheit von Fort Meade so schlecht stand.

***

Zunächst hatte es so ausgesehen, als ob Fern Gauvin genau der richtige Mann war, um die Einheit zu neuen Höhenflügen anzutreiben. Als er 1987 Atwaters Posten übernahm, war er mit der Arbeit bereits hinreichend vertraut.

Doch bald wurde deutlich, daß sich der Abstieg unter seiner Leitung nur beschleunigte. Es kam zu Rivalitäten, Meinungsverschiedenheiten über das Management der Einheit und peinlichen

Fehlschlägen bei den Missionen. Als sich die Wogen wieder etwas geglättet hatten, waren fast sämtliche Auftraggeber abgesprungen.

Gauvin stritt später den Vorwurf ab, er habe sich zu sehr in die paranormalen Gefilde begeben. Doch in einem Bericht über die potentiellen Gefahren des RV scheint eine Weltsicht durch, die man eigentlich nicht bei einem Abteilungsleiter der DIA vermuten sollte:

Die größte Sorge ist die – könnten böse Geister von mir Besitz ergreifen? Vielleicht, aber ich kann mich schützen ... Einige andere Leute nennen es, na ja, »schütz dich mit dem weißen Licht«, und so weiter. Und wenn ich gute Absichten habe – mich stört es nicht, ob du als verführerischer böser Geist eine Hure von der 14. Straße bist, ich will nichts mit dir zu tun haben – dann hast du keine Chance, was immer du mir anbietest. Das ist, weil ich es nicht will. Ich denke, daß das in diesem Arbeitsbereich eine Grundvoraussetzung darstellt.

Ich habe Besessenheit erlebt, vorübergehende Besessenheit, aber du weißt, da war nichts, was jemanden oder irgendetwas beeinflussen könnte, wenn man nichts damit zu tun haben will. Das ist so allgemein dahergesagt. Es war nie ein großes Problem.

Soweit es die RV-Techniken betraf, gab Gauvin sich sehr liberal: Jeder Seher sollte die Methode verwenden, die er für die am besten geeignete hielt. Er respektierte CRV und Swanns Erkenntnisse, hielt diese Methode aber für zu intellektuell und meinte, sie wäre zu methodisch und konzentriere sich zu wenig auf die Resultate. Dagegen hatte Atwater den Sehern zwar freie Hand gelassen, war jedoch der Ansicht, daß ein gewisses Maß an Standardisierung notwendig war. Deshalb hatten er und Bill Ray die Methoden auf zwei reduziert, namentlich CRV und ERV. Bei Gauvin gab es diese Beschränkungen nicht mehr, und es wurden auch exotischere Techniken verwendet.

Und deshalb kamen die Kobolde zum Spielen heraus.

Angela Dellafiora war eine schwarzhaarige Mittvierzigerin, als sie der Einheit 1986 beitrat. Sie hatte vorher als Analytikerin für Lateinamerika bei INSCOM gearbeitet, war aber mit ihrer Tätigkeit unzufrieden und fühlte sich zum Paranormalen hingezogen. Deshalb hatte sie einige private PSI-Kurse in Washington besucht, bis Stubblebine auf sie aufmerksam wurde.

Unter Atwaters Leitung hatte Dellafiora fast ausschließlich mit ERV gearbeitet. Von CRV hielt sie nichts, obwohl sie kurze Zeit auch diese Methode trainiert hatte, mit bescheidenem Erfolg.

Als Gauvins Dienstzeit anbrach, begann sie zunehmend andere Techniken einzusetzen. So pflegte sie sich in eine Trance zu versetzen und bald darauf eine höhere Wesenheit zu verkünden, die angeblich ihren Körper übernommen hatte. Meistens handelte es sich um einen Geist namens »Maurice«, aber es gab auch einen »George«, sowie einen »Dr. Einstein«.

Diese Wesenheiten pflegten sich nicht durch Stimmen bemerkbar zu machen, sondern durch automatisches Schreiben. Gauvin saß ihr oft als Monitor bei und stellte dem Wesen Fragen: *Wie geht es der Geisel Terry Waite?*

ER IST UND HUNGRIG UND SCHWACH UND FÜRCHTET SICH; ABER SONST IST ALLES IN ORDNUNG, mochte die Antwort lauten.

Wenn Angela aus der Trance erwachte, lagen vor ihr auf dem Tisch einige in der klaren Handschrift der Wesenheit vollgeschriebene Blätter. Diese Form des RV wurde als »Written RV« bezeichnet (geschriebenes RV, WRV, obwohl es sich letztlich um nichts anderes als das aus spiritistischen Kreisen bekannte »Channelling« handelte).

Nun hatten Channeller, wie etwa die berühmte Mina »Margery« Crandon, die Erforschung des Paranormalen bereits um die letzte Jahrundertwende reichlich in Verruf gebracht. Trotzdem sah es so aus, als ob Angela mit dieser Methode mithin die detailliertesten und zuverlässigsten Angaben liefern konnte.

Im Frühjahr 1989 wurde die Einheit vom US-Zollamt um Hilfe bei der Suche nach dem ehemaligen Zollbeamten Charles Jordan gebeten, der wegen verschiedener Vergehen gesucht wurde und sich vermutlich in der Karibik versteckt hielt.

Die nach der CRV-Methode vorgehenden Seher beschrieben verschiedene Orte in der Karibik, im südlichen Florida und sogar in Zentralamerika. Zunächst sah es so aus, als ob sie sich allmählich auf seinen Standort einschießen würden, aber dann gelang es Angela mit Hilfe eines ihrer Geistwesen, den Gesuchten ausfindig zu machen – er hielt sich in Wyoming in der Gegend der Stadt Lovell bei einem alten Indianerfriedhof auf. Das Zollamt ignorierte diese widersprüchlichen Berichte, aber schließlich wurde Jordan von einem Ranger des Yellowstone Park gesehen, der nur einige Dutzend Kilometer von Lovell entfernt liegt. Nach seiner Verhaftung sagte Jordan aus, daß er sich tatsächlich in der unmittelbaren Nähe von Lovell aufgehalten hatte, als Angela ihm nachspürte.

Ebenfalls 1989 wurde Angela auf Ghaddafi angesetzt und sollte in Erfahrung bringen, was dieser gegen den von Seiten der USA erhobenen Vorwurf zu unternehmen gedachte, daß in der libyschen Stadt Rabta chemische Kampfstoffe fabriziert wurden. Angela fand heaus, daß ein Schiff namens »Patua« oder »Potua« bei Tripolis anlegen würde, um die in Rabta produzierten Kampfstoffe in den weiter im Osten liegenden Hafen Ras al Anuf zu schaffen. Sie lag vermutlich recht nahe dran, da vier Tage später das Schiff *Batato* in Tripolis ankam und mit unbekannter Fracht Kurs auf den ostlibyschen Hafen von Benghazi nahm.

Mitte Juli desselben Jahres machte Angela eine spontane Vorhersage – in wenigen Wochen würde ein in Rom oder Athen startendes US-Passagierflugzeug entführt werden. Drei Wochen später erfuhren die US-Geheimdienste aus einer anderen Quelle, daß einige islamische Terroristen tatsächlich etwas ähnliches geplant hatten, die Aktion aber vorzeitig abbrachen. Monate später wurden Angelas Berichte bei der Suche nach Noriega als so plausibel bewertete, daß sie die einzigen waren, die man den Kooperationspartnern im Pentagon überreichte.

Die männlichen Seher nahmen mit einem lachenden und einem weinenden Auge zur Kenntnis, daß sich ausgerechnet ein Channelling-Medium an die Spitze der US-PSI-Spionage zu setzen drohte. Man belegte ihre drei »Hilfsgeister« mit Spitznamen wie »die Jungs« oder »The Three Stoges«. Gleichzeitig hofften sie, daß die Führungsspitze des Programmes allmählich zur Besinnung kommen würde. Schließlich waren sie die Jedi-Ritter des CRV, denen Ingo Swann oder dessen Schüler beigebracht hatten, daß CRV im Gegensatz zu den alten, mediumistischen Methoden einen wahren

Quantensprung darstellte. Sie beklagten sich, daß Angelas Aktivitäten die Einheit wieder in das Steinzeitalter zurückwerfen würde.

Einige der CRV-Adepten glaubten durchaus daran, daß Angela über eine natürliche Begabung verfügte. Doch verwiesen sie auch darauf, daß die Frau anfällig für katastrophale Fehlsichtungen sei und die CRV-Seher sie unter entsprechender Führung allemal übertreffen würden.

Als Beispiel wurde in diesem Zusammenhang immer wieder die Higgins-Operation angeführt. Der Marine Lieutenant Colonel William Higgins war im Februar 1988 in Beirut von den Hisbollah-Milizen gekidnapt worden. Ed Dames' Team beschaffte schließlich die Bescheibung eines Hauses im Südlibanon, in dem Higgings vermutlich gefangengehalten wurde. Angela Dellafiora wurde von Gauvin höchstpersönlich gemonitort und machte ein Feld aus, das an einer Straße lag. Higgins sollte in einer unterirdischen Anlage festgehalten werden, die unter diesem Feld lag. Einige Tage später meinten die CRV-Seher, daß Higgins tot sei, während Angelas Sitzungen ergaben, daß er immer noch lebte und seine Freilassung unmittelbar bevorstand.

Später fand man Higgins Leiche – er war zu Tode gefoltert worden, während man ihn sehr wahrscheinlich in einem Haus im Südlibanon festhielt. Dames beschwerte sich bitterlich über die »Unsauberkeit« von Angelas Daten.

Selbst wenn Angela erfolgreich war, vermuteten die anderen häufig, daß ihre Findungen keineswegs ausschließlich auf paranormalem Wege zustandegekommen waren. Bei der Demonstration für die Mitglieder der Joint Task Force Four in Key West hatte man Angela auf ein eigenes Target angesetzt – einen Menschen. Angelas Sitzung begann angeblich damit, daß sie fragte, ob es sich um einen Mann handeln würde.

Als man dies verneinte, meinte Angela, daß die gesuchte Person trotzdem männliche Eigenschaften aufweisen würde. Auf diese Weise tastete sie sich immer näher an das Target heran, während Smith und Buchanan peinlich berührt zusahen.

Zunehmend keimte bei einigen der CRV-Seher der Verdacht auf, daß Angela einige der Führungspersonen in der Einheit um den

Finger wickelte. Ganz besonders schien davon Gauvin betroffen zu sein, dessen Augen manches Mal verräterisch verträumt wirkten, wenn er mit Angela aus der Abgeschiedenheit des RV-Raumes zurückkehrte. Nun äußerte niemand ernsthaft den Verdacht, daß zwischen den beiden etwas lief. Man hatte vielmehr den Verdacht, daß Gauvin für private Zwecke auf Angelas Fähigkeiten zurückgriff und diesbezüglich eine emotionale Abhängigkeit entwickelte. Schließlich gab Gauvin dies gegenüber Riley sogar zu und erwähnte, daß er sie unter anderem wegen des von ihm geplanten Kaufes einer Farm in Maryland konsultiert hatte.

Ab Ende 1988 kam auch Vorona gelegentlich vorbei, um mit Angela zu arbeiten. Manchmal wurde er von einem Politiker oder einem anderen Beamten begleitet. Später bekundete er, daß es sich hierbei ausschließlich um berufliche Angelegenheiten gehandelt habe. Was eigentlich heißen mußte, daß die Treffen ausnahmslos stattfanden, um Angela nach bestimmten Menschen suchen zu lassen – das war schließlich ihre Spezialität. Die CRV-Seher störten sich vor allem daran, daß man nicht auch sie auf diese Targets ansetzte, zumal sie ja oft nichts zu tun hatten.

Insgesamt schien sich die neue Führungsspitze überhaupt nicht um all die Anstrengungen zu scheren, die in den vorhergehenden Jahren in das Projekt eingeflossen waren.

1988 wurde die Einheit um eine junge Frau namens Robin Dahlgren erweitert. Sie war eine von rund 50 Kandidaten, die Ed May vom SRI mit einem neuen Computerverfahren zur Feststellung paranormaler Begabungen getestet hatte. Offenbar hatte sie gut abgeschnitten, lehnte es jedoch ab, sich den obligatorischen Psychotests zu unterziehen.

Dahlgren war Ende zwanzig, schlank, attraktiv, dunkelhaarig und Kettenraucherin. Ihr Lachen klang rauh und abgehackt, und manchmal trug sie ein T-Shirt, das mit dem Slogan »90% Biest, 10% Engel« bedruckt war.

Ed Dames, der mit ihrer CRV-Ausbildung betraut wurde, fragte sich oft, ob er auch die 10 Prozent Engel einmal zu Gesicht bekommen würde. Dahlgren teilte ihm unumwunden mit, daß sie die ganzen Formalitäten und das komplizierte Verfahren haßte.

Als Dames sie einmal scharf wegen eines Fehlers zurechtwies, brach sie in Tränen aus und weigerte sich, weiterzumachen. Am Ende ihrer Ausbildungszeit schwor sie, nie mehr mit CRV zu arbeiten, da sie lieber eine Methode wie ERV praktizieren wollte, weil sie sich davon größere Freiheitsgrade versprach. Von Angelas Erfolg ermutigt, begann sie nun auch, die esoterischen Techniken wie Tarot und Channelling zu studieren.

Soweit es die auf CRV fixierten Seher betraf, änderte dies nichts daran, daß Dahlgrens PSI-Talente insgesamt absolut nicht erwähnenswert waren. In einer langen Sitzung schaffte sie es nicht, mehr über das Target in Erfahrung zu bringen, als daß es dort irgendetwas Blaues gab. Ein anderes Mal tippte sie darauf, daß sich das Target mitten in der Wüste von Arizona befand, wobei es sich in diesem Fall um ein Schiff handelte, das vermutlich zum Drogenschmuggel eingesetzt wurde. Kurz bevor Smith 1990 seine Abschied nahm, erstellte er eine Statistik, um die Treffsicherheit der einzelnen Seher zu bewerten. Die einzige, deren Treffsicherheit bei Null lag, war Dahlgren.

Trotzdem fühlte sie sich bei der Einheit wohl, was einige ihrer Kollegen auf ihr besonderes Verhältnis zu Dick D'Amato zurückführten.

D'Amato gehörte zu jenen Menschen, die selten im Rampenlicht der Öffentlichkeit stehen und trotzdem über eine extreme Macht verfügen. Als führender Mitarbeiter in Senator Byrds Ausschuß war er für eine ganze Reihe von geheimen und »schwarz« finanzierten Projekten zuständig. Er verfügte über Zugangsberechtigungen der höchsten Sicherheitsstufen und bestimmte letztlich, wer mit von der Partie war und wer hinausgeworfen wurde. Zudem war er darum bemüht, das Fortbestehen der Einheit von Fort Meade zu garantieren.

Bei der CIA betrachtete man das PSI-Projekt dagegen mit wachsender Skepsis. Der für neue und exotische Spionageprojekte zuständige CIA-Wissenschaftler Ron Pandolfi lag schon seit Jahren mit Vorona und Graff im Clinch, weil er Zugriff auf Sun Streak haben wollte. Das hatten die beiden bislang zu verhindern gewußt, da sie davon ausgingen, daß Pandolfi nur die Einstellung des Projektes bewirken wollte.

Deshalb wandte sich Pandolfi an den Kongreß. Er befragte verschiedene Abgeordnete, warum sie die Finanzierung eines solchen Projektes bewilligt hatten. Ob sie überhaupt eine Vorstellung davon hätten, wofür diese rund eine Million Dollar ausgeben wurden? Immer erhielt er dieselbe Antwort: D'Amato habe Sun Streak fest im Budget der DIA verankert, obwohl der DIA-Chef Harry Soyster das Projekt überhaupt nicht befürwortete. Wenn Pandolfi daraufhin fragte, warum man dies nicht hinterfragen würde, lautete die Antwort etwa so: »Wissen Sie, Ron – wenn wir das tun würden, dann würde er uns abschießen, wenn *wir* das nächste Mal mit einem Projekt zu ihm kämen.«

Dahlgren und D'Amato gaben sich nicht allzuviel Mühe, ihre Beziehung vor den anderen zu verheimlichen. Als einige Mitglieder der Einheit nach Israel flogen, um von dort aus den Mittleren Osten zu erkunden, trafen sie dort D'Amato, der mit Dahlgren mehrere Tage von der Bildfläche verschwand.

Ein DIA-Beamter meinte dazu nur, D'Amato habe den »Sinn fürs Logische« verloren. Für die Einheit hatte die Beziehung zwischen den beiden aber auch ihre Vorteile: Mochten seine Motive auch noch so fragwürdig sein[61], er hielt die Einheit am Leben.

Andererseits war es unter diesen Voraussetzungen wenig ratsam, Robin Dahlgren vor die Tür zu setzen oder zumindest auf gleiche Weise herumzukommandieren, wie man es bei den anderen tun konnte.

22. Das Spukhaus

Wir brauchten das Abenteuer. Wir waren auf ›Action‹ aus, wollten nicht einfach herumsitzen und Däumchen drehen. Wenn nichts los war, verloren wir das Interesse. Aber es war genug los, um uns bei Laune zu halten.

Ed Dames

Während das Projekt in den Randbereichen geheimdienstlicher Aktivität herumdümpelte und die Anzahl echter Missionen ständig abnahm, versuchten die Seher, sich zu beschäftigen. Paul Smith las Bücher über Parapsychologie und schrieb Analysen über die Arbeit der Einheit. Lyn Buchanan erstellte eine Datenbank mit RV-Berichten. Robin Dahlgren legte Karten. Und Angela Dellafiora las Rätselbücher.

Es gab einen Mitarbeiter, der mehr oder weniger das Schicksal der gesamten Gruppe verkörperte. Der 34jährige Army-Captain David Morehouse trat der Einheit im Sommer 1988 bei. Vorher hatte er eine Einheit Ranger kommandiert, danach bei einer geheimen Spezialeinheit gedient, wobei er allerdings nie einen Kampfeinsatz erlebt hatte. Er war intelligent und redegewandt, wobei er trotz seiner Übertreibungen den Eindruck erweckte, ein fähiger Offizier zu sein, der noch seinen Weg machen würde.

Wie so viele andere war auch Morehouse der Faszination erlegen, die von dem Gedanken ausging, einer Army-Einheit von Schamanen anzugehören. Als er sich bewarb, entschied der für die Vorauswahl von Rekruten zuständige Paul Smith, daß Morehouse einen guten Kandidaten abgeben würde.

Also erhielt Morehouse sein Training und wurde schließlich voll in die Einheit integriert. Anfänglich zeigte er großen Enthusiasmus und wohl auch einiges Talent, was sich aber ändern sollte, als auch er begriff, daß es bergab ging. Wie viele andere suchte auch er sich eine Nebenbeschäftigung. Bald unterhielt er nebenbei eine kleine Einrichtungsfirma namens House Tech, der er mehr und mehr Zeit widmete, bis er schließlich kaum noch etwas anderes tat. Zuletzt erschien er nur noch an einem oder zwei Tagen in der Woche, wobei oft der Eindruck entstand, daß er in dieser Zeit lediglich die in seiner Firma anfallenden Büroarbeiten erledigte.

Am härtesten traf der Verfall wohl Ed Dames, der »die Hexen« für das Dilemma genauso verantwortlich machte wie ihre Verehrer aus dem Management der Einheit.

Nun hätte Dames einfach herumsitzen und bis zu seiner Versetzung Däumchen drehen können, aber das war nicht seine Art. Statt dessen machte er sich daran, seine RV-Fähigkeiten zu schärfen. Er bastelte sich aus den gegenwärtigen Aktivitäten des Pentagon seine eigenen Missionen zurecht und setzte die CRV-Seher darauf an, wobei er vorgab, es handle sich lediglich um Trainings-Targets. Eines der Targets betraf den mysteriösen Absturz eines Transportflugzeuges in Gander, Neufundland. Außerdem wählte er diverse Standorte in der Sowjetunion, im Mittleren Osten und in Fernost aus, an denen Fabriken für chemische und bakteriologische Kampfstoffe vermutet wurden. Sein größtes Glanzstück betraf die – vermutete – Penetration des Verteidigungsrates der UdSSR, was sozusagen den Heiligen Gral der US-Geheimdienste darstellte.

Seine Berichte versuchte er über private Kanäle an die militärische Spitze zu lancieren. Obwohl sich ein großer Teil per se nicht verifizieren ließ, schien Dames eine Bestätigung für überflüssig zu halten. Schließlich hatte Ingo Swann ihm und den anderen beigebracht, daß es keine Fehler gab, solange man nur darauf achtete, »innerhalb der Struktur« zu bleiben. Anfang der 90er Jahre verstieg sich Dames dann zu der Behauptung, die durch CRV ermittelten Daten seien unfehlbar, schließlich würden sie »direktes Wissen« darstellen, das der kosmischen Raum-Zeit-Matrix entnommen wurde.

Einige diese »fortgeschrittenen Trainings-Targets« waren nicht militärischer Natur, so etwa die bereits erwähnte Schlacht im mittelalterlichen Cornwall, aber auch die rauhe Oberfläche eines Asteroiden, der zerschmelzende Reaktorkern von Tschernobyl oder ein schwindelerregend hoher Aussichtspunkt über dem Grand Canyon.

Einmal erlebte Riley bei einer solchen Sitzung eine Bilokation.

Er befand sich in einer tiefen Trance und berichtete von einem Stadion, an dessen Rand seltsam gekleidete Zuschauer saßen, um ein Football-Spiel zu sehen. Er konnte das Toben der Menge hören, aber dann fiel ihm auf, daß es doch nicht um Football ging – er sah Löwen!

Dames holte ihn sofort zurück – Target war in diesem Fall das Kollosseum gewesen, 100 Jahre vor unserer Zeitrechnung. Riley brauchte eine ganze Weile, um sich wieder in den Griff zu bekommen.

Während die Targets immer exotischer wurden, schloß sich eine kleine Interessengruppe von Sehern zusammen, die anfänglich Dames, Riley und Smith umfaßte. Später stieß auch Morehouse gelegentlich dazu. Dames beschloß, daß diese Gruppe alle möglichen Anomalien und paranormalen Ereignisse untersuchen sollte. Dames nannte diese Fälle später »Die Rätsel-Akten«.

Im Rahmen dieser Sitzungen entstand bald der Eindruck, daß Dames seine Seher gerne durch Hinweise an die Targets heranführte. Manchmal tauschte er mitten in einer Sitzung sogar die Rollen und betätigte sich selbst als Remote Viewer.

Dames setzte sein Team auf das Monster von Loch Ness an und entschied, daß er der Geist eines Dinosauriers sei. Zu den Targets gehörten auch Orte wie Fatima, an denen es zu Marienerscheinungen gekommen sein soll. Dames entschied, daß Atlantis auf dem Grund des Titicaca-Sees liegt ...

Bald sah Christine Dames sich damit konfrontiert, daß ihr Mann an jedem Tag mehr als 12 Stunden in Fort Meade verbrachte. Er verschwand morgens um sieben oder acht und kehrte erst zum Abendessen zurück. Danach kümmerte er sich für eine kurze Zeit um seine Söhne und zog sich anschließend in sein kleines Büro zurück, um RV zu betreiben. In den immer selteneren Momenten, in denen sich Ed und Christine miteinander unterhielten, erzählte er ihr von den seltsamen Rätseln und furchterregenden Geistern, denen er begegnet war. Sie hatte Angst, daß die ganze Angelegenheit allmählich in eine Form von Bessessenheit umschlagen würde. Aber für ihn war es nur das große Abenteuer, das er seit langem gesucht hatte. Wenn Christine damit nicht leben konnte, dann war es ihr Problem ...

Die Seher diskutierten häufig über ihre Erfahrungen. Dabei wurde oft erwähnt, daß RV so sei, als ob man eine Signalbake in der Matrix einschaltet, die alles mögliche anzieht – wie eine Lampe, die in einer Sommernacht auf einer Veranda steht.

Alle wußten, was Gene Kincaid eines Nachmittags im Jahr 1987 widerfahren war. Er hatte als Monitor eine ERV-Sitzung von Angela Dellafiora assistiert. Während Angela in die Zone abtauchte und murmelnd beschrieb, was sie dort wahrnahm, bemerkte Kincaid plötzlich, daß sein verstorbener Vater vor ihm stand.

Kincaid war von diesem Vorfall ziemlich erschüttert, wofür Dames wenig Verständnis zeigte – für ihn gehörte dies einfach zu den Dingen, die nun einmal in der Zone passieren. Außerdem war Kincaid ein Ire, und die haben bekanntlich Angst vor Geistern und Kobolden. Ein Ire, genau wie Bill Ray ...

Der hatte bei einer Gelegenheit allein im RV-Raum gesessen. Obwohl er in CRV ausgebildet worden war, bevorzugte er nun ER, weil er sich dabei hinlegen und seinen Rücken entlasten konnte. Er tauchte tief in die Zone hinab. Plötzlich spürte er, wie ihn eine Hand berührte. Er stieg wieder aus der Zone hoch, öffnete die Augen und sah sich um.

Aber da war niemand.

War es nur eine Halluzination gewesen? Obwohl er die Hand doch deutlich gespürt hatte?

Nach diesem Vorfall mied Ray es, auch nur in die Nähe der Missionsgebäude zu kommen. Er betrieb nach wie vor RV, aber nur, wenn seine Frau in der Nähe war.

Einmal monitorte Dames eine Sitzung mit Angela Dellafiora, bei der sie meinte, an einem kalten Ort zu sein, an dem alles rot wäre. Wie sich herausstellte, hatte Dames als Target Cydonia ausgewählt, ein Gebiet auf dem Mars, an dem er die Artefakte einer außerirdischen Zivilisation vermutete. Angela beschwerte sich bei Atwater, der Dames anwies, solche Experimente zukünftig zu unterlassen.

Schon als Junge hatte Ed Dames sich für Themen wie UFOs und Außerirdische interessiert. Mittlerweile nahmen diese Fragen einen bedeutenden Raum in seiner Philosophie ein. Schon beim

Training am SRI war er auf die Idee gekommen, ob man nicht RV zur Lösung dieses Rätsels einsetzen könnte. Insgeheim hatte er diesen Gedanken bereits in die Tat umgesetzt, aber die gegenwärtige Situation in Fort Meade eröffnete ihm die Gelegenheit, dies in großem Stil fortzuführen.

Das klingt absurd, doch wußten die meisten der Seher aus dieser Einheit, daß die Extraterrester auf irgendeine seltsame Weise mit RV verknüpft waren.

Selbst in den höheren Verwaltungspositionen des Projektes bestand eine starke Tendenz, auch andere Aspekte des Paranormalen als Tatsache zu akzeptieren. Eines der am meisten favorisierten Themen war die Bergung eines angeblich 1947 in New Mexico abgestürzten UFOs. Dick D'Amato soll sogar in den späten 80er und frühen 90er Jahren, als sein politischer Einfluß auf dem Höhepunkt stand, eine verdeckte Kampagne betrieben haben, um diese Geschichte aufzudecken (Ein ehemaliger CIA-Angestellter sagte dazu: »D'Amato hat alle Behörden angeschrieben und verrückte Fragen gestellt«).

Selbst Navy-Captain Paul Tyler, der Chef-Mediziner von Sun Streak, pflegte sich gelegentlich auf UFO-Kongressen zu zeigen. 1993 sagte er bei einem solchen Anlaß in einer Rede, die Flugscheiben würden vermutlich von außerirdischen Intelligenzen gesteuert, »die Dinge vollbringen können, die für uns unmöglich sind«.

Die Remote Viewer hatten sich bald ebenfalls auf diesen Themenbereich eingeschossen. Wenn ein UFO als Target angepeilt wurde, konnten die seltsamsten Dinge passieren. Und am seltsamsten war vielleicht, daß sie niemals scheiterten, wenn sie ein UFO aufspüren sollten. Möglicherweise besagt dies gar nichts, da sich bei den Trainings-Sitzungen eindeutig herausgestellt hatte, daß manche Targets leicht zu visualisieren waren und andere so gut wie überhaupt nicht. So war es durchaus vorgekommen, daß sich ein sehr charakteristisches Gebäude, das man mit wenigen Strichen zweifelsfrei skizzieren konnte, hinter einer undurchdringlichen Nebelwand verbarg, während eine komplexe Ruine im Dschungel klar und deutlich durchkam.

Einige Fälle schienen zu bestätigen, daß die Seher ganz ausgezeichnete Resultate lieferten, wenn das Target eine religiöse oder übernatürliche Bedeutung hatte. Vielleicht war es aber auch nur das Außergewöhnliche, daß diese Targets geeigneter machte als andere.

Im Jahr 1976 hatte das Team vom SRI eine Reihe von Außenkontakt-RV-Experimenten durchgeführt. Einmal hatte sich Russell Targ vor dem New Orleans Superdome aufgestellt – gut 3000 Kilometer von dem RV-Raum entfernt, in dem Gary Langford mit Hal Puthoff saß. Puthoff bemerkte, daß Langford zögerte, weil er nicht sagen wollte, was er sah. Schließlich meinte er, daß es sich um etwas handeln würde, das aussieht wie ein UFO mitten in einer Stadt. Er fertigte eine Skizze an, die er aber später so änderte, daß das UFO wieder wie ein Gebäude aussah. Ironischerweise hatte Targ selbst das Gebäude mit einem UFO verglichen.

Einige Sitzungen wurden sogar dadurch unterbrochen, daß der Seher meinte, er würde in der Nähe ein UFO spüren. So beschrieb McMoneagle während einer Sitzung im Juni 1980 ein flaches, scheibenförmiges Objekt aus Metall, das etwa 4000 Meter über Fort Meade schweben würde. Der Rand des Objektes rotierte, und es wurde offenbar von einer Art Plasma angetrieben, einem ionisierten Gas. McMoneagle schätzte die Geschwindigkeit auf 7000 km/h.

Ingo Swann sollte einmal ein sowjetisches U-Boot anpeilen, als er etwas bemerkte, das über dem Target zu schweben schien. Als Puthoff Einzelheiten wissen wollte, skizzierte Swann eine fliegende Untertasse[62].

Nachdem mehrere solcher Vorfälle aufgetreten waren, setzten Puthoff und später sogar Bob Monroe gelegentlich Seher direkt auf UFOs an. Oft fand sich McMoneagle nach dem Abtauchen in seine Zone in einem beengten, verrundeten Raumschiff wieder, das mit dürren, großäugigen Aliens besetzt war – die seine Anwesenheit sogar in einigen Fällen zu bemerken schienen. Aliens anzupeilen, das war schon eine ziemlich abenteuerliche Sache, und McMoneagle kehrte von solchen Sichtungen häufig schweißüberströmt und in einem xenophoben Gemütszustand zurück.

Pat Price hatte sich ebenfalls mit UFOs beschäftigt und dabei auch spontane Sichtungen erlebt. Bei seinen nächtlichen RV-Streifzügen beobachtete er einige Male eine UFO-Basis in den Bergen von Alaska.

Ingo Swann lehnte es meist ab, UFOs mittels RV nachzuspüren, weil er befürchtete, daß sie ihn bemerken und dann von ihm Besitz ergreifen könnten. Ed Dames hätte sich über eine solche Gelegenheit sicher gefreut …

Trotz seiner Abneigung gegen extraterrestrische Targets hatte Swann seinen Schüler Tom Nance zur Rückseite des Mondes und auch nach Cydonia geschickt, wo es angeblich Pyramiden und ein Gesicht aus Stein geben soll, das dem US-Senator Ted Kennedy ähnelt. Nance äußerte die Vermutung, daß es sich um Artefakte einer außerirdischen Rasse handeln könnte.

McMoneagle wurde von Bob Monroe auf dieselben Ziele angesetzt und fertigte sogar Zeichnungen der humanioden Aliens an. Später kam er zu der Ansicht, daß eine Rasse von Aliens auf dem Mars ums Überleben kämpfte und schließlich ein Rettungsschiff zur Erde entsandte. Er überlegte, ob die Aliens die großen Pyramiden erbaut haben könnten und dachte auch darüber nach, ob es sich bei den UFOs in Wirklichkeit um Zeitmaschinen handeln könnte, die von den Menschen der Zukunft erbaut wurden.

In den frühen 90er Jahren erzählte Swann einigen Freunden und Verwandten, daß man ihm von offizieller Seite einige Targets aus diesem Themenbereich zukommen ließ. Er führte weiter aus, daß ein Freund aus Regierungskreisen ihn gefragt hatte, ob er nicht einigen seiner Kollegen helfen könnte. Ingo willigte ein, obwohl sein Freund ihm nicht näher erklärte, worum es sich handelte.

Kurz darauf wurde Swann vor einem Museum in Manhattan von zwei Männern abgeholt, die Decknamen trugen und ihm eine Augenbinde anlegten. Die Fahrt dauerte einige Stunden, und als man ihm die Augenbinde wieder abnahm, fand er sich in einem großen, unterirdischen Komplex wieder. Obwohl keiner der Anwesenden eine Uniform trug, vermutete Swann, daß es sich um US-Marines handelte.

Man führte ihn in einen Raum und gab ihm die Koordinaten des Targets – es handelte sich um *lunare* Koordinaten.

Nachdem er diesen Ort beschrieben hatte, gab man ihm weitere Koordinaten von Orten, die ebenfalls auf dem Mond lagen. Er sah eine Reihe riesiger Objekte, die nicht natürlichen Ursprungs waren, aber auch nicht von Menschenhand erbaut. Schließlich erhielt er tausend Dollar Cash und wurde zu seinem Appartement in New York zurückgefahren.

Eine seltsame Geschichte, die aber kein Einzelfall war. Später erzählte Swann, dieselbe merkwürdige Organisation habe ihn mit einem Hubschrauber zu einem See in Alaska geflogen. Dort beobachtete er, wie sich über dem See eine Nebelwolke bildete und dann ein dreieckiges Objekt aus den Tiefen des Sees auftauchte. Es saugte Wasser ein und entfernte sich dann mit großer Geschwindigkeit.

Anscheinend kam dies regelmäßig vor, und Swanns Auftraggeber wollten von ihm wissen, um was es sich bei diesem Objekt handelte. Daraufhin erklärte Swann, daß er nun so viele Vorinformationen habe, daß es nicht möglich sein würde, mittels RV vernünftige Ergebnisse zu erzielen. Überdies war er nach diesem Vorfall ziemlich verängstigt und lehnte es ab, erneut gegen derartige Targets anzugehen.

Diese Erlebnis faßte Swann in einem Artikel zusammen, den er in seinem Freundeskreis herumreichte. So absurd diese Erzählungen auch erscheinen, es ist nicht von der Hand zu weisen, daß die Remote Viewer *offiziell* auf UFOs angesetzt wurden. Die Target-Umschläge enthielten oft von Spionagesatelliten geschossene Fotos, auf denen seltsame Flugobjekte zu sehen waren.

Kurz vor seiner Pensionierung wurde Joe McMoneagle zum Pentagon gebracht, wo er ohne weitere Vorinformationen ein Target anpeilen sollte. Er wußte lediglich, daß es sich um eine streng geheime Angelegenheit handelte.

Nachdem McMoneagle in die Zone abgetaucht war, entdeckte er bald ein seltsames Hightech-Fluggerät, das nicht von diesem Planeten zu stammen schien.

Nach der Sitzung zeigte man ihm ein Foto aus dem Target-Umschlag, das wenige Wochen zuvor von einem US-Spionagesatelliten der neuesten Baureihe aufgenommen worden war. Das Pentagon hatte offiziell erklärt, es handle sich um einen Wetterballon, was McMoneagle absolut lachhaft fand.

Etwa zur gleichen Zeit legte man der Einheit von Fort Meade ein ähnliches Foto vor, das allerdings einer geringeren Geheimhaltungsstufe zu unterliegen schien. Ed Dames setzte Mel Riley auf das Target an, der in einer CRV-Sitzung ein scheibenförmiges Objekt mit gewölbter Unterseite zeichnete. Als Grundlage dienten dabei »verschlüsselte Koordinaten«. Anschließend zeigte man Riley das Foto, das von einem Satelliten oder Beobachtungsflugzeug aufgenommen worden war. Es zeigte ein Objekt, das in niedriger Höhe in der Nähe eines Sees schwebte.

Mit der Zeit trug Dames etlich solcher Targets zusammen, die er zum Teil Berichten über angebliche UFO-Nahbegegnungen entnahm. Bald kam er zu dem Schluß, daß die Aliens zahllose Basen auf der ganzen Erde unterhalten – in Bergen, Wüsten und Seen. Später meinte er:

Wenn man nicht weiß, ob es sich bei einem Objekt aus dem Weltall um einen Meteoriten oder um ein von intelligenten Wesen gesteuertes Raumschiff handelt, und dann Remote Viewer darauf ansetzt, die sagen, daß es sich um ein hohles Objekt handelt, das mit Humanoiden bemannt ist, die sie dann auch zeichnen ... das ist schon ein ziemliches Erlebnis, vor allem, wenn man vorher nicht an die Existenz von Aliens geglaubt hat.

Dabei sollte man aber nicht vergessen, daß kaum einer der Remote Viewer nicht zu irgendeinem Zeitpunkt seines Lebens davon überzeugt war, daß es Außerirdische gibt.

***

Ed Dames führte im Rahmen seiner RV-Experimente oft auch das durch, was er als »offene Suche« bezeichnete. Dabei ordnete er einfach dem Begriff »Offene Suche« eine Kodenummer zu, die er dann dem Remote Viewer mitteilte. Dames war der Auffassung, daß diese Methode die PSI-Fähigkeiten eines Sehers voll entfalten würde, indem sie ihn innerhalb der Matrix zu wirklich interessanten, außergewöhnlichen Begebenheiten führte. Es konnte sich um Dinge handeln, die vor lange Zeit stattfanden, oder um solche, die gegenwärtig oder erst in der Zukunft stattfinden würden. Dames war der Auffassung, daß diese Technik sehr geeignet war, um den außerirdischen Raumschiffen nachzuspüren – ein »Rätsel-Detektor«.

Eines Tages bekam Dames zu spüren, wie effektiv seine Methode wirklich war. Er hatte mit Paul Smith den CRV-Raum aufgesucht und nannte ihm nun einen Code, der für eine »Offene Suche« stand. Smith war natürlich nicht informiert – er sollte davon ausgehen, daß es sich wie gewöhnlich um verschlüsselte geographische Koordinaten handelte.

Smith begann mit Ideogrammen, um dann in Stufe Zwei seine Eindrücke zu verbalisieren. Als er Stufe Vier erreichte, fand Dames es doch etwas merkwürdig, daß Smiths Beschreibungen absolut nichts mit Aliens zu tun hatten. Statt dessen schien es um ein amerikanisches Schiff zu gehen, eine Rakete, eine Explosion und Todesfälle. Ab und zu schlitterte Smith hautnah an einer Bilokation vorbei – er spürte den Schrecken, die Schmerzen, den Tod. Dames ließ das kalt – er ging davon aus, daß Smith im »Aol-Drive« steckte.

Dames schrieb einen kurzen Bericht und legte ihn zusammen mit Smith' Skizzen in einem Ordner ab – reine Zeitverschwendung, dachte er.

Das passierte alles am 15. Mai 1987. Achtundvierzig Stunden später wurde die US-Fregatte *Stark* von einer in Frankreich hergestellten Lenkrakete getroffen, die von einem irakischen Flugzeug abgefeuert worden war. 24 Besatzungsmitglieder kamen direkt um, 13 weitere erlagen später ihren Verwundungen.

Natürlich fand Smith' Sitzung zu einem Zeitpunkt statt, an dem die Golfkrise bereits in aller Munde war. Also kann man hier nicht unbedingt von einem sicheren Beweis für die Existenz des präkognitiven RV sprechen. Beim DIA zeigte man sich allerdings recht beeindruckt – was möglicherweise relativiert worden wäre, wenn man gewußt hätte, welchen mysteriösen Targets diese Sitzung eigentlich dienen sollte.

Ed Dames gefiel sich sehr in seiner Rolle des Avantgardisten und wagemutigen Abenteurers, der in unbekannte Gefilde vorstieß.

Andererseits waren manche der Beteiligten der Meinung, daß sein Engagement etwas zu weit ging. Er neigte dazu, die Seher unbewußt auf das gewünschte Target zu dirigieren. Wenn er selbst nicht über das Target informiert war, stellte er als Monitor selbst darüber Vermutungen an und versuchte, den Seher in die entsprechende Richtung zu treiben. Bald kam die Meinung auf, daß er dadurch in großem Maße zur Produktion von AoI beitrug.

Ein Beispiel aus dem Jahr 1987 zeigt dieses Problem deutlich auf. Damals war Bill Rays Posten als Abteilungsleiter gerade von Bob Xenakis übernommen worden, der 1988 durch Fern Gauvin ersetzt wurde. Eines Tages erklärte Xenakis Dames, daß er ein neues Missions-Target für ihn habe. Dames erfuhr lediglich, daß es sich um ein möglicherweise eintreffendes Ereignis handelte.

Dames beschaffte sich wie üblich zwei Zufallskoordinaten und schrieb sie auf einen Umschlag, in den er einen Zettel mit der Anmerkung »möglicherweise eintreffendes Ereignis« steckte. Dann begab er sich in den CRV-Raum, um Riley, Smith, Buchanan und Gabrielle Peters auf dieses Target anzusetzen.

Dames bemerkte schnell, daß die Beschreibungen erstaunlich konsistent waren. Es schien sich um eine Art Luftfahrzeug zu handeln, das mit Kästen unterschiedlicher Größe beladen war. Die Farben rot und weiß dominierten. Das Gefährt wurde von einem fettleibigen Piloten gesteuert, der an der freien Luft saß. An der Unterseite des Gefährts waren Kufen montiert, und die Seher waren sich darin einig, daß das Objekt in einigen Wochen aus nördlicher Richtung in den US-Luftraum einfliegen würde. Offenbar kam es aus Richtung Kanada, vom Nordpol.

Einige der Daten klangen ziemlich seltsam, aber Dames ging davon aus, daß es sich um AoI handeln mußte. Paul Smith meinte beispielsweise, daß das Objekt irgendetwas mit Tierhaltung zu tun habe. Mel Riley fertigte eine Skizze an, auf der acht kleinere Objekte vor dem Gefährt zu sehen waren. Egal, dachte Ed Dames, der bereits genau zu wissen meinte, was für ein Target es war: Es konnte sich nur um ein Ultraleichtflugzeug handeln, mit dem Terroristen den Radar unterfliegen wollten, um eine Atombombe auf das nordamerikansiche Festland abzuwerfen! Informationen der Stufe Vier schienen anzudeuten, daß die Aktion nachts stattfinden würde.

Dames beschloß, daß es Zeit war, zu handeln. Er erklärte Riley, daß er zum Gebäude 4554 laufen wolle, um über das dort untergebrachte abhörsichere Telefon seine Geheimdienst-Freunde zu verständigen. Riley bemerkte, daß Dames besorgt war, Xenakis und die anderen von der DIA könnten ihre Findungen vertuschen. Mein Gott – ein Atomanschlag auf die USA!

Xenakis sah der Szene vom Kontrollraum aus zu und gab sich redliche Mühe, nicht laut herauszuplatzen. Als Dames durch den Vorderraum eilen wollte, um das Gebäude zu verlassen, wurde er von den anderen grinsend erwartet.

Den Scherz hatte sich Mel Riley ausgedacht, der sich damit für die nervenzerfetzenden Bilokationen rächen wollte, die Dames ihm dauernd zumutete. Das Target war allen Sehern breits vor Beginn der Aktion bekannt – Santa Claus und sein Rentierschlitten!

Die Seher hatten einfach so getan, als ob sie das Target mittels RV anpeilen würden und brav alle Regeln des CRV beachtet, um allmählich die Informationen einfließen zu lassen. Man wollte wissen, wie weit sich Dames in die Sache heineinsteigern würde.

Als Dames erkannte, daß man ihn hereingelegt hatte, nahm er es mit Humor. Doch das Lachen sollte ihm bald genug vergehen, weil es mit der Einheit zunehmend bergab ging.

***

Im Nachhall der Stubblebine-Affäre hatte das Army Research Institute (ARI) den Plan verkündet, eine Studie über das Paranormale in Arbeit zu geben. Die am RV-Projekt Beteiligten hatten gehofft, daß die darin involvierten Forscher das Thema fair und neutral untersuchen würen. Doch das ARI rekrutierte zu diesem Zweck ausgerechnet den Pantagon-Wissenschaftler George Lawrence, der für seine absolute Skepsis in solchen Dingen bekannt war. Lawrence war Leiter eines dreiköpfigen Teams gewesen, das Anfang 1973 zum SRI gekommen war, um sich ein Bild von Uri Gellers Fähigkeiten zu machen. Sie schauten kurz bei den Experimenten zu und dann entschieden Lawrence und sein Kollege Ray Hyman von der University of Oregon, daß Geller ein Betrüger sei.

Nun schlug Lawrence vor, die ARI-Studie des RV-Projektes Hyman zu überlassen, der Mitglied der umstrittenen Skeptikervereinigung »Committee for the Scientific Investigation of Claims of the Paranormal« (Komitee zur wissenschaftlichen Untersuchung behaupteter paranormaler Phänomene, CSOP[63]).

Man mußte nicht über die Fähigkeit der Präkognition verfügen, um sich den Ausgang von Hymans Analyse vorstellen zu können. Deshalb sorgten Vorona und Graff dafür, daß er an die geheimen Unterlagen nicht herankam und verwiesen ihn an John Alexander, der ihm einige Aktenordner mit Berichten über sowjetische PSI-Experimente übergab.

So mußte Hyman sein Urteil hauptsächlich auf Grundlage der wenigen wissenschaftlichen Berichte über das Phänomen fällen. Er kam zu folgendem Schluß:

Sowohl nach wissenschaftlichen als auch nach parapsychologischen Maßstäben spricht nicht nur sehr wenig für die Existenz von Remote Viewing, es ist vielmehr virtuell nonexistent. Es festigt sich der Eindruck, daß die in den Köpfen der Befürworter verankerten Behauptungen größtenteils auf extrem übertriebenen Berichten über die ersten Experimente fußen, daneben aber auch auf dem subjektiven Zwang, eine illusionäre Übereinstimmung zwischen den Elementen des Targets und den Beschreibungen des Experimentators zu finden.

Die Mitarbeiter des RV-Projektes und dessen Befürworter konnten über Hymans Analyse nur den Kopf schütteln. Vorona und Graff nahmen den Vorfall gelassen hin und begaben sich bezüglich des RV-Projektes erst einmal auf Tauchstation. Wann immer sie es für notwendig erachteten, jemanden von den Leistungen der Seher zu überzeugen, bedienten sie sich aus ihrem großen Grundstock alten Beweismaterials, der eine Vielzahl überzeugender Berichte enthielt.

Doch bald kündigten sich weitere Gewitterwolken am Horizont an, vor denen nicht einmal der »Special Access«-Status[64] das Projekt schützen konnte. Gegen Ende 1987 verkündete der neue Verteidigungssekretär Frank Carlucci, daß er eine Kürzung des Verteidigungshaushaltes um 33 Milliarden Dollar erwarte. Der

Kalte Krieg hatte seinen Zenith überschritten, und es war klar, daß die Sparmaßnahmen zuerst bei fragwürdigen Projekten ansetzen würden. Carlucci wollte es um jeden Preis vermeiden, daß seine Amtszeit mit Skandalen wie dem um Oliver North belastet wurde. Auf eine seltsame Weise glich das politische Klima dem, das ein Jahrzehnt zuvor die CIA dazu gezwungen hatte, den Etat des RV-Programmes zusammenzustreichen.

Im Verlauf des Jahres 1988 erhielt Fort Meade deshalb Besuch von einem Inspektionsteam des Pentagon. Riley und den anderen wurde befohlen, sich rar zu machen, wann immer die Inspektoren in der Nähe waren. War dies einmal nicht der Fall, dann würde sich einer der Abteilungsleiter am Aktenschredder betätigen.

Was dort vernichtet wurde? Nun, darüber herrschen verschiedene Ansichten. Einige meinen, es handelte sich um die Berichte über Angela Dellafioras weniger glaubhafte Channelling-Experimente, oder vielleicht um die über Robin Dahlgrens Tarot-Sitzungen. Vielleicht waren es auch die Unterlagen über jene Sitzungen, in denen es um Targets wie Ronald Reagan oder Mutter Theresa ging.

Was immer nun wirklich geschreddert wurde, die Inspektoren kamen jedenfalls zu dem Urteil, daß DT-S nicht zu einer echten Abteilung des Geheimdienstes ausgebaut werden sollte. Die Auflösung der Einheit war damit beschlossene Sache.

Ed Dames verließ die Einheit im Spätsommer 1988. Riley und die anderen überreichten ihm eine selbstgebastelte Urkunde, die ihn für sein »unermüdliches, selbstloses Engagement bei der Untersuchung alternativer Universen und paralleler Dimensionen« auszeichnen sollte.

Von der DIA erhielt Danmes einen Orden, die Meritorious Service Medal (MSM), worauf er mindestens ebenso stolz war. Bei der MSM handelt es sich um eine Anerkennung gewöhnlicher Leistungen im Militärdienst, deren Begleiturkunde häufig von Mitgliedern der Einheit verfaßt wurde, in der der Ausgezeichnete gedient hat. Dames Urkunde liest sich passagenweise wie ein Nachruf für das RV-Programm:

Sein dienstliches Handeln und sein Wirken als Porjekt-Offizier innerhalb des Directorate of Scientific and Technical Intelligence zeichnete sich durch absolute Pflichterfüllung hinsichtlich der Ideale des Militärdienstes und selbstloses Engagement aus. Captain Dames brachte in das Direktorat einen großen Schatz an Wissen und Erfahrung im Bereich der Verwaltung und Bearbeitung geheimer und nachrichtendienstlicher Vorgänge ein. Für die wirksame Eingliederung dieser Einheit in die Aufgaben der Defense Intelligence Agency erwiesen sich diese Qualitäten als unersetzbar. Captain Dames hat in erheblichem Maße dazu beigetragen, daß die »avantgardistischen Methoden« dieser Einheit in die wichtigsten nationalen geheimdienstlichen Aktivitäten des Direktorats einflossen. Seine Arbeit leistete einen wertvollen Beitrag zur nationalen Sicherheit in Form der Erschaffung einer geheimdienstlichen Methodik. Captain Dames' analytische und missionsbezogene Fähigkeiten waren bestimmend für die erfolgreiche Durchführung von 47 bedeutenden geheimdienstlichen Projekten, die mehr als 800 einzelne Missionen umfaßten ... Zu den größten Leitungen auf diesem Gebiet zählt die Penetrierung eines in einer Schlüsselposition operierenden sowjetischen Entscheidungskörpers[65]. Die Konsequenzen dieser einzigartig profunden Leistung trugen in erheblichem Maße zur nationalen Sicherheit dieses Landes bei ...

Jack Vorona geriet wegen des RV-Projektes immer häufiger mit Harry Soyster und anderen Führungspersonen aus der DIA aneinander, bis er 1989 in den Ruhestand ging. Für die Mitglieder der Einheit kam diese Entscheidung recht überraschend, und auf seiner Abschiedsfeier herrschte Begräbnisstimmung. Etwa zur gleichen Zeit wurde klar, daß der 1986 mit dem Pentagon abgeschlossene SRI-Forschungsauftrag über 10 Millinen Dollar nicht verlängert werden würde, obwohl die Kontrollberichte ein durchaus positives Licht auf dieses Projekt warfen.

Dick D'Amato schaffte es immerhin, die Einheit von Fort Meade zu erhalten, indem er dafür sorgte, daß sie vorübergehend der neu geschaffenen Abteilung des Vize-Stabschefs des Army-Geheimdienstes unterstellt wurde.

Trotzdem war den Beteiligten klar, daß es für DT-S keine glorreiche Zukunft innerhalb der Informationsbeschaffungsdienste geben würde. Mel Riley entschied, daß er nach zwanzig Jahren Militärdienst genug hatte, und nahm im Juli 1990 seinen Abschied, kurz bevor sich die Golfkrise zuspitzte. Mit seiner Frau Edith zog er in eine Kleinstadt in Wisconsin, deren Wälder und Seen weit entfernt lagen von all dem Streß, all der Verrücktheit.

Epilog

Einer flog nach Ost. Einer flog nach West. Einer flog über das Kuckucksnest.

Ed Dames, als man ihm mitteilte, daß Dave Morehouse in eine geschlossene Anstalt eingewiesen worden war.

Knapp vier Jahre danach saß ich in Ingo Swanns Büro in Manhatten, umgeben von den Ergebnissen seines künstlerischen Talents. Ein Gemälde zeigte die blaugrau gehaltene, klassisch wirkende Büste eines Mannes – vielleicht Jesus, oder Sokrates, oder auch Swann selbst? –, die über einer Pyramidenlandschaft schwebt. Mehrere Halos tanzen um den Kopf des Mannes, projizieren die Symbole des Tierkreises, während gelbe Energiestrahlen aus seinen Schläfen und seiner Stirn hervorbrechen.

Auf der gegenüberliegenden Seite des Studios war ein anderes Bild zu sehen, im Stil eines Triptychos. Es zeigte Kometen, Sterne und einen See, dessen Wellen und Schaumkronen sich hoch emportürmten und erstarrt wirkten, so als ob diese Welt eine geringere Schwerkraft hatte als unsere. An der zur Lower East Side weisenden Wand hing ebenfalls ein Bild, es zeigte ein seltsames, dreigeteiltes Hybridwesen – ein bärtiger, muskulöser Mann, nackt und in grellem Pink, das von malvenfarbigen Streifen durchbrochen wurde, dann ein Schlangenkörper mit dem lederbedeckten Kopf eines Mannes, der weitaus sinnlicher wirkte als der andere. Der dritte Teil: Eine junge Frau, nackt und perfekt, den Kopf lustvoll zurückgeworfen. Im Hintergrund dieser wahnwitzigen Dreifaltigkeit waren ein riesiges Meer aus Wasser und Sternen zu sehen, eine weiße Steilküste und ein pinkfarbener Turm.

Eine weiße Leinwand stand an der Seite des Raumes bereit, daneben die angemischten Farben. Doch die Luft roch nicht nach Farbe, sondern nach Zigarrenqualm, vermischt mit dem Geruch schal gewordenen Champagners. Die unter der Decke hängenden Qualmwolken nahmen ihren Ursprung bei einem rundlichen, bärtigen Mann um die sechzig, bekleidet mit einem alten T-Shirt und einer Jogginghose, im Mund eine qualmende Tiparillo eingeklemmt.

»Neunundzwanzig Grad, fünfundzwanzig Minuten, sieben Sekunden Nord«, sagte Ingo Swannn. »Achtundneunzig Grad, neunundzwanzig Minuten West.«

Ich notierte die Zahlen. Nach dem »W« ruckt mein Stift zur Seite, zeichnet eine flache Linie mit drei kastenförmigen Erhebungen. »Winkel«, sagte ich, »Strukturen.«

»Das ist ein korrektes Ideogramm«, meint Ingo Swann.

Jetzt war ich in Stufe Zwei und wartete auf die Impulse meiner Synapsen. »Ich fühle Wald ... Beton ... Staub ... massiv.« Ich merkte, daß ich die Struktur verlassen hatte – Dimensionale wie »massiv« sollten nicht so früh auftauchen. Doch bevor ich darauf reagieren konnte, blitzten zwei Bilder durch meinen Kopf, die ich als Aol identifizierte. »*Aol break*, eine Kuppel ... *Aol break*, der Kühlturm eines Atomkraftwerks.« Vielleicht traf das mit der Kuppel sogar zu, aber ich mußte die Aol erst einmal loswerden.

Nach einer kurzen Pause begann ich, eine Skizze der Stufe Drei zu Papier zu bringen. Zwei waagerechte Linien, eine senkrechte, eine halbmondförmige Kurve. »Kurven«, sagte ich, worauf sich ein anderes Bild in meinen Kopf zwängte. »*Aol break*, Bunker.« Ich zeichnete eine Wellblechhütte. Zu viele Aol. Zu schnell. Ich mußte wieder bei den Koordinaten anfangen.

Swann las sie erneut vor, ich übersprang das Ideogramm und ging direkt in Stufe Zwei über. »Bellen ... Brauntöne .. Grautöne ... riecht nach Stein ... Steine ... Klotz ... Stahl ... Chrom ... Geruch ... beißend. *Aol break*, eine Werft.« Ich zeichnete noch einige Kurven und Winkel, aber es wirkte zu abstrakt. Ich unterbrach den Versuch, machte eine Pause und fing wieder bei den Koordinaten an.

Diesmal zeichnete ich eine hohe Säule mit einem Rechteck oben drauf, und dann wieder ein Strich nach unten – es sah aus wie ein Tisch. Ich spürte Wasser, ganz in der Nähe. Ein Gebäude, oder vielleicht mehrere – war dies das Target? Ich war verwirrt, weil ich die Form nicht exakt erfassen konnte.

Ich nahm ein neues Blatt und zeichnete ein großes, zylindrisches Objekt, eines der Gebäude. Doch da war noch etwas: »Träger ... Verstrebungen ... etwas fällt ... Funken ... Metall.« Ich zeichnete einen Turm, vom Boden ausbetrachtet. »*Aol break,* ein Funkturm.«

Nun zeichnete ich eine Straße und etwas, das vielleicht einen Schienenstrang darstellen sollte, der zu dem säulenartigen Gebäude führte, das sich direkt neben dem niedrigen, zylinderförmigen befand. »*Aol break,* Stadion. *Aol break,* ein Öltank mit Eisenbahnschienen.«

Nun reichte Swann mir ein Messer und weiße Modelliermasse. Ich formte daraus die beiden Gebäude, während weitere Informationen eintrafen. Ich spürte, das da etwas an der Spitze des Turmes saß. »*Aol break,* Wassertank. Ein Restaurant, drehbar?«

Ich modellierte den Turm mit dem Wassertank oder Restaurant auf der Spitze und daneben das größere, flache, zylinderförmige Gebäude.

Als ich fertig war, schob Swann den Schnellhefter über den Tisch. Er enthielt ein aus »National Geographic« ausgeschnittenes Foto von einem Turm in der Innenstadt von San Antonio, an der Spitze saß ein Drehrestaurant. Daneben stand das große, zylinderförige Austellungsgebäude. Auf der Landkarte stellte ich später fest, daß sich etwa 600 Meter von dieser Stelle entfernt der kleine San Antonio River entlangschlängelt – *Wasser, ganz in der Nähe ...*

Swann verließ das SRI 1988 und ließ sich im Stadtteil Bowery von Manhattan nieder, um gelegentlich Bücher oder Essays zu schreiben und aus sicherer Entfernung zu beobachten, wie sich das RV-Programm in Wohlgefallen auflöste. Nach einigen Vorgesprächen erklärte er sich bereit, mich im April und Mai 1994 in RV auszubilden.

Obwohl Swann bei meinen RV-Sitzungen wußte, um welches Target es sich jeweils handelte, glaube ich nicht, daß alle von mir produzierten Informationen dadurch entstanden sind, daß er mich in irgendeiner Weise an das Target heranführte. In einer Sitzung schaffte ich es innerhalb von zwanzig Sekunden, das Target durch drei Grundeindrücke klar und deutlich zu umreißen: »Landschaft ... weiß ... Schwefelgeruch« – es handelte sich um Heißwasserquellen in Arkansas. Nachdem die Ausbildung beendet war, ließ ich mir von meiner Freundin Koordinaten von allen möglichen Orten faxen und versuchte, sie ohne Monitor anzupeilen. Die Ergebnisse waren gut genug, um sie davon zu überzeugen, daß ihre Skepsis unbegründet war. Natürlich waren meine Sichtungen keineswegs so detailliert, daß ich mit den PSI-Spionen konkurrieren könnte. Aber ich wußte nun, daß RV funktioniert.

Nach diesem vielversprechenden Anfang beschloß ich, auch die seltsameren Seiten dieses Phänomens zu erkunden, indem ich Ed Dames aufsuchte. Dames war nach dem Ende seiner Dienstzeit nach Albuquerque, New Mexico, gezogen und hatte seitdem ein recht abwechslungsreiches Leben geführt. Zunächst hatte er für eine INSCOM-Abteilung gearbeitet, das »Team Six«, welches sich mit Desinformation und Anti-Drogen-Aktionen beschäftigt. Für kurze Zeit schloß sich auch Dave Morehouse dieser Einheit an, und die beiden gründeten nebenher eine Firma namens Psi-Tech, um privaten Interessenten paranormale Dienstleistungen anzubieten. Dabei sollten Morehouse, Smith, Riley und Buchanan als Seher arbeiten und Dames die Ausarbeitungen erstellen. Dames schaffte es sogar, General Stubblebine als Vorstandsvorsitzenden zu rekrutieren.

Leider waren zahlungskräftige Kunden dünn gesät und stammten meistenteils aus dem New Age-Lager. So gab ein reicher Mann aus Baltimore eine Untersuchung des Kornkreis-Phänomens in Auftrag, was damit endete, daß Dames dem Kunden versicherte, die Kreise würden von fliegenden Untertassen produziert. Als eine russische Interessengruppe etwas über den Verbleib einer Marssonde erfahren wollte, beschuldigte Dames ebenfalls die Aliens.

Überhaupt setzten sich Dames und ebenso Morehouse nun vermehrt mit extraterrestrischen Themen auseinander. So führten sie ständig paranormale Lauschangriffe auf außerirdische Basen aus. Eine glaubten sie in Alaska aufgespürt zu haben, eine andere vor der südamerikanischen Küste, sowie mindestens zwei weitere im Norden und Westen von New Mexico – woraufhin sich die beiden auf eine zweiwöchige Exkursion in die Wüste begaben, um handfeste Beweise für ihre Eingebungen zu suchen. 1991 reichte Dames bei der Army sein Ruhestandsgesuch ein, ließ sich von seiner Frau Christine scheiden und zog nach Albuquerque. Im März 1993 enthüllte er unvermutet auf einem örtlichen UFO-Kongreß, daß es unter der Wüste New Mexicos eine Kolonie schwangerer Marsianer-Weibchen geben würde, die zwischen April und August entbinden und dann an die Erdoberfläche kommen würden: »Wir sind sicher, daß es passieren wird. Wir haben die Medien verständigt. Ärzteteams, die Techniker und Dokumentarfilmer stehen bereits in den Startlöchern ... Präsident Clinton wird eine Ansprache halten, um es der ganzen Welt mitzuteilen!«

Aber der August des Jahres ging vorüber, ohne daß sich die Aliens zeigten. Da das Geld knapp wurde, versuchte Dames nun, über Psi-Tech RV-Kurse anzubieten. Für 3000 Dollar sollte jeder diese Technik beherrschen lernen. Zu den Schülern gehörten ein Professor für englische Literatur, ein Manager einer in Albuquerque ansässigen Bergbaufirma, sowie Courtney Brown, der den Lehrstuhl für Politikwissenschaften an der Emory University von Atlanta innehatte. Brown war von RV so überzeugt, daß er beschloß, auf diese Weise die Geschichte der Kontakte zwischen Aliens und Menschen zu erforschen. Seiner Meinung nach wird die Erde gleich von mehreren Gattungen Aliens besucht, darunter die großköpfigen »Grays« und die blonden, blauäugigen »Nordics«. Später veröffentlichte Brown ein Buch zu diesem Thema, das den Titel »Cosmic Voyage« trägt.

Ich traf im July 1994 in Albuquerque ein und verbrachte mit Ed Dames einige Tage, um mich in der Psi-Tech-Variante des RV ausbilden zu lassen. Meiner Ansicht nach ist diese Methode weitaus rigoroser, weil sie auf Zufallszahlen anstelle von geographischen Koordinaten basiert. Wie ich es bereits geahnt hatte, wurde ich häufig mit ungewöhnlichen, extraterrestrischen Targets konfrontiert. In einigen Fällen war ich wirklich überrascht, wie präzise ich genau das beschrieb, was Dames erwartet hatte. Auch über die Sichtungen seiner früheren Studenten machte ich mir Gedanken – darunter befand sich beispielsweise die Beschreibung eines schnellen Gefährts, das sich unter der Marsoberfläche befand. Manchmal hatte ich schon den Verdacht, daß Dames mich durch subtile Hinweise manipulierte, aber es gab Momente, in denen sich die Informationen einfach so spontan in meine Gedanken zu drängen schienen, daß ich überlegte, ob ich es hier mit »telepathischem Overlay« zu tun hatte.

In der einzigen, wirklich zufriedenstellenden Sitzung machte ich Jagd auf Zufallszahlen, die mir meine Freundin zugefaxt hatte. Weder Dames noch ich wußten, um welchen Ort es sich handelte. Mit Dames als Monitor fand ich heraus, daß es eine Stelle auf einer Insel sein mußte, die in der Nähe einer Steilküste lag. Ich spürte, daß irgendein Bauprojekt im Gang war, da es noch nicht fertigestellte Gebäude zu geben schien.

Wie ich später feststellte, war das Target in diesem Fall der Athena-Tempel auf der Insel Rhodos. Das »Bauprojekt« stellte vermutlich ein Aol dar, da der Tempel keienswegs unfertig, sondern vom Zerfall bedroht war.

In Albuquerque war mein Tagesablauf mit Aktivität gefüllt – tagüber betrieb ich RV, nachts litt ich unter Schlaflosigkeit. Nach einigen Tagen spürte ich, daß ich »gegen die Wände« anlief. Zwischen den einzelnen Sitzungen verließ ich das in einem Bürocenter liegende kleine Einzimmer-Labor von Psi-Tech und lief zu einem großen Granitfelsen hinüber, der am Ende des Parkplatzes lag. Dort saß ich dann und starrte einen einige hundert Meter entfernt stehenden Baum und die dahinter liegenden Sandia Mountains an. Der Baum wirkte außergewöhnlich grün. Die Berge wirkten immens schroff. Der Himmel wirkte unglaublich blau. In diesem halb traumartigen Zustand hörte ich, wie Ed Dames mit Leuten telefonierte, seinen Anrufbeantworter abhörte und mit seiner neuen Freundin sprach, einer Psi-Tech-Absolventin aus Beverly Hills.

Eines nachmittags ging Dames auf mich zu und sagte leise: »Ich habe im nächsten Monat ein Meeting mit der Führungsriege der *Grays.* Die in den Uniformen.«

»Ah-ha«, antwortete ich und starrte ihn genauso unbeteiligt an wie ich es vorher bei den Bergen getan hatte.

Er warf einen Blick auf die Berge. Dann kicherte er leise und schüttelte seinen Kopf. »Das darf man überhaupt keinem erzählen. Die stecken einen in die Zwangsjacke.«

»Ja«, lachte ich auf, »ja!«

Nun kommunizierte Ed Dames nicht allzu häufig mit den Aliens und hinterließ bei mir insgesamt den Eindruck eines intelleigenten, freundlichen und durchaus interessanten Menschen. Es gibt viele Menschen, mit denen ich weniger gerne auf ein Bier zusammensitzen würde. Doch keimte allmählich in mir der Verdacht, daß auch ich eines Tages Aliens, Geister und schwangere Marsianerinnen sehen würde, wenn ich intensiv mit RV weitermachte. Vermutlich würde ich mich dann auch für den Auserwählten halten, der keine Fehler begeht.

Ich glaube, daß ich bei einer Gelegenheit bereits für kurze Zeit einen Blick in die Abgründe dieses Boscheanischen Teufelspfuhls werfen durfte, als Ed Dames seinen eigenen Geist als Target für mich auswählte. Beim Target »Ed Dames/Deep Mind« spürte ich Grau, Weiß, Nässe und sogar »Wahnsinn« – alle diese Dinge strömten andauernd an mir vorbei, ohne daß ich sie ertasten konnte. Und irgendwann im Verlauf dieser Sitzung verspürte ich Gelächter.

Nachher teilte Dames mir mit, daß andere Remote Viewer auch das Lachen vernommen hatten, als er ihnen seinen Geist als Target vorlegte. »Es erinnerte mich an eine Horde von Gremlins«, erzählte Mel Riley mir später.

Und was hast du in diesem Moment gedacht, Mel?

»Nicht. Das gehört alles zum RV. Man muß seinen Humor beibehalten, sonst dreht man durch.«

Als der Golfkrieg 1991 begann, gab es in Fort Meade nur noch vier aktive Seher: Dellafiora, Dhalgren, Buchanan und Greg Sloan, einen Zivilangestellten der DIA. Einige Male führten sie echte Missionen aus, etwa als das Pentagon die mobilen SCUD-Basen der Iraker aufspüren wollte. Ed May hatte auch die wissenschaftlichen Aspekte des Projektes wiederbelebt, die nun unter Aufsicht eines anderen Instituts standen, der Science Applications International Corporation (SAIC). Die SAIC hatte Ken Bell und Joe McMoneagle unter Vertrag genommen, die dort ebenfalls an der SCUD-Suchaktion beteiligt waren.

Diese Aktion war eigentlich ein Paradebeispiel dafür, wie man RV in die geheimdienstlichen Strukturen einbinden könnte. Wenn die Seher die Suche auch nur in geringem Maße auf ein bestimmtes Gebiet begrenzen konnten, so konnte das Pentragon dadurch Millionen von Dollar an Betriebskosten für Flugzeugpatrouillen und geheime Landekommandos einsparen. Dagegen wirkte der jährliche Etat von einer Million Dollar, der dem RV-Projekt zur Verfügung stand, geradezu lächerlich. Aber in den meisten Fällen wurden die Daten der Seher nicht einmal an die zuständigen Kommandanten weitergeleitet.

Ironischerweise erhielt das Projekt nun den glorreichen Decknamen »Star Gate«, dem es allerdings in keiner Weise gerecht werden konnte.

Paul Smith erlebte diesen Krieg aus nächster Nähe mit – er war Mitglied der Luftlandetruppe 101st Airborne Division, die als eine der ersten Einheiten mit ihren Hubschraubern ins Feindesland einflog. Nach dem Waffenstillstand verblieb Smith noch sechs Monate im Irak, um dann in die USA zurückzukehren und einen Posten beim DIA anzunehmen, der nichts mit RV zu tun hatte.

1992 ging Lyn Buchanan nach zwanzigjähriger Dienstzeit in den Ruhestand. Er tat sich mit General Stubblebine zusammen, der sich von seiner Frau getrennt hatte und nun mit einem New Yorker Psychologen UFO-Abduktionen untersuchte. Unter Stubblebines Leitung gab Buchanan RV-Workshops auf diversen UFO-Kongressen und New Age-Treffs. Doch schließlich zog er mit seiner Frau wieder zurück nach Maryland, um als Computerspezialist für die Regierung zu arbeiten und eine Privatschule für RV zu gründen, die Problems Solutions Innovations (PSI).

Das Team von Fort Meade bestand nun nur noch aus drei Köpfen, und es war klar, daß keine neue Rekruten hinzustoßen würden. Als Graff 1993 von seinem Posten zurücktrat, wurde der DIA-HUMINT-Spezialist Al Garfield sein Nachfolger. Der Etat des Projektes lief weiter, aber das Ende war bereits in Sicht.

Mel Riley nahm diese Veränderung interessiert zu Kenntnis, fühlte sich davon allerdings nicht sonderlich berührt. Das Projekt war eine Sache der Vergangenheit, und er war zufrieden, daß er seinen Teil dazu beigetragen hatte.

Mittlerweile arbeite er als Assistenz-Kurator eines in der Nähe seines Wohnortes liegenden Museums, für das er Austellungstücke über die Kultur der Indianer und das Leben in der Pionierzeit des Wilden Westens zusammenstellte. Außerdem führte er Sonderaustellungen durch und sprang als Museumsführer ein. Zusammen mit seiner Frau Edith, die als Krankenschwester arbeitete, wohnte er in einem urgemütlichen Haus, dessen Garten durch einen Ausläufer des Wolf River begrenzt wurde. Im Sommer ruderte er manchmal stromaufwärts, bis sich der Fluß in einen Wildbach verwandelte, dann ließ er sich langsam wieder nach Hause treiben. Es gab hier genug Seen und Bäche, in denen man angeln konnte, und im Herbst ging er in den umliegenden Pinienwäldern auf die Jagd nach Dammwild oder Hasen.

Riley hatte sich immer schon für die indianische Kultur interessiert und hatte nun genug Zeit, um ihre Tänze und Kunstfertigkeiten zu erlernen. Einige Stämme aus der Gegend waren von seinem Interesse und seinem Wissen über diese Dinge so angetan, daß sie ihn wie einen der ihren behandelten. Er trug manchmal ihre Kleidung und ihren Kopfschmuck, und in seinem Garten erbaute er sogar ein sehr authentisch wirkendes Tipi. Man lud ihn zu Festlichkeiten ein, bei denen normalerweise kein weißer Mann zugegen sein durfte, und er bekam von einer Vereinigung von Medizinmännern sogar einen Medizinbeutel aus Otterfell. Wenn etwas Schwieriges bewirkt werden mußte, wie beispielsweise ein Wetterumschwung, dann würde Riley seine indianische »Medizin« einsetzen.

Ähnliche Interessen hatte auch Greg Sloan entwickelt, der nach dem Fiasko seiner Scheidung und dem Zusammenbruch von DT-S an einem »Sonnentanz« teilnehmen wollte. Dabei handelt es sich um ein Ritual, das einer Kreuzigung ähnelt: Ein Mann wird mit kleinen, durch die Haut gezogenen Metallhaken für mehrere Tage an einen Pfahl gebunden. Er tanzt, bis der Hunger und die Erschöpfung Visionen hervorrufen und die Haken sich lösen. Durch sein Leiden befreit der Mann auch die ihm Nahestehenden von ihren Sünden und vom Pech.

Sloan tanzte den Sonnentanz drei Jahre hintereinander. Riley nahm dies zur Kenntnis, ohne Sloan zu kritisieren, ohne ihn zu ermutigen. Er sah nur dabei zu, wie sich das Leben mit all seinen Seltsamkeiten vor seinen Augen entfaltete.

Stubblebines ehemaliger Assistent John Alexander arbeitet nach dem Eintritt in den Ruhestand in Los Alamos an der Entwicklung nicht-tödlicher Waffensysteme. 1992 wurde er als Ko-Autor eines erfolgreichen Buches bekannt, das den Titel »The Warriors Edge« trägt. Daraufhin beschloß Ed Dames, auf gleiche Weise Kapital aus seinen Erfahrungen in dem RV-Projekt zu schlagen. Ingo Swann machte ihn mit der Literaturagentin Sandra Martin bekannt. Später stieß auch Dave Morehouse hinzu, der ab 1989 dem Journalisten Dale van Atta etliche Interviews zu dem RV-Projekt gegeben hatte.

Bald stellten Dames und Morehouse fest, daß sie mit der Schreiberei nicht richtig vorankamen. Deshalb zogen sie Jim Marrs hinzu, einen texanischen Journalisten, dessen Buch *Crossroads* eine der Quellen war, aus der sich Oliver Stone zu seinem Film »JFK« inspirieren ließ. Marss verfaßte ein Exposé und verkaufte es für 100000 Dollar Vorschuß an das Label Harmony Books im Verlag Crown Publishing. Das Geld teilte er mit Dames und Morehouse.

Morehouse war zu dieser Zeit noch im aktiven Dienst und arbeitete als Ausbilder bei der 82nd Airborne Division in Fort Bragg (North Carolina). Er schien tatsächlich zu glauben, daß man weiter beim Militär Karriere machen kann, während man gleichzeitig ein militärisches Geheimnis aufdeckt. Als er von dem Vertrag mit Harmony erfuhr, verwendete er seine Anteil als Anzahlung für einen geleasten Mercedes. Außerdem versuchte er über Sandra Martin der NBC ein Konzept für einen TV-Thriller über die Erlebnisse eines PSI-Spions zu verkaufen.

Schließlich stolperte er über seine Neigung zum Nervenkitzel: Anfang 1994 reichte eine Freundin von ihm bei der Ordnungsbehörde von Fort Bragg eine Beschwerde gegen ihn ein[66]. Daraufhin wurde Morehouse wegen einer Reihe von Verstößen gegen die militärische Ordnung vor Gericht gestellt – unter anderem Ehebruch, Analverkehr, Diebstahl eines Army-Computers und, last-but-not-least, »Verhaltensweisen, die einem Offizier nicht zustehen«. Zudem sagte die Frau aus, Morehouse habe vor ihr mit seinen strenger Geheimhaltung unterliegenden Erlebnissen bei DT-S und anderen Einheiten geprahlt und auch von dem geplanten Buch über RV erzählt. Als dies herauskam, schaltete sich auch INSCOM ein, um Morehouse auf den Zahn zu fühlen. Ihm drohte nun eine unehrenhafte Entlassung und möglicherweise sogar eine Gefängnisstrafe.

Einige Tage nachdem man entschieden hatte, ihn vor ein Kriegsgericht zu stellen, wurde Morehouse ins Walter Reed Army Medical Center eingeliefert. Er hatte Visionen von Engeln und wirkte insgesamt so depressiv, daß man von einer Suizidgefährdung ausgehen mußte. Seine Rechtsanwälte waren der Meinung, daß er nicht prozessfähig war. Kurz darauf berichteten Sandra Martin und der Angeklagte selbst von geheimnisvollen Dunkelmännern, die Morehouse im Auftrag der Regierung bedrohten. Mir erzählte Martin, sie sei einem dieser Agenten in der U-Bahn begegnet. »Hören sie auf, Dave zu repräsentieren!« habe der Mann zu ihr gesagt.

Was immer man davon halten mag, Morehouse kam dadurch verhältnismäßig gut aus der Sache heraus. Als seine Anwälte innerhalb des Prozesses eine komplette Aufdeckung des RV-Programmes beantragten, gab die Leitung von Fort Bragg nach: Einige Monate später wurde Morehouse unehrenhaft entlassen, ohne daß es zu einem Prozeß gekommen war.

Ed Dames war mittlerweile nach Beverly Hills zu seiner Freundin gezogen, die von ihrem Mann getrennt lebte, dem Schauspieler Brad Dourif[67]. Als Dames im Frühjahr 1995 die Rohfassung von Marss' Buch zu Gesicht bekam, beschwerte er sich, weil es seiner Meinung nach zu romanhaft geschrieben war und Morehouse zu sehr im Mittelpunkt stand. Schließlich kündigte Harmony den Vertrag.

Morehouse ließ sich dadurch nicht beindrucken und verfaßte selbst ein Buch zu diesem Thema. Im Herbst 1995 verkaufte er *Psychic Warrior* an St. Martin's Press. Er behauptete nun, daß er über paranormale Fähigkeiten verfügen würde, seit bei einer Übung in Jordanien eine Gewehrkugel seinen Helm getroffen hatte. Deshalb versetzte man ihn zu DT-S, wo er ganz erstaunliche paranormale Leistungen an den Tag legte[68]. Morehouse suchte sich einen neuen Agenten, um seine Geschichte als Filmkonzept anzubieten. Es gab etliche Interessenten, darunter auch Oliver Stone. Den Zuschlag bekam jedoch Interscope Communications. Laut *Variety* erhielt Morehouse 300000 Dollar und sollte eine weitere halbe Million erhalten, wenn das Projekt wirklich realsiert wurde. Also schrieb Morehouse fleißig an seinem Buch, dem Drehbuch und nebenher noch an einer Trickfilmreihe für Hanna-Barbera, in der es um eine Gruppe von Superhelden geht, die ihre Feinde mittels PSI und anderer nicht-tödlicher Waffen bekämpfen.

1994 versuchte Dick D'Amato, das RV-Programm aus dem CIA-Budget weiterzufinanzieren. Es sollte in das Office of Research and Development eingegliedert werden, wo nun auch Ken Kress arbeitete, der das RV-Programm 22 Jahre davor aus der Taufe gehoben hatte.

Doch die CIA sperrte sich gegen dieses Vorhaben. Da sie D'Amato nicht einfach übergehen konnten, verlangten sie zunächst eine neutrale Beurteilung des Projektes. Diese sollte durch eine kleine Consultingfirma verfaßt werden, die American Institutes for Research (AIR). Deren Präsident David Goslin kannte Ray Hymans Studie und war selbst als gnadenloser Skeptiker bekannt. Dummerweise verloren genau zu diesem Zeitpunkt die Demokraten den Senat an die Republikaner, wodurch D'Amatos Chef Robert Byrd entmachtet wurde. Damit war D'Amato aus dem Rennen, und die CIA hatte freie Hand, soweit es das RV-Projekt betraf.

Goslin befragte die drei verbleibenden Seher und etliche ungenannte Beamte, die sie zwischen 1993 und 1994 mit Missionen betraut hatten. Außerdem holte er noch unabhängige Gutachten ein – eines stammte von Ray Hyman, das andere von der dem Phänomen gegenüber positiv eingestellten Forscherin Jessica Utts von der University of California.

Daß es zwischen den beiden Akademikern zu keiner Einigung kommen konnte, liegt wohl auf der Hand. Soweit es die Effektivität von RV als geheimdienstliches Mittel zur Informationsbeschaffung betraf, entschied Goslin selbst, daß die zwischen 1993 und 1994 ausgeführten Missionen keinen Nutzen erbracht hatten.

Die AIR-Studie wurde Ende November 1995 veröffentlicht. Schnell folgten TV- und Presseberichte über das RV-Programm. Plötzlich standen etliche der Beteiligten im Rampenlicht, um ihre Version der Geschehnisse zu präsentieren: Warum hatte man nur die jüngsten und schlechtesten Beispiele in die Studie einbezogen? Warum berücksichtigte die CIA nicht die vielen Erfolge der vorhergehenden Jahre? Warum wurde die Einheit von Fort Meade nicht einfach aufgelöst und durch qualifiziertere Freiberufler ersetzt?

Das Bestreben der Medien, die Entscheidung der CIA zu hinterfragen, ebbte schnell ab. In der *Washington Post* wurde ein abschließender Bericht aus der Wissenschaftsredaktion abgedruckt, in dem man den Standpunkt vertrat, daß es sich bei RV um eine Mischung aus Betrug und Selbsttäuschung handelte.

Die meisten Befürworter des Projektes tauchten erst einmal ab, bis auf D'Amato und Byrd, die sich zu rechtfertigen versuchten, indem sie erklärten, das Projekt habe den Topf der Steuergelder so gut wie nicht belastet. Außerdem sei RV niemals wirklich zum Einsatz gekommen. Niemand hätte es wirklich ernst genommen. Egal, wen interessiert schon die Vergangenheit?

Etwa ein Jahr danach fuhr ich nach Fort Meade hinaus, um mir die nun leerstehenden Gebäude der Einheit anzusehen. Die Anfahrt war mit Schnee bedeckt, offenbar hatte hier schon seit Wochen, wenn nicht seit Monaten, niemand mehr nach dem Rechten gesehen. An den Wänden der Gebäude blätterte die Farbe ab, der Zustand der Alu-Kamine auf 2561 zeigte deutlich, was Wind und Zeit anrichten können.

Ich stellte meinen Wagen ab und ging neugierig um die Gebäude herum. Da, das mußten die Fenster der RV-Räume sein. Doch hinter dem Gitter und dem Glas waren nur nackte Ziegel zu sehen. Doch schließlich fand ich ein Fenster, durch das ich einen Blick in den Eingangsraum des Gebäudes werfen konnte, wo früher einmal Mel Rileys Schreibtisch stand. Ein beigefarbener Teppich, ein verstaubter Stuhl und dahinter der Flur, der zu den RV-Räumen führte. Wäre das Gebäude nicht verschlossen gewesen, dann wäre ich nur zu gerne hineingegangen, um in diesen Räumen verweilen zu können und die alten Geister zu spüren, die durch all die Jahre Remote Viewing heraufbeschworen wurden.

Welche ungewöhnlichen Geschichten *sie* mir wohl erzählt hätten?

Danksagung

In den kommenden Jahren werde ich oft darüber nachdenken müssen, wieviel Zeit und Mühe meine Informanten für mich aufgebracht haben, nur damit ich dieses Buch fertigstellen konnte. Und darüber, daß es nichts gibt, was ich ihnen zum Dank dafür geben könnte – nichts, außer diesem Buch vielleicht. Dieses kleine Buch.

Ich möchte mich bei allen bedanken, die mir geholfen haben, auch bei denen, deren Namne ich hier nicht nennen darf. Mein ganz besonderer Dank gilt aber Skip Atwater, Hal Puthoff, Mel und Edith Riley, sowie General Ed Thompson, deren Hilfsbereitschaft geradezu heldenhafte Ausmaße erreicht.

Ich bedanke mich auch bei meinen Lektoren Stephanie Gunning und Mike Shohl, meinen Forscherkollegen Bill La Parl und Marcello Truzzi, Gerri Harcarik vom US Army Center for Military History, Wendy Sparks von der Ronald Reagan Library, den Kartographen und Fotoarchivaren der National Archives, Joe Haytas vom Defense Visual Infromation Center, William Pearce vom INSCOM Freedom of Information Act Office (FOIA) und Virginia Grenier vom FOIA-Büro in Fort Bragg.

Fußnoten

[1] ASA war in erster Linie für das Abfangen ausländischer Kommunikation und die Sicherung der Kommunikation der Army verantwortlich. Zu dieser Zeit wurde sie immer mehr von der National Security Agency (NSA) als billige Arbeitsmaschinerie mißbraucht. Die NSA baute mit Mitarbeitern der ASA und anderer Dienste hunderte von Lauschposten rund um die Welt auf. Durch die Eingliederung der ASA in das INSCOM wollte die Army unter anderem die Kontrolle über ihr eigenes Personal zurückgewinnen.

[2] Die ersten Jahre der SRI-Forschung im Bereich Remote Viewing werden in Teil Zwei dieses Buches behandelt.

[3] Watt wurde später zum Lieutenant Colonel ernannt.

[4] Es handelt sich um Pseudonyme. Am Ende des Buches finden Sie eine Liste aller in diesem Buch verwendeten Pseudonyme.

[5] Vermutlich handelte es sich um eine thermonukleare Bombe, bei der ein konventioneller Zündsatz eine Kernspaltung (bei Plutonium oder Uran) hervorruft, die wiederum eine Kernverschmelzung (von Deuterium-Tritium) einleitet.

[6] Nebenbei sei gesagt, daß der Neubau in einer Talsenke nahe der Moskwa errichtet wurde, einem Standort, der für das Abfangen von Funksendungen denkbar ungeeignet war. Zum gleichen Zeitpunkt errichteten die Sowjets ein neues Amtsgebäude in Washington, und zwar auf einem der höchstgelegenen Bauplätze der Stadt, mit Sicht auf das Pentagon und andere wichtiger Regierungsgebäude – nahezu ideal für die Zwecke der SIGINT.

[7] Obwohl Präsident Reagan empfahl, das Gebäude abreißen zu lassen, entschied man schließlich, daß ein Umbau kostengünstiger wäre. Gegen Ende 1994 stellte der Kongress einen Etat von 240 Millionen Dollar bereit, um den Abriß der beiden obersten und den Neubau von vier neuen Stockwerken zu finanzieren. Der Umbau soll 1999 beendet werden.

[8] In einem 1994 in *The Washington Post* veröffentlichten Artikel über die geheimen US-Aufkäufe sowjetischer Waffensysteme aus osteuropäischen Quellen meint der Journalist Ben Weiser, daß die Verkäufe seit den späten 70er Jahren über Rumänien und in Zusammenarbeit mit dem rumänischen Verteidigungsminister abgewickelt wurden. Später hätte sich Polen zum »Hauptausfuhrland« entwickelt. Weiser deutet unverblümt an, daß der polnische General Wojciech Jaruzelski, der es zu zweifelhaftem Ruhm brachte, als er 1981 den Kriegszustand über sein Land verhängte, von diesen Geschäften wußte und sie sogar unterstützt hat. Als Weiser Jaruzelski im Rahmen eines Interviews dazu befragte, stritt dieser jegliche Kenntnis von den Vorgängen ab. Von einem ehemaligen leitenden Angestellten des Pentagon, der ungenannt bleiben muß, erfuhr ich, daß Jaruzelski auf der Lohnliste der US-Geheimdienste stand.

[9] Riley glaubt, daß der Umschlag einen Scheck über die Geldsumme enthielt, mit der der Panzer bezahlt werden sollte. Atwater weiß davon

nichts, aber ich erfuhr von einem einschlägig informierten Beamten des Pentagon, daß »solche Geschäfte niemals per Scheck oder Bargeld abgewickelt wurden«. Er führte aus, daß das Geld meist auf ein Bankkonto in der Schweiz transferiert wurde, wo der Verkäufer es abbuchen konnte, sobald das Geschäft abgewickelt war.

[10] Es handelte sich um genau dieses Magnetometer, mit dem einige Jahre darauf der experimentelle Nachweis der Quarks gelingen sollte.

[11] Ein NIO ist ein Chefanalytiker, der sich auf ein spezifisches Thema konzentriert, kooperative Sitzungen zwischen den verschiedenen Geheimdiensten leitet und Jahresberichte über sein Thema verfaßt.

[12] Für die Finanzierung und Auftragserteilung kooperierten zwei Abteilungen der CIA. Eine davon war die Technical Services Division (TSD), die Teil des Directorate of Operations war und bereits in den 60er Jahren einige kleine Forschungsaufträge auf diesem Gebiet verteilt hatte. Im Sommer 1973 wurde die TSD dem Directorate of Science and Technology (DOST) untergeordnet und in Office of Technical Services (OSD) umbenannt. Das TSD/OSD war für die technische Unterstützung diverser verdeckter Operationen und Spionagemissionen verantwortlich und ähnelte ein wenig der mit technischen Gimmicks überladenen Abteilung »Q« aus den James Bond-Filmen. Die zweite für die Finanzierung des SRI-Projektes zuständige Abteilung war das eher wissenschaftlich orientierte Office of Research and Development, das ebenfalls dem DOST untergeordnet war.

[13] Zu den dissoziativen Störungen zählt man etwa die vorübergehende oder dauerhafte Amnesie, spontane Trancezustände, Unwirklichkeitszustände, das traditionelle Besessenheitssyndrom, sowie dessen moderne Form, die Multiple Persönlichkeiten-Störung. Diese Störungen werden alle unter dem Begriff *Dissoziation* zusammengefaßt, der etwas vage auf die vermutete Ursache verweist, namentlich die Abspaltung verschiedener geistiger Teilprozesse von der Gesamtheit der Psyche. Typisch für eine Dissoziation ist etwa, daß der Betroffene nach einem dissoziativen Anfall unter Amnesie leidet, als ob die Erfahrungen während des Anfalls nicht mit der Erfahrungswelt des Bewußtseins und der Erinnerung verknüpft werden. Auch Schmerzen und andere autonome Rückkoppelungsmechanismen können dissoziiert werden, was wiederum erklärt, warum dissoziative Persönlichkeiten oft in der Lage sind, ungewöhnliche körperliche Phänomene hervorzurufen. Andererseits führt die bei dissoziativen Menschen oft sehr ausgeprägte Einbildungskraft dazu, daß sie ohne körperliche Ursache an Schmerzen leiden oder sie bewußt simulieren.

[14] Einige Forscher vermuten, daß es sich bei UFOs um geo-atmosphärische Phänomene handelt, die unter anderem mit starken Magnetfeldern einhergehen. Diese können wiederum Anfälle, Halluzinationen oder sogar permanente neurologische Schäden hervorrufen.

[15] 1973 erzählte Swann in einem Interview: »Ich erinnere mich an eine Zeit in unserer Vergangenheit, als paranormal begabte Menschen ein hohes Maß an Anerkennung genossen. Ich war Berater eines europäischen Kriegsherrn, der ein großes Vertrauen in Leute wie mich setzte und sich von ihnen beraten ließ. Damals war es sehr einfach für mich, die Gedanken der Leute zu lesen. Ich sagte meinem Kriegsherrn oder König, welche

Motive die Menschen hatten, die um eine Audienz baten. Ich glaube, das war im achten Jahrhundert.

[16] Kress hatte Puthoff 1972 den ersten Auftrag der CIA vermittelt.

[17] Dieser Raum wurde normalerweise verwendet, um geheime Computerdaten und Kommunikationen vor Abhörspezialisten zu schützen. Das in den Wänden eingelassene Metall unterdrückte die von den Geräten ausgehenden elektromagnetischen Felder. Puthoff und Targ benutzten gelegentlich solche Räume für ihre RV-Experimente, um zu demonstrieren, daß RV nicht auf Elektromagnetismus beruhte.

[18] Den Sowjets gelang es nicht, eine funktionsfähige Strahlwaffe zu entwickeln, ob nun in Semipalatinks oder anderswo. Ein ehemaliger Nachrichtenoffizier der Air Force enthüllte, daß es sich bei dieser Anlage vermutlich um eine Experimentieranordung für die Energieerzeugung aus Impulsstößen handelte, die durch schwache Nuklearexplosionen erzeugt werden sollten. Ein auf dieses Gebiet spezialisierter CIA-Wissenschaftler hält es jedoch nach wie vor für undenkbar, daß die Kugeln nukleare Explosionen statt konventioneller abschirmen sollten.

[19] Geller schwor dieser Überzeugung später ab und behauptete, daß sie eine Folge der hypnotischen Regressionssitzungen waren, die Puharich mit ihm durchführte.

[20] Einem Interview des Wissenschaftsautors John Wilhelm entnommen, daß Mitte der 70er Jahre stattfand. Yariv stritt ab, daß er Geller jemals getroffen oder zur Beratung hingezogen hat (aber das war ja zu erwarten, nicht wahr?).

[21] Syrien.

[22] Geller erwähnte einmal, daß er sich insgeheim mehrmals mit einigen israelischen Geheimdienstleuten in Hotelzimmern getroffen habe, um sie über seine Erfahrungen am SRI zu informieren. Angeblich wurde er von einem der Männer gewarnt, »gewisse Dinge am SRI nicht zu demonstrieren« – Geller hält sich bedeckt, welche Dinge damit gemeint waren. Puthoff meint, er habe noch nie etwas von diesen Treffen gehört, aber Geller erinnert sich, daß der SRI-Physiker ständig aufpaßte, daß er nichts von den Experimenten mitbekam, die in Zusammenarbeit mit Swann und Price durchgeführt wurden.

[23] Jung, um nur ein Beispiel zu nennen, untersuchte in seiner Dissertation sehr ausführlich den Fall eines jungen Mediums.

[24] Eine von Crandons spektakuläreren Séance-Spezialitäten war es, ihre Unterwäsche auszuziehen und »Ektoplasma« aus ihrem Bauchnabel zu produzieren. Zudem kursierte das Gerücht, daß sie sich mit einigen ihrer prominenten Paladine aus dem Bereich der PSI-Forschung eingelassen hatte.

[25] In jüngeren Publikationen berichtet Puthoff, daß die ersten Experimente zur Außenkontakt-RV bereits vor Entwicklung der Koordinatenmethode stattfanden. Meine Untersuchung der Versuchsprotokolle und Gespräche mit ihm und Ingo Swann deuten jedoch darauf hin, daß dies nicht zutrifft. Das erste Außenkontakt-Protokoll wurde im Oktober 1973 durchgeführt, sechs Monate nach Swanns erstem Versuch mit der Koordinatenmethode.

[26] Ich erwähne dies nur, weil eine unorthodoxe sexuelle Ausrichtung bei

paranormal begabten Menschen auffällig häufig aufzutreten scheint. Dies wird sogar im Zusammenhang mit Schamanen und Medizinmännern erwähnt. Möglicherweise liegt die Ursache im Bereich des genetisch bedingten Aufbaus des Gehirnes und/oder psychosozialer Komponenten – es wäre denkbar, daß ungewöhnliche Talente auch in anderer Hinsicht ein unorthodoxes Verhalten hervorrufen. Mir ist jedoch keine verläßliche Untersuchung bekannt, die sich mit diesem Thema auseinandersetzt.

27 Später mußte diese Analyse revidiert werden, weil die bereits analysierten Stichproben nicht aus der Rechnung eliminiert wurden – man stelle sich ein Kartenratespiel vor, bei dem jede aufgedeckte Karte ja die Anzahl der Möglichkeiten für die folgenden verringert. Puthoff findet das revidierte Ergebnis jedoch noch beachtlich genug.

28 Ein ähnliches Experiment war einige Jahre zuvor von US-Forschern ausgeführt worden, wobei man als Testsubjekte fünfzehn eineiige Zwillingspaare einsetzte.

29 Solche »Geheimtinten« wurden recht häufig von relativ unwichtigen Doppelagenten benutzt, um ihren Eisnatzleitern Nachrichten zukommen zu lassen. Wäre man in der Lage gewesen, das Vorhandensein eines mit Geheimtinte geschriebenen Briefes mittels RV zu bestätigen, so wäre dies ein wichtiger Fortschritt bei der Aufdeckung feindlicher Doppelagenten gewesen.

30 Swann und Price boykottierten einige der Tests und führten andere eher lustlos durch, weil sie der Auffassung waren, sie seien »wertlos«.

31 Swann und Price führten beide ein ziemlich unstetes Berufsleben. So war Swann bei der Army in Korea auf der Schreibstube tätig, ein Maler, ein Romanautor, ein Astrologe und außerdem Angestellter der UNO. Price war Beamter, Bauunternehmer, Weihnachtsbaumverkäufer, hatte als Prospektor in Alaska gearbeitet, war im Zweiten Weltkrieg Flugschüler, arbeitete als Manager in einer zum Lockheed-Konzern gehörenden Verpackungsfirma und – ironischerweise – als Sicherheitsmann bei dem berüchtigten Lockheed »Skunk Works«-Projekt, während dort das Spionageflugzeug U-2 entwickelt wurde.

32 Puharich wollte auf diese Weise mit den exraterrestrischen Wesen in Verbindung treten, die seiner Ansicht nach für die Fähigkeiten des jungen Israeli verantwortlich waren.

33 Es sei erwähnt, daß Swann immerhin zutreffend vorausgesagt hat, daß der Jupiter Ringe hat, die denen des Saturn ähneln.

34 Staff D wurde später in Office of SIGINT Operations umbenannt.

35 Einige der CIA-Offiziellen wußten nicht einmal, daß er verheiratet war.

36 Mehr als eine Dekade später würde der Romanautor Larry Collins das KGB-Szenario in seinem Bestseller *Maze* vorstellen, der von einem geheimen PSI-Wettrüsten zwischen den USA und der UDSSR erzählt. Mir wurde jedenfalls von einigen CIA-Ofiziellen versichert, daß die Agency nicht in die Affäre verstrickt war und auch nichts von dem Mann mit dem Aktenkoffer wußte.

37 Diese Hypothese fußte zum Teil auf der Tatsache, daß VLF-Sendungen ohne nenneswerte Abschwächung große Entfernungen überwinden können.

38 Laut Aussage von John Wilhelm, der früher als Wissenschaftsjournalist

für *Time* geschrieben hat, lehnte Jaroff die Parapsychologie ab, weil er sie mit dem Okkulten assoziierte, das seiner Meinung nach für den Aufstieg des Faschismus in Europa mitverantwortlich war. Jaroff soll wörtlich gesagt haben, daß die Forschung am SRI »zerschlagen werden muß«.

39 Scientology wurde von L. Ron Hubbard begründet, dem vierschrötigen Sohn eines Farmers aus Nebraska. In jungen Jahren kam Hubbard viel herum, schrieb Science Fiction, erzählte unglaubliche Geschichten und vollzog aufsehenerregende Rituale, bis er sich schließlich eine Reputation als böser Bube aufgebaut hatte. Dann verfaßte er ein Buch namens *Dianetics*, in dem er behauptete, die meisten Krankheiten und Unzulänglichkeiten des Menschen seien psychologischen Ursprungs. Plötzlich stieg er zum Führer eines Kultes auf, den er 1953 offiziell in den Status einer Kirchengemeinde erhob, der Church of Scientology. Anfang der 70er Jahre war aus Scientology ein multinationales Unternehmen geworden, das Hubbard von einem Schiff namens *Apollo* aus koordinierte. Bald darauf kam es zu etlichen Konfrontation mit der US-Regierung und wütenden Ex-Scientologen.

40 Unter der Bezeichnung MKULTRA Subprojekt 136 sollte seltsamerweise auch verdeckte PSI-Forschung an Universitäten betrieben werden. Offenbar wurde dieses Projekt niemals in größerem Maßstab realisiert.

41 Während der Schauprozesse der Stalin-Ära benahmen sich einige der Angeklagten so seltsam, daß man bei der CIA vermutete, sie seien einer Gehirnwäsche unterzogen bzw. »re-programmiert« worden.

42 Einige Navy-Angestellte unternahm später in den Marinelaboratorien in San Diego eigenen RV-Versuche, wobei die mögliche Eignung von RV zur Kommunikation mit eigenen U-Booten und zum Ausspionieren sowjetischer Targets getestet werden sollte. Das Projekt wurde ebenfalls bald eingestellt.

43 Die Navy entwickelte später mit einem Milliardenaufwand ein auf ELF basierendes Kommunikatiosnsystem, das dieselbe Aufgabe erfüllen sollte. Dazu wurden gigantische Sendestationen in Michigan und Wisconsin errichtet, deren extrem niederfrequente Wellen Meerwasser ebenso wie feste Hindernisse durchdringen konnten. Der größte Nachteil der ELF ist die für komplexere Informationen zu geringe Bandbreite. Deshalb kann ein solches System nur sehr einfache Botschaften übermitteln, deren Informationsgehalt weitaus geringer ist als das, was Swann und Hammid per RV zu empfangen vermochten. Zudem funktionierte die Kommunikation nur in einer Richtung, d. h. von der Küste zum U-Boot. Trotzdem ist die ELF-Kommunikation wohl letztendlich zuverlässiger als RV.

44 Vermutlich handelte es sich um eine für Spionagezwecke umgerüstete Version.

45 Während sich bei einer festen Abschußbasis der Kurs hinreichend genau vorausberechnen läßt, ist dies bei einer mobilen, beispielsweise wegen der minimalen Schwankungen der Erdanziehungskraft von Ort zu Ort, nicht so einfach möglich.

46 Eine von dem Norton-Team durchgespielte Möglichkeit basierte auf dem Gedanken, daß Küchenschaben sich mit diversen Materialien der Rakete anfreunden könnten. Deshalb überlegte man, ob es den Russen mög-

lich sein könnte, die Bewegungen der Küchenschaben via Satellit zu verfolgen, um so die momentane Position einer Rakete ausfindig zu machen.

[47] Reagan entschied gegen das MX-»Hütchenspiel«, was vermutlich eher aus finanziellen und politischen Motiven heraus geschah. Doch wurde schließlich vom Kongress ein Etat für den Bau von 100 MX-»Peacekeepern« verabschiedet, von denen nur 50 fertiggestellt wurden. Die Bush-Administration plante, diese Raketen auf Eisenbahnwaggons im westlichen Teil der USA zu stationieren, doch schließlich wurden sie in den alten Minuteman-Silos beim Luftwaffenstützpunkt Warren in Wyoming und Colorado untergebracht.

[48] Das Team von Fort Meade hielt Kalibrierungs-Sitzungen für zwecklos, da man bemerkt hatte, daß sich die Genauigkeit der Visionen von einer Sitzung zur nächsten schlagartig ändern konnte. Das war vor allem der Fall, wenn der Seher wußte, daß ein Target »sexy« war. In diesem Fall konnte die Leistungsfähigkeit sowohl steigen als auch abfallen. Zudem bestand durch zusätzliche Kalibrierungs-Sitzungen die Gefahr der Übermüdung.

[49] Wie solche Patienten haben auch die Remote Viewer Schwierigkeiten, rechts und links zu unterscheiden. Oft waren die bei RV-Sitzungen erstellten Skizzen deshalb spiegelverkehrt.

[50] In der Psychologie wird Gestalt verstanden als »wahrgenommenes organisiertes Ganzes, das größer ist als die Summe seiner Teile«.

[51] Joe McMoneagle war vermutlich der erfolgreichste Remote Viewer, wenn es um die Namen der Targets ging. Diese Eingebungen traten bei ihm jedoch spontan auf, und er erlernte Swanns Methode nie.

[52] Harary wollte mir nicht sagen, wie es zu diesem Spitznamen kam. Möglicherweise handelt es sich um ein ziemlich mittelmäßiges Wortspiel, das auf den Film »Blue Hawaii« mit Elvis Presley anspielen soll.

[53] Trotzdem führte Langford noch gelegentlich RV-Missionen durch. Ab Mitte der 80er Jahre arbeitet er dann als Freischaffender für verschiedene Auftraggeber, die er beim SRI kennengelernt hatte.

[54] Skutch finanzierte auch einige der SRI-Experimente mit Uri Geller.

[55] Es kursiert das Gerücht, daß Reagans blutbefleckte Kleidung direkt von FBI-Agenten vernichtet wurde, um ein Voodoo-Attentat zu verhindern.

[56] Dames erzählte später, daß diese Ansicht sich im Laufe der Zeit abmilderte.

[57] Swann gab den Sehern bei diesen Sitzungen laufend Feedback, was zu Trainingszwecken sicherlich sinnvoll ist, andererseits jedoch den wissenschaftlichen Stellenwert dieser Versuche schmälert. Bei umsichtig durchgeführten Laborversuchen darf der Kandidat kein Feedback erhalten, und es muß sichergestellt werden, daß auch der Monitor nichts über das Target weiß.

[58] Da Swann bei diesen Versuchen die Targets kannte, ist es denkbar, daß er Nance unbewußt geholfen hat.

[59] Das Personal Command (PERSCOM) der Army lehnte Buchanans Versetzungsbefehl ab, da man besorgt war, daß es seiner Karriere schaden könnte. Aber Stubblebine sorgte dafür, daß es so kam, wie er es sich vorgestellt hatte.

[60] Seltsamerweise wird dasselbe von Frank Olson behauptete, der im Rah-

men des MKULTRA-Projektes durchdrehte. Offenbar hatte er bereits lange vor dem vom CIA-Wissenschaftler Sidney Gottlieb durchgeführten, tödlichen LSD-Test suizidale Tendenzen gezeigt.

[61] Im Dezember 1995 sagte D'Amato einem Reporter der *Washington Post*, er habe sich lediglich so für die RV-Einheit engagiert, weil einige Senatoren Interesse an ihrem Fortbestand bekundet hätten.

[62] Der Autor Howard Blum schreibt in seinem Buch *Out There*, daß dieser Vorfall bei einer Demonstration vor (ungenannten) Zuschauern aus dem Weißen Haus und dem Pentagon stattfand. Eine Zeuge vom SRI versicherte mir jedoch, daß dies nicht zutrifft.

[63] Zu den bekanntesten Mitgliedern von CSUCOP gehören der Bühnenmagier James Randi, die Wissenschaftsautoren Leon Jaroff, Martin Gardner und Philip Klass, sowie der kürzlich verstorbene Astronom Carl Sagan.

[64] Offiziell gehörte Sun Streak nicht zu den Projekten, denen ein spezieller Geheimhaltungsstatus zugeordnet wurde. Deshalb hatten Vorona und die anderen Befürworter des Programmes einfach die Liste derjenigen stark eingegrenzt, die Zugang zu den Informationen hatten.

[65] Vermutlich bezieht sich dies auf den sowjetischen Verteidigungsrat.

[66] Die Frau war selbst mit einem Soldaten verheiratet, der Morehouse als Fahrer zugeteilt war. Ironischerweise hatte sie Morehouse wegen ihrer eigenen Eheprobleme in ihr Vertrauen gezogen. Unter anderem sagte sie aus, Morehouse habe ihr vorgeschlagen, »mit dem Feuer zu spielen«, wie er es selbst täte.

[67] Der die Rolle des »Billy« in dem Film *Einer flog übers Kuckucksnest* spielte.

[68] Diese Geschichte hat er auch seinen DT-S-Kollegen in Fort Meade erzählt, allerdings berichtete er damals, daß er nachher lediglich unter Kopfschmerzen gelitten hatte. Auch kann sich keiner seiner Kollegen daran erinnern, daß er einmal erwähnt hätte, er habe schon vor seiner Schulung über PSI-Fähigkeiten verfügt.

Quellenangaben

Alle Zitate stammen aus persönlichen Gesprächen, falls nicht anders vermerkt.

Vorbemerkung zu Teil 1
Charlie Rose in Stuckey 1979.

Kapitel 1
Rileys Erlebnisse an diesem Morgen sind seiner Erinnerung entnommen. Er verwendete das Koffer-und Tauchritual jedoch nicht immer.
Special Actions Branch: INSCOM 1981b.
ein Army-Memorandum: ebenda.
die chinesische Nuklearwaffe: Riley, Atwater, McMoneagle, Graff 1995, sowie zwei Forscher, die am Programm beteilig waren.

Kapitel 2
Rileys Jugend: Riley.
Rileys Leistungen: Riley, Burroughs 1974.
zum Systems Exploitation Team: Riley, Atwater, Thompson.
Atwater: Atwater.
ASA und NSA: ein ehemaliger hoher Beamter des Pentagon.
Atwaters Idee: Atwater. Thompson meint, daß die Idee einer paranormalen Spionagegruppe von ihm stammte.
Thompsons Begeisterung: Thompson.
Gondola Wish: Riley. Atwater erinnert sich vage daran.
Atwaters Beauftragung: Atwater.
der erste Einsatz: Atwater, Riley, Thompson, eine Quelle aus dem SRI.
zu den Vorarbeiten der SRI-Forscher: Puthoff, Atwater, Thompson.
was in Washington passierte: Die Informationen über den Selektionsvorgang stammen von Atwater, Riley und McMoneagle.
Die Gruppe: Atwater, Riley, McMoneagle.
über Gauvin: Gauvin.
schleppende Aktivitäten: Riley.
Informationen von »oben«: Riley. Atwater erinnert sich an eine Verzögerung wegen der Bereinigung persönlicher Angelegenheiten.
Gehirnkontrolle: Ranelagh 1986.
die Sechs vom SRI: Atwater, Riley.
über Hanson: Atwater.
die »Schokoladengeschichte«: Riley, Atwater.
interessantere Targets: Riley.
Thompsons RV-Sitzung: Riley, Thompson.
Unterstützung von Gondola Wish: Ein ehemaliger hoher Angehöriger der Army.
praktische Schwierigkeiten: Riley, Atwater.
Army memo: INSCOM 1981b.

Interesse aus hohen Kreisen: Thompson, Atwater und McMoneagle sagten übereinstimmend, daß das Interesse zum Teil in anderen Bereichen des Geheimdienstwesens bestand. Riley sagte zu mir, er glaube, daß die CIA auf diese Weise die Army vorschieben wollte, um ihr eigenes Interesse an SI zu vertuschen. Zwei andere ehemalige Beteiligte bestätigten die Pentagon-CIA-Verbindung.

ursprüngliche Funktion der Einheit: Seltsamerweise meint Thompson, daß die Einheit ursprünglich Offensiv-Spionage betreiben sollte. Was vielleicht daran liegt, daß Thompson erst Ende 1978 mit der Einheit in Berührung kam.

Budget- und Personalfragen: Atwater, Riley, McMoneagle, INSCOM 1981b. Diese wurden ad hoc aus dem Etat von General Thompsons Büro bestritten. Offiziell wurde der Einheit erst 1981 Personal zugestanden (INSCOM 1981b).

Special Action Branch: Dieser Name wird in INSCOM 1981b als INSCOMS temporäres »Vehikel« für die Einheit in den Jahren 1979-81 erwähnt.

Grill Flame: Atwater, Riley, INSCOM 1981a,b. Über den Ursprung des Namens herrscht einige Verwirrung. Atwater glaubt, daß er von einer Codeliste der Army stammt (zumal er wußte, daß noch ein anderes Army-Projekt namens Grill Flame existierte). Demgegenüber meinte ein anderer Beteiligter, der Name stamme von einer Liste der DIA. Graff sagte mir, er sei diesbezüglich unsicher. INSCOM 1981b erwähnt aber ein DOD-Projekt namens Grill Flame.

zur Geheimhaltung: einhellige Meinung aller von mir Befragten.

chinesische Nuklearwaffe: Details stammen von Riley, Atwater, Graff (1995), sowie zwei beteiligten Forschern.

McMoneagles Zone: Atwater. Ich habe auch eine Tonbandaufzeichnung von einer von McMoneagles Sitzungen angehört.

Kapitel 3

die Probleme der HUMINT: siehe Emerson 1988, Woodward 1987.

zum Ausmaß der Probleme: Riley, Atwater.

über Trent: Riley, Atwater, McMoneagle.

Protokollfragen: Atwater, Riley.

einzigartige Talente: Atwater, Riley, McMoneagle.

Trent unter Druck: Atwater.

Limitations des RV: Atwater, Riley, McMoneagle.

»Beschäftigungstherapie«: Atwater, Riley.

Auslands-Targets: Atwater, Riley, McMoneagle.

Suchprobleme: Atwater, McMoneagle, Riley.

U.S.-Konsulat: Atwater. Graff merkte 1995 an, es habe sich um eine Operation der CIA gehandelt, während Atwater dasselbe über die NSA sagt. Ein Informant aus der CIA, der es eigentlich wissen sollte, streitet die Verantwortlichkeit der Agency ab.

zu den Suchproblemen: McMoneagle, Atwater, Riley, uthoff.

zu der Nuklearwaffe: Riley meint, daß die Bombe ins Mittelmeer fiel, ein ehemals beteiligter Forscher glaubt dagegen, daß es im Atlantik vor der spanischen Küste passsierte.

Skylab: McMoneagle, Atwater.
Navy A-6: Atwater, Riley.
Hubschrauberabsturz in Peru: Riley.
Agent in Osteuropa: Atwater.
KGB-»Illegale«: ein ehemaliger CIA-Beamter, Riley, Atwater, Graff (1995).
Pyramiden und anderes: Atwater.
die Korea-Affäre: Atwater.
zum Moskauer Botschaftsgebäude: Atwater, Riley.
das Aufgeben der Botschaft: Doder 1983.
Neubau der Obergeschosse: Hockstader 1996.
XM-1-Panzer: McMoneagle.
Air Force nimmt Kontakt zu Atwater auf: Atwater. Riley erinnert sich, wie er ein Flugzeug skizzzierte, bei dem es sich offenbar um den F-117 Stealth-Bomber handelte.
PSI-Gegenspionage: Atwater. Riley meinte später, er habe damals vorgeschlagen, daß die Mitglieder der Einheit alle Mickymaus-Masken tragen sollten, um sich vor den russichen PSI-Spionen zu verbergen.
Briefing für Odom: Atwater.
Perry: zwei Informanten, die früher mit dem Programm zu tun hatten.
die Offiziellen von DIA und CIA: wg. CIA siehe Kapitel 14. Wegen der Informationen über DIA verweise ich auf Dale Graff, dessen erste PSI-Experimente in Kapitel 15 beschrieben werden.
Charlie Rose: Stuckey 1979, ein hoher Ex-Beamter des Pentagon, Targ, sowie ein anderer Informant aus der Verwaltungsebene des Programmes.
das Omni-Interview: Stuckey 1979.

Kapitel 4
die T-72-Pperation: Atwater, Riley. Weiser (1994) gibt an, daß seine Informanten glauben, die ersten T-72 wären erst 1987 vom CIA über Polen beschafft worden. Als ich einen zuverlässigen Informanten aus dem Pentagon fragte, ob etwa schon um 1980 T-72 beschafft worden seinen, verweigerte er jeden Kommentar.
Weisers Artikel: Weiser 1994.
McMoneagles Jugend: McMoneagle, falls nicht anders vermerkt. Atwater und Riley erzählten einiges über seine RDF-Arbeit, über die McMoneagle nicht reden wollte. Atwater bemerkte auch, daß McMoneagle an Erinnerungslücken über seine Zeit in Vietnam zu leiden scheint.
UFO-Sichtung: McMoneagle 1993, S. 108.
Nahtoderlebnis: McMoneagle, S. 28ff.
ein neuer Mensch: McMoneagle 1993. Die Geschichte von dem japanischen Tempel erzählte er in einem Interview.
die Details: Atwater, McMoneagle. Ich habe selbst die Resultate einiger Sitzungen von McMoneagle gehört bzw. gesehen.
der Agent in Europa: Atwater. McMoneagle schildert eine etwas andere, politisch weniger brisante Version, in der es um ein Target-Subjekt geht, daß sich in California auf dem Highway 1 befindet (McMoneagle 1993, S. 209-10).

der FBI-Auftrag: Ein ehemaliger CIA-Beamter, der erwähnte, es habe sich um eine »Strafverfolgungssache« ggehandelt. Was den Schluß zuläßt, daß der Auftrag vom FBI stammt, da diesem die Verfolgung sowjetischer Spione zum großen Teil obliegt. McMoneagle erinnerte sich ebenfalls daran, erwähnte aber keine Details.

dreistellige Codenummern: Atwater, McMoneagle.

zur Werft in Severodvinsk: Atwater, Graff 1995. McMoneagle bestätigte einige Details.

Kapitel 5

Die Anekdoten über die Nebeneffekte stammen größtenteils von Riley. zwischen April und Juli 1994 habe ich selbst intensive Erfahrungen auf diesem Sektor gemacht.

RV-Fehler: West, Riley, Dames.

über Hartsell: Riley.

der iranische Agent: Emerson 1988, S. 20-21.

RV in der Irankrise: Riley, Atwater.

Jackie Keith: Riley, Atwater.

über den Air Force Colonel: Riley, Atwater.

das Personal-Karrussell: Atwater, Riley.

Vorbemerkung zu Teil 2
Hal Puthoff

Kapitel 6

Puthoffs Leben: Puthoff

70 Million aus Regierungsaufträgen: Wilhelm 1976, Jaroff 1973a.

das Magnetometer: Puthoff, Puthoff und Targ (1977). Swann erzählte eine etwas dramatischere Version, in der u.a. ein Student fluchtartig das Labor verließ. 1994 stritt Arthur Hebard, der Erbauer des Magnetometer, ab, daß Swann das Gerät auf irgendeine Weise paranormal beeinflußt hat. Die Änderung sei durch einen Fehler im Kühlsystem zustandegekommen, den Hebard laut eigener Aussage später reproduzieren konnte (siehe Randi 1982).

Elisa: 2. Buch der Könige, 6:8-12.

Orakel: Targ und Harary 1984.

John Dee: Deacon 1968, McRae 1984.

Tschechen, Russen, Deutsche: Ebon 1983, Lyons und Truzzi 1991.

die Nautilus-Story: Eine ausführliche Beschreibung der Affäre ist bei Ebon 1983 zu finden (Kapitel 3). Sie wird auch bei Ostrander und Schroeder (1970) erwähnt.

Chrustschow: der Sowjet-Flüchtling und angebliche KGB-Offizier Nikolai Kokhlov, in Starr und McQuaid 1985.

Nachwirkungen der Nautilus-Story: Der in den 60er Jahren beginnende Boom in der sowjetischen PSI-Forschung wird bei Ostrander und Schroeder (1970), Lamothe (1972) und Ebon (1983) erwähnt.

Vasiliev: Groller 1986.

Kogan: Puthoff, Puthoff und Targ 1976.
Milan Ryzl: Puthoff, Puthoff 1984a, S. 92.
Naumov: Ostrander and Schroeder 1970.
DIA-Report: Lamothe 1972.
CIA-Skepsis: Ein ehemaliger CIA-Beamter.
Kirlian-Fotografie: Ostrander und Schroeder 1970, Ebon 1973.
Kogans Ernsthaftigkeit: Puthoff. Thompson erwähnt in Interviews, daß die sowjetischen PSI-Forschungen in den späten 60er Jahren zunehmend der Geheimhaltung unterlagen.
die Nixon-Story: Gottliebs Aussage fand am 21. September 1977 vor dem von Senator Edward Kennedy geleiteten Subcommittee on Health statt (siehe Ebon l983, S. 116-17). Gottlieb bestritt Nixons Teilnahme, sagte jedoch bei einer anderen Gelegenheit: »Als der Präsident zurückkam, beschrieb er einige ungewöhnliche Gefühlserlebnisse, die er und andere erfahren hatten, und bat deshalb um meine Hilfe.« Ein ehemaliger CIA-Beamter erzählte mir, er habe den Antrag des Weißen Hauses auf Einsichtnahme abgelehnt, da es nicht angehe, daß die CIA das Weiße Haus in medizinische Fragen berät, für die normalerweise eine zivile Authorität wie der Gesundheitsminister zuständig ist.
verstärkte PSI-Forschung: ein ehemaliger CIA-Beamter, Puthoff.
Kontaktaufnahme mit Puthoff: Puhoff, ein ehemaliger CIA-Beamter.
Oktober 72: Puthoff, Swann, Puthoff und Targ (1977). Die Verbindung zur CIA wurde mir von ehemaligen Beamten der CIA und des Pentagon bestätigt. Nach der TV-Sendung (Schnabel und Eagles 1995) gab die CIA in einer offiziellen Pressenotiz ihre Beteiligung zu (6. September 1995).

Kapitel 7
Swanns Jugend: Swann.
die frühen Pannen am SRI: Swann, Puthoff.
ESP-Lehrmaschine: Swann. Eine technische Beschreibung ist in Puthoff und Targ 1977, sowie Gardner 1981, S. 75 zu finden.
Targ: Targ, Puthoff.
andere Experimente: Swann, PuthofE
Koordinaten: Swann, Puthoff.
Puthoff und Targ geben nach: Puthoff, Swann, Puthoff und Targ 1977.
erste Experimente: Unterlagen, die mir Swann zeigte und auf die sich Puthoff und Targ (1977) bezogen. Die Resultate für zehn Targets wurden 1973 von Puthoff und Targ publiziert.
Targ und das Telefon: Swann. Möglicherweise handelt es sich jedoch nur um eine nachträgliche, fiktive Racheaktion.
strenges Protokoll: Puthoff, Swann.
zum 29. Mai: Die Schilderungen aus Sicht des SRI stammen von Puthoff, sowie Puthoff und Targ (1973, 1975, 1977), die das Target jedoch nicht erwähnen. Die Anekdote über Price stammt von Targ (1996), die CIA-Version von einem ehemaligen CIA-Beamten, der mir sagte, »Bill O'Donnell« habe nichts mit der Auswertung der PSI-Forschung zu tun gehabt und wußte ursprünglich nicht, warum »Kennett« ihn nach Koordinatengefragt hatte. Puthoff meint jedoch, daß O'Donnell später mit Kennett das

SRI besucht hätte und tatsächlich involviert gewesen sei. Die Resultate der RV-Sitzungen wurden in einem SRI-Bericht für die CIA veröffentlicht (Puthoff und Targ 1973, 1975), der erst kürzlich freigegeben wurde. Das Target, die Naval Security Group Activity Base in Sugar Grove, West Virginia, wurde niemals offizielle bestätigt. Ich habe es jedoch gut mit den RV-Protkollen korrelieren können (siehe Schnabel und Eagles 1995), worauf ich aus verschiedenen Quellen die Bestätigung erhielt.

An diesem Fall ist einiges seltsam. So war es mir nicht möglich, etwas über das militärische Personal in Erfahrung zu bringen (den Dienstgraden nach kann es sich nicht um Angehöroge der Navy handeln). Zudem beschreiben die Koordinaten einen Punkt, der etwa fünfzehn Kilometer südwestlich von Sugar Grove liegt, am Bullpasture Mountain in Virginia. Swann behauptete mir gegenüber, daß die von den SRI-Berichten erwähnten Codeworte und Koordinaten verfälscht wurden. Puthoff bestreitet dies und meint, er habe nie daran gedacht, die Koordinaten zu überprüfen.

TSD/OST, ORD: zwei Informanten, die früher mit dem Projekt zu tun hatten.

Pat Price: Puthoff, Swann, Targ 1996.

Kapitel 8

Besuch aus Washington: Puthoff, Swann.

Dissoziative Störungen: West 1967, American Psychiatric Association 1987.

Schamanen: Eliade 1964, S. 100.

Moderner UFO-Schamanismus: Schnabel 1994, Persinger 1989.

Swanns Schamanentum: Swann.

Swanns Vergangenheit: Swann 1973, S. 8.

Prices Normalität: Puthoff und Targ 1977, Puthoff in den ersten Interviews.

Price als Schamane: Swann, Wilhelm 1976, ein ehemaliger CIA-Beamter, Puthoff

Kalweit-Zitat: Kalweit 1987, S. 203-04.

Eliade-Zitat: Eliade 1964, S. 257.

dreistelliger Kode: Puthoff.

die Kerguelen-Story: Swann, Puthoff, Puthoff und Targ 1973, 1975. Swann behauptete, daß es deshalb zu Protesten von französischer und sowjetischer Seite kam, was jedoch von Puthoff und Targ sowie einem ehemaligen CIA-Beamten bestritten wird.

Briefing von CIA-Offiziellen: Targ 1996, ein anderer Mitarbeiter des Programmes.

zur Semipalatinsk-Affäre: Puthoff und Targ 1975, ein ehemaliger CIA-Beamter, ein ehemaliger DIA-Beamter, Puthoff. Die Zitate über Price stammen von Targ (1996). Robinson (1977) hat die meisten Beschreibungen von Semipalatinsk geliefert. Ein ehemaliger DIA-Beamter bestätigte offiziell Puthoffs Behauptung, daß die US-Geheimdienste vor Prices Sitzung im Sommer 1974 nichts von den Kugeln wußten.

Prices RV-Versuch im Bett: Puthoff

Swann über PSI: Puthoff, Swann. Die Vergleiche zwischen Swann und

Price: Puthoff, weiterhin ein ehemaliger CIA-Beamter, Puthoff und Targ 1977, Targ 1996, sowie meine eigenen Gedanken über Swann.
Swann und alphanumerische Details: Swann, Puthoff.
zu den Manipulationen: Swann.
Swanns Abwesenheit: Swann, Puthoff.
Swanns Abwendung: Swann.

Kapitel 9
Geller beim SRI: Puthoff, Puthoff und Targ 1977, Wilhelm 1976, Geller.
Gellers Leben: Geller, Geller und Playfair 1986, Gardner 1981, Randi 1982.
Dayan: Geller und Playfair 1986, S. 194-95.
Yariv: Wilhelm 1976, S. 177.
Elisa: 2. Buch der Könige 6:8-12.
Interessen seitens der CIA: Puthoff bekannte, daß ein »Sponsor« an Geller Interesse bekundet hatte. Dies wurde von einem ehemaligen CIA-Beamten bestätigt.
wilde Spekulationen: Puthoff.
Gellers Geheimtreffen: Geller.
Besuch der Israelis: Puthoff.
Puthoffs Paranoia: Puthoff. Geller bestätigte, daß die israelischen Geheimdienstleute ernsthaft an der Meinung der SRI-Leute interessiert waren
nicht erwähnte Besuche: Geller sagt, er wäre mehrmals von Puthoff und Targ gebeten worden, sich nicht als offizieller Besucher des SRI einzutragen (ähnlich verfuhr man mit den Sehern von Fort Meade, die sich als »Scotty Watt« eintrugen).
Geller am SRI: Puthoff, Wilhelm 1976, Puthoff und Targ 1977.
»Geller betrügt«: Swann, Puthoff.
SRI gerät unter Betrugsverdacht: Puthoff.
Mythologie des Schamanismus: Campbell 1984, S. 168.
Najagneq, etwa S. 169.
Mystifikationen: ebenda, S. 171.
Trickster: siehe beispielsweise Ellenberger 1970, Ross 1989, Schnabel 1994.
Jungs Trickster: Jung 1959.
Kritik von Skeptikern: Puthoff.
Advanced Research Projects: Puthoff, Wilhelm 1976, Van de Castle.
keine CIA-Gelder für Geller: Puthoff.
Kennett: ein ehemaliger Mitarbeiter, sowie ein ehemaliger CIA-Beamter.
Mexico, New York etc.: Geller und Playfair 1986, Geller. Ich besuchte Geller im Dezember 1994 in seinem Haus.

Kapitel 10
Präkognitives RV: Puthoff und Targ 1976, S. 347.
Gleiter: Ein ehemaliger CIA-Beamter.
SRI-Aufträge: Puthoff
143 zum Publikationszwang: Puthoff, Swann.
frühe PSI-Forschung: siehe Ellenberger 1970.

zur Ausgliederung von PSI: meine persönliche Ansicht.
Rhine: siehe Broughton 1991.
fehlender Paradigmenwechsel: meine persönliche Ansicht.
Zweifel an den Koordinaten: Puthoff.
4. Oktober: Puthoff und Targ 1975, 1976, 1977, Wilhelm 1976.
Puthoffs Kommentare: Puthoff 1996. Seltsamerweise hat er mir 1994 erzählt, die Koordinaten-Exerimente hätten zuerst stattgefunden. Möglicherweise ist dies ein Irrtum, der auf einer Zeichnung beruht (Puthoff und Targ 1977, S.12), die fälschlich »Freitag 4/12/73« datiert wurde, obwohl sie in Wirklichkeit aus dem Jahr 1974 stammt.
Puthoffs neue Terminologie: Puthoff
einzelne Begriffe: Puthoff und Targ 1974, 1975, 1976.
Puthoff schuf den Begriff »RV«: Puthoff. Swann behauptet dagegen, er sei es gewesen, was Puthoff aber heftig dementiert.
Experimente mit neun Targets: Puthoff and Targ 1975, 1976, 1977, Wilhelm 1976.
Keine Beschränkungen für PSI: Puthoff. Doch haben Puthoff, Targ und May (1979) erklärt, sie hätten PSI keineswegs unter allen Beschränkungen (wie etwa magnetischer Abschirmung) getestet.
das Osis-Experiment: Puthoff.
Sitzung vier: Cox, Puthoff, Puthoff und Targ 1975, 1976, 1977, Targ und Harary 1984, Wilhelm 1976.
Rinconadas Erlebnis: Targ 1996, Puthoff und Targ 1975, 1977.
»jedermann beherrscht RV«: Puthoff, Puthoff und Targ 1977.
vier normale Menschen: Puthoff, Puthoff und Targ 1974, 1975, 1976, 1977, Swann.
sexuelle Anomalität: siehe Campbell 1984.
Bewertung: siehe etwa Marks und Kammann 1980, Hyman 1989, Puthoff, Targ und May 1979.
»Hammid war nicht so gut«: Puthoff.
Hammids Prekognition: Puthoff und Targ 1974, 1975, 1976, 1977.
ein ähnliches Experiment: Duane und Behrendt 1965.
ihre Gehirnwellen: Puthoff, Puthoff und Targ 1974, 1975, 1976.
unsichtbare Tinte: Puthoff und Targ 1975.
Hammid als »Königin der Remote Viewer«: Puthoff.
Unterwasser-Experiment: Puthoff, Swann, Schwartz 1979.
Targ springt ein: Puthoff, Puthoff und Targ 1975, 1976, 1977 (S. 12). Targs Zeichnung war die mit »Friday 4/12/73« falsch datierte, sie stammte aus dem Jahr 1974.
Artikel in Nature: Puthoff und Targ 1974.
Artikel in IEEE: Puthoff und Targ 1976.
Robert Lucky: Puthoff.
zur Realität des Medialen: Stuckey 1975.

Kapitel 11
klinische Überprüfung: Puthoff, ein ehemliger CIA-Beamter, Puthoff und Targ 1975.
Swanns und Prices Widerstand: Puthoff und Targ 1975.

Skepsis gegenüber der modernen Psychologie unbd Psychiatrie ist Teil der Lehre der Church of Scientology, der sowohl Swann als auch Price angehörten.

asynchrones EEG: ein ehemaliger CIA-Beamter.

»Reiselust«: Aussage eines beteiligten Wissenschaftlers, weiterhin Puthoff, Swann, Wilhelm 1976, Puthoff und Targ 1977.

Krise der Schamanen: Campbell 1984, S. 253.

Schizophrenie: Puthoff

Psychotronik-Konferenz: Puthoff, Swann.

Duane Elgin: Puthoff, Stuckey 1975, ebenso Puthoff und Targ 1977.

Elgin-Zitat: Stuckey 1975.

Lawrence Livermore: Neben hochrangigen Beamten und zwei weiteren Quellen haben auch Robertson und Hawke die Geller-Experimente bestätigt. Robertson wollte nichts von den seltsamen paranormalen Vorkommnissen wissen (etwa der Tondbandstimme), während Hawke sich gar nicht zu diesen Vorkommnissen äußern wollte, bevor er dazu im Ruhestand die notwendige Zeit finden würde. Weitaus nüchterner und kürzer äußern sich dazu Puthoff und Targ (1977), S. 164-65. Mein Hauptinformant meinte, daß Puthoffs und Targs Bechreibung (1977) aus Geheimhaltungsgründen weitgehend eine Fiktion sei.

Kapitel 12

zum Fall Hearst: diese Version stammt von Puthoff. Ich habe zudem Zeitungsartikel zu Rate gezogen (1974-75).

Swann in New York: Swann, Wilhelm 1976, S. 202.

Swanns Suche nach Vermißten, etc.: Swann.

Swanns Prophezeiungen: Puthoff und Targ 1977, Swann.

Swanns Rückkehr zum SRI: Swann, Puthoff.

Price geht in den Osten: Puthoff.

Price und die CIA: ein ehemaliger CIA-Beamter. Eine andere Quelle bestätigte, daß Price für Everheart und OTS arbeitete. Director of Central Intelligence Stansfield Turner verwies in Coates (1977) und in einer kurzen Diskusson mit mir (1995) ohne Nennung des Namens auf Price

Kapitel 13

Vorbemerkung: Bridges 1949, S. 264.

Prices Pläne: ein ehemaliger CIA-Beamter.

Price kauft Land: ebenda.

Price geht in den Westen: Puthoff.

Price erfährt, daß er herzkrank ist: Puthoff, Puthoff und Targ 1975, ein ehemaliger CIA-Beamter.

Prices Zustand: siehe das hier abgedruckte Foto im Vergleich zu dem in Puthoff and Targ 1977, S. 47.

Las Vegas: Puthoff.

der geheimnisvolle Mann: zwei Informanten, die an dem Programm beteiligt waren. Eine sehr dramatische Version, die von den beiden allerdings abgetstritten wird, wurde Ende 1994 im Internet verbreitet. Der Autor, ein gewisser Terry Milner, arbeitete angeblich an einem Buch und hatte

Kontakt zu einen Informanten, der behauptete, Price sei einem Attentat des KGB zum Opfer gefallen. Milner lehnte es ab, sich von mir interviewen zu lassen.

Larry Collins: Collins 1988.

sowjetische Forschungen: Ebon 1983, Starr und McQuaid 1985, Lyons and Truzzi 1991.

Naumov im Gefängnis: Ebon 1983, S. 122.

sowjetisches Auswahlprogramm: Charlie Rose in Stuckey 1979, ebenso Alexander, Swann.

zur angeblichen sowjetischen Seherin: Ebon 1983.

zur bulgarischen Seherin: Lyons und Truzzi 1991, S. 201.

kommunistische PSI-Theorien: Ebon 1983.

Kogan und ELF: Puthoff, Puthoff und Targ 1975, 1976.

düstere Anekdoten: Ebon 1983, Starr und McQuaid 1985.

menschliche Versuchskaninchen: zwei Informanten, die an dem RV-Programm beteiligt waren.

Fernbeeinflussung: Ebon 1983, Starr und McQuaid 1985, Ostrander und Schroeder 1970.

unheimliche Geschichten: Swann.

PSI-Maschinen: Ebon 1983, Groller 1986, Alexander 1980, Puthoff.

U.S.-Skeptiker: ein ehemaliger CIA-Beamter.

New York Times: Lewis 1977. Puthoff sagte mir, daß er vermutet, es ging um PSI- oder TV-Geräte zur psychischen Manipulation.

das Gerangel um die Sowjets und IEEE: Puthoff, Targ und Harary 1984.

Konferenz in Prag: Puthoff, Swann.

Kapitel 14

zur Privatmeinung von Wissenschaftlern: Jaroff 1974.

Laura Dickens: Puthoff, sowie Puthoff und Targ 1976 verweisen auf eine Frau (V1), beschreiben sie jedoch später (Puthoff und Targ 1977) als Mann. Laut Puthoff geschah dies, um ihre Identität geheimzuhalten.

SRI im Zweifel: Puthoff, siehe auch Randi 1982.

Jaroff: Jaroff 1973a.

Faschismus: Wilhelm 1976, S. 159, Wilhelm.

die Redakteure von »Nature«: Nature 1974.

berechtigte Kritik: siehe Marks und Kamman 1980, Hyman 1989, Randi 1982, Puthoff, Targ und May 1979.

religiöse Verschwörung: siehe Collins und Pinch 1982, S. 43-44.

Titelgeschichte der Time: Jaroff 1974.

Scientology-Mitgliedschaft: Puthoff, Swann.

Hubbard und Dianetics: siehe Corydon und Hubbard 1987, Wallis 1977.

Puthoffs und Swanns Austritt: Puthoff, Swann.

Scientology-Paranoia: Swann, Wilhelm 1976.

das Geschäft mit der Bergbaufirma: ein ehemaliger CIA-Beamter.

Kennett und RV: ein ehemaliger CIA-Beamter.

MKULTRA: Ranelagh 1986. In Bezug auf RV stammen die Informationen von zwei ehemaligen CIA-Beamten und Puthoff.

Gottlieb, Colby, McMahon: ein ehemaliger CIA-Beamter, Puthoff.

OTS mischt immer noch mit: jemand, der früher mit dem Programm zu tun hatte.
Dave Brandwyne: ein ehemaliger CIA-Beamter und jemand, der mit dem Programm vertraut war.
Budgetprobleme: Puthoff.
SRI im Vorwort zu Puthoffs and Targs Veröffentlichung von 1977.
das Logo: Puthoff und Targ 1977, S. 91-93.
Office of Naval Research: Koslov, Puthoff, Wilhelm 1977.
Dale Graff und das U-Boot: ein ehemaliger DIA-Beamter, Puthoff, Targ und May 1979, Schwartz 1979, Swann.
zum John Wilhelm-Artikel: Wilhelm 1977.
Stansfield Turner: Coates 1977.

Vorbemerkung zu Teil 3
Stubblebine 1992.

Kapitel 15
Vorbemerkung: Reuters North American Wire, 20. September 1995.
mit Metall abgeschirmter Raum: Puthoff.
Aufträge von Thompson: zwei ehemalige Mitarbeiter und Graff (1995).
Carters Erinnerungen: Reuters North American Wire, 20. September 1995.
zu den Informanten: ein ehemaliger Mitarbeiter des RV-Programmes.
zu den Führungsschwierigkeiten: Puthoff.
Atwater und Watt: Atwater.
Sleeping Beauty: Collins 1990.
Atwater und McMoneagle: ein ehemaliger Mitarbeiter des Programmes.
221 die Price-Story: jemand, der dem Programm nahestand.
Swanns Revier: Swann, Puthoff.
Budget: zwei Informanten, die dem Programm nahestanden.
daß nur Puthoff Bescheid wußte: Puthoff.
Aufträge: ein ehemaliger Mitarbeiter des Programmes.
Klasse A, B, C, Targets: Swann, Puthoff.
biologische Kriegsführung: Swann, sowie ein ehemaliger Mitarbeiter des Programmes.
menschliche Versuchskaninchen: ein ehemaliger Mitarbeiter des Programmes erinnerte sich an die Sitzung, bei der es um das im Wald liegende Target ging, wußte jedoch nicht, ob dies jemals durch den Aufraggeber bestätigt wurde. Ein ehemaliger Mitarbeiter der CIA erkannte das Target anhand Swanns Beschreibung nicht wieder und stritt jede Verbidnung zwischen dem RV-Projekt und der CIA ab.
Obolensk: Barry 1993.
Targets und biologische Kriegsführung: jemand, der früher an dem Projekt mitgearbeitet hat.
223 eine Liste solcher Targets: Barry 1993.
223 Typhoon-Unterseeboote: jemand, der früher an dem Projekt mitgearbeitet hat.

Swann irrt: mir wurde von einem Insider mitgeteilt, daß Swann doch an dieser Mission beteiligt war. Swann hat mir und mehreren anderen die Geschichte von der vorzeitigen Zündung erzählt.

Langford, Swann und Unterseeboote als Targets: jemand, der früher an dem Projekt mitgearbeitet hat.

das verlorengegangene U-Boot: eine andere Person, die früher an dem Projekt mitgearbeitet hat.

die MX-Affäre: zwei Informanten, die früher an dem Projekt mitgearbeitet haben, außerdem Graff 1995. Das Material über die Geschichte des MX-Programmes stammt aus diversen Nachrichtenartikeln aus dieser Zeit, außerdem vom Warren AFB BR-Büro. Berichte aus dem Jahr 1983 legen nahe, daß dieser Plan auf den Widerstand des Kongresses und verschiedener Landeigentümer in Utah und Nevada stieß.

Kapitel 16

Vorbemerkung: Boyd 1990, S. 71.

Raketenantrieb: Puthoff, Swann.

Nukleartest: Puthoff.

andere Experimente: Puthoff, Puthoff, Targ und May 1979.

AAAS-Artikel: Puthoff, Targ und May 1979.

Magnetfelder: Puthoff, Persinger, Swann. Siehe auch Schaut und Persinger 1985.

geomagnetische Feldmessungen: Puthoff.

Korrelation zu gering: Puthoff.

chinesisches Experiment: Puthoff. Er und seine Kollegen waren jedoch weniger skeptisch, als sie dieses Experiment anderorts (Hubbard, May und Puthoff 1986) diskutierten.

Swanns Arbeit: Puthoff, Swann. Bestimmte Aspekte der Arbeit werden in Puthoff und Targ (1975) besprochen, weiterhin 1976, 1977, sowie Puthoff, Targ und May 1979.

zwei Drittel trifft zu: Puthoff, Targ und May 1979.

zwei Drittel ist zu optimistisch: Mumford, Rose und Goslin 1995. Sogar McMoneagle (1996) merkt an, daß die Chance bei 50 % liege, obwohl seine Ansichten sich sonst mit denen von Puthoff decken.

Kalibrierung nutzlos: Atwater, Riley.

Adrienne: Puthoff, Puthoff und Targ 1977.

Everheart: ein ehemaliger CIA-Beamter.

»Häufig schafft sie es«: Sinclair 1930, S. 125.

Schädigungen der linken Hirnhälfte: Puthoff und Targ 1977, S. 122-23.

»Man darf annehmen, daß ...«: Puthoff und Targ 1977, S. 41.

»Genug Daten . . . wurden gesammelt«: Puthoff und Targ 1975.

Roney-Dougal: Puthoff.

Dixon: Dixon 1971.

Arnheim: vergleiche mit Arnheim 1974, besonders S. 43, 63, und 171.

Arnheim-Zitat: Arnheim 1974, S. 43.

Stufe Zwei, etc.: Swann, Puthoff.

RV-Sitzung: Dies ist nur zur Schilderung gedacht und nicht echten Sitzungsprotokollen entnommen.

McMoneagle und RV von Namen: meine Ansicht, außerdem McMoneagle 1996.

Sinclair-Zitat: Sinclair 1930, S. 134.

Warcollier: Warcollier 1948.

Swanns Training: Swann, Puthoff.

Mount St. Helens: Swann.

zum Mond: Harary.

Kapitel 17

primäre Targets: zwei Informanten aus dem RV-Programm, außerdem Graff (1995). Harary wollte sich in dem von mir durchgeführten Interview (Juli 1994) nicht dazu äußern, tat dies aber später bei »Larry King Live« am 29. November 1995. Lyons und Truzzi (1991) berichten, daß man beim NSC bezweifelte, daß Hararys Daten eine praktischen Nutzen hatten.

Harary über Harary: Puthoff

Harary gegen Swann: Harary, Puthoff. Swann machte nie einen Hehl daraus, daß er Harary nicht mochte und ihn deshalb aus dem Programm gedrängt hatte.

kontrollierte Untersuchungen: einige halbherzige Ansätze werden bei Puthoff erwähnt (1984a, S. 89-90).

Experimente ohne Koordinaten: Puthoff, Harary, Puthoff und Targ 1975, 1977, 1979.

»Target!«: Puthoff, Harary.

Streitigkeiten innerhalb des SRI: Harary, Swann.

Einrichtung eines eigenen Projektes: Harary, Swann, Puthoff.

Langford betrieb weiterhin RV: Eine ehemaliger Mitarbeiter.

Targs Abstieg: Harary, Swann und ein anderer ehemaliger Mitarbeiter. Ich habe eine Kopie des Memos erhalten, allerdings nicht durch Puthoff.

Targs Auffassung: Siehe beispielsweise Targs Bemerkungen in Anderson 1984.

zur Sowjet-Tour: Harary, Targ und Harary 1984, Anderson 1984.

SRI und DIA: zwei ehemalige Mitarbeiter.

Targs Arbeit in Moskau: Anderson 1984.

Delphi Associates: Harary, Harary 1992.

Gerichtsstreit: Harary 1992, Targ 1992.

Kapitel 18

zu Buchanan: Buchanan. Stubblebine sprach darüber auf einer New Age-Konferenz (»TREAT IV«) im März 1992. McMoneagle kann dies in Teilen ebenfalls bestätigen.

Lee Marvins Bruder: Emerson 1988, S. 103.

Jim Wright: Levine, Fenveyesi und Emerson 1988.

Charlie Rose: McRae 1984, S. 47-49.

John Tower: jemand, der dem Programm nahestand.

Claiborne Pell: zahlreiche Quellen, einschließlich Jones, McRae 1984, Levine, Fenveyesi, Emerson 1988.

272 Science and Technology Committee: Targ und Harary 1984, S. 4.

Noreen Renier: Levine, Fenveyesi, Emerson 1988, McRae 1984.

Reagan und Astrologie: Truzzi.
über Reagan und das Paranormale: Jones.
Scott Jones Geschichte: Jones.
Tannous: ein ehemaliger CIA-Beamter.
Mrs. MacArthur: ein ehemaliger hoher CIA-Beamter.
zu West Point: diese Information stammt aus einem Informationsblatt über den General, das vom U.S. Army's Center for Military History erstellt wurde.
multilaterales Denken: Geraldine Stubblebine.
New Age-Denken: Alexander, INSCOM 1983, Druckman und Swets 1988, Squires 1988.
über PSI als Waffe: Alexander 1980.
Richard Groller: Groller 1986.
Tom Bearden: McRae 1984, Kap. 6.
Fire Support Mission: ebenda, S. 129.
Task Force Delta: ebenda, Kap. 6, Squires 1988.
»Stammesältester«: McRae 1984, S. 125.
»zum lateralen Denken verleiten«: Alexander.
Löffelbiege-Party: ein ehemaliger Mitarbeiter des Pentagon.
Zufluchtsstätte für Offiziere: Alexander.
DET-G, etc.: siehe INSCOM 1981a, b.
Center Lane: Dames, Atwater, Puthoff 1996, andere Quellen.
Watt, Jachim, Busby: Atwater, McMoneagle, Dames.
zur »Talentsuche«: Atwater.
Nance, Cowart: Swann, Atwater, McMoneagle, drei andere Quellen.
über die »Oldtimer«: McMoneagle, Atwater.
Zweifel an Swanns Technik: McMoneagle und andere Quellen.
Bells Weggang: ebenda.
McMoneagle bleibt skeptisch: McMoneagle.
McMoneagle als letzter Seher: McMoneagle, Atwater hält dies für plausibel, obwohl aus strategischen Gründen der Anschein erweckt wurde, daß es noch mehr Aktive gab.
Carlos: drei Informanten (DIA, CIA, saowie eine andere Organisation).
blutige Kleidung: Alexander, Dames.
Terrorismus-Hysterie: Woodward 1987, S. 182-83, auch Emerson 1988.
Seher in Nöten: drei Informanten (DIA, CIA, sowie eine andere Organisation).
der Fall Dozier: Emerson 1988 erwähnt dies kurz auf S. 63-70, ohne Namen anzugeben. Er ist die primäre Quelle für den Bericht über die SIGINT-Operation. Außerdem hatte ich fünf Informanten aus dem Programm: Atwater, McMoneagle, sowie weitere Quellen vom DIA, CIA und einem anderen Segment des Projektes. Die Ted Wheatley-Geschichte stammt von Atwater, die Informationen über McMoneagles detaillierte Daten von ihm selbst.
Fadlallah: Emerson 1988, S. 195-99. Der CIA leugnet jede Beteiligung.
Landbroker: INSCOM 1984c, Emerson 1988, S. 111-12. Emerson verweist nebenbei auf den Einsatz der Medien. McMoneagle, Atwater und eine andere Quelle sagen, daß McMoneagle der mit diesem Fall betraute Seher

war. Er selbst sagte mir, daß manche der von ihm beschafften Informationen wohl »niemals freigegeben werden«.

die eintausendste RV.Sitzung: Atwater.

Einsamkeit: McMoneagle, Atwater.

Cowart, Trent: Atwater, McMoneagle, Riley, Swann.

neue Rekruten: Atwater, McMoneagle, Dames, Swann, Buchanan, sowie eine andere Quelle.

Kapitel 19

Ed Dames: Dames, meine persönliche Ansicht.

außerkörperliche Erfahrung: Christine Dames.

Dames Interesse am RV-Training: Dames, Swann, sowie eine andere Quelle.

Dames' Ausbildung: Dames. Weitere Informationen stammen von anderen Schülern Swanns, von Swann selbst, Atwater und einer anderen Quelle.

Atwaters Mutter: Atwater.

über Bob Monroe: Monroe 1971, Atwater, Veröffentlichungen des Monroe Institutes, Druckman und Swets 1988.

Atwaters erster Besuch: Atwater.

zu den Hemi-Sync-Bändern: ein ehemaliger Army-Mitabrieter, INSCOM 1984a, b.

Buchanans AKE: Buchanan. Dames und andere erinnern sich, daß er davon sprach.

Gehirnwäsche: Dames, Atwater, Buchanan, sowie ein anderer Kursteilnehmer.

die Veränderungen: Dames.

zu Hemi-Sync: teilweise aus den Veröffentlichungen des Monroe Institutes, größtenteils aber aus meinen eigenen Erfahrungen mit dieser Technik. Ich habe 1995 an einem Kurs teilgenommen und dabei dieselben Bänder gehört wie Dames, Smith und andere.

Ringe unter den Augen: das ist auf einer Videoaufzeichnung aus dem Jahr 1984 sichtbar, die ich 1995 sah. Die Informationen über Monroes Schlafgewohnheiten erhielt ich von einer seiner Schwiegertöchter.

McMoneagle Forschungen: McMoneagle 1993, Dames, sowie zwei weitere Insider.

Jesus, Miranon: ich habe die Transkripte gelesen und die Aufzeichnungen angehört, als ich 1995 das Monroe Institute besuchte.

Inga Arnyet: Atwater. Dames erzählt eine dramatischere Version, in der es gleich um mehrere »KGB-Extrasensors« geht.

Swanns Programm: Swann, Dames, sowie zwei andere Insider.

NSA zieht sich zurück: Swann erwähnte mir gegenüber, daß dies geschah, weil Norfeld im Training so schlecht abschnitt. Andere Insiderquellen meinen, daß es aus politischen Erwägungen geschah. McMoneagle sagte dagegen, daß die Beweggründe in der fehlerhaften Autorisierung des Norfeld-Henderson-Projektes zu sehen seien.

geheime Aktivitäten: Dames und Swann behaupteten später, daß diese Trainees aus einer Special Operations Delta Force stammten, was jedoch von einer besser informierten Quelle bestritten wird. McMoneagle meinte, dazu, es sei nur eine fixe Idee.

die letzten vier Trainees: Swann, Dames, sowie jemand, der mit dem Programm vertraut war.
zur Bilokation: ein Insider.
Dames als »Protegée«: Dames.
Swanns Schützling: Swann, zwei andere Insider.
Nance: Dames, Riley, Atwater, eine weitere Quelle.
Nances Sitzungen: Ich konnte mich bei meinem ersten Besuch bei Swann Ende 1993 selbst von Nances Leistungen überzeugen.
Nance in Tulum: Swann.

Kapitel 20
Mel Riley in Deutschland: Riley, Atwater.
Rolya und Thompson: Thompson.
Odom: Alexander, Atwater, Dames.
Odom als Chef: Alexander.
zu Stubblebine: Atwater, MeMoneagle, Dames.
Alex Tannous: Atwater, ein anderer Insider.
Stubblebines Rekruten: Atwater, McMoneagle, Buchanan, Dames, ein anderer Insider.
Stubblebine und die Befehle: Buchanan.
Stubblebine am Monroe Institute: Dames, Buchanan, andere Mitarbeiter des Programmes.
Besorgnis über Führung: Geraldine Stubblebine, sowie ein ehemaliger hoher Beamter des Pentagon.
»Yellow Fruit«-Skandal: Atwater, sowie andere Insider. Einige halten dies für den Hauptgrund für Stubblebines Abstieg. Alexander, der Stubblebine am nächsten stand, erwähnt in diesem Zusammenhang jedoch den Monroe-Zwischenfall.
Richard Kennett: ein ehemaliger CIA-Beamter.
der Fall Pemberton: Atwater, Dames, ein anderer Insider.
Olson: Ranelagh 1986, S. 209.
Odom und der Fall Pemberton: Alexander.
das Ende der Einheit: Atwater, Dames, ein anderer Insider. Soyster sprach sich später darüber ausführlich aus (in Smith 1995).
CIA Briefing 1984: drei Insider.
McMahons Rückzug: ein ehemaliger CIA-Beamter.
zu dem »Atom-Attentat«: ein Insider.
das Programm überlebt: Dames, Riley, Atwater, zwei weitere Insider.
SRI schneidet besser ab: ein Insider. Ed May (1996) erwähnt den Fünfjahres-Vertrag.
Puthoffs Versuche: Puthoff.
auf der Suche nach einem Budget: ebenda, Puthoff 1984b.
Puthoffs neue Pläne: Puthoff.
McMoneagle geht in den Ruhestand: McMoneagle, McMoneagle 1993.
Herzattacke: McMoneagle 1993, S. 143-44.

Kapitel 21
Bilokation: Riley.

RDF: Riley.
Atwater arrangiert Versetzung: Atwater, Riley.
neue Gesichter: Dames, Atwater, Riley, ein weiterer Insider.
zu Kincaid: Atwater und eine andere Quelle. Dames erzählt eine dramatischere Version des Hubschrauber-Zwischenfalls.
ERV, CRV und Zufallszahlen: Atwater, Dames, Riley und ein anderer Insider.
Ghaddafi und Noriega: Dames, Buchanan, Riley, sowie eine weitere Quelle.
Kristy McNichol: Buchanan.
Hightech-Waffen: Graff 1995, Dames, zwei weitere Insider.
das Libanon-Geiseldrama: Dames, Riley, ein weiterer Insider.
Silkworm: Dames, Riley.
Drogenkrieg: drei ehemalige Mitarbeiter, Graff 1995, Dames, Atwater, Riley.
Suche nach Kriegsgefangenen: Atwater. Dames behauptete später seltsamerweise, daß es immer noch Kriegsgefangene in Vietnam gibt.
Atwater geht in den Ruhestand: Atwater.
RV zu unsicher: Soyster bei Smith (1995). Soysters feindselige Haltung wurde mir von so gut wie jeder Quelle bestätigt.
Rundreise: Riley, drei andere Mitarbeiter.
zu den Senatoren: etliche Insider einschließlich McMoneagle.
offiziell kein Support: Riley, Dames, Buchanan, andere Insider.
Suchprobleme: McMoneagle. Siehe auch Graff 1995 und diverse Berichte einzelner Remote-Viewer.
der Abstieg: McMoneagle und eine andere Quelle. Graff, May und die anderen Seher machten in erster Linie verwaltungstechnische und politische Probleme dafür verantwortlich.
Severodvinsk: McMoneagle. Graff bezweifelt dies, da es sicher einfach genug gewesen wäre, neu Daten zu erfinden.
Gauvin: Riley, Atwater, Dames, zwei weitere Insider.
Gauvins Pluralismus: Gauvin.
Angela Dellafiora: Dames, Riley, Buchanan, Atwater, McMoneagle, eine weitere Insiderquelle.
U.S. Customs Service: Atwater, drei weitere Insider, Graff 1995.
Libysche Schiffe: zwei Insider, Graff 1995.
Rom: Graff 1995, eine weitere Insiderquelle.
Angela: ein ehemaliger DIA-Beamter.
die Reaktionen der männlichen Seher: Dames, Riley, Buchanan, ein weiterer Insider.
der Fall Higgins: Graff 1995, Buchanan, Riley, eine weitere Quelle.
Angela erhält Sonderbehandlung: Buchanan, Dames, Riley, eine andere Quelle.
ihr Einfluß: ebenda.
Gauvins Privatsitzungen: Riley.
Voronas Besuche: Dames, Riley, Buchanan, eine weitere Quelle. Graff bestätigt, das Dellafiora oft allein konsultiert wurde, häufig direkt von hochgestellten Beamten.
Voronas Verteidigung: Vorona 1995, Graff, ein Insider, der offenbar darüber mit Vorona gesprochen hat.

Mißtrauen: Riley, Buchanan, Dames, zwei weitee Quellen.
Dahlgren: Riley, Dames, Buchanan, zwei weitere Quellen.
Dahlgren und D'Amato: Buchanan, Riley, zwei ehemalige DIA-Beamten, McMoneagle (Mai 1996), ein SRI-Insider.
Pandolfis Skepsis: Pandolfi.
Pandolfi bleibt außen vor: Graff.
Pandolfi im Kapitol: Pandolfi.
D'Amato und die Senatoren: Smith 1995.

Kapitel 22

Langeweile: Buchanan, Riley, eine weitere Quelle.
Morehouse: Buchanan, ein anderer Seher.
Dames' Targets: Dames, Riley, Buchanan, Christine Dames, eine weitere Quelle.
über Kincaid: Riley, Dames.
Ray: Riley, Dames, Buchanan, Atwater.
Dellafioras Aussage: Dames.
Dames Interessen: Dames.
zur Verwaltung: dies ist in der UFO-Szene hinlänglich bekannt, und Menschen wie Puthoff und Graff wird häufig unterstellt, sie verfügten über »Insiderwissen«. Stubblebines Interesse ist offenkundig (siehe u.a. Stubblebine 1992). D'Amatos Aussagen wurden von zwei Verwaltungsbeamten bestätigt.
Paul Tyler: Tyler arbeitete für das Mutual UFO Network Symposium in Albuquerque, New Mexico, als Zeremonienmeister. Dies Zitat stammt von Tyler (1993).
zum Superdome: Puthoff, Targ und Harary 1984, S. 41.
McMoneagles metallisches Flugobjekt: McMoneagle 1993, S. 211.
UFO und U-Boote: eine Insiderquelle, Swann.
RV und UFOs: Puthoff, McMoneagle 1993, Swann, Dames.
Swanns Befürchungen: Puthoff, Swann.
Nance: Dames, Swann, eine andere Quelle.
Bob Monroe: McMoneagle 1993, S. 174.
Flugobjekt aus der Zukunft: McMoneagle.
Swanns X-Akte: zwei Quellen, die beide die Geschichte kannten. Eine davon hat Swanns Aufzeichnungen gelesen.
McMoneagle im Pentagon: Dames, Atwater. McMoneagle selbst äußerte sich diesbezüglich nur vage.
Rileys UFO: Riley, Dames, ein weiterer Insider.
Dames und UFOs: Dames, Riley, Buchanan, Graff, eine weitere Quelle.
zur »offenen Suche«: Dames, Riley, eine weitere Quelle, Graff 1995.
Dames produziert AoI: Buchanan, Riley, zwei weitere Quellen.
Der Weihnachtsmann-Gag: Riley, Buchanan, eine weitere Quelle.
Vorona, Graff, Puthoff: ein Insider.
George Lawrence: May 1996.
Hyman bleibt außen vor: zwei Insider.
Hymans Bericht: Druckman and Swets 1988. Siehe auch Hyman 1989.
Vorlegen von Archivmaterial: ein Insider.

zum Status: eine Quelle aus der CIA.

Carlucci, IG team: Dames, Riley, Smith 1995. Carluccis Ankündigung der Budgetkürzung wurde in The Washington Post an 5. Dezember 1987 veröffentlicht.

Aktenvernichtung: Dames, Riley, Buchanan, eine weitere Quelle.

Dames Abschied: Riley, Dames.

Voronas Versetzung in den Ruhestand: Riley, Buchanan, eine weitere Quelle.

SRIS/Pentagon-Vertrag: wurde bei May (1996) erwähnt.

DCSI und RV: ein Insider.

Rileys Abschied: Riley.

Epilog

372 zum »Kuckucksnest«: Riley.
376 Dames Leben: Dames, Riley.
376 UFO-Basen: ein ehemaliger Remote Viewer. Dames hat mir von den Basen in New Mexico erzählt.
377 Dames auf der UFO-Konferenz: Duce-Ashe 1993.
377 Dames' Klienten: ich habe mit allen Dreien gesprochen.
380 zu den SCUDS: McMoneagle, ein Informant aus den Reihen der DIA.
381 A1 Garfield: zwei Insider.
381 Mel Riley: Riley.
383 Dames Buch: Dames, Swann, Sandra Martin.
383 Morehouse und Dale Van Atta: ein ehemaliger Remote Viewer.
383 Morehouse: die NBC-Geschichte - Sandra Martin. Morehouses Aufenthalt bei Walter Reed - Martin, Dames, sowie eine weitere Quelle (ich habe Morehouse im Mai 1994 einen Kurzbesuch abgestattet). Die Pentagon-Affäre - Martin (Dames erzählte, was er von Morehouse erfahren hatte). Morehouses Probleme -(a) Martin, (b) Dames, (c) Morehouses Anwalt Barry Steinberg, (d) eine siebenhundert Seiten umfassende Akte über den Fall, sowie Material des Militärgerichtes aus Fort Bragg, (e) stark gekürzte INSCOM-Dokumente (beide Dokumentensätze sind im Rahmen des Freedom of Information Acts erhärltlich).
383 weitere Informationen zu Morehouse: seine Kommentare auf dem Internet im Dezember 1995.
385 daß Dames Marrs Buch verhindert hat: Dames, Riley, zwei Quellen aus New Yorker Verlagskreisen.
385 Morehouses Buch: Morehouse, Verlagsinsider, Fleming 1995.
385 Morehouses Behauptungen: Fleming 1995.
386 Oliver Stone: eine Quelle aus Verlagskreisen.
386 zu den Zeichentrickfilmen: Buchanan, dem Morehouse dies erzählte.
386 das Ende des Programmes: Graff, Puthoff, Pandolfi, McMoneagle, Mumford, Rose, Goslin 1995, May 1996.
387 Abtauchen der Befürworter: Smith 1995, Graff.

Literaturhinweise

Alexander, John
1980. *The new mental battlefield,* Military Review (Dezember).
American Psychiatric Association
1987. *Diagnostic and Statistical Manual of Mental Disorders* (3. Auflage).
Anderson, Ian
1984. *Strange case of the psychic »spy.«* New Scientist (22. November).
Anderson, Jack
1981a. *Pentagon invades Buck Rogers' turf.* Washington Post (9. Januar).
1981b. *Yes, psychic warfare is part of the game.* Washington Post (5. Februar).
1984a. *Psychic studies might help U.S. explore Soviets.* Washington Post (23. April).
1984b. *»Voodoo gap« looms as latest weapons crisis.* Washington Post (24. April).
1984c. *Pentagon, CIA cooperating on psychic spying.* Washington Post (3. Mai).
1985. *U.S. still in psychic research.* Washington Post (24. Oktober).
1989. *CIA secrets and Customs agent's firing.* Washington Post (15. Februar).
1995. *Psyched up for spies' crystal ball.* Washington Post (2. November).
Arnheim, Rudolf
1974. *Art and visual perception.* Berkeley: University of California Press. (Erstauflage 1954)
Barry, John
1993. *Planning a plague? A secret Soviet network spentdecades trying to develop biological weapons.* Newsweek (1. Februar).
Blum, Howard
1990. *Out there: the government's secret search for extraterrestrials.* New York: Simon and Schuster.
Boyd, Brian
1990. *Vladimir Nabokov: the Russian years.* London: Vintage.
Bridges, E. Lucas
1949. *Uttermost part of the earth: Indians of Tierra del Fuego.* New York: Dutton. (Auflage 1988, erschienen bei Dover Books in New York.)
Broad, William
1984. *Pentagon is said to focus on ESP for wartime use.* New York Times (10. Januar).
Broughton, Richard
1991. *Parapsychology: the controversial science.* London: Rider.
Burroughs, Colonel Lorenzo, USAF
1974. *Empfehlungsschreiben für SPC-5 Melvin C. Riley.*
Campbell, Joseph
1984. *The historical atlas of world mythology, vol 1, Title way of the artimal powers.* New York: Times Books.

Coates, James
1977. *Psychic spy died: no word since.* Chicago Tribune (10. August).
Collins, Harry & Pinch, Trevor
1982. *Frames of meaning: the social construction of extraordinary science.* London: Routledge.
Collins, Larry
1988. *Maze.*
1990. *Mind control.* Playboy (Januar).
Corydon, Bent & Hubbard Jr., L. Ron
1987. *L. Ron Hubbard: messiah or madman?* Secaucus: Lyle Stuart.
Dames, Ed
1992. *Vortrag über Remote Viewing,* TREAT-IV Workshop, Atlanta, Georgia (9. März).
Deacon, Richard
1968. *John Dee: scientist, geographer, astrologer, and secret agent to Elizabeth I.* London: Muller.
Dixon, Norman
1971. *Subliminal perception.* New York: McGraw-Hill.
1979. *Subliminal perception and parapsychology: points of contact.* Proceedings of the XXVII Annual International Conference of the Parapsychology Foundation, Inc. New York, N.Y.
Doder, Dusko
1983. *Soviets stop building U.S. embassy over use of bugging detector.* Washington Post (27. Mai).
Druckman, Daniel & Swets, John A.
1988. *Enhancing human performance: issues, theories, and techniques.* Washington: National Academy Press.
Duane, T. D. & Behrendt, T.
1965. *Extrasensory electroencephalographic induction in identical twins.* Science vol. 150, S. 367.
Duce-Ashe, Carolyn
1993. *TREAT speaker turns heads.* UFO, vol. 8, no. 3.
Ebon, Martin
1975. *Ingo Swann, parapsychology's most popular »guinea pig.«* Probe (Nov.).
1983. *Psychic warfare: threat or illusion?* New York: Mc Graw-Hill.
Eliade, Mircea
1989. *Shamanism: archaic techniques of ecstasy.* London: Arkana. (Erstauflage 1964)
Ellenberger, Henri
1970. *The discovery of the unconscious: the history and evolution of dynamic psychiatry.* New York: Basic Books.
Emerson, Steven
1988. *Secret warriors: inside the covert military operations of the Reagan era.* New York: Putnam.
Fleming, Michael
1995. *G.I. psychic sells tale.* Daily Variety (16. November).

Gardner, Martin
1981. *Science: good, bad, and bogus.* Buffalo: Prometheus Books.
Geller, Uri & Playfair, Guy Lyon
1986. *The Geller effect.* New York: Henry Holt.
Graff, Dale
1977. *A journal of psychic experiments.* Unveröffentlichtes Manuskript.
1995. *Operational project summary.* Ein inoffizieller Bericht über 19 erfolgreiche RV-Experimente, die in den Jahren 1974-93 stattfanden.
Groller, Richard
1986. *Soviet psychotronics: a state of mind.* Military Intelligence (Oktober-Dezember).
Harary, Keith
1992. *The goose that laid the silver eggs: a criticism of psi and silver futures forecasting.* Journal of the American Society for Psychical Research, vol. 85 (Oktober).
Hockstader, Lee
1996. *»Top Hat« to cap off Moscow embassy saga.* Washington Post (22. Februar).
Hubbard, G. Scott; May, Edwin C. & Puthoff, Harold E.
1986. *Possible production of photons during a remote-viewing experiment.* In Research in Parapsychology 1985, Scarecrow Press.
Hyman, Ray
1989. *The elusive quarry: a scientific appraisal of psychical research.* Buffalo: Prometheus Books.
Jung, C. G.
1959. *Four archetypes.* London: Ark.
Kalweit, Holger
1992. *Shamans, healers, and medicine men.* Boston: Shambhala.
INSCOM
1981a. Telex von Major General Ed Thompson an Major General William Rolya.
1981b. *»Formalization of project GRILL FLAME.«* Memorandum und Anweisungen für die Einheit von Fort Meade.
1983. *»High Performance Task Force Report.«* (März)
1984a. *»Guidance regarding use of Hemi-Sync tapes«*
(29. Juni).
1984b. *»Guidance regarding use of Hemi-Sync tapes.«*
Neue Kurzanleitung über den Gebrauch von Hemi-Sync (6. Juli).
1984c. Memorandum über Project Landbroker. Nach einer Anfrage des Autors im Rahmen des Freedom of Information Acts 1995 in stark gekürzter Form freigegeben.
Jaroff, Leon
1973a. *The magician and the think-tank.* Time (12. März).
1973b. *Reaching beyond the rational.* Time (23. April).
1974. *Boom times on the psychic frontier.* Time (4. März).
Lamothe, John D.
1972. *Controlled offensive behavior-USSR.* (DIA-Bericht über die PSI-Forschung der Sowjets)

Levine, Art; Fenyvesi, Charles & Emerson, Steven
1988. *The twilight zone in Washington.* U.S. News & World Report (5. Dez.).
Lewis, Flora
1977. *Emigre tells of research in Soviet in parapsychology for military use.* New York Times (19. Juni).
Lyons, Arthur & Truzzi, Marcello
1991. *The blue sense: psychic detectives and crime.* New York: Mysterious Press.
Marks, David, & Kammann, Richard
1980. *The psychology of the psychic.* Buffalo: Prometheus Books.
May, Edwin
1996. *The AIR review of the Department of Defense's Star Gate program: a commentary.* Journal of Scientific Exploration, vol. 10 (Frühjahr).
McMoneagle, Joe
1993. *Mind trek.* Norfolk: Hampton Roads Press.
1996. *Hemi-Sync's impact on remote-viewing.* TMI Focus (Monroe Institute newsletter), Frühjahrsausgabe.
McRae, Ronald
1984. *Mind wars: the true story of government research into the military potential of psychic weapons.* New York: St. Martin's.
Monroe, Robert
1971. *Journeys out of the body.* New York: Doubleday.
Mumford, Michael; Rose, Andrew & Goslin, David
1995. *An evaluation of remote-viewing: research and applications.* American Institutes for Research (29. September).
Nature
1974. *Investigating the paranormal.* Nature vol. 251, no. 18 (Okt.), S. 559-60.
Newsweek
1974. *Parapsychology: the science of the uncanny.* Newsweek (4. März).
Osis, Karlis
1972. *New ASPR research on out-of body experiences.* ASPR Newsletter, No. 14 (Sommer).
Ostrander, Sheila & Schroeder, Lynn
1970. *Psychic discoveries behind the Iron Curtain.* Englewood Cliffs, N.J.: Prentice Hall.
Persinger, Michael
1989. *Predicting the details of visitor experiences and the personality of experiences: the temporal lobe factor.* Perceptual and Motor Skills, vol. 68, S. 55-65.
Puthoff, Hal
1982. *SRI internal memorandum April 19.*
1984a. *Remote viewing studies at SRI International.* Proceedings: Symposium on Applications of Anomalous Phenomena, ed. C.B. ‚Scott Jones (Leesburg, Va., 30. November bis 1. Dezember 1983), verlegt von Kaman Tempo bei der Kaman Sciences Corp., Alexandria, Va.
1984b. *ARV applications.* Research in parapsychology 1984, redigiert von Rhea White und Jerry Solfvin. Metuchen, NJ.: The Scarecrow Press.
1996. *CIA-initiated remote-viewing program at Stanford*

Research Institute. Journal of Scientific Exploration, vol. 10 (Frühjahr).
Puthoff, Hal & Targ, Russell
1973. *Project Scanate: exploratory research in remote viewing.* SRI-Bericht für die CIA (August).
1974. *Information transmission under conditions of sensory shielding.* Nature, vol. 251, No. 18 (Oktober), S. 602-07.
1975. *Perceptual augmentation techniques.* (eine Reihe von Berichten für das Office of Research and Development der CIA, die Teil eines von 1974 bis 1975 laufenden Forschungsauftrages waren.) Abschlußbericht, Dezember. Durch die CIA im Juli 1995 freigegeben.
1976. *A perceptual channel for information transfer over kilometer distances: historical perspective and recent research.* Proceedings of the IEEE, vol. 64 (März).
1977. *Mind reach.* New York: Delacorte.
Puthoff, Hal; Targ, Russell & May, Edwin
1979. *Experimental psi research: implications for physics.* Ein Artikel, der auf dem Treffen der AAAS in Houston, Texas, veröffentlicht wurde (3. bis 8. Januar).
Randi, James
1982. *Flim Flam!* Buffalo: Prometheus Books.
Ranelagh, John
1986. *The agency: the rise and decline of the CIA.* New York: Simon and Schuster.
Reuters
1995. *Carter says psychic found lost plane for CIA* (20. September).
Robinson, Clarence
1977. *Soviets push for beam weapon.* Aviation Week and Space Technology (2. Mai), S. 16-23.
Ross, Colin
1989. *Multiple personality disorder.* New York: Wiley.
Schaut, G. B. & Persinger, M.
1985. *Subjective telepathic experiences, geomagnetic experiences, and the ELF hypothesis: part I, data analysis.* Psi Research vol. 4, S. 4-20.
Schnabel, Jim
1994. *Dark white: aliens, abductions, and the UFO obsession.* London: Hamish Hamilton.
1995. *Tinker, tailor, soldier, psi.* The Independent on Sunday Review (27. August).
Schnabel, Jim & Eagles, Bill
1995. *The Real X-Files.* Einstündige TV-Dokumentation für Channel Four TV (GB). Erstausstrahlung am 27. August, eine gekürzte Version wurde am 12. März 1996 in den USA auf dem Discovery Channel gesendet.
Schwartz, Stephan
1979. *Deep quest.* Omni (März).
Sinclair, Upton
1930. *Mental radio.* London: Werner Laurie.
Smith, R. Jeffrey
1995. *A handful of senators kept DIA's psychics at work.* Washington Post (1. Dezember).

Squires, Sally
1988. *The Pentagon's twilight zone.* Washington Post (17. April).
Starr, Douglas & McQuaid, E. Patrick
1985. *Psi soldiers in the Kremlin.* Omni (August).
Stubblebine, Albert
1992. Vorlesung über RV auf dem International Symposium on UFO Research (Mai).
Stuckey, William
1975. *Psychic power: the next super-weapon?* New York (»year-end issue«).
1979. *Psi on Capitol Hill.* Omni (Juli).
Sullivan, Gail Bernice
1976. *Remote viewing: on a clear day, they can see 2,480 miles.* San Frarrcisco Examiner (28. Dezember).
Swann, Ingo
1973. Interview in »Psychic« (März-April).
1975. *To kiss earth goodbye.* New York: Hawthorn.
1978. *Star fire.* New York: Dell.
1981. *Are Russians winning the psychic war?* Fate (Dezember).
Targ, Russell
1992. *Targ's response to Harary's article.* Journal of the American Society for Psychical Research, vol. 86 (Oktober).
1996. *Remote viewing at SRI in the 1979s: a memoir.* Journal of Scientific Exploration, vol. 10 (Frühjahr).
Targ, Russell & Harary, Keith
1984. *Mind race: understanding and ucsing psychic abilities.* New York: Villard.
Time
1984. *An E.S.P. gap.* (23. Januar).
Tyler, Captain Paul (USN, pensioniert)
1993. *Remarks at October meeting of New Mexico MUFON chapter.* In NM MUFON News, No. 12 (17. Januar 1994).
Vorona, Jack
1995. *Spy stories.* Leserbrief an The Independent on Sunday (1. Oktober).
Warcollier, Rene
1948. *Mind to mind.* New York: Creative Age Press.
Wallis, Roy
1977. *The road to perfect freedom.* Colorado Springs: Colorado University Press.
Weiser, Benjamin
1994. *Poland helped U.S. buy Soviet weapons.* Washington Post (14. Februar).
West, Louis Jolyon
1967. *Dissociative reaction.* Comprehensive Textbook of Psychiatry. Baltimore: Williams and Wilkins Company, S. 885-99.
Wilhelm, John
1976. *The search for superman.* New York: Pocket Bovks.
1977. *Psychic spying?* The Washington Post (7. August), Outlook section.
Woodward, Bob
1987. *Veil: the secret wars of the CIA.* New York: Simon and Schuster.

Pseudonyme

Die folgenden Namen sind Pseudonyme:

Bill und Judy Alvarez
Frances Bryan
Nick Clancy
Peter Crane
Don Curtis
Laura Dickens
Bud Duncan
Donald Ebsen
Norm Everheart
John Fairchild
Frank Gaines
Al Garfield
Bob Grant
Steve Hanson
Richard Henderson
Steve Holloway
Walt Jerome
Richard Kennett
Colonel Kowalski
Mary Long
Dawn Lutz
Peter Maris
Jim Morris
Tom Nance
Debbie Norfeld
Bill O'Donnell
Doug Pemberton
Gabrielle Peters
Don Porter
Janice Rand
Ed Rogers
Mike Russo
Greg Sloan
Stan Snyder
Nancy Stern
Ted Wheatley

Index